部落問題研究所編

部落問題解決過程の研究

第四巻

資料篇Ⅱ

部落問題研究所編

部落問題解決過程の研究

第四巻

資料篇II

刊行のことば

社団法人・部落問題研究所は、「部落問題のすみやかな解決に資するための学術的な調査研究を行い、もって日本の民主的発展に寄与すること」を目的として、一九四八年一〇月に設立され、二〇〇八年に創立六〇周年を迎えた。これを機として二〇〇六年四月には、その総力をあげて「部落問題の解決過程に関する研究」に取り組むことを決定した。

部落問題は封建的身分の残滓を主な属性とする社会問題である。封建的身分社会では、賤民身分も集落を形成し、諸身分の重層的な構造に組み込まれていた。明治維新によって封建的身分は廃止されたが、その残りものとして形成されたのが近代日本の地域的格差・差別である部落問題である。日本資本主義の発展、それによる社会構造の変化を基礎として、部落問題のあり方も変化した。とくに第二次世界大戦後の高度経済成長による構造的変化を基礎に、部落問題解決の客観的な諸条件が成熟してきた。

これを現実化させたものは、自由と権利、民主主義の発達、なかんずく部落問題解決をめざす諸運動である。この過程はまた、世界、とりわけアジア・アフリカ・ラテンアメリカ諸国の平和と独立、人権確立をめざす運動と密接に関連している。部落問題解決が現実化したことは、わが国の人権発達史上における注目すべき成果である。

本研究所は創立以来、部落問題、人権問題の研究において多大の成果をあげてきた。多くの人びとのたゆまぬ努力によって、ようやく今日、部落問題の解決に至る過程を解明できる地点に立つことができた。

この部落問題解決過程の研究は、多くの研究分野の研究者が結集して行われた。あくまでも事実に即し、科学的に、日本社会の構造変化、地域支配構造の変化に視点をおいて分析することを課題として取り組まれてきた。

本研究所は、その研究活動において、利権と表裏をなす部落排外主義におちいることなく、世界と日本の人権確立をめざす営為との共同に努めるべく活動してきた。しかし、部落問題の解決過程の研究は、本研究所のこれまでの研究が無謬であったとか、十分なものであったという立場をとらない。この研究は、従来の研究成果を発展させ、問題点を明確にし、これを克服するよう努力し、部落問題をめぐる全体の動向を客観的に分析し、解明をめざす内容となっている。

部落問題解決は日本国民の人権確立の問題であり、その実現は、自由と民主主義の獲得をめざす努力の一つの成果である。本書が、人権確立をめざす自覚を高め、さまざまな人権問題解決の資となることを期待するものである。

二〇一〇年一〇月

社団法人　部落問題研究所

本書の構成

1 『部落問題解決過程の研究』第一巻　歴史篇
2 『部落問題解決過程の研究』第二巻　教育・思想文化篇
3 『部落問題解決過程の研究』第三巻　現状・理論篇／資料篇Ⅰ
4 『部落問題解決過程の研究』第四巻　資料篇Ⅱ
5 『部落問題解決過程の研究』第五巻　年表篇

資料篇IIの編集について

本巻は、第三巻資料篇Iの続篇である。本巻は、第一部「同和対策審議会から同和対策協議会へ」、第二部「国民融合論の成立と展開」の二部構成でまとめた一〇〇点の資料と資料篇I・IIの「解説」から成る。本巻の編集・解説は鈴木良・広川禎秀が担当し、資料篇Iの解説は西尾泰広が担当した。

『部落問題解決過程の研究』資料篇は、そのIに付した「資料編の編集について」にあるように、北原泰作文書（北原文書）を基礎としている（第三巻、一七七-一七八頁）。北原文書は、北原泰作（一九〇六-一九八一年）が戦前・戦後にわたって部落問題の解決に尽力するなかで、作成、収集した膨大な資料群であり、北原没（八一年一月三日）後に、その遺族から部落問題研究所に寄贈されたものである。長らく未整理であったが、二〇〇七年四月から北原泰作文書研究会による調査・整理が始められ、関西を中心に三〇名をこえる研究者の参加・協力を得て、〇九年二月までに四回に及ぶ集中調査を実施するなどして目録カード作成などの基礎的作業が終了している（北原文書の調査については『部落問題研究』一八三輯の広川禎秀、一九〇輯の伊崎文彦・西尾泰広の論説を参照）。三千点をこえる（一点に複数の資料を含む場合がある）資料のデータベース化も近く完了して、その全体が公開される予定である。

本巻の編集は、資料の配列を必ずしも作成年月日順としないなど、第三巻資料篇Iの編集とは必ずしも同じでない点がある。それについては本巻「凡例」を参照されたい。

《凡例》

1　本巻は、第一部「同和対策審議会から同和対策協議会へ」、第二部「国民融合論の成立と展開」の二部構成でまとめた一〇〇点の資料と「解説」から成る。

2　各資料名の上の数字は、本巻に掲載した資料の通し番号である。「解説」はこの番号に依っている。各資料末尾の【　】の数字は「北原文書」の資料番号を示す。

3　資料の配列は、各部、各テーマに沿ってまとめてあり、必ずしも年代順ではない。

4　資料の標題は必ずしも原文のとおりではない。もとの資料には、題名や、作成者名、日付の記載がないものもあり、編者が補った場合がある。

5　資料の態様や、資料の編集上の処理については、各資料末尾の「北原文書」資料番号の後に「※」を付して適宜注記を行った。

6　翻刻作業は原則として以下の要領で行った。

（1）仮名遣いは原文のままとしたが、漢字は新字体に改めた。

（2）明らかな誤字は訂正し、脱字は［　］で補った。ただし、判読に疑念が残る場合は、［ヵ］「ママ」のように傍注を付した。また、人名や時代などの明らかなまちがいは訂正した字句を当該箇所の右側、または直下に［　］で示した。

（3）句点と読点を補った場合がある。

（4）判読不能の箇所は□□□で示した。

（5）改行は原則として原文に従ったが、行間の取り方、文字配置、文字サイズの大小は必ずしも原文どおりにはしなかった場合がある。

（6）資料に欄外等への書き込みが見られた場合は、その語句の右肩に［欄外］または［追記］と付して段落間あるいは文末等に記した。

（7）資料中に見られた挿入語句や修正字句は、〈　〉に入れて当該箇所に示した。

（8）編者による資料面への補記・注記・訂正等の字句については、すべて［　］を用いて示し、もとの資料のものと区別している。

目次

資料篇 II

第二部 国民融合論の成立と展開

第一部　同和対策審議会から同和対策協議会へ

鈴木　良【編】

一　同和対策審議会

一九六一年〜一九六三年

1　一九六一（昭和三六）年一二月七日
同和対策審議会総会［北原メモ］

場所　内閣総理大臣官邸大客間

1. 内閣総理大臣挨拶（代読）
2. 会長及び副会長の互選
3. 諮問
4. 諮問事項を会長より披露
5. 諮問事項の趣旨説明
6. 議事規則の決定
7. その他

経過　田辺委員欠席。他は全員出席。

会長に木村氏を、と尾形委員から発言。

木村忠二郎氏を会長に推すことに異議なく決定。ついで副会長に尾形氏を決定。

諮問事項の趣旨説明有り。

これにたいし磯村委員から、〝……同和地区の改善が図られ、関係予算も年々増額され、相当の成果を上げてきている。〟とあるが、どのような状態か資料を提出してほしいとの意見の開陳があり、北原も資料提出を要望した。

ついで議事規定を原案どおり承認。

こんごの委員会の運営について二、三の委員から意見が出た。

北原はつぎのことを主張した。
1、委員会招集日は金曜日を避けてほしい。
（これには他の委員からも、都合で金曜日を避けられたいとの意見が出て、そうすることに決定）
2、部会設置の件で、まず調査部会を設け、部落の実態調査と、行政施策状況の調査から手をつけること。
（これにたいし政府委員から、37年度予算に実態調査費をくんであるから調査する。これまでの国および府県市町村の同和事業予算と施策の資料はまとめて年内にでも各委員に提供する、と答えた）
3、委員の部落視察を行うこと。ことに部落の実態をよく知らない委員にはその必要がある。
（これにたいし、賛意が各委員から表明された。）
4、専門委員一〇名以内依嘱の件については、政府から推薦するのみでなく、各委員から推薦を持ちより、そのなかで評議決定すること。
（これにたいしては、政府委員も賛成諒承した。）

次回＝一月一七日午後一時から開催に決定。

【Ⅰ－868】Ｂ５大学ノート横書き

※同和対策審議会は以下「同対審」と略記する

2　一九六二（昭和三七）年二月一三日
同対審総会速記録［抄録］

○北原委員　まずどうですか、調査部会なら調査部会という部会を作つて、そうして実態調査の予算もあることですから……。ただ調査の仕方がなかなか問題だと思うのですね。今まで厚生省の「同和行政の手引」ですが、そんなのを見ると、部落の数が減つているようにも書いてありますが、そういうことはないと思いますね。地方によつては、該当地区を報告せよと言いますと、当該地区ないという報告をする。現に岐阜県の私のところの二番目に大きい飛騨高山の部落なんかその中に上がつていない。それはさつき伊藤委員がおつしやつたような、寝た子を起こすなという考えを持つているのであります。これは部落の中の有力者とか区長とか、そういう人たちには多くそういう古い考えを持つておりますから、そつとしておけば自然解消すると考えている。そういう人たちは、今さら同和事業の対象になるということは、部落であるという看板を上げるのは、非常に観念的に自分たちの頭の中で否定しようという考え方なんです。そういうのが調査に上がらないわけです。それと、属地主義の調査をするか、属人主義でいくか、大正十年の内務省の調査も、部落に本籍を有するということで調査をしているという問題、どういう調査項目をとるか、これはなかなか問題だと思います。生活に複雑な関係がありますので、まず調査部会を作つて、そこで専門委員を委嘱して調査をやつたらどうかと考えます。

○会長　今の北原委員の御提案いかがでございますか。来年度の調査予算がとれておりますから、調査をどういうふうにやるかということについて検討しようということでもつて、調査のために調査部会を作る。そうして調査の専門委員を置く。これは確かに必要だと思いますが、これについていかがでございましようか。専門委員は一般的なことでございますから、こういうようなときにもお手伝いするということでいかがでしようか。柳井さんいかがでございますか。

○柳井委員　けつこうです。

○会長　それではそういうことにいたしたいと思います。それでは差し当たりあとのこともありますが、三人くらい専門委員をこの機会に出すということで、御意見がございましたらお出し願いまして、総理府の方でもつて御選考いただきたい、よろしゆうございますか。

○尾形副会長　何か会長より三名と言われましたが、人数は三名でも四名でも、小人数《ママ》ということで、それは会長がよく事務当局……。

○会長　三名と申し上げましたのは意味がないので、この際三分の一くらいのところを考えるということでございます。それでは今尾形委員の言われましたように、十名全部は出ないと、この際少人数で専門委員の人を御委嘱するということで、御意見があればお出し願つてやつていただきたいと思います。

○北原委員　今推薦する専門委員の候補者というのは持ち合わせありませんが、あとからどうですか。

○会長　あとからでけつこうです。

〔以下省略〕

【65—】　B4謄写版32頁クリップ止め

3　一九六二（昭和三七）年四月三日 同対審総会速記録［抄録］

○木村会長　〔前略〕それではきょうはその話はこの程度にいたしまして、これからのとりまとめ方を御相談願いたいと思います。まず一番先にやらなければならぬことは例の実態調査でございます。これをどういうふうにやるか、予算がとれておるのですから、できる範囲内で最も効果のある調査をしなければならぬ、この調査をどういうふうにしてやるかということを御相談願いたいと思います。

○磯村委員　政府の予算の配布は非常に遅れますが、そういうことはないですか。

○木村会長　それはこちらで早くやり方をきめてやらなければ政府の方では出しようがないと思いますから。

○北原委員　調査のため専門委員の候補者を推せん申し上げてあります。ほかの委員の方も一つご推せん願つて適当な人を委嘱して、調査項目を立案して、これを委員会で検討した上実施したらどうかと思います。

○木村会長　今お話ございましたようなことでよろしゅうございますか。

○尾形委員　今北原委員からもう少し調査しろというお話

がありましたが、私ももう少し調査してみたいと思います。それと並行して六月ごろから実態調査に入らなければならぬでしようから、そうすると原案をどうするか。

○木村会長　調査の原案をどういうふうに作つて、それをどういうふうにして調査していくかということを早くきめなければならぬ、きめるについて、各委員から専門委員の推せんをお願いするということを申し上げました。

そこで総理府の方で早くその中から適当な人をおきめいただきまして、この方々でもつて調査の要綱あるいは調査の内容、実施のし方についての要綱の案を作つていただきまして、その案を審議会で至急検討する、こういうふうにしたら如何でございましようか。

○尾形委員　私はここらで部会というものが、一つ二つできていいじやないかと思うのですが。

○柳井委員　部会を作ることはけつこうですが、審議会自体まだ二ヵ所しか見ておらないのですから、そういう残つておるところを早期にやつて、その結論的なものを審議会が出して、それから部会ということにしないと、上では何も知らないで、下からつき上げられるという変なことになつては困りますから、部会を作ることは賛成で、きようにも作つていただきたいが、早く実態の概略を委員会でつかんでいただきたい。

○木村会長　さきほど部会をおつしやいましたのは、今後の審議のための部会でございますから、調査につきましても早く調査要項をやりませんと間に合いませんから、これだけ至急に専門委員を四、五人きめていただいて、そこで一応素案を作つていただいて、それを本会にかけて、それで問題が出ればまた整理してもらう、そういう専門委員です。これは調査の進行次第によつては解消して、又部会の専門委員を御委嘱すればいいと思います。ですからこの際至急に調査の要綱、原案をきめるための専門委員を選んでいただく、もしまだ御提出になつておらなければ早急に出していただきまして、総理府で適当な人を御委嘱いただきまして、そこでもつて原案を作つていただいて、その作られたものをこの審議会に持ち寄りまして、皆様の意見を十分聞いて、書き直すなら書き直すというふうにしてやつて行つたら如何かと思いますが……。

〔「賛成」と呼《マ》ぶ《マ》者あり〕

○尾形委員　設置法の第七条に、部会を作つて、部会の中に専門委員をおくというようにありますが……。

○木村会長　調査部会なら調査部会を置いて、専門委員をおかなければならぬじやないかというふうに解釈したのでであります。

○尾形委員　部会を別に、専門委員だけをやるという…。

○**野海参事官**　部会を置いた場合はということであります。

○**尾形委員**　それでは部会は置かないでも専門委員は置けるわけですね。

○**北原委員**　専門委員の選考について注文があります。

皆様御視察になつて御報告があったように、人口がどれだけ、戸数がどれだけ、耕作反別がどれだけというようなことについては、前々からのあれでつかめるだけでありますが、経済水準が低いということと、どういうふうにして差別が残つておるかということの関連、そういう掘り下げた調査をしていただきたい。ただ平面的な数字の調査では意味がない。一つの部落を解決するのにはどういうことが問題になるか障害は何かといつたような掘り下げた調査ができるようにそういう専門家を選んでいただきたいということであります。

○**木村会長**　まず最初に専門委員を置きまして、それに原案を作らせるということはよろしゆうございますか。

〔「賛成」と呼ぶ者あり〕

○**木村会長**　それでは今お話がございましたように五人くらいの範囲内で専門委員を置いていただきまして、そこでもつて原案を作つていただく。また専門委員に対する御希望がございましたら、北原委員がおっしゃったように言つていただきましてそれを参考にして専門委員の人にお願いするということにいたします。

○**尾形委員**　大体お出し願つている方はそういう意味でお出しになつておるのじやないかと思うのですが。

○**北原委員**　予算の関係、人員の割振りもございましょうから、各委員から推せんされた方々を最後的にきめないで、あるグループごとに調査要綱を作つてもらうというようなことはできませんか。調査要綱だけを作つてもらう専門委員だけを委嘱して……。

○**磯村委員**　今のお話ですが、要綱だけを作るのですかそうすると調査する人は……。

○**木村会長**　それはあとどうするか相談して……。

○**磯村委員**　調査要綱を作ることに限定された専門委員ですか……。調査要綱だけ作つて、あとほかの人に頼むというのはどうでしようか、やはり調査を集計したりいろいろやつてもらうには五人なら五人の人にやつてもらうのでなければ……ただ調査表だけ作つて、あとは別だというのでは、作られる方もちょっと…やはり調査が終るまでの専門委員でないと……。

○**伊藤委員**　五人なら五人の方がおやりになるとすると、責任者という問題が出てくると思います。そういう場合、こういう審議会では例がないかもしれませんが、そういう仕事を専門的にやっておられる磯村さんのような方にお願いしてその責任者になっていただくという方が具体的なような感じがいたします。
○木村会長　それは皆さんの御意見によつて……。
○尾形委員　その意味で調査部会を作れば部会長は審議会の委員がなるが他の審議会の例でありますから、
○磯村委員　そうおつしやるけれども、部会というと委員が分れてしまう。われわれの言つておるのは調査だけですから、
○尾形委員　伊藤委員のおつしやるのは私の考えを《ママ》同じだろうと思います。
○木村会長　そうすると尾形委員のお考えは、調査部会を作つて、その中に専門委員を入れて、調査部会でもつて今のようなことを審議していただくということですね。それでよろしゆございますか。
○尾形委員　大体部会というものはそういうものではないですか。
○野海参事官　専門委員で案を作つて、総会に持ち込んで審議するか、あるいは部会でもつて検討するか……。
○磯村委員　総会直属の専門委員で……。
○尾形委員　会長はどういうふうにおとりになりますか。
○木村会長　これは会長がきめることでなく、皆様の御意見によつて……。
○石見委員　調査のための専門委員を置き、その調査が終つたときに初めて部会が生まれてくる。その部会が生まれてきたら今度はその部会にまた専門委員を置くという二段構えにしたらどうですか。
○尾形委員　しかし相当の人に委嘱しなければ……。
○石見委員　専門委員の委嘱は会長からではないのですか大臣からですか。
○尾形委員　大臣からでしよう。
○石見委員　そうすればそういう人が各部会の専門委員長になつたら……。
○木村会長　それでは尾形さんの言われますように、委員の中から一人か二人が調査部会の方に入っていただきまして、それに専門委員の方四、五人を総理府の方でお選びいただいて、それでもつて一応調査部会を作りまして、そこでもつて調査のやり方、方法等について案を作つていただく、これから将来引続いて、その調査委員で調査の方の主宰をしてもらう、その間にもう一ぺん総会を開いてきめていく。つまり委員の中から一人ないし数人の調査担当の委員の方をきめまして、その人が中心になつて部会を作り、そこに専門委員を四、五人入れて構成をして、そこで今度予算のとれたところの実態調査をどういうふうにやるか、要綱はどういうふうにするか、内容をどうするかという調

査についての御検討を願い、それがきまりまして、皆さんの御意見がそれでよろしければそれを主宰していただくということで如何でございましょう。

調査をいたしますればそれの調査の終るまでのことをやつてもらわなければならぬと思います。磯村さんが言われたそういうことで如何でございましょう。

○柳井委員　調査というのは現地の調査をするのですか。従来国がやつておるような上をなすつたような調査では何もならない。

○木村会長　案がきまつてそれを実施するとしても、どういうふうにやるかということはもう一ぺん総会でやりましよう。それではこういうことでは如何でしょうか。一応調査部会をこしらえて、その調査部会の中に専門委員がいくらか入る。それではこの審議会の委員の中から調査部会の委員になる方をお願いする。そしてほかの委員の方も加えまして、原案を作つて、その原因[案カ]をこの審議会で審議をして今後どうするかということはまた総会で相談するということでよろしゅうございますか。

○柳井委員　その人選方法は会長副会長に一任します。

専門委員は総理府でおやりになるだろうけれども、その責任者を審議会から出すとした場合……。

○北原委員　専門委員の委嘱はこちらとしてそういう希望条件を付して委嘱してもらいたいと思います。

○木村会長　それでは皆様のご承認を願いたいと思います。磯村、伊藤両委員にその方のことをお願いいたします。（拍手）何か調査部会について御希望がありましたら、総理府の事務局の方にお出し置き願いたいと思います。

○北原委員　今までに専門委員として推せんされておる候補者は何名ございますか。

○野海参事官　十三、四人でございます。

○北原委員　そのうちで調査のための専門委員というのは……。

○木村会長　全部調査のためということであります。今のところ四、五名にしておきませんとあとで困ると思います。この調査が終るまで変えられないと思います。

○柳井委員　先般の委員会では、東京週《ママ》辺の人というのが申し合わせでなかったですか。それをその通りやられるのかどうか。前の委員会できめたことが次の委員会で変るということはいけないと思いますから。

○木村会長　この前申し上げたように、そういたしませんと……。

○柳井委員　どつちにしても三、四名では足りないと思います。

○北原委員　東京周辺というと、一番部落問題がわからない人です。
○野海参事官　事務局としては、なるべくということで了解いたしております。
○柳井委員　私こだわるわけではないけれども、この前の委員会ではそういう申し合わせであつたから
○尾形委員　これだけにこだわらないでやつて下さい。
○木村会長　それでは次回は二十一日の午前十時から開くことにいたします。次回の議題は、各省ごとの施策の実際の実施状況について詳細にお話を伺うということにいたしたいと思います。
　本日はどうもありがとうございました。これをもつて閉会いたします。

【654】B4謄写版87頁クリップ止め

4　一九六二（昭和三七）年五月二四日
同対審総会速記録［抄録］

○会長　［前略］専門委員の任命があったようでございますので、事務局のほうから。
○事務局長　これは任命を急いでおったわけでございますが、承諾書をいただくようなことがあった事情もございまして、やっと二十三日付で専門委員の発令がございました。この方々の御都合をお聞きした上で、第一回の会合を開きまして、幹事、専門委員、それから部会の方々と一緒にフリー・トーキングをしていただいて、その後の部会の運営というものをきめていただいて、できれば実態調査の実施の時期の関係で八月ぐらいまでには準備に取りかからなければ、時期的におそくなりますので、早急にこれを開いてやっていきたいと思っております。
○会長　とりあえず今御任命になりましたのが、野本さん、竹中さん、山本さん、藤範さん、大橋さん、小沼さん、米田さん、この七人の方が、
○事務局長　野本さんは部落解放同盟の常任事務局長でございます。それから竹中さんに《ママ》日本社会事業大学の専任講師、都市社会学専攻でございます。山本さんは全日本同和会の常任理事でございます。それから、藤範さんは元和歌山の民生

部長、現在和歌山県の人事委員長、大橋さんは明治学院大学の助教授です。小沼さんは厚生省の統計部の社会統計課長です。それから米田さんは部落解放同盟の奈良県連合会長です。

○会長　それではこの七人の方がお認めになったようでございますので、この七人の方と、それから磯村先生と、それから伊藤先生、このお二人と九人の方がその調査のほうの関係のとりあえずやっていただく案を作っていただくというふうにしていただきたいと思います。これがどういうふうにお集まりになるかということは御相談になってやっていただきまするし、もしできれば、ある程度の話し合いがありましたときに、次の総会でも、その次になるかもしれませんけれども、そのときに御報告願うなり、皆さんの御意見を承って、また審議を進めていただく、かようにしたらどうかと思いますので、よろしくお願いいたしたいと思います。

それから先ほど事務局から話がありましたように、大体八月ぐらいまでに一応のまとめ［をし］ませんと、今年度内に調査ができないということになりますので、これにつきましては、八月中には一応の取りまとめをいたして調査の準備ができますようにいたしたい。かように存じますので、皆様御了承願いたいと思います。［以下、略］

【635】Ｂ４謄写版104頁クリップ止め

5　一九六二（昭和三七）年一一月一四日　同対審総会速記録［抄録］

○事務局長　伊藤先生がお見えになりませんので、事務局のほうから概括的に御説明申し上げまして、専門委員の先生方がお見えになっておりますから、それぞれの方から具体的にお願いしたいと思います。

資料に、同和地区実態調査中間報告、十一月十四日付の資料を入れておりますが、これにごく概略を書いております。主として精密な実態調査についての中間報告の形になっておりますが、現在までの状況は次のとおりである。五月三十一日から現在までに調査部会、それから調査部会と幹事会の合同会議、調査小委員会、調査小委員会と幹事会の合同会議、そういったものを全部含めまして約二十回ぐらいの相当の回数にわたって会議をいたしまして、非常に熱心な御検討をいただいたわけでございます。それはこの調査は、ほかの調査と違いまして、いろいろな特殊な交渉を必要とする面もございますし、非常にむずかしい点がいろいろございまして、調査技術面からの制約もありますし、もちろん行政の面からの制約もありますし、また対象は同和地区であるということのために、いろいろな政治的、あるいはその他の制約もございまして、また一面においては、とにかく正確な調査も行ないたい、また今後同和に関する基本対策を立てる上に具体的に役に立つような調査を行ないたいというような強い要請もありまして、その辺で非常にむずかしい問題がいろいろありまして、調査員として専門員の方々には、あるいは日曜もつぶしていただいたり、また深更に至るまで、場合によりましては、一項目について何時間も議論するというような非常に熱心な御検討をいただきました。それで八月一ぱいで大体調査要項、調査方法についての方針をまとめまして、八月末から実施に移っていただいたわけでございます。

それで調査のやり方については、後程専門員の方から御説明いただきたいと思いますが、調査地区は当初五地区程度考えておりまして、広島県の柿浦町、高知市の宮前町、それから京都市で一地区、埼玉県の騎西、それからほかに東北地区一ヶ所、大体この五ヶ所を考えたわけでございます。それで本年度は比較的やりやすい所だけを手をつけて、来年度先ほど申し上げました二十ヶ所程度やりたいと云うことで計画したわけであります。それで八月二十五日、二十一日に高知市を皮切りといたしまして、実施していただいて、八月、九月には高知市の宮前町と広島県のこの二ヶ所を実施していただいたわけであります。それから京都市につきましては、実は当初予定しておりました楽只の地区がこの区の事情でちょっと具合が悪いというので、京都市その他から反対もありましたので、その調査地区を変えまして、左京区の高岸町ですか、近隣地区に予定を変更いたしまして、十月十二日から二十日まで実施していただいたわけであります。埼玉県の騎西は十月二十日、二十一日実施していただいたわけであります。それから東北につきましては、実は東北地方は、主として関西とか中国、四国といったような、いわゆる最も典型的な部落と違った特殊な性質をもっておるのじゃないかということで、東北地方から一ヶ所実施したいということで計画したわけであります。当初山形県の米沢を予定いたしまして、現地と話し合いをしましたけれども、山形県なり市、地方当局などの強い反対がありまして、これは実施が困難だということになりまして、それから山形県の酒田ないし鶴岡についてはどうかということでいろいろ県と打ち合わせをいたしましたら、これも困るということで、それでは他の県でということで、福岡県の地区について打診したのでございますが、これにつきましてもやはり調査が困難だと云うことで、今年度においては東北地区についてはこの精密調査を実施しない。来年度出来ればもう少しいろいろな手を打ってみて、出来れば実施したい。もしこれと同じような調査が不可能ならば、何か別の方法でもって現地の実情を知るような方法を考えようではないかということになりました。

こういうふうな状況でそこに書いてあります時期に実施していただいたわけでありますが、それぞれの地区につきまして、事前に専門員の方々に行っていただきまして、いろいろ事前の折衝とか、あるいは調査についてもいろいろな準備をやっていただいたわけで、こういったこともありまして、八月、九月、十月実はほとんど実態調査に手をとられたようなわけでありまして、この調査の一段落した時期にこの総会を開いて中間報告をしたいというつもりでございましたけれども、そういった関係で調査の方法論について非常にむつかしい問題が多くて、検討に非常に時間がかかったということと、それから調査地区についての予定地区の変更とか、あるいは実施困難というような事情もございまして、この総会の開催が非常におくれましたことを事務局としておわび申し上げたいと思います。

3にこの調査のやり方がごく簡単に書いてありますが、この調査は上記同和地区人口及びその地区に隣接する一般地域からそれぞれ約百世帯を標本抽出したものであって、調査項目は次の通りである。この点につきましては、後程専門員の方々から御説明いただきたいと思います。

それからこの資料にのっておりませんが、この精密調査と合せまして本年度実施する予定であります全国基礎調査につきましては、これも調査部会、調査小委員会におきまして、数回にわたって御検討いただきました。調査の要項といいますか、というようなものをやっとまとめていただきまして、実はこれを事務的にいろいろ都道府県に委託して行なう調査でございますから、そういった都道府県との関係においていろいろな事務的な、手続的な事項が残されておりますので、これを現在事務的に固めておる段階でございます。出来ますれば今月末から来月にかけてブロック会議を開催いたしまして、説明会を行ないまして、もし出来れば十二月一日現在で実施したい。これも当初この前の総会で御説明いたしました九月ないし十月という線からかなり予定よりおくれたわけでございますけれども、精密調査の方の予定のずれの関係もありまして、予定よりかなりおくれて来ました。そういった事務的な手続の面がかなり残されておりますので、また十二月あまりおそくなりますとこの調査も年末にかかって非常に困難になりますので、その辺の関係もありますが、もし、順調に進みましたら十二月一日現在で実施したいということで考えております。

簡単でございますが、一応総括的な御報告といたしまして、それぞれ各地区に専門員の先生方を中心にして実際に調査にあたっていただきましたので、その調査の方法なりそれらの地区についての調査にあたられた御感想などについて専門員の方の方からお話していただきたいと思います。

○大橋専門員　明治学院大学の大橋と申します。先ほど事務局の方からいろいろ説明がありましたが、少し補足させていただきますと、さきに御説明があったかと思いますが、この調査は三種類に分かれておりまして、一つは地区の概況調査、これは地区の沿革とか地域的な条件、人口、あるいは生活環境、経済活動。それから教育文化の状況。それから地区の地方団体活動、社会福祉条件の設置、あるいはその利用状況。それには、隣保館、保育所、そういった問題とか、民生［委］員、人権擁護［委］員とか、そういった人員的な面。それから生活保護の状況。いろいろそういった社会的関係のあれがあるわけです。それからいろいろな犯罪とか非行、あるいは離婚といったようなものの発生状況。それから同和行政と財政。こういうものを関係地域の関係部局にいろいろお伺いしたり、地元の役職員に聞いたりして、こういう調査が一つあるわけです。地区の環境調査。それからお手元に差し上げたと思いますが、精密実態調査ですね。これは調査専門員の先生方がいろいろ御勉強いたしまして、家族のいろいろな状況とか、それから就職状況。無職の場合、なぜ無職かというような問題。それから生活状況。住居状況。それからいろいろな居住関係ですね。それからいろいろな社会福祉関係の問題。それには、地域活動、各種社会保険の問題、公的扶助。

そして職業に関係しまして、土地の所有形態とか、家畜、農業機械の所有権。漁業については、そのいろいろな種別のあれとか、それからいろいろ事業をやっている場合、その事業の状況。雇用労働者につきましては、その就業先の状況とか、それからいろいろな生活意識、自分らの職業、あるいは宗教、それからアジアの教育などについてどういうふうに思っておるかというような問題と、それから、いわゆる古い意識の残存といったものを見るために、社会意識をそういった関係から見ていく。それから人権意識の問題。それからいろいろな差別問題ですね。こういう調査があります。

これは各地方に調査員が訪問しまして、各戸に世帯主にうかがい、いろいろ世帯の状況についてわからない点があった場合には、そういうものをいろいろ相談して、具体的に聞く。これが大体時間がかかって、大体一時間半ぐらい。

それからもう一つは、部落外の一般の方の意識。つまり部落に対してどういうふうにいろいろ考えているか。これがこんどの調査の大へんなもとになるわけですが、この調査も並行してやりました。大体この三種類に分れておりまして、これをわれわれが四つの地区について、一応私と、あとでやっていただく竹中さんと、それから広島県については、山本専門員のほうといろいろ協力していただいて、みんな班を編成しまして、調査したわけでございます。地区の概況のほうは、役所関係、地元の方にいろいろ当たる。地方調査のほうは、大体地元の学生諸君に協力してもらってやったのと、それから広島においては地元の婦人会とか、あるいはいろいろ有志の方が協力してくれました。この調査にあたりましては、われわれ非常に綿密にいろいろ説明会をいたしまして、不備な点があったら直していただくという大へんな手数をかけました。大体この三種類にそういう方法でやりましたが、あと実際どんな形で実施され、その成果はどうであったか、そして今お話あった感想につきましては、これからいろいろ御説明申し上げると思いますが、竹中さんが都合がありまして、先に御説明申し上げたいということでありますから、調査の方法についてあとで私が説明いたします。

○竹中調査員　それでは、大へん急いでおりますので、今、大橋先生から大体調査の方法について御説明されましたが、私の担当しました広島の柿浦町、京都の高岸町の二つの部落に関して実態調査いたしました。これについてのごく大まかな今までに大体判明しております結果についてのみ御説明をしたいというふうに考えております。大体説明の方法は、手元に配付してございますプリントの中間報告の要旨に従って、ごく大まかな特徴だけについて御説明したいと思っております。この資料は主として聞き込み及び直接面接の方法でもって、実際に世帯主を対象にしてとりました結果に基づいているわけであります。

まず広島のほうから先に参りたいと思います。これは山本先生の地元でもございますし、地区の若い人たち、婦人会の人たちの協力と、日本社会事業大学の学生も一緒に実際の調査に当たったわけです。これらの期間は八月二十五日から九月二日まであるわけです。ここは一つは漁村地区、大部分の地方が漁撈、特に一本釣ということをしておるわけです。世帯主を中心にして、大体一本釣の漁撈に従事している人口が多い。ところが配偶者、あるいは家族員、特に十五才以上の家族員の大部分が就労している。特に、婦人はかき及び真珠の養殖につながる雑役婦といったような形で、臨時的に就労している者が見られた。全般的に約九〇%がそういった一本釣りないしは養殖の手伝といったような単純労務の就労が見られるわけであります。残された約一〇%は主として呉方面の近代的な産業に吸収されている人口になるわけですが、年々それの傾向が強くなって来ているということが云えるわけです。

それからもう一つの特徴としましては、これは地元のそういったカキ養殖あるいは真珠養殖の就労者が地元の同和地区内の住民だけに限ぎられずに、周辺の農村地区からの就労者が比較的ふえて来ている。これは地元だけにとどまっている一つの形態ではなくて、もっと地元の産業が周辺地区の人口を吸収するという一つの条件が最近特にふえてきておるということが伺えたわけです。

もう一つ地元の人口の移動性といいますか、そういったことについて見てみますと、大体約人口の八割以上九割近くが、大体百名ないしは百二十名以上の地元での定着性を示している。ところがそれに対して、戦時中一時朝鮮方面への流出人口、あるいは若干の軍事産業への流出人口が見られたわけでありますが、これらが次第に終戦と同時にまたまいもどって来ているという人口の移動形態が見られる。しかも人口の増加はそれほど顕著ではないのですが、減少という形は少なくとももとっていない。そういうことが全体の地域の大まかな概況として云えるわけであります。

もう一つ地域のフィジカルな条件、これは住宅とか道路といったような面でありますが、この点は非常に改良が進んで来ている。しかも周辺の農村地区よりも部落の方が比較的恵まれた条件が多少出て来ておるというような状況が見られたわけであります。こういったことが一つの地域的な概況であります。

特に就労形態を見ますと、大まかに見まして、大体九割程度が地区内就労という形で見られる。その就労形態は家族員全体の就労という形のもの、すなわち十五才以上の就労者が約七割も見られる。そういうような一つの結果が出ております。これらは特に漁撈あるいは日雇あるいは呉方面への流出というような形の就労がめだっております。そういうようなことが特異な就労形態として見られるわけでありますが、特に家族について若干の統計を申して見ますと、大体部落内婚というような形をとっております。以前は比較的高い約六割近く、世帯主、配偶者の状況を見ますと、大体そういった形が見られる。それから他部落との婚姻関係、これは約二〇%がそれにあたる。その他四%が一般地区との婚姻関係が見られておるというような一つの状況がここに見られるわけであります。

家族の構成について見ますと、大体直系家族を中心にしたいわゆる拡大家族という形態が特徴的に見られる。その大きさは大家族的な一つの形態をとっておるわけですが、大体六人ないし十二人という世帯人数が見られる。それから就学あるいは教育活動を中心にして見ますと、進学率が、義務教育終了後の進学率が高まって来ているという傾向がある。特に地元の全部の成績についてはそれ程問題をもった子供というものは含まれていない。しかも学校としても補習という形でもって特別の学級をやるということもその必要が考えられていない。成績が非常にいいという結果が出ております。また長欠児童あるいは未就学、不就学といったような子供達もほとんど見られない。比較的いい条件が出ております。

それから社会福祉に関しても、これは特に生活保護を受けている世帯が比較的少ない。

またその中で地域活動を見てみますと、今いいましたように青年団ないしは婦人会を中心にして青年のグループ、特に黎明会という一つのグループですが、これは隣保館活動を中心にして比較的活発に活動を行なっている。特にその活動の経過は従来消費生活につながるさまざまのテーマを中心にして実際の活動を進めて来て、しかもその効果が上がっているというような状況がうかがえるわけでございます。一つの特徴としては、これが部落の中だけの活動に地域活動がとゞまっていないで、周辺地区を含めての地域活動ということで伸びて来ておるということがうかがえる。

それから社会的意識、生活意識に関する特徴としては、全般的には比較的近代的なイデオロギーといったようなパターンが出ております。すなわち伝統的なイデオロギーというものは比較的少なくなって、同時に差別ということについての意識がそれほど住民自身の中に出て来ていない。すなわち直接的な差別に関する経験は少ない。

生活についての各条件に分けて、これを見たわけでありますが、全般的に見て、特に婚姻に関する問題というものが非常に大きくクローズ・アップされておりますが、就職といったようなことに関する問題というものは、彼ら自身がそれほど直接に問題性を意識していないというような点がうかがえたわけです。

それから同時に、これと合わせて、周辺地区の約百世帯を抽出いたしまして、地域を一体どう見ているか、あるいは差別ということについて一体どう感じているかといったような一般地区に関する調査の結果を見てみますと、比較的周辺地区というのは農漁村地区が多いわけでありますが、表面的な一つの差別感情というものは、事実上、たとえばある種の漁撈のために部落内の人が部落外の事業所という形でもって一部地区外に、隣接地区に人口を吸収しているというような点も見られるわけであります。しかしながら、特に婦人の五十才ないし六十才以上の婦人にまだ同和地区について特別な差別感情をいだいている、そういったような状況がうかがえたわけであります。しかしながら、この表面的な形でもって差別感情が地域的に消えているということは、その最大の原因と考えられる一つの原因は、いわゆるその部落産業という形でもって、ごく最近持ち込まれた養殖というような部落の中の産業に周辺地区の人口が比較的吸収されてきている。すなわち、部落内での就労という形が一般地区の中に見られる。それによって一つの交流がはかれる。しかも、先ほど申しました地域活動が周辺地区も含めての活動という形でもって実際に伸ばされてきている。こういう形から、少なくとも結婚以外の一つの表面的な形でもって差別というものはそれほど明らかに出てきていない。しかも、部落外の人々の意識の中で、特に部落をどう見るかという結果について、大部分の人が、部落が以前と比べて非常によくなった、そこに含まれている人々の態度が、たとえば非常に粗暴であったり、あるいは集団的な一つの活動といったようなことが今まで見られたような状況がなくなってきている。青少年非行、あるいは犯罪といったような事実が非常に少なく、ほとんどないというような状態にまでなってきた。そういう点について非常に部落が明るくなった。特に、施設のほうで、住宅や道路がよくなったということは、一部では非常にうらやましいという感情さえ出ている。特に部落を取り立てて対策をしていくということについては、われわれのほうは一体どうするのだというようなことを若干うかがえました。それほどまで部落全般の空気が以前と比べて変わってきている。しかも、明るくなってきている。外部からも、それほど直接的な差別というものは、部落を特別視していない。そういうような状況が広島についてはうかがえたわけであります。

ところが、これに対して京都の場合でありますが、非常ないろいろな問題について対照的な結果が出てきております。京都は先ほど申し上げましたように、地区を選んだわけでありますが、ここが共同住宅問題が、その部落の中に起こっておりまして、部落の中で調査を受け入れる態勢が八月に最初にわれわれが参りましたときにはあったのですが、十月になって急にできなくなりましたので、京都の左京区の鹿谷高岸町の部落にかえたわけであります。この鹿谷高岸というのは、以前は皮革産業を中心にした伝統産業、あるいは主として井戸掘人夫といったような単純労働というような形が比較的多く見られたのでありますが、現在は大部分が民間の日雇いないしは失対の日雇いというような形でもって就労が見られる。同時に、この京都の下京区の工場地帯、あるいは大阪の方面、あるいは市役所を中心にしたそういった団体に就労している人口というものは約一〇%、すなわち部落の伝統産業ないしは失対日雇い以外の就労人口が約一〇%くらい見られる。そういう点で、京都の旧市内のおもな部落の比較的問題地区の封鎖性が多少ともとれてきているということ、そういうような点がこの部落の中に見られる。ところが、その部落の先ほどの不良就労あるいは断続性というものは比較的強い。現在この中に二百五十八世帯がここにすでに入っておる。この二百五十八世帯と申しますのは、戦前あるいは戦時中、戦後の人口の比較を見てみますと、急速な増加が見られる。たとえば終戦直後百六十世帯が、現在では二百五十八世帯というような膨張が見られるということ、そういうような一つの傾向があるわけであります。

で、混住状況でありますが、すなわち一般人口との混住率はほとんどない。その二百五十八世帯以外に、その地区内に八世帯が一般地区の人口として含まれておりますが、それ以外の朝鮮人の人の世帯が二世帯あるだけで、大部分はその二百五十八世帯については、全くその地区に土着の人口であるということ。ただこの町外に十二、三世帯の同和地区の出身者がすぐに隣接してあるわけでありますが、これは町名変更になって地区外に出て来た。しかも同和地区出身の人口でありますけれども、かれら自身はもうすでに町名が変更されて、しかも自分達は同和地区から出たのだというようなわけで、われわれは同和地区人口の中に含めてもらうことは迷惑だということで拒否されました。これは対象地区に含めないで、二百五十八世帯全部についてやったわけであります。その人口の特殊性として、ほとんど地区外流出がない。しかもその増加率が非常に高い。またフィジカルな条件を申して見ますと、ごく最近、去年の十二月から今年の一月にかけて道路、橋の改修が見られました。住宅が八棟新しい改良住宅が建っている。それ以外はまだ以前のままの形でもって放置されている。しかもそれが約六、七十年というような古い住宅の中に住んでいる。しかも仮小屋も多少その中にふくまれているというような状況。もっともひどいところの例をあげますと、例えば十五世帯、二十世帯について水道、トイレットが一つしかないというようなところもございます。水道すらも入ってない。すなわち井戸にたよっているというようなところもある。人口割にして大体三十人ないし四十人が一つの水道と一つのトイレットを利用しているというような形態が依然として残されておる。したがってフィジカルな面での改良という面でまだ問題がこの地区には残っている。非行犯罪の発生率でありますが、これは以前とくらべて多少減っておりますが、しかしながら現在でもその一面が残っている。特にここにはいわゆる遊び人というわけで、ばくとを中心にしたグループが二つございまして、ここいらの人達は主に土建業を営んでおりますが、それを中心にした問題の団体が二つあるということは、まだ一つの考慮の余地があるというふうに考えております。

その一つの労働条件になるわけでありますが、先ほど触れましたように、このごくわずかの一割ないしは一割にみたない人口が市内ないしは大阪方面への通勤という形でもって見られるわけでありますが、大部分は民間雇用の日雇いに従事している。しかも、ここでも十五才以上の就労者が比較的多い。特に、婦人の場合は民間日雇いないしは失対日雇いについて約八十％が就労しているというような点が見られるわけであります。また特に、失対手帖ないしは生活保護適用のために形式上離婚しているという現象が十四ケース中に含まれているということが現実として指摘できるわけであります。十五才以上の就労率は約七割という結果が出ております。

また家族関係でございますが、部落内婚が約八割、部落外婚が約二割。しかし、部落外婚の中には、周辺の四つの同和地区ないしは滋賀県の坂本の同和地区に限られており、それ以外の部落外婚はほとんど見られないというような非常に封鎖的な特徴を示しております。また家族形態は、特に直系だけでなくて、傍系家族も含むような一つの拡大家族がこの中に見られるわけであります。すなわち、夫婦の形が三つも四つもあるような形の家族関係。一番大きい家族の成員層を見てみますと、十七の家族成員を持っている。そういった一つの特徴が京都の部落の中に見られます。

また、その就学、教育状況についての結果を見てみますと、進学率が非常に低い。特に義務教育終了後の高校進学率が非常に低いということが特徴として上げられます。また、一例をとってみますと、現在岡崎中学、すなわちあすこの学区にあたる新制中学校に約二十五人の児童がいるわけでありますが、これは二つの中学に分かれるのですが、一つの例、その中で成績を調べ見ますと、平均3が一人、2が七人、五点制でありますが、平均1が十七人というような具合で、すなわちクラスの中の平均以下の子供がずい分いますし、しかもクラスの中を五つに分けたその一番低いグループの中に大部分が含まれてしまっている。また精薄に近いような児童が比較的多い。そういうようなことを見ますと、中学に就学中の児童についてそういうような結果がうかがえたわけであります。したがってこういった点についても一つの広島とは対照的な特徴が見られるわけであります。

また社会福祉に関する面、特に生活保護率が非常に高い。これを全部受けている世帯が約二十八世帯あります。

地域活動について見ますと、この解放同盟の支部が去年出来たのですが、この解放同盟の七人のグループを中心にした、また隣保館活動を中心にして多少子供への補習授業が見られる程度で、後はそれほど強い実際の日常生活に直結した地域活動というものはほとんどみられない。これは京都の横の連りは非常に強いわけでありますが、しかしながら実際に内部の浸透率と申しますか、組織率というものは今のところ約五割というような結果が見られております。したがってこの地域活動についても、社会福祉に連がるような地域活動というものはそれほど積極的には行なわれていない。そういうような結果がうかがえたわけであります。

先ほど申し落しましたが、その就学、学校教育についてですけれども、ここの中学校でもって特に同和地区の子供の成績が非常に悪い、補習授業を開こうとしたのですが、ところがその補習に参加する児童が非常に少ない。しかも一般地区からの反対もあって、これが出来ないというような状況にあるということを知らされました。また長欠児についてですが、これは断続的に長欠、一日行って一日休む、また一日行って一週間休むといったようなことが部落の児童の一つの特徴だという状況が出ております。

また社会意識でありますが、これは老令者の一部に伝統的な一つのイデオロギーの方が出ております。一般的には近代化されつつある。しかしながら差別感情、差別意識、ことに直接的な差別についての経験というものが比較的高い。これは後で述べますように、周辺地区の特殊性にもよるわけですが、そういった形で差別の経験を非常に強くもっておる。また生活欲求という面についてみても、結婚はもっとも大きい問題でありますが、住宅、あるいは教育、あるいは職業、生計という面についてかなり顕著にその問題が出て来ておる。しかもこの地域的な連帯性というものが非常に強いわけであります。部落内にその地域的連帯性がとどまっている。しかも、その地域活動が周辺にまで伸ばされていないということは、地域外との交流もなく、しかも一種のインフェリオリティが彼らの中に根強く残っておる。そのほうで結果を強めておる。そういったことが一つの結果としてうかがえるわけであります。

周辺地区でありますけれども、周辺地区については、近隣の高台地区は高級住宅地区がその周辺を取り巻いている。しかも、比較的古い住宅地区でありまして、ほとんど移動がない。比較的定着性の高い人口が周辺を占めている。しかも実際に、差別感情については当然のような、そういった直接的な差別を持っている。しかも最近では、そういった部落の粗暴な傾向や、非行グループなどもなくなってきつゝあるのでありますが、いまだに若干そういったグループがある。あるいは粗暴な傾向もあるということを意識しながら、子供に対しては、たとえば交際を避ける。あるいは結婚については全く反対だというような非常に強い厳しい態度が周辺地区に見られる。そういった点が問題として残されているというふうに考えるわけであります。京都の場合には、その周辺には多少零細企業もありますけれども、これらの産業は部落の人口を吸収するだけの能力を持たないし、また意識的にそれを拒否する。たとえば高岸町の人は雇わないというような申し合わせのようなものができているということを聞きました。そういった周辺地区についても就労ができない。しかも部落の中に広島のような特定な産業がない。そのように、この交流というものはほとんどないし、その中での通勤という形はもちろん見られない。そういったような特徴がうかがえたわけであります。したがって、部落の内部に対する一般地区の感情というものは依然として古い差別感情が強く残っている。しかも、それが表面的な形でもって出てきているというようなことが京都の一つの典型ではないかということが考えられたわけであります。

　ごく大ざっぱな特徴でありますけれども、まだ詳細にわたって集計が完了しておりませんので、正確な数字を細部にわたって申し上げ上《ママ》げることはできませんでしたが、広島、京都はそういったところであります。

○会長　どうもありがとうございました。何かございますか。お聞きになること、もしなければ、それじゃどうも。

○大橋専門員　それでは、私のほうをひとつ簡単にお話ししますが、今、竹中さんのほうからお話がありましたが、広島の柿浦。それから私のやった埼玉県の騎西町は古い農村なんですが、おそらく日本の部落関係では一番いいところじゃないかと思うので、こういう地区はもうほとんど数えるほどしかありませんから、そういったものはもちろん基準にならないわけでありますけれども、どうも竹中さんの申し上げたようなことが大部分の傾向じゃないかと思います。

　そこで私のやりました高知の宮前町、ここは世帯数三百三であります。地域の取り方によって多少異動するわけですが、大体三百三。ただ一般人の混入が三三％、三分の一くらいであります。そちらのほうの方にも大部分が協力してもらったのですが、これは拒否は少なかったのですが、移動がかなりある。一般人の人たちは御存じのように生活程度が落ちてきた人がかなりありますものですから、結局九四％の調査率で、高知県高知市地元の役員、それから解放同盟といった方の全面的な協力を得まして、とどこおりなくできたわけです。

　これにつきまして概況をお話ししますと、実はここの宮前町は、高知県では一番いい部落といわれているわけです。実際生活保護を見ましても、一〇％くらいでして、これはもう高知県で一番少ない。一番いいところではありますが、実は当初選んだときは、九都市で比較的進んだところ、そういう基準でやったわけでありますが、私がいろいろ予想したより悪かった。この点強く感じたのですが、その点についていろいろ申しますけれども、そんな印象を高知県は日本の部落では一番非常にみじめな状態にある者が多いわけですが、この宮前町すらこういう状態では非常に大へんなことだなというふうに感じました。

　簡単に申し上げますと、初めに多少前後しますが、教育の問題ですね、やはり大部分は高等小学校、あるいは新制中学卒業が大部分でありまして、そして高等教育を受けるのは大体二、三％程度。これは特に若い年令層に多い。これは御承知のじ[よ]うに、よくなっている者は出ていっているのです。そっちのほうの調査をあまりやりませんでしたから、どうも片手落ちになっておりますが、出ているケースは特に多い。特に宮前町の場合は、いい者は高知市内のよその地区へみんな住所をかえまして、出ていって、そしてやっている。あるいは東京、大阪に来ている人もかなりあります。そういった点を考えますと、案外いいなと思うわけですが、ただ部落に残っている人たちは、私の考えておったよりもちょっと悪いように思います。

　そこで職業を見ますと、最初もう少しいわゆるホワイト・カラーとか、ブルー・カラーとかが多いのではないかと思いましたが、それが案外少ないのですが、出ていった人を入れますと、多くなりますが、居住者については四〇％くらいが職安日雇ないしは一般日雇といいますか、これは世帯主です。世帯員はまだ見ておりませんが、それから農業とか、あるいは商売、それから土建請負業、そういったものが二六、七％見られました。農業がちょっとありますが、大体反別が二、三反くらい、多いもので一町がありますけれども、大部分は二、三反、こういうようなのはほとんど日雇をやっていて、二、三反のものはむしろ職業は日雇になっておりますね。副業が農業。四、五反が企業《ママ》が農業で日雇が副業になっております。二六％というのは五、六反のものであります。それから後ホワイト・カラー、ブルー・カラー、この層が二〇％なんです。しかもこれも高知市とかそういった関係の大変な努力で高知市関係の現場の仕事、清掃とかそういった方面のものが非常に多くて、二〇％と申しますと、実はこの比率は混入人口を入れますとぐっと少なくなるわけです。部落人口だけに対するあれだけですから、混入人口を入れますともちろん大分変って来ます。部落民人口に対する比率が大体二〇％、ホワイト・カラーないしはブルー・カラー、勤人です。そして後残りが無職、あるいは不定といいますか、無職の中には恩給生活者とか、そんなものが多少あります。そういうものは厳密な意味では無職でないかも知れませんが、そういった形でやっておるものです。子供の方になりますと、多少勤人といいますか、会社の工員、あるいは店員とか市役所関係にも出ているようです。これは教育程度も高まってきますし、これによそに出ていったものを入れますと、多少傾向が変ってくるわけですが、しかし居住人口に関する限りは、これほどまで失対が多いとは思わなかったのですが、存外あります。

それから家族について見た場合、いわゆる部落内婚が多いのはどこも同じなんですが、一般との結婚ですね。これは居住人口について世帯主について見た場合五％程度ありました。それで子供の層になりますと、出て行っているものがありますから、そういうものを入れますとまた違ってきます。それからここの地区の特徴で離婚が非常に多い。これは御承知のように、日雇失対関係のあれもあるのですが、それだけじゃないですね。相当にいろいろな形で離婚があるようです。これは高知の場合はこういったところが多いのですね。それから一般世帯の混住人口については、まだ余りいろいろなあれを出しておりませんが、これは日雇もかなりあります。それから勤人とか店員とか、そういったのが多いですね。この人達はここに住居をもとめて、大体安いわけですから、そんな関係で入っております。そしてこの人達は都会のスラムと同じようにやはり二畳とか三畳を仕切ったところをかりておるのです。そういうことをして暮している人もあります。貸家業という人もあります。いろいろ意識を聞いて見ますと、やはり安い、そんなことをいろいろ云うわけです。

それから社会福祉、あるいは地域活動の面は、実はここは以前に町会がありまして、それが中心になっていろいろやっておったし、また隣保館もあったのですが、ここ二、三年来そういったものをほとんどやってないですね。それで結局市役所あたりでいろいろ清掃その他保建《ママ》、そんな関係でいろいろやります。地域に来てやる時に一緒になってやる。いわゆる地域活動というものはあまりありません。

それから意識の面は、ここは埼玉県に比らべますとやはり差別意識の点がちょっと強く感じましたけれども、しかし割とこういった事情でだいぶ接解〔触カ〕が多くなって来ておりますし、そんな関係で以前に比らべますとかなり劣っております。しかしやはり就職その他で宮前町というので断わられたということで、非常に大酒を飲んで云っておった方がありましたが、そういうことからわかりますように、やはりありますね。

それから私が大分面接しましたのですが、ないことにしておいて下さいという形で答えるのです。例えば娘がそばに寝ている、それに聞えないように、ないことにしておいて下さいということで逃げるようにしましたから、やはりあるのかと思いました。こういったわけですから、高知県の他の部落の場合は、かなりそういった点でいろいろ問題があるのではないかと思います。

それから回りの地区の人達はどんなふうに考えているかといいますと、実はあの回りに一応住民表《ママ》でサンプルをまいたのですが、住民表があまり良く出来ていなかったり、割と移動の高いところです。住宅地としてはいい所です。何回もサンプルをしなおしてやった結果、存外関心のない人、あるいは関心があっても本当のことを云わなかったのかしりませんが、そういうのが出ました。宮前町を知らない、何年間も住んでいて存外知らなかったり、知っている者についてはそう深刻な差別感といいますか、厳しい差別感というものは余り感じられないようです。事実いろいろな環境、住居状態を見ましても、ちょっと見たところわからないくらい最近整備されて来ましたし、なるほど道路なん《ママ》と云えば狭くて、第一あすこの立地条件が傾斜地にありますから、非常に不便なところですね。そんな関係で、良く見ますとちょっと変だなという感じを受けますけれども、家の構造もそんな悪いあれもありませんから、そんなところから、余り悪いところだというふうには思ってないようです。それから子供とかなんとか学校関係のあれでも、そうひどい扱いはないようです。これはもちろん相対的な問題ですが、私がいろいろ考えていた程にはなかったように思います。しかし全体として見た場合に、やはり一番いいところとして考えられておるところですが、職業とかあるいはそういったことがあるような気もします。

次に埼玉県の方ですが、ここは先ほど申しましたように、私はまだ農村部落の方は東北はやってないのですが、専門員の先生方の御意見をうかがいますと、やはり日本では一番いいところじゃないかと思うくらいに、いろいろな点で良く出来ております。ここの調査も地元の全面的な協力、市役所その他につきまして——ただ一軒、これは何か非常に早くから一般の方に、東京の方に養子に入って、一般の人と結婚して帰って来ているというふうな、これは最初良くいろいろなことをしゃべってくれて、喜んでおったら、調査に入ったら断わられてしまった。私は関係ないからという事例ですが、これを除きますと良く出来ました。

それで職業は、これは九〇何%は農業、あと多少役場、学校の先生というものがおるわけです。学校の先生が三、四人おりますから、部落としてはなかなかあれですね。それから農業のほうは、大体回りの農村が平均七反余りになるのですが、八反ありますから、非常にいい。そういったわけで、生活状態は回りのあれよりもむしろいいくらいです。事実そういうふうに言われております。昔は回りよりも悪いか、あるいは同じくらいの状況であったそうですが、最近はむしろいい。これはいろいろな地元の努力のたまものだと思いますが、農地改革というものも、いろいろな指導もあったのでしょうけれども、率先してやります。いろいろな上のほうからの事業に対しては非常に積極的に協力してやりまして、回りでできないこともやるくらいに、非常に積極的にやっております。農業のほかに、行商というものは四分の一くらい。自分のところの作ったもの、あるいはよそから買ったりしまして、東京あたりどんどん行商に行っておりますが、そういったことをやっております。それから、勤人になっても、これはなかなかあまりいいところじゃないのです。立地条件は鴻巣から三十分くらい入るところですが、三十分くらいゆうにかかりますね。モーターバイクで行きますと、早く行くのでしょうが、そんないいところじゃないのですが、けっこうそっちこっち出ております。ここもやはりよくなった者は東京あたりどんどん出て行っております。子供四人全部東京へ出て、みんな教員で立派に結婚するというケースがあるわけですから、なかなかそんな形で、それから内部でも、一般の人と結婚しているのはちょいちょいありますが、これはやはり農村部落のあれでして、そう多くはないですね。回りの農村部落のここは離婚とか何とか、そういう問題はあまりありません。それから、農村ですから、やはり何世帯も一緒に、親夫婦、子供夫婦という形で同居している。それからまだ余裕があるのか、分家なんかというものも最近ちょくちょくしたりしております。普通の農村部落、ちょっと見たところでは、住居状態も非常に立派ですし、最近私が行ったところでも、二、三軒建築しかけておりましたから、なかなかいいところですね。こんなわけで、生活条件は非常に恵まれております。

学校の教育の問題も、成績その他なかなかよくて、進学率も、地方の進学率と同じくらいで悪くないですね。大阪に行っている者もおります。それから差別意識の問題ですが、回りの差別意識の問題は、これはそんなわけで非常に生活もいいし、それから落しましたけれども、いろいろな団体、あるいは協同組合とか何とかの役職に一ぱい出ているのです。農同《ママ》組合組合長さんもごらんいただきますし、そんな関係で、むしろまわりがそういった面では劣っているくらい。

それからいわゆる生活慣行、生活様式は独特なものをもっておりましたが、そんなこともいろいろな悪い印象をあたえた。最近は文字通りそういった様式方面で同化和合しております。良くいろいろ調べたところでは、酒を飲みすぎるということがまだまだちょっと古い形で残っているということ。何かあるととことんまで飲む。そういうものを除けば、これは四、五人寄ってもらって一ちや〔一夜カ〕検討しまして、回りの一般地区の方も寄ってもらって、ここは変らぬ。あといろいろな風俗習慣の面、結婚その他の面では、例えば結婚式とか何とかお酒を飲み過ぎる、そしてそのために無駄使いをする。そんな点でことさらにみじめな生活をしておって、すぐ部落だとわかるようなあれをしておったが、そういう点がなくなった。

それから地域活動というものも、部落会と申しますか、いろいろなものが四つくらい出ておりますが、そんなものを中心にいろいろやったり、あるいは役場のあれに同調して非常にやっておって、中々成果が上っているように感じました。

ただ結婚問題はやはりまだまだある。それから古い人達に聞くと、昔はここは坂戸部落だ、あるいはちょうりんぼうとばかにされたが、最近はそういうことを感じ《ママ》ないということで、私たちの調査も実は差別意識のところ、今までのことを全部云ってもらいたかったのですが、最近のことを云って、ないと云うので、最近はないと云うことでありました。結婚問題でやはりそういう点に多少問題があります。青少年の問題もほとんどありませんし、日本の農村部落としては相当いいところに来ているのじゃないかと思います。もちろんまだ結婚の問題もありますし、いろいろ考えることはあると思いますけれども、大体こんなところで、広島とこの部落の場合は本当に別格で、後は本当に悪いわけでして、そういった点一ついろいろ御検討を願いたいと思うわけであります。いずれにしましても、調査員の先生方、皆様方いろいろやって見まして、やはり実態が良くわかりまして、もっともっとこれをやらないと、こんどのいろいろな調査会の資料としてはす［た］ると思いますので、来年度も今年度の経験を生かしまして、成果を上げたいと思っております。

○会長　ありがとうございました。何かほかの方で。

○山本専門委員　先ほど竹中先生が、広島が私の郷里でありますが、その精密調査の御報告がありましたが、ただ二つどうかと思う点がありますが、これはあとで竹中さんと話しまして、もう少し個別調査をよく見てもらって、結論を出したいと思っております。先ほどの説明の中で、非常に一本釣りが多いというような説明がされておりますが、私の郷里は二百八十世帯くらいになると思いますが、世帯主が一本釣を職業にしておるのは十世帯くらいしかありません。この点が大きく違っておる。

それからもう一つは、労働者として毎日造船所なんかに行って働いている世帯が六十世帯ばかりございます。そのほか、船員として海運業に携っている連中が相当ありますので、防衛産業に携わっている連中が相当あります。

それから今の私の郷里のおもな産業は漁業と申しますと、養殖業です。養殖業で一つ関係がありますことは、実は昭和三十六年にモデル地区ということにしまして、それから四、五年前から地元の方が研究して参りまして、真珠母貝の養殖、これをモデル事業の関係で力を入れて参りまして、ほとんどモデル事業の関係で私の地区が国のやっかいになって力を入れているのはこの問題一つにしぼってけっこうだと思うのでありますが、大体それが今では今日の通産省でやっております構造改善事業といっておりますが、モデル事業の真珠母貝の養殖というものが最近伸びて参りまして、この一、二年のうちにはだんだんほんとうの真珠養殖に転換する機運が生まれております。その真珠母貝の養殖事業というものは一般の附近の近隣の農村の婦人の労働力を大体年間通じて、毎日、月二十五日の間に平均八十人くらい使っておりますから、年間を通じて相当の多くの一般の人を私のほうの真珠母貝の養殖なり、カキの養殖に中心として使っておる。これがかなり違っておるのではないかと思います。

それから次に問題は、行政の効果がどう配分しているかという問題であります。これは私の郷里が大正十四年に内務省の地区改善事業をとりまして、それから四十年間ずっとたゆまざる努力を続けてきたと申し上げてよろしうございますが、その行政の効果が非常に大きかった。今日は、先ほども説明がございましたように、産業も伸びて参りまして、経済の状態も、県の調査によりますと、県の生計調査の一般の平均よりも収入の面におきましては、私の部落がずっと収入が多いようであります。そこまで伸びて参りました。

それから、地区の環境改善の仕事はほとんど今日まで完備しております。むしろ、先ほど御説明がございましたように、一般の人がうらやむぐらいまで完備しておりますから、それは行政のこともございますけれども、地元の連中が、たとえば地元の共同でもって道路の補修であるとか、街灯をつける、それから保健衛生のほうに力を入れる、意欲的にやっておりますので、環境整備も行なわれている。教育も大体そういう関係もありますので、一応行政の効果というものがかなり力を持っている。そのことが一般の部落以外の近隣の人にどう反映するかという問題でありますが、その点を今度の調査は力を入れてやったと思いますが、大体この地方でいいますと、その点に関する限り、行政のことは認めますし、よくなっているということも認めておりますし、同時にまた、これが工業を盛んにする一つの結果となっておりますので、私はこの行政の効果というものを高く言う必要があると思います。これが一つであります。

それからもう一点の問題は、地域活動を活発にする団体が必要でありますし、同時に、地元の人がそれ相当の人が輩出してないといけない。私の郷里はずっと伝統的にその地区を中心にして指導する連中が大体出ております。今は大学出の青年が中心になりまして、財団法人の黎明会を作ってやっておりますが、やはり人が地区に必要だということが考えられるのじゃないか。

それからもう一つは、部落の体質改善の問題。今のような関係でだんだん私の郷里は近代化していっております。テレビにしましても、ラジオにしましても、また洗濯機にしましても、だんだんそういった面におきましても、産業の経営の形態におきましても、だんだん近代化しておりますし、そういう方向に持っていっておりますけれども、そのことが今一つ問題になりますけれども、部落自体が近代化していく、むしろ一般がおくれるのじゃないかというような点が出ております。それをどう調整するかということが今後の全体としての解放といいますか、同和といいますか、まとめていく上の一つの大きな課題になってくるのじゃないか。こういうことが感じられますので、大体補足的に御説明申し上げてみます。

○野本専門委員　部落解放同盟の野本でございます。先ほど事務局のほうから、問題が報告されたようでありますが、私は特に東北地方の部落の実態を知っております関係上、今度の調査の中で東北地方を入れてくれということを強く要望したものであります。従来部落問題というと、何か関西地方を中心として考えられて、東北地方には部落がないのだというような考えを持たれておった。したがって、行政的にも東北地方の部落は非常に置き去りにされておるという実情があるわけです。その中で、東北地方の部落はどういう実態があるのかということを行政の上にも反映してもらわないといかぬ。もう一つは東北地方の部落は非常におくれていて、いろいろな面で取り残された部落の姿を表している。こういう点で、特に東北地方の実態調査をお願いしたのです。私がお願いしましたのは、山形県の米沢、鶴岡、酒田、大山、上山、これだけの五ケ所の部落があるわけです。米沢を見ますると、二つの町内にまたがっておりまして、百七十戸であります。鶴岡が四十七戸でございます。それから酒田が五十戸、大山が、これは日本海の沿岸にある漁村ですが、八戸。それから上山が八戸。これだけの部落がある。特に米沢を選びましたことは、米沢は昔のいわゆるえた部落と非人部落と、この二つに分かれております。えた部落と言われておりますのが栄町、非人部落と言われておりますものが住吉町、両方合わせて百七十五戸ですが、住吉町が今なお原始的な生活を営んでおります。ここの人たちは、日雇、出かせぎ、それからバタ屋、これを中心とした非常に家屋なんかも原始的な生活を営んでおるわけですが、この部落から見ますると、七年前に市議会が異例の請願書を出しておるわけです。その請願書が市会で採択されておりながら、何らの行政的な手も講じられていない、こういう実情があるわけです。そういう実情を調査願って、具体的に今度の行政の手を伸べてもらうことがいいだろうということで、対象としたわけです。私と竹中専門員、武田事務官と三人で山形県庁を訪ずれましたところが、従来山形県は部落がないということになっておるわけです。したがってこの際またあるんじゃと、そういうことで、いろいろお願いしたのですけれども、ついに応じていただけなかったわけです。したがって、そういう方面から見て、官庁の手を通じての調査というものが今年は非常に困難になって、打ち切らざるを得なかった。これは裏から調査しまするると、私のほうの手で調査しても完全な調査ができるわけです。そういうことでなく、表面から調査をするということになりますと、非常に困難な状態になる、こういう点で打ち切らざるを得なかった。

もう一つは福島県の会津若松、それからその周辺にあるもう一ケ所、これは非常に原始的な部落ですが、そういうところも調査の候補地に上がったわけですが、それも山形県と同じような理由で調査が困難になりました。私どもは、できるならば来年の調査に、ややもすると忘られたものとなる東北地方に実態調査を行なって、そういうおくれた部落こそ暖い手を差し伸べなければならないのじゃないかと、こういうふうに感じられるわけです。東北地方の打ち切りの問題について御報告申し上げたわけであります。

埼玉県の騎西は大橋専門員から御報告がありましたように、戦前は非常におくれた部落でありまして、ここは青年を中心として戦後非常に部落の更生についての努力が払われて、今日非常に埼玉県でも模範的な部落になりつつあるわけです。ここの指導者はほとんど青年層、二十才台の青年によって行なわれております。古い人たちは青年の指導力にまかして、仕事をやっているという形で、働くことに十分意欲をもやしましたし、非常にこの部落に関しては、行政的な面で大きな努力を払っております。そういう点で、おそらく全国的にも秀れた部落の農村としての形が出てくるのじゃないか、こういうふうな感じであります。

以上簡単でありますが、東北の問題と埼玉県のことについて申し上げました。

○会長　それじゃ、調査につきまして、中間報告でございますので、何ともあれですが、委員の方々から何か御質問か、御意見ありますか。

○尾形委員　私、専門委員の方々の一通りならぬ実態調査については心から最大の敬意を表するよう《ママ》です。今、大橋委員と野本委員から、実は先ほども伺いたいと思ったのですが、拒否された理由の一端が、京都では町名変更によってその必要ないという意味があったのですが、東北地方では、そのような拒否の理由があったということを伺ったのですが、何かそのほかに拒否の理由があったのではなかろうかと思うのですが、いかがでしょうか。

○野本専門員　東北地方は非常に微妙なところで、この点は調査来年に持ち越されておるのですが、いろいろ事務局も努力を払われたのですが、この際私どもがどうしても強引にやらなければならぬということを申し上げると、いわゆる事務当局でも中にはさまって、いろいろ困難が出てくるのです。そういう点で、私は専門員としての立場で県庁にうかがいまして、いろいろ二時間余りじゅんじゅんと説いたわけですが、かつて私は三十三年ごろ三回ばかり米沢に行っているのです。そのころ私が行くことによって、いわゆる米沢でも動いて、県庁でも動いて、そのころ部落の実態調査をやった資料があるわけです。山形県庁の方には資料を見せていただいたわけですが、実際的には厳然として残っておるのですが、それがいろいろの関係で、この際調査をやるということに対しては、ひとつ遠慮してくれ。もう一つは、栄町というところから市役所に二人ばかり勤めている人があるわけです。その人たちは、一人は議会の事務局長をやっておりますし、一人は何かの課長をやっておる。これは私どもがこうなっておるのだからいいじゃないかという、こういう考えを持っておるわけです。米沢の場合は、住吉町と栄町の二つの対立があるのです。栄町というところはいくらかいいのです。住吉町というのは原始的な家屋ですから、生活的にも困難を来たしておるのですが、そこの二つの意見の対立もあるわけです。住吉町だけなら実態調査ができるわけですが、栄町との関係、そういう困難があったのです。

あと、その他の理由については、一応事務局もいろいろ努力を払われて、来年度ということで扱われておりますので、ひとつ御了承願いたいと思うのです。

○尾形委員　実は重ねてお伺いしたいのは、この調査票を拝見し、これは当たらないかもしれませんが、個人の自由に介入するという意味で拒否されたというような点も考えたものですから、ことに野本委員と山本委員はこの道の大先輩でおられるので、その大先輩の説得でも拒否されたのでは何かほかに理由があるのではないかと、今大体感じました。そこで、これは専門員の方々には重ねて、今後も十分心からお礼を申し上げます。

これは事務的にこちら側の審議会として会長にお尋ねしますが、これは野上参事官に伺いますが、この調査票をこれによって今の調査をしていただいて、その結果にお□□〔二字欠〕この調査票というものができたのかということをお聞きしたい。この調査票、多分十二月一日からというお話もあったので、すなわちこの調査票にのっとって調査票を委員の方が御苦心になったのか、調査員の方はこの調査票にのっとってやったのか。

○事務局長　調査部会で検していただいて、先ほど御報告いただいた調査をやりました。その調査票がこの二つでございます。先ほど大橋委員がお話がありましたけれども、調査は三本立になっておりまして、一つは地域環境の調査、それからもう一つはこっちのほうの調査票、それからもう一つは、この縦の横字になっております。この三本立の調査をやっていただいたわけです。

○尾形委員　専門員の方々は耳にふたして聞いて下さい。こういう調査票が出ているなら、なぜ、われわれ審議会の委員に出して下さらなかったか。そうして、われわれが審議してこれがいいだろうということで、調査員の方々にお願いすべきであったということが一つ。もう一つ、この調査票ですが、これを拝見いたしても、そういう感じがするのですが、一体何か御承知であったかどうか。私は、きょう初めてこれを見た。

○会長　この調査票につきましては、この前の調査の要綱について専門員の方から、調査部会のほうから御報告がございまして、それによって、どういう票で、どういうものにするかということについては、調査部会の方におまかせしたはずでございます。それに基づいて調査部会でこういう票を作り、調査をしたということになったと思います。

○尾形委員　会長にお伺いして恐縮ですが、先ほど申し上げたように、非常にこういう行政のお苦しみがにじみ出ておることはわかりますが、これを各省で責任分担して持っていくというのが審議会の建前であろうと思います。そういう意味から、たとえば私どもの立場から、労働行政の面で、いろいろな面で、自治体の問題でちょっとこれに何とかお考えいただけなかっただろうか。今、会長のおっしゃったように、おまかせしたけれども、できたら見せていただくということを申し上げた。その理由の一つに、こういう出し方は私は非常に一方的であって、少なくとも審議会の調査員の方に御苦労願うのはどうかという一つの疑問を持ったということ。それから調査票のことですが、四ページBの各種社会保険など、やはりこれはこういう行政のほうの問題が多くて、失業保険であるとか、労災保険であるとか、こういう問題については各省には出ておらなかったか。それからもう一つは、先ほども大橋委員と、それから竹中委員も言外におっしゃっていたが、特に私たちは会長と、別々でしたが、場合によりますと、騎西の町も会長もよく見ていただきましたが、そういう経験からしますと、まことに相済まぬことですが、現状においては産業が失業対策であったということは、私は十数年見てきておるわけです。こういう悲しむべきものをそのままにしておくということは私たちは今後考えていかなければなりませんが、そうしたところに社会保険とか、失業保険というものを出していただけなかったか。このことを私は見たかった。だからそういう意味において、通産行政については、これに対して一体どこまで――もっともその前に会長にお断りしなければなりませんが、あのときに私はお尋ねしたのです。各省の事務当局とお打ち合わせの上でお願いしたいと申し上げたのです。問題となっておるのは、入会権の問題がかなり、入会権の介入権がなかったというところに今日の生活状態に置かれているのではないか。これは山本委員にお尋ねして、この問題はどこかで生かしてほしかったということを私としては感じておりますので、その他二、三ございますが、このような意味で、会長十二月ということですが、もし多少これを改正の余地があるとするならば、特別委員のほうにおまかせして、そうしたことをお含みの上でお願いしたい。もしお含みがあるとすれば、私の出過ぎたことはお許し願いたい。

○会長　これは調査部会がお作りになったことで、実は事務当局はそれには参加はしておられたようですが、調査部会と事務局と合同会議というものを開いて、あのときは、たしか今度の調査というのは、同和地区の実態調査の問題で十二月一日にやりますというのは、これは全国に一般調査というやつは別の問題でありますす。非常に簡単なものであります。これはこの前御報告あったはずであります。皆さん御了承願ったところと私は思っております。それでこの二つについては、大体こういうことでやりたいという根本的な考えでもって、やり方については事務当局、それから調査部会、いろいろ相談してやってくれということで、問題は非常に御注意があったと思われるが、この次に来年度やる分については、二十地区ですか、これについては新しくやるわけでございますから、予算がたりませんと云いますので、その点については皆さんの御意見を良く承りまして、参考にしていただきたいと思います。

○大橋専門委員　その前に今、尾形委員から発表のありました問題を一応補足しておきたいと思います。第一点の一般の意識調査として貧富の問題を取りあげたのであります。これも一応議論はしたのですけれども、大体こういったものも一般の意識が部落と一般を問わず、こういったものについてどう考えているかということは一応参考になるだろうというような関係で、貧富の問題を取り上げた。

それから第二点、入会権の問題は地区全体の環境調査をする場合に必ず入れるということは考えていました。

それから第三点は、保険関係の問題。これはありとあらゆるものを全部調べるということで、今の保険のことも調べることにしております。

それから騎西の問題で、非常に気の毒の人があるというお話でございますが、これも個別調査をやっておりますから、まとめますと出てくることと思います。大体そういった御指摘になっている問題は一応考慮しながら調査部会では案を作って、その角度から調査をしているということでございますが、なおたりない点がありますれば、今後補足して参りたいと思います。

○会長　それは長《尾形》尾委員のおっしゃるいろいろな問題があると思いますし、今後中間報告でなしに、ある程度まとまりましたときに、よく伺いまして、なおこういうことをやってもらったらどうだろうということで、御意見を聞いてやりたいと思います。

○尾形委員　これだけのものを印刷するのをつけ加えるのを大へんだろうと思ったから、なるべくなら前に見て、つけ加えていただきたいと思ったのですが、今、山本委員の含みがあるとおっしゃいましたが、大へん失礼しました。どうぞひとつ入会権の問題、お願いいたします。

○山本委員　非常に問題になっております調査でありますが、ここにあります基礎調査は全国的にウエートを持たしてやることに一応考えております。

○大橋委員　それから質問の形式、これはちょっと問題があると思いますが、これはこういう意見があるが、あなたは賛成かどうかと聞いておるのです。みんな最初にまとめてあるわけです。七ページのところに、「あなたは次にあげる意見に賛成なさいますか、反対ですか」。この文章でいろいろ問題がありまして、来年はぜひ直したいと思います。

○尾形委員　どうも御苦心の点、ありがとうございます。

○会長　これは調査部会で御議論になって、だんだん固められて、持って来られましたものですから、それまでこの審議会開けなかったから、そんな関係で御相談する機会がなかったということですが、実はこれでやっていて、実際に調査部会の方々が出かけられて調査しておりますから、またおそらく調査した結果、こういう点はいかぬ、これはこうだという点があるかと思いますので、そういう点もこの次のときまでに、ほんとうのことが出ますするときにまたお考えいただきまして、またそのときに委員の皆さん方からも御意見いただきまして、そうして明年度の調査というものはいいものができるようにいたしたいと思います。

○**北原委員**　これは誤植だろうと思いますが調査票の四ページの注のところ、個々の人種を尊重するというのは、人権のことですね。

○**大橋専門員**　そうです。だいぶ誤植がありまして、その都度調査員――これは注を直して差し上げれば非常にけっこうだったのですが、そのほかにも若干ありまして、文字の違いがありますけれども。

○**会長**　おそらく今の調査は、調査員が行く方が御指導になっておりますから、あまり変なことはしておりませんが、おそらく聞いたものが変な感じをもって、これはこういう質問をするより、こういうふうにしたほうがいいということで、これは次までにいろいろ御検討願いたい。ありがとうございます。大体きょうはこれでもって終わりたいと思います。［以下省略］

【653】Ｂ４謄写版71頁クリップ止め

6　一九六二（昭和三七）年一二月六日　同対審総会速記録［抄録］

○**木村会長**　それではきようの会議を開きます。本日は主としてこの審議会の今後の進め方について御意見を承わりたい。かように考えております。その前に全国調査の要綱につきまして一応事務当局から御説明を伺います。

○**野海参事官**　この前の総会のときに、中間報告ということで四回の精密調査と、全国基礎調査について概略御説明申し上げました。この前には調査要綱なり調査表をお出ししておりませんので、本日お配りいたしまして簡単に御説明したいと思います。この前も御説明いたしましたように実は精密調査の方が非常にスケジュールより遅れました関係もありまして、全国基礎調査の着手が非常に遅れたのであります。専門員あるいは調査部会において検討していただきまして、やつと全国調査表をこのようにまとめまして、実は昨日から、各ブロックの説明会に入っております。全国を五ブロックに分けまして、昨日は近畿ブロックの打合せ会を開催いたしており、明日は関東東北ブロックの打合わせ会を開きまして、十三日までの間に全国各ブロックでも説明会を終了したいと思つております。４の調査の時期というところにありますように調査地点は来年一月一日現在によりまして、一月中に市町村の調査表を作成していただき、二十七日中にこちらに中央の方にまとめるという目途で進めております。

1の調査の目的、2の調査の機関―同和対策審議会が企画立案し、都道府県に委託して行なう。3の調査の対象―全国の同和地区を調査の対象とする。4の調査時期はさきほど申し上げました一月一日現在調査の事項、基礎調査票別に別紙としてお配りしておりますけれども、それぞれ各同和地区についてこの全国基礎調査表《ママ》というものを一地区一票作成していただくわけであります。所在地、地区名、それから一般に使われております名称以外にも使われておるいわゆる俗称というものがある場合にはその俗称も書いてもらう。地区の状況につきましては実は昭和十四年に調査いたしました全国の部落の名簿のようなものがございます。それと対象《ママ》する意味におきまして、昭和十年当時を基準にして、それ以後市町村の配置分合などによりまして、市町村について移動がある場合には旧市町村名、昭和十年当時の基準で旧市町村名を書いていただく、それから戸数、世帯数、総人口、部落人口――部落人口と書いてございますが部落民と言われる人口と、一般人口との比率、部落人口と混住率というもの、これは精密に取り得ないものかもしれませんが、大体の推定で書いてもらう、それから地区住民の主な職業これにつきましては実はどういうふうに取ったら一番実際の役立つかどうか、技術的にどういうふうに取り得るかというようないろいろな問題がありまして、職業の問題につきましては何回も専門員に御検討いただいたのでありますが、なかなかいい案がなく、結局日雇労働者、常用労働者、自営業者、こういう大ざっぱな分類で、それもまあ一二、三パーセントとか、二四、五パーセントとか大体の数字を書いていただく、これ自体を行政基本対策を立てる上の資料とすることはできませんけれども、何か部落の大体の性格をつかむ上において一つの資料になるだろうという程度の考えかたで、この程度に書いていただくということにしたのであります。それからまあ部落における失対の問題と生活保護の問題、非常に大きな問題でございます。失対の数なり、生活保護の数、これは世帯の数、生活保護を受けておる世帯の数でございます。これについては比較的取りやすいじゃないかということで、これは職業とは別に一つの数を書いてもらう。それから生活保護の世帯数で書いてもらうというつもりでおりますが、世帯であるとか戸数というものを定義することは非常に困難であります。主な職業なりあるいは混住率の問題にいたしましても要綱に書いて見ると非常に困難でございます。その点も考慮いたしまして、ブロック会議において簡単に説明した上に、各府県を担当した方々からいろいろ案が出ると思います。書き現わしにくい点についてブロック会議で具体的に検討していただきたいという考え方でブロック会議というものをしたのであります。

以上簡単でございますが、全国基礎調査要綱並びに基礎調査票の説明を終ります。

［以下　木村会長、尾形委員、野海参事官の発言あり、省略］

○尾形委員　それはわかるのですが、常用者の限界というものをお尋ねしたいのは、常用者というと一般的に二ヵ月以上の者を常用者というのです。ところが私の調べたところでは建設労働に行く人が多い。建設労働というものは限界産業でありますから、工事完了と同時にパーになる、日暮し産業のような限定産業であります。そういうのは一体工事の着工から完了までを常用というのか、一般的に二ヵ月以上になれば常用というのですか、特殊な地域ですからその点が概念だけで出て来ると、対策を立てるときに問題が起る。それからここで日雇という中で一般的に日雇というのと、臨時的な社外工という日雇というものは別でありますが、そのときに私調査していただきたいと思いますのは、日雇というと失対とか一般民間のものがありますけれども、臨時的社外工的なものがかなり多いので、不安定だという問題が十数県見ていただいて感じられたのでありまず。ですからここでいう一般的概念の日雇でははっきりしないじゃないか、こういうふうに考えてお尋ねしたのであります。労働省関係のものは幹事会その他で出たと思いますが、このような文字の使い方をしたかどうかということを伺いたい。そうしないと行った先で、大体日雇、失業対策事業が生業化されておるようなきらいが多い。そういうときにお尋ね下すった調査の方に対するお答えがどう出るかということ、実は私雇用審議会で十年振りで失業保険の改正をやっておりますが、私は同和の問題を頭に入れてかなり強い意見を出しております。そういうときにほかと違って、同和の地区の職業はこういう臨時的のものが生業化されておるという、お気の毒なといっては済まないような状態がありますので、これはやはり調査の上からデータをとって、それぞれ審議会で何とか解消の途に行きたいという気持がありますのでお尋ねしたのであります。一般的には登録適格者数と言っておりますが。

○野海参事官　常用労働者の問題、日雇労働者というものについてはいろいろ日雇労働者健康保険とか、失業保険とか定義があると思いますが、そういうものと関係なく臨時雇あるいは短期間の雇用の契約を更新して行くようなものもあります。形式の如何を問わずとにかく常用的に雇用されておる者と考へております。

［尾形委員発言省略］

○野海参事官　職業面については取ることは不可能だという論議が強かったのですが、この調査は主として既存のデータに基づいて出るような基礎的な比較的簡単な項目だけをやって、あとの労働関係にいたしましても、職業関係につきましても精密調査によってそれぞれの対策を立てる、基礎になるものは精密調査に期待するという考えであります。職業面については不可能だという意見が強かったのであります。やはり部落のいわば憲法みたいなものを作るわけでありますから、その部落の特性を示すについては、こういう部落産業がある、あるいは政府でも日雇失対によって生活しておるそういう部落の特性を見る程度のことは何か職業面のこれでやる必要があるじゃないかという議論、実は主たる職業を二つないし三つ書いてもらうということで検討したのでありますが、専門委員会はそういう行き方よりも常用労働者が多いか、あるいは日雇的なものが多いかということの方が部落のなんというか、特殊性というか、解放化という言葉が専門委員会ではよく使われましたが、そういう近代化というか、解放化というデータを見るのに、もちろんこれは数字的には大ざっぱなものしか出ませんし、とにかくこの三つの大ざっぱな考え方で、事実上の日雇も、形式的な概念は別として、日雇として雇用されるもの、形式的な日雇あるいは臨時工、いろいろ形態があると思いますが、ある程度長期間常用的に考えるもの、そういう非常に漠然たるもので三つに区分していただいたのであります。精密な全国的な集計をしてそれを資料にしようというようなものではないと考えております。

［尾形委員、野海参事官の応答あり　省略］

○北原委員　精密調査は尾形委員のお話になる点、それは明らかにデータになってくるような調査になりますか。

○野海参事官　精密調査はこの前調査表をお配りしておりますす。職業の問題につきましては、世帯の全員について職業種別を具体的に書いてもらう。それから稼働状況、就業年数、稼働一ヶ月何日、時間、収入、その他細かいところまで記載していただくことになっております。それをどういうふうに集計して行くかという問題が残されておりますが、非常に細かいところまでとるようになっております。

○北原委員　ここにあります、失対事業紹介適格者数ですが、尾形委員の指摘された通りの事情、例えば失業者という概念が、部落の場合一般的な概念に当てはまらないと思います。常識的に言えば、仕事に就いておった者が失職したものが失業者でしょう。ところが部落の場合はそうでない者が非常に多い。安定した職業に就いた機会がなかったので、そのために雑業的な屑物買いとか、そういうことをやっておる失業者、こういう失業者というものは、紹介の適格者という数、その数字と調査の上ではどういうふうに現われてくるでしょうか。失対登録のものははっきり数字になって出て来ますが、登録を違《ママ》うのですか。

○尾形委員　［省略］

○木村会長　基礎調査というのはさきほど御説明がありましたように、最初からこの調査そのものを直接すぐあとのものに使うということは一応考えておらない。むしろ対策に使うのは精密調査の方を使うことにしたい。そこで精密調査につきましてはこの前尾形委員から御注意がございましたその御注意によりまして、次回行ないます調査につきましてはよく尾形委員その他の意見を参酌いたしまして、専門員で御研究願って、必要なものは漏れないようにする。今度のはほんとうのモデル調査のようなものでありまして、やってみた結果によっていろいろな考え方も出て来る。でありますから今のところは、さきほど説明がございましたように手元にある資料と、一部の人に会っただけでもって大体の概念をつかもうというくらいでありますから、精密な調査まで行かないと思います。従ってあと集まりましたものをどう扱うかということを、皆様の御意見を十分頭に置いて、この審議会で使うのでございますから、御注意はよくわかりますが、今後の精密調査につきましては御趣旨の点がはっきり出るようにやっていただくということでお願いしたら如何でございましょう。

○北原委員　会長の今の御判断でけっこうでございます。

［柳井委員以下の発言省略］

○北原委員　伊藤委員にお願いしたいと思います。ジャーナリズムの上における差別の問題、新聞もときどき問題を起すこともありますが、非常に俗悪な週刊誌やその他の出版物の中には目に余るものがあります。例えば五味康祐の柳生石舟斎とか、あるいは漫画、挿絵を入れた露骨なもの、これは一知事［半］解の知識でどこかの一部の資料に基づいて、部落の歴史をまげて書いております。かれらは原稿稼ぎですから全く検討もしないで書いております。私どもこのことについて戦前のような検［閲］制度というものを望むものではありません。やはり言論出版の自由は尊重したい。また尊重する建前から自主的にそういう問題を規制して行くように、なんらかの対策を講ぜられないと、例えば出版のそういう組織とか文筆業者の組織とかいったようなことによって、そういう問題に対する警告をするなり注意を喚起するなり、なんらかの対策を講じられないと、野放し状態でしかも開き直って言論は自由だ、書くのは発表の自由があるというような調子で、トラブルを起すこともあります。こういう問題は教育の問題としても考慮していただきたい。

［木村会長、伊藤委員発言あり、省略］

○北原委員　朝日さんでもそういう差別記事が載ったことがあります。毎日、読売などほとんどの新聞に載ったのですが、その場合に朝日新聞はそういう問題をきっかけにして、デスクの人たちによって問題の理解を深めるような対策を講じておられます。私どもはそういうふうにして理解を深め、前向きの姿勢で取り上げていただきたい。ところが私どもいくらか関係しております中部日本新聞でこういう例がございます。支局から送ってきた差別記事が載り、それを解放同盟が指摘して、社の幹部と会って十分了解を得た。ところが地方部長が第一線記者に対して、部落という文字は一切本社においては禁句である。これをもし下手に扱ったら大へんな問題になるから注意せよという注意書を第一線記者に配らせた。こういう態度はわれわれは望まないのであって、やはりそれを理解させてその認識の上に立ってその問題を取り上げてもらうという方向に持って行かなければならぬ。この際マスコミに対してもそういう基本的態度でもって望みたいと思います。

○木村会長　今の問題は伊藤先生の方で御研究願いたいと思います。それから石見先生には産業というか、労働関係とそちらの方をお願いしたいと思います。産業と労働と一緒にしたものでありますからぜひ……、むろん環境の問題も御研究いただくのもけっこうでございます。もう一つ柳井先生、北原先生にはどの分にも御相談にのっていただくということにしていただきたいと思います。

［以下省略］

【636】Ｂ４謄写版60頁クリップ止め

7　一九六二（昭和三七）年一二月六日同対審総会［北原メモ］

×　基礎調査
5ブロックで説明会開催。
府県で――1月中に
中央で――2月中に

×　常用労働者とは――？
通常二ヵ月以上の雇用契約の者をいうが――
一つの工事の完成までの雇傭なのか

×　日雇労働者とは？
臨時工、社外工はどの範疇か――　尾形

○　基礎調査は部落の原籍となるもの
具体的事項は精密調査にゆずる――　事務局

×調査結果が〝常用〟が多くなりはしないか？
不安定な雇傭関係が多いのに――

×政策立案の資料には精密調査にゆずる。
基礎調査の資料はそれに使わない。

×調査もれ――申告もれ――対策
一町村一票を配布する――それを府県段階でまとめる。調査もれに特に配慮する。

×　あと一年八ヶ月――この期間内に答申案をまとめたい。

×　その期間内にまとめねばならないか　柳井

×　一応、その期限に答を出す目標にしたい。会長

×　教育なら教育の専門的調査に入るべきだ　伊藤

×　抜本的方策と共に、さしあたり実施してまちがいない応急策の実施をやるべきだ――でないと幻滅を感じさせる　石見

×　印度、中国、朝鮮の身分制の視察調査をやるべきだ――　北原

×　次官委員の出席がわるい――各省次官委員の出席を要望する　――　尾形

×　各種審議会に委員となつている各省次官の出席がわるいので、研究中――
お座なり――職名で委員にされても、役所の仕事も忙しくて出れないので、検討し直す必要がある――次官が出られなければ、責任ある代理の者が出て各省の意見をまとめるよう――現在60の委員会がある――応接のいとまがない――総理府はお手あげ――独り同和対策のみでない――一段下げて係官を出すか、委員会をやめて政府の責任でやるか――或は民間だけの委員にして役人は参与として出るか――とにかく改善の要あり―総理府長官

× 小説新潮に新人の小説——

× 教育と経済職業と環境の三つの専門部を設けて進める

× 外国のこの問題に関係ある事情については専門権威者の調査研究をきく

◎ 自治省——

1市町村に1事業に交付

◎ 中間報告は、明年度予算編成期に——それに反映させたい——

◎ 1月24日（木）——次回P.2［午後二時］

調査に対する批判的協力の指示[注]

［注］北原より部落解放同盟中央本部へ「同和地区実態調査」について（資料61）【1591】参照。

【Ⅰ－868】B5大学ノート横書き

8　一九六三（昭和三八）年二月二一日　同対審総会［北原メモ］

○精密調査の集計方針について

専門委提出の方針案を了承、採択する。

全国調査について

①拒否県対策

自治省、厚生省の対策の回答を待つ。

②公職にあるものの調査の追補

これは、あとから別途調べることを考慮する——調査部会で検討してもらう。

部会長　伊藤

○教育部会の報告——幹事　文部省社教課長

1、これまでの行政施策の検討

2、こんごの方針の検討

○環境改善部会——幹事　厚生省生活課長

1、類型別の対策を考える

2、基本的な対策方針を考えることが必要。

各部会とも関連——統一意見を作る。

○職業・労働部会——部会長　尾形

幹事

1、フリー討議――意見開陳の自由さ
ある問題では、部会のみ――委員会総会に報告する項目を取捨する――
2、毎月一回、定例的に開く。
3、幹事（主任）は各省持ち廻り――二ヶ月くらいづつ。

◎秋田、八木両代議士に立案の趣旨をきく提案。
×事務局から交渉――
◎資料提供。
関係ある審議会の報告書等を提出してもらう。
×社会保障制度
×憲法調査会
×厚生白書
◎次回

【Ⅰ―868】B5大学ノート横書き

9　一九六三（昭和三八）年三月一四日 同対審総会［北原メモ］

○調査部会の報告
1．精密調査のとりまとめ――本月中にできる
2．全国調査――現在、半数位は報告――
本月中にはまとまる
3．拒否府県の件
山形、富山も該当なし。市町村の回答による
秋田（昭和十年の調査にもとづき調査したが、該当がない）長崎――同和問題なし、調査すべきでない。
――厚生省から補助金がでている。それはどうか。
○三八年度の精密調査の方法
四月上旬〜中旬――調査方法を検討
五〜　具体的結論を
六〜七月　実施
×調査部会で検討して、その上で対策をたてる。
◎職業産業部会の報告
尾形委員会から――

【Ⅰ―868】B5大学ノート横書き

10　一九六三（昭和三八）年五月二日
同対審総会［北原メモ］

○三八年度の調査実施　一一ヵ所　（別表）
時期――六月～八月
県に依託して行う。（調査要項を指示）
大体、昨年実施と同じ内容
集計、解析は調査部会でやる。

○調査拒否県対策
東北で一県、北陸で一県、九州で一県を調査することを希望（北原）
具体的方法については調査部会に一任。

○教育部会報告
初等教育局長から――学校教育の道徳教育や社会科の中で、偏見除去、人権尊重を教える。三〇校モデル指定。
資料配布、福祉教員の配置。
省内に連絡協議会を設けた――
貧困児童対策――大巾な社会保障的な施策――
社会教育としては、福原課長が説明
23県――社会教育主事が指導――
子供会、婦人学級の育成――
研究集会をひらく――
公民館――分館設置――
研究協議会を春秋二回開く。
予算の少ないことは認める。
柳井氏から――少い補助――府県教委は自発的に対策をやらない。
法務局（小泉氏）から人権侵害事件の統計報告があり――人権擁護委員にアンケートをとり、八月頃報告する。

○基本的理念について―　学者、専門家の意見をきいたらどうか――
×学令前の幼児教育の問題がある。
×中卒、高校卒の就職の問題――

○産業職業部会の報告
×基本理念を確立して、それにもとづいて細目の検討をすべきだ。
×零細企業に対する保護政策がない。
×共同化、協業化、経営の近代化をはかる必要がある。
×職業訓練施設の活用――入所中の手当支給。

×技能を身につける——職業訓練施設の設置拡充。
部落のみを対象とする施設か？
一般的な性格の施設か

○

環境整備部会の報告
×根本方針がきまらないと、対策の具体策がきまらない。
×部落形態を解消するのか？　現存の部落を改善するのか
×地域社会の段階によつて異る。それをどう区別すべきか？（分散、集中の部落）
×モデル地区の見学——
浜松の名残町——その成果を——6月はじめに見学。
×各省で実施した環境整備の資料を整備・提出。
×都市計画との関係。同和対策の見地から。

○

根本理念について——次回に説明——北原、柳井

【Ｉ－８６８】Ｂ５大学ノート横書き

11　一九六三（昭和三八）年六月一三日
同対審総会速記録［抄録］
北原泰作「部落問題とは何か」（口述）

○木村会長　それではきょうは北原先生のお話をこれからひとつ承りたいと思います。

○北原委員　まず、部落問題というのは何かという考え方について申し上げたいと思いますが、これを定義づけるような意味で申し上げますと、同和問題というのは、日本の社会で一部の国民の少数集団が他の国民から偏見と差別を受けているという、そういう問題だと思います。偏見というのは、科学的な根拠のない判断に基づいていろいろ考えたり、いろいろなことをするということ、非合理的な態度であります。差別というのは、不平等な扱いをするということだと思います。

どういう偏見があるかと申しますと、一まとめに、部落民は、今調査の御報告の中にも十分出てきておりましたけれども、非常に反社会的な傾向を持った集団だという考え方しかも、その集団個々の部落民の差異というものを無視して一まとめに考えられる。劣等な集団だということとですね。ちょうど、朝鮮人だというとどろぼうや何かが多いという、そういうのを見るのと同じように一まとめに見る傾

向がある。もう一つは、血統が卑しいという考え方、純粋な血統というものはどこにもないのでありますが、そういう特別に部落民だけ何か卑しい血統、血筋を引いていると考える。もう一つは、異人種だということです。これは先ほどの調査報告の中にもありましたが、そういう偏見がある。この異人種説は非常に重要な問題で、特にこれが偏見の中で顕著なものですが、三十四年ですか、滝川政次郎博士が講演をしておりますの中にも、朝鮮人の末裔だとか、しかも朝鮮の賤民の末裔だとか根拠のない偏見を受けている。

それから差別というのはどういう差別があるかというと、教育的な差別、それから就職の機会均等が完全に保障されていないために就職の自由がない。制限されているということ。具体的な例は幾らもある。それから政治的な差別、これは部落の政治的進出が阻害される。

特にそれが首長選挙のときに現われてくる。福岡市の市長選挙だとか、奈良県の知事選挙だとかいう場合にそれが非常に露骨に現われてくる。つまり、部落民を首長にいただいてはかなわぬと、そういうことが選挙の投票の中に現われる。それから行政上の差別、前に申し上げたことがあるかもしれませんが、道路が狭いので消防ポンプが入れなかったために、三百数十戸の部落で百何軒も焼けたという事実があります。それから社会的な差別。これは交際とか婚姻とか、住居移転の自由が制限されているという事実。こういうのも幾らも事例があります。

これは偏見と差別は同じものではないのであって、関連は非常に深いですけれども同じものではありません。偏見が差別を正当化する。逆にまた差別が偏見を強めるという交互作用がある。それはいいですが、部落民に対する偏見が基本的人権を侵害しているということ、国民的平等を踏みにじっているという点にもありますが、国民の間に分裂対立、反目、あつれきなどを引き起こしているというところに非常に問題があると思います。

そこで、それではこういう部落問題というのは一体本質は何なのか。私は、やはりこれは社会問題の一つとして認識しなければいけないと思うのです。社会問題というのは御承知のとおりに、その社会の欠陥から生まれるもの、社会それ自体が引き起こす問題、社会制度の欠陥から発生する問題で、部落問題は、労働問題や農民問題、婦人問題その他の問題で、同じようにやはり一つの社会問題である。ところで、今日の日本の社会の基本的矛盾は労働者階級と資本家階級の対立である。そういう意味で、今日の労働者問題が基本的に重要な社会問題だと思います。その意味から、部落問題は副次的な社会問題、そういう意味における基本的に重要な労働者問題との関連においては副次的な問題だと思います。それは婦人問題、スラムの問題と同じような性質のものだと思います。ところで、その部落問題は、やはり労働者問題が基本的な問題である。それとの関連を持ちつつ特殊性を持っているというわけです。それは、差別、偏見というようなところに現われてくるところの特殊な問題としての側面を持っているということであります。

それじゃ部落民とは一体何かということ、これは先ほど申しましたように異人種ではない。人種を確定する基準というものは、たとえば頭の形だとか、毛髪だとか、皮膚の色だとか、目の色だとか、生物学的なそういう基準がある。そういう基準でもって部落民の身体の特質を調べてみたところで、一般日本人の中から部落民を区別することはできない。これはつまり人種が違うものでないということです。日本には御承知のようにアイヌとか在日朝鮮人という少数民族の問題もありますが、部落問題はそういうものとは違う。少数者の集団の問題ではあるが、しかし、そういう民族的なあるいは人種的な範疇のものではない。この点が大事なことだと思う。しかし、よく部落民が一見してどうだとか、あるいは部落民は共通的に言葉の違いがあるとか何とか、そういうことは生物学的な範疇の問題ではなくて、文化の伝承の問題である。それが累積されて違うように見えるだけであって、人種の基準ではない。そういう点が大事だと思います。つまり日本の国民の偏見や差別から出る区別だと思います。それじゃ部落民は何かというと、それは私どもは固定的な身分階層だと思います。はっきり言えば、封建社会における身分制度というものは一番典型的な身分階層秩序でありますが、もちろん封建制度以前にも身分階層秩序はありますが、典型的なものはやはり封建社会における身分制度だと思う。そういう身分制度が固定化されたところの身分階層だと思う。これはカストだと思う。御承知と思いますが、カスト体系の特徴は、第一は生まれたところによってその人の身分が規制される。

出生によって規制される。もう一つは、同一カスト内で生涯を終わるということ。もう一つは、同一カスト内で結婚をする。社交も制限される。他のカストに所属する者との交際も制限される。これがカストの特徴でありますが、先ほど御報告がありました調査結果にも現われておりますように、結婚とか社交とか、生まれがどうだとかと言う。これはカストの形態が残されておる。私どもこれはインドのカストと同じであるかどうかは論議の余地がありますが、とにかく固定した一つの身分階層である。それが、御承知のように明治維新によって封建的なそういう固定的な身分制度というものは解体させられた。その後解体のままに進んだ。特にそれが戦後の諸改革によって一そう促進されておりますけれども、それがまだ残っている。先ほどの調査報告によってこれは裏づけられるんじゃないか。そういう封建的な固定身分階層、それがカスト的なものがだんだん社会の経済化に従って解消していきますと、これは一つの社会階層だと思う。部落民はいろいろな一つの社会階層である。たとえば、大ざっぱに言いまして、同じ社会的地位を占めるところの広い範囲の人々の集団、それを社会階層だと見るならば、部落民は一つの社会階層だ。しかもそれは最低辺の最下位の社会層だ。こういう部落民の社会階層的な地位というものが日本の社会においては非常に固定的であり、停滞的である。固まって動きがとれないような停滞性が見られる。社会階級的な移動というものが非常に困難である。

つまり上昇移動、上の社会へ移動していくということが非常に困難だ。それは経済的な要因からいっても社会的な要因からいっても、また教育的な要因からいってもそうだ。もちろんそれは日本の社会の性格、日本の文化の性格に根拠がある。日本の社会とアメリカの社会とここで比べてみたらよくわかる。黒人に対する差別は別としまして、アメリカにおける白人の社会の開放的な性質と日本の社会の閉鎖的な性質の違いだと思う。部落民が発生する、あるいは存続する社会的な根拠というものはどこにあるか。それは日本の社会のそういう構造だと思う。特に日本の社会は、古い前近代的な共同体的な関係と、身分階層の秩序の関係をまだ残しておるということ。共同体の説明は申し上げるまでもないと思いますが、その典型は村落、特に小さな部落、家族である。そこでは個々の成員が個人として完全に独立していない。共同体の意思や行動によって規制される。今度の選挙のときにも、愛知県のある婦人会できめたことをその一人の婦人がそれと別な行動をとったというので、みんなからいじめられて自殺したというような問題が新聞に報ぜられている、村八分の問題。共同体的な束縛というものは非常に強い。家庭内においてもそういう関係が非常に強い。それだけでなしに、たとえば、自民党は最近党の近代化ということをしきりに三木さんなんか叫んでいる。ところがそれが非常に派閥があって親分、子分の関係がある。あるいは師匠と弟子といったような身分階層的な関係がいまだに強く残っている。士、農、工、商、穢多、非人と言われた封建時代の身分制度というのはその典型だった。それが先ほど申し上げましたように、やはり明治維新以後解体の過程に入って、戦後の民主的諸改革によってそれが促進された。しかしやはりまだ残っている。それがぽつんと日本の今日の社会構造の中で残っておるのではなくて、資本主義制度と結びついて今の社会を形成している。むしろ日本の資本主義はそういう古い要素を利用し、それをてことして発展してきた。先ほどから御報告のありましたような一千万に及ぶボーダーライン層、低所得階層、生活保護を受けるような窮民、そういうような人たちの存在も、そういう社会の二重構造、古い階層、そういうところに原因がある。農村の家族労働の関係、経済家族主義、職階制にも残っている。そういうところに残って今日の社会構造をなしておる。

今日の資本主義制度との関係はどうかと申しますと、皮革業や靴を作る部落の伝統的な産業というものは、これは部落民以外の資本家の手に移って、その近代的な大経営、大工場はそれに移って、そして部落の場合はそれを伝統的に非常に零細な経営として残る。それが高度経済成長政策によって、ますます著しく存立できない。大資本に統合され、圧倒される方向に進んでいるという傾向が見られる。農業も、先ほど御報告のとおりに五反百姓が圧倒的に多いのですから、それが農業構造改善政策によって整理の対象になっている。もちろん、転業、転職のあっせんが行なわれるという農業基本法の趣旨でありますけれども、部落民には就職の自由が完全に行なわれていないというハンディキャップがあるということ。それによって相当多数の失業者が出る。停滞的な失業者があるということであります。

それが一そう増加する。部落の青年たちが大工場に就職できても、それはほとんど社会保険などの恩恵を受けることのできない臨時工や社外工が多い。また、保険の保障のない中小企業の不安定な職場を求めてようやくそれにつける。つけない者は失業者としてたくさんおる。それが雑業をやる。先ほど、非常に働き手だと。働き手にならなければ農業だけでは食っていけない兼業農家が非常に多い。副業を相手にしなければならない。そういう日雇いというものが非常に多い。こういうような部落民の状態というものは、これは資本主義の発展にとって不可欠の過剰人口である。相対的過剰人口、それは産業予備軍と言われるものですが、そういうものがあれば資本家はいつでも低賃金の労働者を選んで使うことができるという、そういう仕組みになっている。部落民の場合、たとえば農地解放以前の封建的な高い小作料が支えになった。どんな悪い小作料でも、どんな悪い立地条件でも飛びついてそれを借りる。そういうことが高い小作料を支える一つの支えになっている。農地解放以後はちょっと事情が変わりましたが、日本の農村の非常にたくさんの人口が産業予備軍として、その中で部落民はもう一つ条件の悪いいわば産業後備軍というような性格で呼ばれる。アメリカにおいても、黒人は最後に就職して最初に首切られると言われるが、そういうような差別がやはり部落民にある。就職は困難で、ようやく就職しても首は先に切られる。そういうような資本主義の制度というものは、部落民が低い生活の状態で、あるいは半ば失業のような潜在的な、あるいは停滞的な失業者としてあるということは資本主義にとって有利に作用をする。資本蓄積のためにそれが有利に作用するということ。もう一つは、部落民の低い状態は、日本の勤労大衆の賃金の低さ、生活の低さを支えるおもしになっている。こういうところに部落問題の本質があるということ。先ほどから申しました社会問題であり、その基盤は日本の社会構造であり、そして資本主義との関係はそういう関係であるという、そういう関係において部落問題を認識し把握しなければ問題の本質に接近したとは言えないと思います。

現在の部落問題の特徴は、先ほどの調査報告にもしばしば出てきましたようにだいぶ変わってきた。つまり日本の社会の近代化、民主化が進んできたということ。これは部落の立場から考えてみますると、身分的同類意識、部落民としての同類意識が弱くなってきたということ。

たとえば、何件かの調査を拒否しているような府県も見られるように、もうわれわれは部落民でないからそんな調査をやめてくれた方がいいというようなことも、同類意識の弱化の現われだということも言える。また部落の形態が違ってきている。埼玉県の騎西のように混住があまり見られない農村部落もありますが、しかし農村においてすら混住が現われてきているということ。特に大都市の部落においては、その混住の周辺が非常に広がってスラム化しているという傾向が見られる。そういう部落形態の変容ということも、一つはやはり近代化、民主化の現われである。やはりそういう社会発展の一つの現われだ。それからもう一つは、文化、教育などの影響、マスコミの影響などによって国民の生活意識が非常に国民の生活意識が変わってきている。ことに戦後の民主化的な風潮によって非常に国民の生活意識が変わってきている。そのために、調査に現われておりますように、古い差別意識、差別観念というものが非常にまだ残っておりますが、一面、部落の人を差別するということは公然差別しなくなったということ、差別するということは間違いだという考え方が非常に広がってきた。これは部落差別を否定するところの一つの思想が社会的承認を得て広がりを持ってきた。そういう特徴があるんじゃないか。また、知識人や、目ざめた労働者や、あるいは民主主義のために戦っているような文士、そういうような人たちの中には差別というものを持っていない人たちがふえてきた。あるいは、差別を積極的に自分の意識の中から取り除こうとする、そういう傾向が出てきておる。そういう変化が見られる。これが現在の特徴です。このことは、部落問題が前近代的ないろいろな要素がそういうふうに解消の過程を促進して部落問題が解決への方向に進んでいるということだと思うのです。あるいは、部落問題が部落問題としてではなくて、今度は違う他の社会問題に転換していく過程かもしれません。たとえば労働者の問題、あるいはスラムの問題、単なる窮民、貧民の問題というふうに質的な転換をしていく過程かもしれない。とにかく古い形の解体が促進している。しかし、一方においては、それとは逆に、古いものを残そうとする作用が非常に強く現われているということ。憲法論議に現われておりますところの軍国主義の復活だとか、天皇制の復活と強化、家族制度あるいは国民の基本的人権の制限を強化しようとか、そういうような傾向に現われてきている。ほんとうに部落問題を解決の方向に進めるところの民主的な勢力も見られるが、逆にそれとは反対にそういう保守勢力も見られる。これが今日の特徴だと思う。

この部落問題は、歴史の法則上だんだん解決していくものではありますけれども、手をこまぬいておっても解決しない。やはり一日も早くこの問題を解決するために手を打たなければならない。それは部落民を含めた全国民の責任でありますが、特に為政者の責任が大きい。この調査の中で、部落民に問題の解決をまかせておいた方がいいか、あるいは国や地方公共団体が政策、行政でこれを取り上げるべきかというような問題について、部落民にまかしておいた方がいいというような回答が多いようでありますが、それはその調査対象者の政治意識の低さだと思う。

私どもは、この問題は大体以上のようなふうに認識し、つかんでおりますし、そうなければならないと確信しております。こういう観点から、次の機会に私は、しからばこれを解決していくのにどういう方策を立てなければならぬかということについてまたあらためて申し上げたいと思いますが、ここで若干その問題に触れますならば、それはまず第一に、慈恵的、恩典的な態度であってはいけないということ。糊塗的、彌縫的な、その場つくろいの政策ではだめだ。だめなだけではなくて、それは欺瞞である。問題の根本的解決をはからないで、うわつらだけをなでて解決策であるがごとく見せるのは欺瞞である。

もう一つは、この問題を解決する二つの大きなポイントは、基本的な一般的な対策と、部落を対象とする直接的な対策とがあるように思うのです。一般的な対策というのは、この問題が、日本の社会構造、諸制度の根拠の上に生まれているところの社会問題でありますから、したがって、その問題との関連、諸制度の改革、それから日本の国民の生活意識を変えていく、そして国民一般の生活の向上、特に労働者の低い賃金、低い生活を向上させるという問題。そうしますと、それはやはり単なる社会福祉の対象だけではなくて、社会政策の問題でもあるし、同時に、もう一つ突き詰めれば社会改造の問題である。そういう観点から一般的な対策が考えられなければならない。部落を直接対象とする対策としては、部落内の個々の貧困者は社会福祉の対象だと思う。少数の集団としての部落を対象とする環境改善とか生活の向上、経済的な安定、職業の問題、教育・文化の問題、そういうようなことに分けられると思う。これはすぐにこの審議会でも部会がそういうように分かれておりますので、そういう基本的な理念に立って具体的な施策を考え、それを答申案に盛り込むべきだと考えられます。先ほど申しましたように、その解決策についてはまたあらためて意見を申し上げたいと思います。

【644】Ｂ4謄写版79頁クリップ止め

12　一九六三（昭和三八）年七月二二日　同対審総会［北原メモ］

◎専門部会の中間報告　磯村氏

×三回ひらいた

×基礎調査が欠けている――

厚生省の調査がややまとまっているが、厚生行政の範囲にかぎられている

○予算の範囲で

○実態をとらえる総括調査をやる

○各省にわたる共通事項―（五項目）

地域、人口、戸数、世帯、職業―

○5人の小委員――厚生省小沼氏を長とするほか4人

○それでは施策の資料にならない――

○全体調査とは別に、全国で二三ヶ所で、インテンテ［シ］ィーブな調査をする。（専門的なテスト調査）

○広い範囲で実態調査のできる予算要求を望む。

全員の希望―

○予算　二九〇万――

（次回）七月三〇日
（視察）八月はじめ――九州？
北日本
【Ｉ―８６９】Ｂ５大学ノート横書き

13　一九六三（昭和三八）年七月二二日
同対審総会［北原メモ］

○調査報告　京都市高岸町　竹中専門委員
×人口の自然増が大きい
×職業の不安定
×教育――　知能程度が低い
　　非行少年が多い
×問題意識――高い
　　差別が意識的に明らか
　上級住宅地域の中にある――その関係が
　見のがせない
○調査部会の報告――磯村委員
×精密調査進行中――八月中に資料をまとめ九月中に専
門委が整理、報告書執筆――年内に作成
×全国調査――
以前の調査とのくいちがい――専門委が調整――調査
拒否の府県が数府県あり
○審議会独自の調査をするか
○組織に依頼した調査報告を承認するか――総会の決
　定を待つ。
［以下省略］　【Ｉ―８６９】Ｂ５大学ノート横書き

14　一九六三（昭和三八）年一〇月三日　同対審総会速記録［抄録］

○小泉総務課長　ただいまお配りいたしました「人権擁護委員を通じて見た同和問題」とという印刷物について、午前中教育部会で御報告いたしましたが、この席で、また簡単に御説明したいと思います。

これは、全国の人権擁護委員の中には、こういう同和地区を受け持っておる人もかなりあるはずであるが、平素どういう程度に把握されておるものか、従来資料がございませんので、この機会にある程度の調査をしてみたいと考えまして、委員の理事会にも諮りました上で、この夏アンケート式に調査いたしましたものを集計した資料でございます。

まず第一に、この調査の対象として考えた同和地区というものは、あまり小さな散在した地区は一応除外いたしまして、その地方で一般的に知られている程度の同和地区というものを対象にいたしまして、その受持地区に対して以下のことを調査してもらいたいということで出したものでございます。

調査事項は、第一が、受け持っている同和地区の地区数、戸数、人口、これは概数、二が、同和地区の人が日常社会生活を営む上で差別を受けているようなことがあるかどうか。あるとすれば、おもにどういうものであるか。三が同和地区の人から差別問題について何か相談を受けたことがあるかどうか。あるとすればその回数、その内容、最後に、同和問題を解決するためには、基本的には次のうちのいずれがよいと思うか。一つは、問題を表面に出して取り上げるより、現状のままそっとしておいたほうがよいか。また、積極的に問題を取り上げて何らかの対策を考えるべきであるかという意見か。その他、そういうようなことを調査の対象としてあげました。対象としてあげました地区は、先ほど申しましたように、ある程度地方で知られている地区ということでありますが、これは個々の委員に申しましても無理でございますので、管轄の地方法務局を通じて、各都府県に照会いたしまして選んだものでございます。

調査の結果は、最後に各地区別の表をつけてございますが、見にくいと思いますが、大体大まかなことを申しますと、三ページ以下でございますが、まず、調査の対象となった人権擁護委員の数は千七百七十四名、全国の委員総数八千八百六十十名のうち千七百七十四名、それから、特にこの調査の対象となる地区がないという都道府県は、東京、山梨、新潟、石川、長崎、大分、鹿児島、宮崎、宮城、山形、岩手、秋田、青森、北海道、以上の都道府県は、特にこういう調査については該当する地区がないというので調査をしておりません。

そこで、まず第一に調査事項を集計いたしますと、地区数は三千百七十二地区、戸数は二十二万四千五百二十八戸、人口が百十一万三千二百二十七人というふうになっております。次に調査をいたしました事項の集計でありますが、資料の四ページのところでまず第一の同和地区の人が、日常社会生活を営む上で差別を受けているようなことがあると思うかどうかという質問に対しましては、あると思うというのが九百八名、五一・二%、ないと思うというのが八百五十六名、四八・二%、わからないというのが若干ございます。この中で、委員の半数以上がないと思うと答えた地区が、埼玉、千葉、茨城、群馬、静岡、和歌山、岐阜、福井、富山、広島、福岡、熊本となっております。このうち、全委員がないと思う地区は、埼玉、福井、富山の三地区でございます。

次にロとして、もし差別があるとすれば、主としてどのような面で差別されていると思うかということにつきましては、結婚問題というのが七百六十四名で圧倒的に多いようであります。次が就職問題、三が日常生活の面、あとは葬祭、住宅問題、言辞、学校生活、会合、すべての面というのが七名ございます。

六ページにまいりまして、同和地区の人から、差別問題について人権擁護委員として相談を受けたことがあるかないかということにつきましては、あるというのが二百十五名、一二・二%、ないというのが千五百二十四名、八五・九%で、非常に多くの委員がそういうことについて日常地区の人から相談を受けたことがないということになっております。近畿地区とか中国地区等だけを見ますと、割合に多くの委員が相談を受けておるということが出ております。

それから三番目に、そういう相談を受けたとすれば、その回数あるいはその内容等はどうであるかと申しますと、一番多いのはやはり結婚問題でございまして百二十八回、次は差別言辞、就職問題等が一番多いということになっております。以下住宅問題、離婚問題、教育問題、氏の問題、この氏の問題の三と申しますのは、午前中もちょっと部会長から御質問がありまして、原紙を調べてみましたけれども、単に氏の問題と書いてあるだけで意味がはっきりしないのであります。

それから八ページにまいりまして、最後の調査事項の同和問題解消のためには、基本的には次のいずれがよいと思うかというアンケートに対しましては、現状のままそっとしておいたほうがよいというのが千三百九十五名、七八・六%、積極的な対策を講ずべきであるというのが二百六十九名、一五・一%、その他が若干ございます。そこでこの内容を若干調査してみますと、積極的に対策を講ずべきであるという意見は全体としては少ないわけでございますけれども、近畿地区あるいは中国地区等については比較的これが多いのであります。特に近畿地区ではそういう意見の委員が多いという結果が出ております。考え方にかなり地域差があるということだろうと思います。それから、ハのその他の六十七名、三・八%、というのが出ておりますが、このその他というのは、結局内容的にはロのほうに入ると思いますが、内容を若干拾ってみますと、一つは、同和地区が集団的になっているということが問題であるからして、なるべく分散的な方法をとったらどうかという意見、次に、部落内に生活の指導者を常住せしめるという意見、それから、部落民に対する環境改善を強力に推進するほか、職業補導等の側面からの積極的な諸施設の実施をするという意見、国がモデル地区を指定し、道徳教育等の徹底をはかるというような意見、大体そのような意見が三・八%の内容であります。

あまり詳細な調査とは思いませんけれども、とりあえず、ある程度大まかなところで今回調査をいたしてみました結果が以上のようなことでございまして、各都道府県別の状況は、一番最後の大きな一覧表にございますのでごらんいただきたいと思います。

以上でございます。

○木村会長　どうもありがとうございました。何か……。

○北原委員　ちょっと御質問しますが、こういう調査は実に不愉快だと思うのです。というのは、これは基本的人権というものの概念の問題があると思うのです。どういう概念に立って人権擁護委員の諸君が活動しているかという問題ですね。ただ、そういう従来の古い意味の天賦固有の自由、権利ということだけではなくて、生存権も保障するというような意味での人権ということを考えられておるのかどうかということ、そういう違いがこの調査に出てくるとと思うのです。差別を受けていないと思う者が約半数に近いという、こういう統計が出てくる擁護委員の諸君の認識がまず問題だと思うのです。そういう認識から必然に、寝た子を起すな式に、そっとしておいたほうがいいという七八%の回答が出てくるのは当然のことであって、こういう調査によると、全く部落問題というのは深刻な問題でもなければ、審議会をつくってそれほどやかましくここで論議すべきほどの問題でもないということになってくると、こういう調査は、これはこの問題の解決に何ら益するところのない有害なものだから、あまり発表してもらいたくない。

○小泉総務課長　しかし、意見ではありますが、集計したものを一応申し上げたわけです。

○北原委員　人権擁護局はこの調査結果をごらんになってどういうふうに評価され、どういうふうにこれを分析されますか。

○小泉総務課長　さっきもちょっと申し上げましたが、これは割合に大まかなところで聞いておるわけです。ほんとうはもっと詳細な調査事項をあげる必要があろうと思うのです。ただ、大ぜいの民間人を相手にしてやる場合、あまり最初からこまかい調査事項をあげますと、非常に集計のしにくいものが多くなってくる。回答のないものが多くなってくるというので、ある程度大ざっぱのところでやってみただけなんです。従来こういうことをやっておりませんですが、ただ、これは人権擁護委員の間で、こういう問題について関心を持つべきだろうという意見がありまして、特別の委員会をつくってその委員会の名前でこれを調査したものであります。

○北原委員　この結果は、いかに人権擁護局が人権の問題の中で部落の問題を正しく認識していないかということ、そして、そのために、人権擁護委員という人たちに対しまして、この問題を認識するような手助けを講じていらっしゃらないかということのあらわれだと思うのです。

［以下小泉総務課長と北原の応答、省略］

○木村会長　この問題はひとつ今後の教育部会の御検討の材料としていただきたいと思います。［以下略］

○尾形副会長　［産業職業部会報告、省略］

○木村会長　それじゃ環境改善部会の御報告を　部会長おられませんが……。

○北原委員　それじゃ、私一昨日の部会に出席しましたから、部会長にかわって私の記憶の範囲の御報告をいたします。

モデル地区の徳島県の環境改善事業の詳しい実績を調査された報告書が提出されまして、非常にこれが参考になりました。そこで問題になりましたのは、ここはモデル地区で特別巨額の投資が行なわれたということもありますが、特に板野町のごときは、約二百世帯で、それが一戸当たり昨年が十七万円相当の改善費用がつぎ込まれている。おそらくこれは全国最高ではないか。その結果かなり改善されて、そのほか二、三の地元の要望があるが、大体改善は完成されたと見ていいほどの状況にあると。そのことから話が発展しまして、たとえば、戦前、戦後の環境改善の行政指導がどう行なわれて、その財源、国、地方公共団体、あるいは地元負担という関係で、どのような割合で出されているかということ、そしてどういう成果をおさめて、それが戦前のものならば現在まで引続いてどういう効果をあげているか。それから戦後ならば、どういうふうにそれが行なわれておるかというようなことを調査して実態をつかむ必要があるのではないか。今年度の十一ヵ所の精密調査、昨年度の四ヵ所、その精密調査の中でも、その項目を拾い上げるならば、不完全ながら一応概念的にはつかめるかもしれないが、詳しくそれを調査する必要があるのではないか。たとえば都市、農村、漁村、僻地といった工合に類型をきめて、その中の典型的な府県、その府県の中の典型的な市町村といった工合に調査をして、そして、都市、農村の違いもあるだろうが、大体平均してどれぐらいの経費が世帯当たり必要なのかという目安をつけて、そして最終報告では、これこれの経費が必要だと思われると、それを政府は何ヵ年計画でやるつもりなのか、それをやる意思があるのかないのかということを答申の内容に盛り込むべきではないか。そうでなければそういうデータに基づいてやらなければ説得力がないのではないか、そういう意見が中心に出まして、その調査を、厚生省の課長さん御出席でしたが、その今行なわれている精密調査の中で抽出してそれができる部分はやってもらう。さらに、厚生省のほうから各都道府県に対してそういう調査の協力を求めることもやってみようと。それがさらに、部会としてそういう精密調査を考えてみてもいいのではないか。そういう意見がおもだったのです。

それからもう一つは、きょうの総会の会長さんはじめ委員の皆さんの御意向によることだが、中間報告をする必要があるならば、他の部会との足並みをそろえて作文をしてもいいと。大体こういうようなことです。

○木村会長　［中間意見のまとめの必要性、省略］

○尾形副会長　［省略］

○北原委員　午前中の産業職業部会でもそのことが問題になりましたときに、山本専門委員から発言がありまして、中間勧告と申しますか、中間報告といいますか、そういうものを出すことに異存はないが、もっと根本的な、総合的な、この問題の抜本塞源策を立てるのがこの審議会の目標であり、任務であるから、それを部分的に出すことによってその本来の任務のほうが意義が薄れるような結果を招くおそれがないとも言えないから、その点は十分注意してほしいというような御意見があったことを申し添えておきます。しかし、環境改善部会の高山先生もおっしゃっていたのですが、やはりこれは国の政策としてこの問題を根本的にどうするかということが中心のここの審議会の任務でありますから、それはそれとして果さなければなりませんが、今まで御承知のように調査、実態の把握という段階に停滞していたように思いますので、この際、予算編成期を控えて審議会が何か一つそういう直接的な、政府の政策に反映させるような効果のあることをやるということにも一つの意義があるのではないか、と私は考えております。

〔以下柳井委員、田辺委員、伊藤委員、尾形副会長、木村会長の論議あり、省略〕

○北原委員　環境改善部会でも住宅の問題など、政府のやっております住宅政策のその網の目からさえも漏れるものですね。資格条件などによってそういうものをどうするかということですね。これはどの部会にでも共通の問題は、現行制度のもとで、これは一般国民全体の水準でなされておるところの行政施策の網の目から漏れるということなんですね。それが非常に大きな行政上の問題だと思うのです。きょう午前中伺いました通産省の御報告でも、これこれのこういう制度でこういう施策をやっておる。行政をやっておると、そのことはそれ自体としてはわれわれ承認できるのですが、しかし、そのおやりになっておる行政が直接対象地区にどういう関連を持っておるか、あるいはそこから疎外されてはしないか、そういう問題がこれはもう各省関係の行政に言えることだと思うのです。農林省の行政においても同じことだと思うのです。そういうことを取り上げて、もっときめのこまかい、平均水準以下の対象に対する――もちろんその中に同和地区も含まれるのですが、そういう政策を考えてほしいというような抽象的な意味の中間要望とか、それから、先ほど柳井委員が発言されたように、この審議会が来年の八月の期限までに答申がつくれるのかつくれないのかという見通し、つくれないとすれば延長の要望をするとか、それからまた、二、三　私どもの申し上げているような意見で、予算措置を伴うような問題に対する審議会活動として、そういうようなことを報告するということも内容の一部だと思うんですがね。

〔尾形副会長、柳井委員、伊藤委員らの発言あり、省略〕

○北原委員　柳井委員のおっしゃるように、もちろん調査をもっと精密にやりたいし、尾形委員のおっしゃるように、答申をするのになかなか時間的に無理だという関係もないことはないかと思いますが、一応来年の八月までという期限の制約があるから、一応それを目標に答申をまとめるということを努力してみて、できなければこれはやむを得ませんが、目標を一応そこにおくべきではないかと私は思います。柳井委員のおっしゃるように、この問題が来年の八月までぐらいではとても解決つかないのはそのとおりでありますが、しかし、これは答申のための審議会とまた別に、たとえば、私きょうお手元に配布していただいております中にもそういう考え方を述べておるのですが、答申案の中にそういうことを盛り込んでいただきたいと思いますのは、やはり今度のこういう時限立法によるところの諮問機関としての審議会ということではなくて、この審議会の答申を取りあげていただいて、常置的な審議会を設けていただくということが望ましいと思うのですが。そういうことによってある程度柳井委員の御希望もかなえられるのではないか。審議会としては一応八月をめどに努力をしてみるということが必要なのじゃないかと思うのですが……。

〔田辺委員、木村会長、柳井委員、尾形副会長の発言あり、省略〕

○北原委員　実は、初めからこれは私ども長年運動をやってきた者の主観で申し上げるわけにはいかぬと思って……。調査も大いにけっこうと思っておったんですが、昨年度実施された精密調査のあれを綿密に読んでみましたが、われわれのからだでなまにぶつかって得た材料によってつかんでおります部落の実態というものと調査の結果はあまり食い違いがない。ただ、戦後の社会情勢の大きな変化による新しい一つの傾向というようなものが出てきておれば、そういう点だけだと思うのです。大体、部落民の状態というものがどのような状態にあるかということは、大体大まかなつかみ方で見当違いでないということを新しい調査は実証しておると思うのです。それから、調査は詳しいほどけっこうですし、綿密になされるほどけっこうであって、それに対して異存はありませんが、私は、やはり来年の八月を目標にこの審議会が実施できるのでございますから、中途半端で、政府や議会に対して、あなたのほうでどうにでもしてくれというような、そういう投げ出すような出し方には賛成できない。私は、不十分でない答申をあと十ヵ月努力をしてつくるべきだと思う。そのためには、審議会の開催を今のようなやり方で月一回、十ヵ月で十回しか開けないというようなことでは不可能だろうと思いますから、やり方などについて検討しなければならぬと思いますが、やはり八月までにしっかりした答申をつくるべきだ。それが、ただ調査が不十分だからということだけの理由では、私はできないということはないと思います。具体的にこれこれということを出さなくても、こういうところに今までの行政の欠陥がある。こういうところをこういう方向に改めてもらわなければならぬ。根本的な解決の方向はこういう方向だから、この方向の軌道に乗った行政をやってもらわなければならぬと。そういうことも大事なのであって、私たちそれぞれ行政担当者ではないのですけれども、こまかい具体的な施策を頭の中でひねり出してこうだということまではできなくても答申としてはいいのではないか、私はそう思う。

〔伊藤委員、尾形副会長、木村会長の発言あり、省略〕

○木村会長　それじゃそういうことで、この問題は来年の八月を目標に、それまでにできるだけの知恵をしぼって答申をするということで進めていきたい。

○北原委員　それについて提案がございますが、環境改善部会で問題になりましたが、これは各部会共通の問題ですから。今までのこの問題に対する行政政策、これはもう自民党さんの政策もございますし、社会党さんも政策をお持ちだと思います。そういうことをも含めて、すでに実施されたところの行政に対する調査、たとえば、国費がどれだけ出されて、どういう面にどれだけ使われて、それに対して地方公共団体がどれだけ使っているか、地元負担がどうであるか、その成果はどうであるかというようなこと、これは環境に限らずすべてに共通の問題だと思いますから、それを調査する。それは当然審議会の答申に対する有力な参考資料になると思います。それをどういう方法で調査するかということはあとで御審議願うことにしまして、そういう調査の必要があると思うので、それを特別に独立した部会を設けるべきか、あるいは設けなくてもどこかでそれができるのかということを審議願いたいと思います。

○木村会長　今の北原さんの御意見は、今までの行政の実施した中身と、それのあげた効果と、この二つを資料として出してもらう。どういう資料を出したらいいかということは各部会におきましてお考えになって政府に要求されて、幹事のほうから出してもらうということにしたらいかがでございましょうか。

○北原委員　そうですね。それを専門的に追及する各部で出していただいてもよろしいが、一昨日の話ですが、たとえば徳島県のような、県全体があげてこの問題に取り組んでいるような体制がややできているところでは、政府の要望に応じて不十分ながらそういう資料が出される。ところが、他の府県でそれが出されるかどうかは保証できないと厚生省の課長さんのお話なんです。そして出された資料の信憑性も問題になると思うのです。だから、それは摘出調査をやるか、目標をおいて重点的にそれをやるか、類型的に分けてやるか、そういうことも必要だと思うのです。どこかの部会が自分のことの関係だけに関する報告を求めるというやり方でなくて、統一的にそれをやるということが私は必要に思われる。そして、行政の過去の実績を調べるだけでなくて、現在主要な政党が一体この問題に対してどのような政策を考えているかということもまた一つの参考になると思われる。そういうことを推進していく専門の部会、そういう機能を果たすところのものが必要なような気がするわけです。

○木村会長　よくわかりますが、それは具体的にこういうことをやってほしいということを言わないとなかなかはっきりしませんね。そこで問題は、一応総会に具体的な案をどなたかお出しいただきまして、それをそのままやるかどうかということを皆さんでお話し合い願って、それでそういう部会を置くということにするか、あるいは今の調査部会のほうにお願いするということにするか、磯村さんはなはだ御迷惑ですけれどもやるかということとは、具体的にどういうことをやるんだということをきめておいてやりませんと困りますから、どなたからかそういう案を具体的なものとして出していただいてそれをやるということにしたらいかがでございましょうか。

○尾形副会長　それはどなたと言わないで、発言者がおられますから……。

○北原委員　発言者なんですが、どういう項目をこちらが求めるのか、それの問題だと思います。

○尾形副会長　それをあなたから出していただいて、それをこの次の審議会で諮るといいですね。

○北原委員　一応それじゃ要項でも考えてみましょう。

○木村会長　それを基礎にしてここで話し合うということにしたらよろしゅうございますね。――それじゃそれはそういうふうにしていただくことにいたします。［中略］今調査部会長おいでになりましたので、調査部会のほうの状況をひとつお話していただきたいと思います。

○磯村委員　［前略］実は、九月の七日に調査部会を開きまして、その席には特に副会長と田辺委員に御臨席いただきまして、われわれの討議の模様等もお聞きいただきましたのですが、当日、実は、先般も申し上げておきましたコロンビア大学のロバート・バッシイ氏が話しをするという約束をしておりましたのですが、日本へ参りましてからからだを悪くしまして、当日出られませんで、残念ながら話を聞く機会が得られませんでした。からだの都合で急に帰国することになりましたので、いずれまたということでございました。皆さんにもよろしくお伝えいただきたいということでございました。

先般の調査部会におきましてこのように決定いたしましたので、一応調査部会の最近の動きを申し上げたいと思います。

第一は、昭和三十七年度に実施いたしました全国基礎調査の報告につきましては、調査部会におきましてその後再三検討中でございますが、この検討は、現在におきましてこれ以上調査部会だけで検討をいたすことがはたして妥当であるかどうかという、以下に申し上げますする事情によりまして適当な機会、あるいは次の機会におきまして、中間報告としてこれを総会に御提出を申し上げたい。こういうふうに考えております。ただし、その場合におきまして、おそらくこういうことが予測されておるのでございまするが、若干の府県につきまして後ほど申し上げます。報告のない府県がやはりございます。それから、若干の府県につきましては、専門委員の方々のお立場におきまして不十分であるという御認識のある府県がございます。したがいまして、こういうものをどの程度まで精査するかということを考えておりますと、この審議会のいわゆる審議期間ということもございますので、全員の専門委員の方々の御承諾を得まして、とりあえず中間報告として御報告申し上げよう、こういうことでございます。したがいまして、その中におきましては、前回申し上げました石川、富山、山形の各県からは、同和地区に該当するものはないというのが一応入って参ると思います。それから神奈川、長崎、宮崎の各県におきましては、同和地区として特別の対策を実施しておらない。したがって、一般地区の住民というものは確かにあるかもしれぬけれども、現在混住の状態になっているので、その把握が困難であるというような御返事が神奈川、長崎、宮崎の各県から参っております。東京都につきましては、専門委員の方々が今非常に努力をされまして、そして何とか報告をいただくことにしております。おそらくこれは中間報告までには何らかの形になると思いますが、そういった状態です。以上の七つの都県につきまして、今申し上げたような理由で全国調査として御報告申し上げる段階に参りませんです。しかし、これ以上困難でございまするので、これ以上遷延することは妥当でないと思いますので、おのおの理由をつけまして一応総会のほうに御報告を申し上げたい、こういうふうに考えております。

これが昭和三十七年度に実施いたしました全国基礎調査につきましての現在までにおきまする各都道府県の現状でございます。しかも、現在専門委員の方々は特に特別の立場からおいでになっている方々は、石川、富山、山形の各県につきまして、あるいは神奈川、長崎、宮崎の各県につきまして、おのおの実態に沿えるような結果が出るように、再調査とまでは参りませんですけれども、いわゆるチェックするという形でもって努力いたしております。しかし、どのくらいの結果かわかりませんでございますけれども、一応中間報告を申し上げたい、こういうふうに思います。

それから、第二の昭和三十八年のいわゆる精密調査でございます。これは現在担当専門委員は一ないし二の地区をこれは個別に担当をいたしております。そして大体これは予定どおり現在各県のもとに精密調査の報告が参っております。これは十月中旬あるいは下旬までに一応の集計を終えまして、十一月の下旬までにこの集計の結果を持ち寄りまして、相互に、いろいろやはり問題がございますことを調整して、そして皆様への報告書を一応書く段階、こういうことに入っております。したがいまして、先ほど申し上げました中間報告と同時に御報告申し上げることは困難でございます。したがいまして、その報告はおそらく年末あるいは来年の初めに入ると思います。そういう段階で、精密調査のほうは一応順調に今進んでおるのでございます。ただし、その間におきまして、委員は、たとえば、同和地区につきまして非常に緊密な御接触をしておられる専門委員の方々と、われわれのほうに必ずしもその地区に対して特殊なつながりを持っておりません者もある地区を担当いたしております。したがいまして、この違いというものをどのように見るかということは、おそらく総会の委員の皆様方のあるいは御懸念のあるところかとも存じますし、私は調査部会を一応おまとめ申し上げる者といたしまして、実は、昨年のは比較的学問的にこの問題に接しておりまする二、三の方々でおまとめ願ったのですが、今度はそうじゃございませんで、全員が分担しております。したがいまして、出て参りましたものにつきまして、特に専門の委員の方々の中で、特殊な地域にご関係のある方々の御報告になりまするると、そうでない方と違いが出ると思っております。この点につきましては、私が最終的にそういう問題につきまして一応拝見いたしましてそしてもしいろいろな問題がございましたならば、あるいは総会の御意見を承ることがあるかもしれませんけれども、昨年と調査を担当いたしまする組織が違っておりますので、その点につきましての一つの配慮は十分いたしました上で御報告を申し上げたい、このように考えております。

○**木村会長**　ありがとうございました。何か委員の方から御質問なり御意見がございましたら……。

［尾形副会長、田辺委員、木村会長、磯村委員の発言、省略］

○**北原委員**　七つの府県がまだ全国調査のほうができないわけですが、この前、拒否している、あるいはその調査に協力しないという府県に対して、地方別に幾つかの県を選んでこちらから出向くなり、特別に何らかの手を打つなりして調査したらどうかというような話し合いがあったと思うのですが、その点は結局どうなっておるでございましょうか。

○**磯村委員**　その点は御指摘のとおりでございまして、それでそういう地方の事情に精通しておられる方々に分担していただいて、それじゃ山形はどなたとちゃんときまっております。それで実際上そういうところの方々に接触していただきまして、現在その事情が一体どういうものであるかということのまとめをしていただいております。

ただその後、野海参事官や武田事務官の御心配がありまして、何とか旅費ぐらいはめんどうみていただけるんじゃないかという見通しもつきそうですから、あるいは一ヵ月ぐらいの間にそういう御専門の方に無理でも行っていただきまして、それじゃ最終的には山形はこういう事情なんだということをその専門委員の目で見ていただきまして、それじゃ無理だ、いやできるんだという判断をして、それをつけまして中間報告を申し上げたいと思います。

［以下木村会長他の発言　省略］

【645】Ｂ４謄写版47頁クリップ止め

15　一九六三（昭和三八）年一〇月二四日
同対審総会速記録［抄録］

○会長　それではこれから開会いたします。最初に産業職業部会から御連絡ございまして、産業職業部会のほうに藤範専門委員を入れてほしいという同部会の御意向のようでございます。さようにいたしたいと思いますがよろしゅうございますか。――ではさように決定いたします。ではこの点につきまして各部会長からの御報告をお願いいたします。［後略］

［教育部会田辺委員の報告、省略］

○会長　環境改善部会。

○北原委員　高山部会長が御欠席で、きのうの部会の報告をたのまれましたので御報告申し上げます。

きのうは時間も短く簡単で、この前の部会の議事録の要約を承認し、その中に一点私の発言で「岐阜県地区の分散政策をとってきたが」とあるのは「とってきたこともある」というふうに訂正したいという厚生省の生活課長から御発言がございまして、私もそれを同意して、その旨改めた。それから中間報告の問題ですが、これは環境改善部会としては産業職業部会などとの関連があるし、この審議会の本来の任務がこの問題の根本的な解決策について答申をすることが仕事だと思われるので、根本方針に矛盾するような、中間報告はしてはならないと思うが、現在予算編成の時期を前にして、もしてこ入れの必要上何らかの形で報告なり、申し入れなりをするということが必要ならばしてもいいのではないか。他の部会との関連においてしてもいいのではないか、その場合二本立てでいく。その内容は、一つはこれまで環境改善部会が行なってきた研究調査の段階の報告、あるいはこの審議会の活動の報告が一つと、もう一つはさしあたり来年度の予算編成あるいは政策の決定の上でこうしてもらいたいという要望を出す。その場合先に建設省から住宅、生活環境改善のための基本的方向という要望事項が出されましたし、昨日また厚生省から環境改善部会の中間答申案が出されましたので、こういう程度のものならば根本的な、最終的にやる答申とそごを来たすという心配もないんじゃないか、こういう程度の要望を出すことには差しつかえないのではないかという、大体そういうところで話がまとまりました。一つは審議会のこれまでの活動状況の報告とそして抽象的な要望事項を加えた中間の申し入れをするということならば、他の部会との関連において異存はないということです。

○会長　ありがとうございました。次お願いします。

〔副会長報告　省略〕

○会長　ありがとうございました。次は調査部会でございます。

○事務局　この前調査部会長から御報告しましたスケジュールに従って作業を進めておりますが、特にここで申し上げることはございません。

〔田辺委員より教育部会報告の補足、省略〕

○会長　各部会からの御報告が一応あったわけでございますが、何かこれにつきまして補足されたりあるいは質問でもありましたら出していただきたい。

それではこれからの扱いですが、最初に中間申し入れですが、中間的な措置をどうするか、これを先にやっていただきたいと思います。今産業職業部会のほうでこの取り扱いについて詳細な考えを練られたことをお話になり、また環境改善部会のほうからは場合によっては今までの審議の経過とそれから当面の予算に関連して要望、申し入れをするということをやっても最後の答申をするのに矛盾をしないだろう、こういうお話でした。教育部会のほうからはまだそこまで話はきまっておらないというようなことです。基本的な問題はなかなかむずかしいところでありますので、そういうことだと思いますが、それにしましても文教関係のあるいは人権擁護の関係といったようなこと、当面の問題は幾らでもあるのかもしれませんが、これを中間申し入れをするというような措置をやるかやらぬか、これにつきまして大体やったほうがいいという御意見のほうが多いように見受けられますが、これはそういうふうにいたしますというのはどうでしょうか。

○副会長　私のほうはとにかくそれをさらに持ち返って慎重に検討いたしましたが、やるとすれば建議でなくて申し入れ、要望――ここですから申し上げますと、要望よりも申し入れのほうが強いじゃないか、幹事省その他からの助言もありましたのでこういうことを申し添えておきます。

○会長　それでは大体そういうことにやることでよろしゅうございましょうか。――それでは中間申し入れをするような方向に持って参りたいと思います。それにつきましてはやはり今の産業職業部会におきましてそれをやるについて各幹事の各省におきまして素案を作る、その素案を一応まとめましたものを各部会でもって……。

○副会長　それにさらに総合幹事省会、そしてそれを今度は各部会に流してもらってそれをさらに慎重審議した上にまたここにかけてやる、こういうことにしたらどうか。

○会長　今お話のありましたように各省別の幹事でございますか、それが一応草案を作り、全体持ち寄りまして総合的に整理しまして、それを各部会に出しまして、各部会でもってこれを検討しまして、その検討いたしましたものを総会にかけて申し入れをするということはどうかという案が産業職業部会のほうから出ておるわけでございます。これをどういうふうに扱えばよろしゅうございましょうか。

○北原委員　どうでしょう審議の関係もあるわけですが、もう一度部会へ持ち返って部会の幹事が作られた案を検討する必要がありますか。それを総合して申し入れのメモの草案を次の総会あたりで検討するということで部会長さんの御意見の一段階におきましてやっても差しつかえないようにも思われるんですが、……。

［会長、副会長の発言、省略］

○柳井委員　それを今度申し入れをするときは具体的にこういうふうにしたものをこういうふうにしてもらいたいというものを今の申し入れをするものなんですか、どうですか。

○副会長　その点については先ほども環境改善部会と同意見なんです。きのうの午前柳井委員からの御発言にありましたような箇所だとか戸数というものにとらわれないで先ほど申し上げた基本の答申のものとは別に、不満足だけれども、各省においてこの審議会の対象予算というものがどうである。これに対して上回るとも下回らないようなことをしてくれという申し入れを、あるいは要望をするかという点で、各省の予算編成期に、大蔵省にひとつねらいをつけていこうじゃないかという……。

○柳井委員　それでは各省が出された予算要求をぜひ実現するようにという申し入れなんですか。

○副会長　不満足だけれども、一応出されたものを上回るようにということで申し入れをしたらどうか。

○柳井委員　そうすると問題点が　全同対がやっている事業の補助率を三分の二にしてもらいたいということについて、各省が出しているのとはでこぼこがある。それが必ず出てきていると思いますが、その面をどういうようにするか。

○北原委員　それに関連して厚生省の中間申し入れの案としてきのう出されたものに抽象的な表現ではありますが、一つ国庫補助制度の拡充強化をはかること、そのうちの小項目で、国庫補助金を大幅に増額すること、二、国庫補助率を三分の二に引き上げること、三、国庫補助の単価を実情に即して引き上げること、それから大きい項目二で、事業主体の地方公共団体の財源措置について特別の考慮を行なうことというような案が出ているわけです。大体環境改善部会としてはこのような表現がいいんじゃないか、これを各部会の幹事の方々でひとつ持ち寄って原案を作っていただく、具体的にたとえば職業訓練所を幾つ作れとかいうような案ではなくて……。

○柳井委員　今のそれならばけっこうなんです。われわれは何年前からも全同対としてこれを要求しているわけなんです。

［以下　会長、副会長、北原、田辺、柳井委員の発言省略］

○会長　それでは二十六日の総会、二十五、二十六の間に開かれる部会にはひとつ全員御出席になるようによろしくお願いしたい。［中略］それでは一応中間申し入れの点はそういうことでもってやることにいたしますが、本業のほうの仕方をこれからどういうふうに運んでいくかということを御相談願いたいと思います。やはり来年の八月が本審議会の期限になっておりますので、必ず答申をまとめる、もちろんこまかい点に立ってはものが言えない部門ができるかもしれません。それはできないとは言えないということではっきりさして出す。それで一応この審議会を打ち切るような形で進んでいきまして、将来どうするかというような問題を合わせて考えていくというような方向でいったらどうかと私は思いますが、皆さんの御意見［を］合わせまして適当にどうするかという問題をひとつ自由に話し合い願いたいと思います。

○北原委員　来年の八月に答申をするという目標で進めますと、そういう観点で審議会の運営について若干の希望と意見があるのですが、第一は各部会の状況を見てみますと、専門委員の方が七名おいでになりますが、そのうちの部落出身外の専門委員のお二人の方がどの部会にも参加していただいていないことになっておりますので、このお二人の方にぜひそれぞれの部会に参加していただくことにして、と申しますのも、部会を開いておりますと、部会長の司会で部落出身の専門委員の方、それからわれわれ委員がおもに発言するだけで、官庁関係の肝心の方々は主としてこれを聞くという側、質問があればお答え願っておるんですが、そういうような状況でありますから、もっと専門委員の各方面の多様性のある意見を反映していただいたほうが内容も充実すると思いますので、このお二方の専門委員を各部会に加えていただきたいということが一つの提案です。それからもう一つは最近部会でもそうですし、審議会の総会でもそうですが、だんだんと委員の方の出席が悪く、官庁関係のいろいろな公務その他の事情もおありと思いますが、出席が悪いということ、ことに幹事の方にしましても一人で出席されるという数が多いというふうに見受けられるんです。局長の出席が無理ならば少くとも担当課長の御出席はぜひお願いしたい。たとえば私どもがいろいろお伺いをしても責任のある、その場で答弁を得られないということもありますから、これは審議会の今後の運営上大切なことだと思いますので、もっとピッチを上げなくちゃならぬという事情もありますので、それをひとつお願いしたい。能率のある会合にしていきたいということです。[中略]それからもう一つは、私もこの問題についての基本的な見解を申し上げる機会が一度ありましたし、それをメモにして出してありますが、問題の討議が、この問題の基本的な認識とか問題解決のための対策の基本的な方向といったようなことについての討議がほとんどこれまでなされていないということだと思うんです。これからもそろそろ八月を目標にいたしますと、答申案を作成しなければならぬ段階に入って参りますので、そういう基本的な問題の討議をして、もう一つそれに加えてどのような具体的な施策を答申するかという問題もありますので、きのうの産業職業部会では、先ほど部会長の御報告もありましたように、各省の理想的な国の予算、大蔵省がこれを認める認めないというようなことに関係なしに各省のそれぞれ担当部門における理想的な政策のビジョン、青写真を提出願えないものかということを申し上げたんですが、それはいろいろの関係でその提案は撤回して差しつかえないと思いますが、私自身としましては勉強しまして、皆さんの討議の資料になるような、皆さんに討議していただくための資料を提供するという意味でまとめたものを提出したいと思います。各委員におかれましてもそのようなひとつ御努力を願いたい。そういう討議資料に基づいて答申案の内容について具体的に入って積み重ねていきませんと、八月の目標に間に合わない事態ということも考えられますので、その点でひとつ御協力願いたいと思うんです。それから各部会の議事録の要約はタイプされたものを私どもいただいておりますが、やっぱり総会の議事録の要約をも[空白]これはそのつどお送り願って知っておきたい。なるべく出席いたしますが、欠席をいたす場合もございますので、会議がどのように進んでいるかということを知る上に必要だと思いますので、そのようにおとりはからいが願いたいということ。もう一つ、これから八月までのプログラムをひとつ、これはまあ会長のほうにお心づもりもおありと思いますので、それをお示し願いたい。先ほど申しました専門委員の七名の方が全員がいずれの部会にも出られるような融通性のある配置をお願いしたいということです。これはちょっと先ほど申しましたが、そういう点についてひとつ御審議願いたい。

○会長　今北原委員から御意見がございましたので皆さん方にもおっしゃっていただきたいと思います。柳井先生どうですか、お帰りの時間だとは思いますが。

○柳井委員　専門委員の方に各部会に出ていただくことはまことにけっこうでございます。そのようにぜひとりはからっていただきたいと思います。それと今北原委員から出ましたように、八月を目標とすれば各省の、たとえば建設省に対しては今の同和地区に対する住宅はどのような住宅を作るべきである、あるいは農林省に対してはどうするんだというようなものを各委員の方々でやはり出すべきじゃないか。それでないといつまでたっても目標前進というのは非常にむずかしいんじゃないか(ママ)そのことについては各省から専門委員から、こういう問題が出ているが、これは無理であるとかいうようなこともまた御指導もいただけるんじゃないか、こういう意味からぼつぼつそういうふうな時期であると私は考えていますが、そのようにひとつ御協力していただきたいと思います。

○副会長　私もきのうもそういう点で北原委員に保留していただいておるわけです。ビジョンということについては保留していただいているわけですが、これはまた皆さんの御協力をいただいてそれについての御感想をいただきたい。あらためてこの総会で私の心持ちを申し上げますが、少なくとも北原柳井委員の今日までの苦汁の中で、問題これとこれだということはもうおわかりなんだから、その点を出していただき、それから今度はそれを自治体において実践した。《ママ》石見委員の御意見も伺いたい。しかしながらある一つの想定のもとに年次予算を組んでいる各省のそうしたことの現年度のものを見ながらその中でプラス・マイナスして、この線だけは強めなくちゃならない、この線はこうだということにいくのがいいんじゃないだろうかという、しろうと考えをしています。きのうもその点では申し上げたのですが、この点をどのようにしたらいいかということなんです。この点では私は八月はもう会長が前回申されたんだし、皆さんもそうなんだから私は八月を目途にして急ピッチでやらなくちゃならぬと思いますが、最終回までその熱意でやっていく上においては、どうも役所のほうからビジョンを出せといっても現状においては無理じゃないかと、こう思ったものですからお三方の御意見を伺って私は部会としても、私個人としてはそういう考えを持っています。

○北原委員　ちょっと申し落としましたが、この前の総会のときに私から提案いたしまして、たとえば政策行政調査部会といったようなものを設置する必要があるかないかということについて申し上げたんですが、必ずしもそういう部会を新しく設ける必要もないかと思います。きのう産業職業部会の話し合いの中でいろいろと意見も出たのですが、たとえば今尾形委員からおっしゃったような府県段階あるいは市町村段階において同和対策事業の事務に携っている人たち、そういう人たちにお集まりを願って行政、施策においてどのような問題があるかという御意見を伺うような狭い意味の公聴会といったようなものを開いてもいいのではないか、それを中央で開くこともいいであろうし、あるいは出かけていって開くこともいいだろうし、そういう実務に施策に実際に携わっている人たちの経験を伺う、御意見を伺うということも意義のあることではないか。それから先般の総会で出ました徳島県の事業実施状況の報告書のような大阪府のものを手に入れたのですが、これは厚生省の生活課長さんに申し上げたいんですが、これをひとつとっていただくということ、それからそのほかの県でも、京都府とかあるいは和歌山県とかいうふうな県ならばそういう報告書もわけなくできるのではないかと思われるのです。そういうことならば、この前戦後十年間の行政施策の状況というような、今その行政効果というようなものを調べることにはまあ全国調査から抽出した材料とともにそういうことも可能のようにも思われるのです。そういうやり方をひとつ考えていただきまして、あるいはまたそういう行政機構の中にある実務に携わっている人たちだけじゃなくて、今度は要望の面ではどのような政策が必要であり、それを要望されているかというようなことも、これは直接同和地区の代表的な人たちにひとつ意見を聞くというようなことも考えてもいいのではないか、そういうようなことを合わせて、あまり調査、□□〔二字欠〕もちろん調査ということが必要なのですが、それぞれの部会自身でまた調査をしたいということもある。要望も非常に強く必要もあると思いますが、そういう具体的な答申案の内容になるような政策的な項目を検討していく中で実際にそういう調査にも当たって、適切であるかどうかということも検討していくというやり方もできると思いますので、ただ調査々々でいつまでも停滞していないで進めていただくようにお願いしたいと思うんです。

［会長、北原委員、野海参事官、副会長の発言、省略］

○会長　次は今後の手順でございますけれども、来年の八月に答申を出すようにしますれば、その答申案の素案というものはどんなにおそくも六月には一応こしらえて、それから実質的な案そのものの審議を始めないと八月には出せないと思います。［中略］それまでに部会としてはどういうふうにまとめるつもりなんだということを出していただきまして、それを起草委員が書くか、あるいは事務局に書かせるか、私が書くか知りませんけれども、だれかが書かなきゃならぬわけです。そこで五月ごろまでに一応のことは終わるようにならなければならぬということですから、あと五、六ヵ月の間に何か格好をつけていかなきゃならぬということになります。［中略］大体そんなことで最後の目標としていいんじゃないかと思いますが、それにつきまして御意見ありましたらおっしゃっていただきたいと思います。ちょっと七月じゃおそいですね。六月ごろでないと。それからずいぶん直さなければならないと思いますから。

○副会長　二ヵ月は必要ですね。

［会長発言、省略］

○副会長　そこで一つ気にかかることがある。調査部会のデータですね。これがどうも全国調査という名目は成り立たぬように思うんですがね。その問題をどうするかということは一体調査部会としての方針をきめたかどうかを伺って、よい意味においてなければやはりその経過を解消のために役立たしたいということを前から申し上げているんだが、こういう点についてはどうしたらいいかということですね、この問題は。

○北原委員　その点は非常に大切だと思うんです。たとえば昨日の産業職業部会でも農林省の方からの御説明を伺ったのですが、農林省では十ヵ年計画としてこれこれの事業を考えているというお話しだった。その場合にその計画の予算化にあたって大蔵省のほうでは新しい調査資料を提出せよということを求められるというお話だった。そうしますとそれは今度の全国基礎調査の資料が役立つということになり、その全国基礎調査の資料が全国的に完璧の調査というわけにはいかないような事情があり、実際に存在しておりますところの部落の数、戸数、人口よりも著しく下回るような報告になるという見通しがあるわけです。そういうことになりますと、それが産業職業部会だけでなくて全部会に関連する。全政策に関係してくる。予算化の場合にそれが基礎的な数字になるということが十分考えられると思うんです。たとえば農林省の要求に対する大蔵省の査定が一世帯当たり一万五千円というような基準をもって臨まれるということになりますと、その基準調査の数字というものが、これは非常に重要な意味を持ってくると思うんです。そうなりますと、私どもやはり調査報告をしない、調査を拒否する県というもの、これはほっておけないと思うのです。そこで昨日調査部会で予算が非常に窮屈であったが、何とか目途がつくから分担して調査部会の専門委員の方々に調査を拒否している県に行ってもらうというお話だったんですが、その行き方もただ向こうへ参りまして、再度にわたって要求してその報告が出されないのは一体どういうわけかと県当局に聞かれる。それでまた同じような答えが得られるだけだとしますと、さようでございますかで引き下がってくるというようなことではその調査に行く意味も非常に薄れるのではないか。尾形委員がそれは解消したのかもしれない、善意に解釈して解消したならば、その解消の過程を知りたいとおっしゃる。私どもはそのように考えません。解消したい《ママ》ということはあり得ないと思います。最も日本の文化の進んだ流動的な社会関係が発達した東京のようなところでならばそれは考えられることであります。そうでなくてむしろ文化的には後進県である。拒否している県はほとんどみな後進県なので、そういう社会事情のもとでこの問題が解消したということは、あり得ないことだと断言して間違いない思うんです。何度も機会あるごとに申しておりますように、それは県の当局はこの問題に対する認識が薄いということ、そしてそれはいろいろな事情で政治的な考慮がありまして、報告しないというようなこともあるかもしれないと思うんです。そういう事情がもしあればどうしてもそれが報告されなければそれをどうするかということ、現に大蔵省のお考えによりますと、常識的にいってもだんだん少なくなるのが当然だというお考えが非常に強いという印象を受けた。この問題は非常に日本の社会が民主化されて、これが減っていく、人口、戸数の上においても減っていくのが当然だと常識的にそう考えられるというふうな御認識があるようにわれわれは印象を受けるんですが、なるほど減っておるところもありますが、非常にふえておるところもある。そういう事実をやはり的確につかむということが今後のこの問題の根本的な解決のための国の政策を要望する上において非常に重大な、意味がこの数字の上にあると思うんです。それをどう処理するかということ、これはたびたびの総会で懸案になっておるんですが、今度調査に行かれるということだけではたして解決がつくのかどうか。磯村先生のお話ではいろいろの調査の数字を並列してそれを対象《ママ》的に出すというお考えのようでありますが、そういう実態調査の報告書の意義の大きさから考えて、それは取扱いに問題が残ると思うんです。そういう点についてひとつ御審議願いたいと思います。

○副会長　私心配だとして申し上げたのは、ちょっと北原委員に伺わなければならないんですが、きのうの部会でも話が出た。大蔵省は私は□〔漸カ〕減という意味でなくて、それは古い調査だから新しい調査を持ってきてくれればそれに何とか対処しようという意向と聞いている。そういう意味で積極性があるとむしろ善意に解釈しておるんですが、その意味において私は第二段には先ほどの北原委員の――これは前からおっしゃっているんだが、数は減っているよりも、柳井委員も多くなっているはずだと、こういうお話ですが、私はこの審議会に入ってから東京都内はどうなんだろうかと調べてみた。この前申し上げたように赤坂だとか、あるいは白金台町だとかあるいは台東区、御承知の宮の下や浅草を見てみまして部落と申す地区はあるけれども差別観念はない。だからこういう点は善意に解消されたと解釈してみたいと思うんですが、これに対しては北原委員は御異論があるんですが、そういう点で私はくすぶったままにしておいちゃいけないと思ってこの問題をどうするか、私は拒否したと考えずに一面において解消しつつあるんだから、これはもうというふうに考えているんじゃないかという解釈の仕方は当たるか当たらないかということですね。これはしろうととして……。

○北原委員　だからその点では、たとえば法務省の人権擁護局の調査のような結果で問題が客観的にあるということをそのまま率直に認めるのでなくて自分の主観で問題はないというふうに解釈する。それだから擁護委員の人たちの年齢層からその人たちの考え、この問題に対する認識というようなことも、もっと分析しなきゃならぬが、そういうふうに結果が現われて、これは問題はない〔と〕すると実際に人権というものをどう考えるかということによって違ってくる。日本の社会で人権侵害の一番深刻な、最も重大な問題はこの問題だと思う。じゃ人権擁護委員、法務省の人権擁護局がこれまで一体この問題について積極的に一体どういう態度に出たかわれわれは寡聞にして人権擁護のことでこの問題を取り上げて活動された、何らかの措置を講ぜられたということを聞きません。あるいはまたそのときどきによって非常に深刻な問題が起っている場合があります。そういう場合だって一つも人権擁護局はこの問題について積極的な態度に出られたということはありません。それは何も人権擁護局を責めるのではなくて人権擁護委員の人たちの人権というものに対する認識がまことにお粗末だということなんです。だから実際に人権侵害の事実があってもそれを侵害の事実だと認識できないような考え方を持っていらっしゃる。それと同じことで部落の問題でも客観的にありますところの問題をあると認識できないような人たちが、この問題はもう該当部落がないというような報告をなさる。われわれが差別の問題だというのは単に言葉や四本の指を出すというような言動による差別、そういう事象だけを差別だといっておるのではないのです。行政の上において部落が疎外されておるということ、いろいろの面において、どんな面でも数限りなくあげることができる。道路が狭くて消防自動車が入れないようなままにおかれているということ、川には橋がかかってないというようなこと、生活自体が今産業職業部会で問題になっておりますように、日本の最も底辺の、生活状態におかれているということ、そのこと自体が差別と関係がある。資本主義の社会の関係でできたスラムとは違いまして封建時代からの、もっとその前からの身分差別の関係で、それが尾を引いて今日まできているということを認識できない人が、もうそういうトラブルが起きなくなったから問題はなくなったんだという、そういう浅薄な考え、認識で御報告されたんではこの問題の根本解決ということはできない。そういう点で私は断言してはばからない。報告を拒否されているところの、府県が問題を解決しているはずはない。現に事実またそういう部落の人たちをこちらが個人的に連絡をとりますと、幾らでもそういう連絡がとれる。そういう事実をどうするのか、そういう点で私はそれがただ何も影響がなければいいですけれども、今後の政府の政策の上にこれが全国の部落のいわば戸籍原簿となってそれが一切の予算措置の算定の基礎にされる、明らかにされると思う。そういうことから考えて僕はこれは重大な問題だと思うんです。だからそれはもしそうだとすれば、ただありませんという御報告を受けて、調査に行かれた人たちが引き下がるのではなくて何らかの措置をやっぱりとらなければならぬ、そういうことです。

○会長　よくわかります。今北原さんの言われるのは一番基本問題ですね。どうしてもこれからまとめる際に今のような話は基本的に話し合ってどういうふうな点にこの審議会が答えを出すかということは考えなければならぬ。つまり差別とは何だ、一体それがどういうふうに現在なっているのかというようなことはこの審議会で一番中心に考える大事なことです。［中略］今北原さんのおっしゃった点はこの問題の重点がどこにあるかということですが、問題点はどこにあるんだろうという点で明らかにするためにあとで総会でそういう議論をやってもらったらどうだろうかというふうに私は考えております。対策そのものについてはむしろ部会で練っていただく。今おっしゃったようなことは総会で隔意なく話していただくということがいいんじゃないかと思っておりますが、今まで出てきた中で問題点になっているのがたくさんありますので、それをどう考えるかということを総会で話し合いしていただくのが一番いいんじゃないかと思っておりますがいかがですか。

○北原委員　大体そういうことでけっこうだと思います。

［会長、副会長、北原委員の発言、省略］

○会長　これは何かそういうようなことをうまく引き出す仕方を各部会でひとつ考えてもらってある程度出していただきましたらそれを基礎にして、また少し聞いて引き出してくるというようなことをだんだんまとめていかれるようにしたらいかがです。やり方はいろいろむずかしいと思いますけれども、各部会でもってだんだん考えてやっていただいたらどうだろうか、おそらく各省でもって草案として出すのでもなかなかむずかしかろう、［中略］こういうところに問題があると問題点として出していただいてもいいと思うんですが、そういうものがないと非常に粗雑なものしかできないということになりますので、それはまた討議してきめたい。この審議会としてどういうものを出すかということを考えても各省の方が多く民間委員が少ないんだからそういうことも考えて来年の五月ごろまでに具体策というようなものを整理していきたいと思う。それをやっている間に中間報告をするけれども、総会としては今申し上げました基本的なことを十分隔意なく話し合いたい。

○北原委員　いつも気がついていることは、私と柳井委員が部落出身で当事者であるために私たちの発言が多くて、たまにいろいろ御発言がございますが、たとえば尾形委員のごとく、北原委員のごときは何十年この問題に携ってきた、苦汁の環境の中にあってまことにどうのこうのと、まあまことにこれは私どもにとって実はそういう段階から抜け切った発言をお願いしたい。私どもよくこういう問題で学校の先生などと会合をやりますときに第一に申し上げることは、私たちはどうしたらこの問題が解決するかという共通の目標のもとに集まっているのであるから、あなた方がどんなことをおっしゃろうとそれはすべて善意なんだ、問題を解決しようという前向きの立場で御発言なさるのであるから、これは言葉尻りをとらえてそれをどうこうというようなことを全然私たちは考えておりませんので、全く遠慮なしに、つまり自分もその問題を解決する一員であるという主体性に立って発言していただきたいということを申し上げる。その雰囲気が会合でできないとこの問題の本質的な話し合いには入っていけない。ところが一年たちましたこの審議会がなお今日そういう状態でありますことはまことに私たちにとっては遺憾なので、遠慮なしに、そして何ら私たちが部落出身の当事者であるからといって特別な何かかばったりなさるようなことをしていただかなくてもけっこうなんでございますから、どうぞひとつ率直に御発言願いたいと思います。

○会長　そこで実は総会はそういうような趣旨でもってひとつお話を進めていただくようにしたいと思いますので、よろしくひとつ……。

○大沢委員（代）　御参考に申し上げるんですが　昭和三十五年にモデル地区の制度ができまして大蔵省へ予算を持ち込んだ。大蔵省がおっしゃるのには、これは同和対策のマイナスだとおっしゃるわけですよ。こんなことを、せっかく区別なくやっているものを同和対策というものは　同和地区の所得の向上政策をやるのか、同和するのか、国自身も地区をきめて、地区の産業に国が投資をし助成をするということが同和対策なのか、そこら辺ではっきりして、この金は同和のほかに何かの事業に使ってもらうんだと、計画を立てなさい、それは同和地区の所得の向上とかあるいは生活保護者の数を減らして生活を安定させるとかいうことにもなるのですが、これが一体同和対策なんだろうかという疑問を持つわけなんですよ。大蔵省は、逆じゃないかといったですよ。

○北原委員　今の御発言重要だと思うんですが、そういう認識を私たちがまず打ち破って理解していただくことが非常に大切なことなのであって、つまり俗っぽく申しますと寝た子を起こさないほうがいいだろうという考えが非常に広く部落のわれわれの仲間の内部にもあるということなんです。そういうことを官庁の方々に申し上げて、たとえば厚生省の生活課長さんが何年かやっていらっしゃるその間にたびたび接触して、それでようやくわかっていただくころになりますと、その方がかわられて新しくおいでになる（笑）また再びイロハのイからということになるわけです。大蔵省の幹事がいらっしゃるんですが、一度もお顔を拝見したことがないので、これはひとつ大蔵省の各省に関係する予算査定の責任にある方々においで願ってこの問題を理解していただくことが一つの大きな仕事じゃないか、それからまた自治省についても必要じゃないかということをきのうも話し合ったわけですが、おっしゃるとおりです。

○大沢委員　それで私たちはそれは閣議了解だと、政府の、最高の閣議了解として発表されたその事項に基づくものだ。もう一つは生活保護者の数がふえたら一世帯一万五千円どころじゃないだろう。毎月々々何年もそういうところから私らやっているんだと、今日まで、マンネリズムになってきているが、基本的な問題は一つも解決しないという気がしているわけです、内心は。

○会長　寝た子を起こさないほうがいいのか、起こしても泣かれたほうがいいのかということが一番問題になると思うんです。そこは差別という本質をひとつ考えて、この審議会としての決定版ぐらいできればいいんじゃないかと思いますが、会長微力でございますからうまくいきませんが、今後そういうことでやっていただきたい。きょうは大体そういうことで先の見通しができましたのでこのくらいで閉会にいたしたらいかがかと思いますが……。

○石見（代理）委員　石見市長が欠席しておりますが、私に三点自分の意見としてお伝えしておいてくれということでございました。それはきょうお話し合いの最終答申、さらには中間申し入れ、そういうことに当然関係してくる問題でございますけれども、第一点は農業をも含めた部落産業、これが非常に零細化しておる。したがって地区の経済的な交流をはかるためには当然これの近代化、合理化をはからなくちゃならぬ、そのためにもまず第一歩として部落産業の集団化と申しますか、協業化と申しますか、こういうことが大切になってくる。それから第二点といたしましては現場の市町村長の立場でいえば、同和事業に対する事業支出の国庫補助の率を当然引き上げてもらわなくちゃならぬ。これが最も現場の市町村長としては要望するところの姿だと、それから第三点は同和地区を持っておる市町村に同和対策を義務づけることはできないか、ただし義務づけられる以上、これに対する国の財源の裏づけなんか市町村の財政にかかわらず、財政の富裕、貧困にかかわらず特別の交付金のようなものを考えるべきじゃないか、そういう、実際に同和地区を持ち同和事業に対処しておる市町村長の立場としては、そういうことを言わざるを得ない、こういうことでございました。

○会長　ありがとうございました。今のお話はやはり今後の答えを書く上に大事なことと思いますので、これからの材料にいたしたいと思います。

［以下省略］

【６４６】Ｂ４謄写版35頁クリップ止め

16　一九六三（昭和三八）年一一月二六日
同対審総会［北原メモ］

◎各部会の報告
1. 教育部会
2. 環境改善 ｝中間要望の内容討議について
3. 産業職業
◎北原提案――五項目について
◎農林省――年次計画は暫定的――モデル地区を全然考えないのではなく、一般（全部落を対象とする）対象は、モデル地区対策をオーバーすることにより全部落を対象とする――
◎中間要望はとりやめることに一決――
磯村氏―基本的な問題の討議について――
北原・柳井提出の意見書を中心にやるか、各部会で、討議して集約するか――
この二つの方法がある。
◎各委員が一二月一四日までに文書で基本問題の討議資料を提出する――
それにより討議する
各部会は具体的政策をまとめる方向に努める。

次回は一二月一九日

【Ⅰ－868】Ｂ５大学ノート横書き

17　一九六三（昭和三八）年一二月一九日　同対審総会［北原メモ］

○　前回の総会の議事録要約の確認

○　各部会の報告

1、教育部会

2、調査部会

全国同和地区調査――調査表――これは経過報告的参考資料として出す。

◎人口数一六六万余は混住のままの数。

◎未調査の数県のうち、長崎ほかの専門委員による調査が行われた数字は、この表に掲げていない。

◎この調査は不充分、――調査の補正、充足が望まれる。

○精密調査は、明年一月一〇日まとまる。そのあとは印刷にまわる。

米田専門委員―富山、石川両県の調査について

富山県庁の福祉課長――市町村からの回答は該当なし。実情に副わぬと知りながら正式文書として〝なし〟の報告をした。

△寝た子をおこすな

△行政上の認識による

しかし事実は存在するので、具体的な指示があればできなくはない。

石川県――福祉課長補佐

いまさら報告しないがよいと考える。同和対策の必要なしと考える。

が、事実は存在し、数十の地区があることがわかった。

野本――宮崎、長崎

長崎＝市内の二〇〇戸の部落が原爆でなくなり、二〇戸ほどそのあとへ戻った　六二ある。

同和対策の必要の有無――

県では、これまでやってなかった――、新しくはじめると困る――故に〝なし〟の報告をしたが、至急調査すると確約。

宮崎＝知事、副知事、民生部長と相談の上で回答〝なし〟をした

副知事と会談――課長が部長や副知事に審議会の調査要請を握りつぶした。

福島＝連合青年団が熱意をもっており調査している。

県は調査で二部落。そんなことはない

山形＝県は調査しない――が在る

宮城、岩手にもある。
神奈川もある
東京都もある――報告はやがて来ると思う。
○福岡＝同盟の調査では七一二ある。
群馬、埼玉も調査もれがある。
環境改善部会――なし
産業職業部会＝労働、就職の問題を討議した。

◎

全国調査について、拒否県対策をどうするか？
○県行政機関を通じて得た数字でなければ正式に認められないのか
○調査主体と、調査経過を付記した数字を掲げては如何。

4676、000円
2645、000　調査費残額
現在　旅費　赤
39年度　3441、000　要求―開催経費
うち参考人旅費　9万余円

（次回）一月一〇日（金）

【Ｉ―868】Ｂ5大学ノート横書き

二　部会活動と同対審答申

一九六三年〜一九六五年

18　北原泰作メモ

［一九六三（昭和三八）年一〇月二三日ヵ］

(1)　審議会の運営の問題

(イ)　専門委（7人）を全員各部会に参加――部落外の
　2人

(ロ)　局長（幹事）―少くとも課長の出席

(ハ)　能率ある会議―ディスカッション―議事録
　論議の材料――

×経費――　プログラムを――

(2)　8月答申をめざして――
青年少《（ママ）》問題協議会のような機関の設置を答申に含め―

(3)　行政・政策部会の問題――
調査――主な府県の行政施策実績
厚生省――
公聴会　同和行政実務者、民間団体代表、学識経験者

会長　1、来年6月までには原案ができていなければならない。

【Ｉ―868】Ｂ5大学ノート横書き

19　一九六三（昭和三八）年一二月一九日
同対審総会速記録［抄録］

［各部会長からの報告、教育部会伊藤委員、省略］。

○会長　ありがとうございました。
次に、調査部会のほうから……。

○磯村委員　それでは調査部会の、部会として聞きました経過と同時に、前回の総会の御要請もございましたので、一応経過報告的な資料を御説明申し上げたいと思うわけであります。部会としましては、前回の総会後三回会合を開きまして、昨日も午前十時から二時まで会合を開きまして、そしてお手元に差し上げましたような、一応の数字を取りまとめたんでございますが、この数字につきまして御報告を申し上げる点について若干の条件がございます。これは中間報告的な形までにもまだ参りません状態でございます。したがいまして、経過報告的な参考資料としてお扱いを願いたいのでございまして、中間報告となりますると一応形を整えなければなりませんのですけれども、それがまだ十分になりません。理由はこれから申し上げるのでありますが、したがいまして経過報告的の《［なか］》参考資料というふうに御了承をいただきたいと思います。それから前回までの調査でございますが、この調査は、結局最終的な報告というも

のはこの審議会の終わりまする時期でなければ、いわゆる調査部会として責任を持ちました数字というものは整備できないという実情がございます。したがいまして、ここに掲げました数字というのは現在総理府を通じまして各都道府県を通じた数字でございますが、それ以外に各専門の委員が分担をいたしまして各地区を検討したわけでございますが、その検討は物理的に申しまして、予算的に申しましてできない状態で、まだ不完全な状態でございますので、したがいまして経過報告的な参考資料ということでございます。ここに掲げましたのは、過去におきましての二つの調査の比較を掲げましたものでございます。昭和十年の中央融和事業協会の調査、昭和三十三年の厚生省の社会局の調査、それに今回の調査というのを三つ対比いたしましてごらんに入れてあるわけでございますが、ただ今回の調査につきまして、一番右側の人口の最後になりますが、その人口の数字をごらんになりまするど、昭和十年九十二万六千なにがし、昭和三十三年百二十二万なにがし、今回は百六十六万なにがしと、こうなっておりますが、この百六十六万という数字は、これは混住地区のものをそのままここに記載いたしたのであります。したがいまして、混住をいたしております地区のうちでどれだけが同和関係であるかということは、おのおのの地区にわたっての混住率をかけませんと正確な数字になりません。その数字は地区が非常にこまかく分かれておりまするので、一々掲げてこの数字を是正するだけの時間的余裕がございませんので、したがいまして混住の状態をそのまま数字にあげましたので、百六十六万という数字になっております。したがいまして、これは混住率かけまするど若干減少すると、こう見られるのでございまするが、同時に全く調査報告の来ておりませんん地区が北海道を初めといたしまして、あるいは青森その他、あるいは西日本のほうに若干ございます。加えて東京、神奈川といったようなところ、富山、石川なんかもございます。こういうものの調査は、本日御列席の調査専門委員の方々が現在御苦労をされて現に長崎あるいは宮崎等に参りまして現実の数字はつかまえておられるわけなんでございますが、しかしそういう数字というものをここに掲げるということは一切避けてございます。なぜかと申しますに、調査の主体はあくまでものこの審議［会］でございまして、したがいまして審議会が行政機関を通じましてその確認を得た数字でなければここに掲げることができませんので、本日その点につきましては現地においでになりました専門委員の方々から、若干短い時間でございますけれども、私の説明のあと補正させていただきまして、現実にこの程度の数字が考えられるということをあとで御報告を申し上げたいこう思うわけでございます。繰り返し申し上げますけれども、この百六十六万の数字というのはそういう数字であるということを御了承を願いたいと思うわけでございます。したがいまして、申し上げましたように、この最終的な調整というものはできるだけ早くいたしたいのでございまするけれども、調査部会の責任を持った数字というのは、この答申の時期を最終的な時期といたしますが、しかし調査部会といたしましては、それでも十分なものとは考えられないいろいろな事情がございますので、部会といたしまして、部会の総意をもちまして審議会が今後継続されるか否かにかかわらず、できればその調査というものの保全、あるいは調査の継続ということを強くこの際委員の方々の御考慮をわずらわしたい、こういうことに相なっておりますす。詳しく申し上げますと、あと専門委員の方々の御報告もございますので、全国調査につきましてはただいまのような状態でございます。それから精密調査につきましては、来年の一月十日に部会を開きまして、最終的な調整をいたしまして、そのときに報告を取りまとめまして、それを総理府におかれていつ印刷になさるかということは、これは事務的な手続がございますので、それによりまして現在調査中の地域地区につきましての精密調査はその段階においてごらんいただくということが考えられているわけでございます。それで、一々の府県別の数字等はごらんになればわかりますから申し上げませんけれども、われわれ調査部会といたしまして直接こういったような数字を通じまして、あるいは実態調査を通じまして接触をいたしまするとと、各地区におきまする期待というものは非常に強いものがございます。強ければ強いだけにこの調査も正確を期さなければなりませんですし、したがって、われわれがこの総会としての態度につきましても、かなり格調の高いものでこの審議会を進めなければならないということを強く感ずる次第でございます。したがいまして、前回御指摘がございましたように、調査部会としましては精密調査を一月十日、それから中間報告的なものはできるだけ是正をいたしまして、すみやかに御報告を申し上げたいと思いまするが、印刷になりまするのは八月にならざるを得ないと思うわけでございます。したがいまして、調査部会といたしましては、そういったような数字の具体的な面に現われましたより以上の期待というものがこの調査を通じて非常に感じておりますということをこの際はっきり申し上げまして、この調査というものがおそらく日本における最終的な記録になるのではないか、したがってそれに伴います対策というものも、一方におきまして憲法に関連するような非常に重大な人間生活の問題であるという、そういったような立場からいたしまして、この問題の審議会の方向につきまして部会として非常に強い熱意がございますことを、全員にかわりましてこの際数字の説明に加えて申し上げたいと思います。その点で会長のお許しを得まして、この数字のございませんところにつきまして専門調査員の方々から二、三補正的に御報告を申し上げたいと思います。

［木村会長、米田、野本、尾形副会長等の発言省略］

○木村会長　それでは、最後に「検討すべき問題点」というのがお二人、北原委員と磯村委員から出ております。それで、お二人から一応簡単に御説明いただきたいと思います。

○武田事務官　［省略］

○北原委員　それでは簡単に。私は基本的な考え方については二回にわたって覚書を出しております。それは私の私見でありますから、審議会としてこの問題について討議すべき問題点はどういうところにあるか。ここにありますようにまず第一に問題をどういうふうに認識するか、同和問題の本質をどういうふうにつかむか、それには対象地区の住民は現在どんな状態にあるかということ。この㈠の数字の1、2、3、は調査専門部会の御報告を分析し検討して、それから結論が引き出されると思うのです。次に、それではそういう状態にある部落の現状は一体今日の日本の社会状況とどういう関係につながっているのかという問題。それは現在の政治、経済制度との関係、それから日本社会の構造、社会意識の関係、つまり差別偏見というものがどういう関係にあるのか、それから他の社会問題との相互関係はどういうふうになっているのか、そういうことを検討することによってこの問題の本質をつかむことができるだろう。その次に、それではどうしたらこの問題を根本的に解決することができるか。その第一は、基本的の方向は一体どうあるべきか、それは何よりも日本国憲法との関係はどうか、それから現在行なわれておりますところの諸政策との関係はどうか、そして行政上の問題についてどういう問題があるか。それから次には問題解決のためにどのような具体的方策をとるべきか。それには部会が三つできておりますように、生活環境の改善の問題、これは社会福祉を含めた問題、それから産業経済の対策、それに教育文化の向上の問題、そういう問題について具体的な対策を考える。そしてその次は、そういう具体的な方策を実施するにあたって行政組織はどうあるべきか。それは政府としてのあり方、地方公共団体のあり方、たとえばばらばらで統一を欠いておるのを統一するとか、何らかの常置機関を設けて総合的政策を行なうとか、そういったような問題。それから年次計画を策定する。たとえば十ヵ年計画なり五ヵ年計画なりを策定して、それに見合ったところの予算はどのように組まねばならないか、地方公共団体の財政の問題、そういう問題についてどういう考慮が必要であるかというようなことが論議され、そして議論の統一を見たことが答申案の内容となるべきである、こういうように私は考えるのであります。

○磯村委員　あとのほうは全部私が出しましたのでございますが、ただいま北原委員のお考えにちょうど私がその返事を出したというようなことでございまして、このように乱暴でございますから、その点はあしからず。私はこの審議会が重大だと思うので、何か自分の意見を正直に出すべきだということで出しましたので、その点につきましては、至らない点はあらかじめ御了承願いたいと思います。いま北原委員の出しましたものに対して私のほうが何か御返事を出したというようなことで、たいへんおそれ入りますが、ごかんべんをいただきまして、しかも調査部会で勉強いたしました中で出したことで、決して悪い思いつきではございません。一番大事なのは、同和対策の根本的基調は日本国憲法に認められた国民の平等の権利意識に基づくという、この点を私は強く強調したいのでありまして、これは日本の民主的とかいろいろなことを言いながら、日本の現在におきまして一番はずかしい問題である。これをなくすという意味においては日本国憲法を守ることが最大の要諦であること。それから二番目に、同和対策を樹立するにあたっては政治的配慮または政治的運動とは関係ないという態度を確認する。これは老婆心でございますけれども、したがいまして、いろいろ御苦心の運動がございましまして、その一番上に立ってきめていきたいということ。これは単に念を押すという意味の項目でございます。三番目に、現状からいたしますと、一番私どもが調査をいたしまして気がつきますのは、いかにも各行政機関というものが同和対策につきましての態度が実に卑屈であるという考え方でございます。したがいまして、日本の憲法に規定されましたことを守るということでありましたならば、もし中央と一体のものが出先機関であれば、そこにおけるところの態度というものはもっと高いものでなければならないのではないか。しかも高いものであるということの省では私は総理府じゃないかと考えますけれども、もう一つここに意識的な格調の高いものを持っていただきますれば、ばらばらになっている各省の態度というものにはおのずと対策が出るのではないかと思いますので、したがって審議会とは別に今度それを推進する常設の機関を設けていただきたい。八月説がくずれてくると、これもおかしくなるのですけれども、十ヵ年を目標とする第一次同和対策ということが当然考えられていいのではないか。こういう一つの谷間にある問題について、なぜ総合的な施策がなされないか、少なくとも十ヵ年の計画を考えてもらいたい。五番目は少し具体的になりまして、先ほどの数字を見ましても、なかなか数字を基礎にしましてどうこういうことは、次の常設機関なり、あるいは次の調査機関でもう一回検討することでありますけれども、政府が施策としてあげまするのに、国民一世帯一戸、生活保護の三倍増というようなことを出してきておりますけれども、同和対策に関しましてもそういう目標を出していただきたい。こう思うのであります。六番目になりますと、いま申し上げましたことが具体的にそれでは地方庁で予算が増加になっても、同和対策に当たる職員に接触しまするると、若干卑屈な態度があるのではないか。これは今度の審議会を機会にしまして、ぜひこの点だけは考え直していただきたい。したがって、地方庁の役人、そういう問題を専門にやる者の待遇なりそういう問題について審議会は相当考えるべきじゃないか。七、八、九は、実は参考として一言だけ申し上げたので、部会がありますのでこういうことを申し上げてはいけないのでございますけれども、調査の結果から見ますと、同和地区の開発におきましては、ややもすれば職業と同和地区というものがあまりに密接し過ぎているのではないか。したがいまして、その同和地区というものを開発することにおきましては、そういう特殊な職業だけを推進するということでなくて、もっといろいろな産業の交流という形において対策を推進する方法があるのではないか。これはただ私自身こういう意見を一つ持っていますというだけなんでございます。教育ということにつきましても、そういう点をある程度までやはり考えるべきではないかということでございます。現在の同和対策というものは、ややともすれば専門的になりがちでございますけれども、それは放置しておけばスラム化する。特に大都市においてはスラム化するということでございますので、その予防という意味におきましても積極的に同和地区に対しての環境整備というものが出てくる。こういうことでございます。

次のページに参りますと、地域的に若干やはり違っております。これは私が申し上げるべきじゃないのでございますけれども、かりに京都なんかを見ますと、凝集型でございますし、東京周辺では分散型、ところによっては混合型というものがございます。したがってこれによりますと同和意識というものが自覚されているところもございますし、黙認型もございますし、傍観型もございます。行政的には積極型、消極型、中間型、いろいろございます。こういうものを全体的な原則と、部分的な原則を調和させて、二つのパターンでもって対策を考えるということもあり得るのではないかということで、以上の十項目がとりあえず考えましたところでございます。そのあとのほうに出ておりますのは、これもプリントしていただきましてたいへん恐縮でございますけれども、先ほどからお話が出ておりますことはそのとおりでございまして、できれば会長、副会長が地区のご専門の方と御懇談をいただいて、そこで基本的な方向を発見していただきたい。そのあとで、有力な三部会長もおられますから、部会で大体こういうふうな方向でまとめるということをやっていただいたらということでございます。三番目には、たいへん不遜なことを書きまして、これは先ほどのお話にもございましたが、何と申しましても最終的にはもう少し、あえて総理府とは申しませんけれども、政府がせっかく作りました同和対策審議会につきまして、もう少しお考えを願いたい。これが私の考え方でございます。

○木村会長　たいへんどうもありがとうございました。非常に最後のところでいろいろお教えいただきましてありがとうございました。［以下省略］

【647】B4謄写版74頁複写クリップ止め

20　一九六三（昭和三八）年一月二四日
同対審総会［北原メモ］

○磯村氏——
コロンビア大学のハバード・パッシー氏の部落問題調査
——軍政中に調査した資料を寄贈してくれる——
本年八月来朝、その際調査部会の人と会う。
○全国調査が七、八県は調査困難。
府県が引受けない——調査不可能
出かけて説得の努力をする。
東京都は所管の関係など［で］未決定——
二月の調査部会までに——
○集計資料の点検をしてから報告書を作成する。
委員の協力を求めねばならぬこともある。
○精密調査
混住、職業変遷など、クロスする事項の技術的にむつかしい問題がある
部会の全員で検討する。小委員会を廃止。
○審議会の活動、とくに調査について国会で関心が強い
——中間報告書を作成し、資料を整える——（国会発表の）
○調査不能

山形　富山　石川　宮崎　神奈川
困難予想
福島　東京　愛知（市町村では困難、県で努力してみる）
秋田はまだ態度未定
○尾形氏――
調査費は足りるか。経験（石炭関係）によると本年度予算でどうか
○事務局長――
昨年度より三五万増え、本年は全国調査がなく、精密調査のみ。足りると思う
△二月一一［二一］日の専門委員会に柳井、北原が出て、調査不可能、困難の府県の対策を立てる
◎伊藤、磯村両委員と一月中に協議する。
◎自治省として、行政指導はできないか
×研究してみる。
（次回）二月二一日　P［午後］二時
産業職業部会二〇日　午前

【Ｉ－868】Ｂ５大学ノート横書き

21　一九六三（昭和三八）年三月六日
産業職業部会（第２回）［北原メモ］

農林、労働、中小企業庁（官庁関係）
会長、石見（代理　民生局長）北原
1、一般経営者に対する啓蒙運動
2、地区内経営者対策
3、就労希望の部落民
○労働力の流動化――移転―分散――
○若年労働者の就労
○産業振興可能の条件ある地区
その地区では協業化促進
○その可能性のない地区――
商工会の組織――活動――（中小商工業者の）でとり上げること――指導員を置く――
融資の斡旋――経営の指導
フリーランサー

【Ｉ－868】Ｂ５大学ノート横書き

22　一九六四（昭和三九）年二月二五日
同対審総会〔北原メモ〕

○　各部会長報告

×　教育部会——伊藤氏
移動部会の報告
○京都では、かなり左寄りの意見や主張が——なされた
和歌山では教委と現場教員や教組との対立——（連携の欠如）が印象づけられた。

同和教育の基本方針が立っていないことによる混乱。

×　環境改善——高山氏
基本問題の論議により基本的方向が明確にされないと、環境改善の具体策が立てられない——
他の部会での——基本方針決定待ちの態度であったが、それではいけない。環境改善部会として主体的に、他の部会の審議に抵触する部分があるかも知れないが、方針と具体策を立てるべきだとの意見が多いので、そうすることにした。
厚生省、建設省などの事務当局（幹事）で、赤写真をつくってもらうことになった。

×　産職〔産業職業〕部会——（代理）北原
各委員、専門委から提出された討議資料にもとづいて、部落産業の分析（現状）
その対策について、かなり具体的な意見の交換がなされ、答申書原案作成に接近した。
資料や対策の青写真を関係各省の幹事から提出してもらうこと、次の部会に——
遅くとも四月までに——を申入れ諒承された。

会長——調査部会の報告を——野本専門委〔員〕に——

野本——東北四県の調査報告——部落が存在しないとて、調査に非協力の四県で、部落がある事実の指摘——中にはそれを認め、調査することを約した県もある——

しかし、山形のみは、民生部長が頑として拒否。

部落がある事実を指摘し、こちらの調査や以前の調査を示しても認めようとせず、これを報告してもよいか、県はそれを認めるか——というに対し、お勝手に——自由に——県は関知せずとの態度——

同和対策なく放置されている戸数少ない部落の現状は、悲惨、原始的——

○　北原——起草委員会設置の提案——

○会長――
部会長と会長の会議をひらき、答申案作成の作業のすすめ方について話し合う。
○高山氏――
綜合部会を設ける提案――中間案として。
会長――
前記の会長――部会長による話合いを固執。
北原――その中で、私の意見をも討議してほしい。
高山氏――拡大的にして、会長、部会長のほかに委員をも加えては如何――
会長――まあ、さしあたりは私見のやり方で――朝めし会――
磯村――調査会としても、調査結果の分析などどこにウエイトを置くのか――
やはり、基本方針のアウトラインがほしい。
北原――
磯村氏の意見によつても、ムダのない論議のために
――効率的な審議のために――起草委設置を――
山本、藤範
時期尚早――こちらから具体案を出すと、各省が受動的にうける立場にたち、答申の実施《ママ》的効果が危ぶまれるから――
各省の次官の出席を求め、態度を表明してもらい、理解と認識をふかめてもらう時間が必要――
○疑問――
政府すじの意図――
部落出身者の団結の切り崩し――
山本、藤範のそれへの同調――
×北原の積極性――を抑制――
起草委員長――をはずすこと――
×原則、基本、本質論の回避――
対症療法的方策の羅列におわる答申に――
北原――過去の経験――十ヵ年計画や自力経済更生運動の対策羅列――
こんどの答申の画期的意義――
本質論に立つ姿勢――それをふまえての具体施策こそ
――そのような答申に。
◎次回教育部会で――
1.部会長に――京都の左寄り意見、主張とは何か――
○田辺にそれを訊ねること――

2. その答弁により
民主的要求――意見が左寄りか？
3. その認識が――基本方針に――問題だ。〇ブル民主さえ――日本ではアカ――
× 総会での部会長報告に質問したかつたが――ひかえた――この部会で質問する――
× 結果によつては総会で――

〇 石見委員の私案――
同盟の請願運動当時の要請事項と対比――
自民党の忠実な使徒として――
×これもわれらの闘いの成果として評価すべきでないか
×陳情的な行動に終ったと本部（岡）[注]が自己批判する中央の斗い――
×審議会における闘争の場と――効果――意義――

［注］岡映部落解放同盟中央委員ヵ

【Ｉ－８６９】Ｂ５大学ノート横書き

23 一九六四（昭和三九）年三月一九日 調査部会［北原メモ］

① 全国的に部落の数
② 調査について困難な事情
③ 生活環境の中の重点的問題は何か
④ 産業の最近の変化に伴い、対策はどうあるべきか
⑤ 教育、文化の問題
⑥ 施策の重点はどこに置かれるべきか

×他出――職業――伝統産業はうすれる

【Ｉ－８６９】Ｂ５大学ノート横書き

24　一九六四（昭和三九）年五月一九日
同対審総会〔北原メモ〕

〇　各部会報告

○調査部会の報告と磯村委員個人の意見としても、完璧な調査報告はできない。

時局的制約がある。自信のないものでも提出しなければならぬ。

○そこで、八月答申の線を再検討の要があることになり、各委員の意見が開陳された。

×内閣関係　47
　各省関係　290　｝審議会の数
　　　　　　　　（尾形氏の調べ）

○会長――政府なり、議員なり、他から延長の提案がなされるなら文句はない――

しかし、会長としては、延長を申入れるなら、何日延ばせば満足な答申できると約束しなければ申入れできない。

○調査部会の専門委員諸氏の意見は、本年度一杯の延期が望ましい。完璧を期すならば二年の延長が必要。

【Ⅰ－869】B5大学ノート横書き

25　環境改善等の状況とその対策について
北原委員（三九〔一九六四年〕・六〔月〕）

生活環境の状態と改善策

(1)　生活環境の現状と問題点

一、対象地区は、集落形成の沿革、封建制度のもとにおける支配権力による抑圧、明治維新後における行政上の差別扱い等のために、その多くがきわめて劣悪な生活環境のもとに置かれている。

二、居住の地理的条件がわるい地区が多く、天災をうける危険の度合が高いのみならず、罹災の場合は被害が甚大である。また、保健衛生、社会福祉、火災予防などの見地からも多くの問題がある。

三、対象地区の生活環境の劣悪さは、もともと差別が原因となつて生じた現象であるといえるが、劣悪な環境が原因となつて差別を助長する結果を生じているという関係も見のがすわけにはいかない。つまり原因と結果の悪循環がくりかえされているのである。

四、対象地区の生活環境の問題点を「地区精密調査」報告その他の資料によつて指摘すれば大体つぎのようである。

1　立地条件

(イ)　市町村の一般居住地域から隔離した町はづれ、村はづれに在る地区が多い。

(ロ) 河川敷、堤防下、崖の上、谷間、海岸など居住の地理的条件のわるい地区が多い。

(ハ) 湿潤地帯、低湿地帯に在る地区が多い。

2 道路

(イ) 地区内の道路は一般に狭隘で曲折が多く、四輪車の通行は困難である。

(ロ) 都市形態地区においては主要道路は舗装されているが、それいがいは未舗装のまま放置されており、舗装されている道路も幅員や線型は旧態のままで改良されていない。

(ハ) 一般市街地域から対象地区に通ずる道路は地区に突当るT字路になつている場合が多い。

3 飲料水施設

(イ) 農村形態地区においては井戸を利用しているものが多いが、なかには流水、湧水などを利用しているものがあり、水質に問題がある。

(ロ) 簡易水道の利用が普及しつつある。しかし経済的理由でそれを利用しないものがある。

(ハ) 都市形態地区の水道利用者のうち、各戸専用設備を持たないものが多い。

4 下排水施設

(イ) 一般に下排水施設が全然なく、またはあつても破損しているものが多い。そのため自然流水または各戸から排出される汚水が道路に溢れ、悪臭を放ち、かやはえを発生させる。

(ロ) 都市形態地区でも主要下排水設備は整つていても、それ以外は放置されているところが多い。

5 汚物処理

(イ) 農村形態地区においては、し尿及びじん芥は自家処理されているが、農家の少ない地区においては処理に困り、附近の河川や田畑に放棄されている。

(ロ) 都市形態地区においては市の責任において処理が行なわれている。

6 墓地及び火葬場

(イ) 一般に墓地が狭く、かつ地区住居地内にあるものが多い。各戸ごとに自己の敷地または畑の中に墓地を持つものが多い。

(ロ) 都市形態地区以外の地区においては、地区専用の火葬場（いわゆる野焼）などを持つているものが多く、設備は不完全である。

(ハ) 必要に応じて臨時に火葬場を設け、全然設備らしいものがないところもある。

7 住宅

(イ)　一般に、住宅は狭い地域に密集し、かつ住宅の形態をなさないものすらあり、個々の住宅については、狭隘で一人当り平均畳数は少なく、耐用年数を超過した老朽家屋が多い。

(ロ)　都市形態地区における住宅形式は、長屋、間借、アパート等でスラム化しているものが多い。

(ハ)　住居設備（台所、浴室、便所など）は、不完全なものが多く、自家浴室を持つものはきわめて少なく、便所の共用が都市形態地区に多い。

(2)　環境改善の方策

(A)　施策の目標

一、対象地区の生活環境の劣悪さが差別観念を醸成し助長する原因の一つであるという認識にもとづき、差別をなくすという見地から環境改善施策を積極的に実施すること。

二、環境改善とともに、対象地区住民の生活水準、文化水準の向上をはかることが肝要であるから、社会保障、社会福祉の拡大充実、経済、教育等の諸施策の実施を総合的、統一的に行なうこと。

三、対象地区は都市的形態、農村的形態、居住地域不適地区、経済的生活基盤脆弱地区など、種々の類型に分けることができるから、個々の実情に即応した具体的施策を実施すること。

四、都市再開発計画、都市計画、住宅地区改良計画、地方開発計画など一般行政と関連させ、その計画の一部として対象地区の環境改善を実施する場合は、地区の特殊事情に即応するよう特別の配慮を行なうこと。

(B)　具体的施策

一、立地条件などにより居住不適地域の対象地区は、宅地の開発、造成を援助し、住宅建設を援助し、あるいは公営住宅を建設して移転させること。

二、住宅改良地区指定規準を改めて適用範囲を拡大し、対象地区の不良住宅を一掃し改良住宅を建設すること。

三、低家賃公営住宅を増築して、一般勤労国民の住宅難を解消するなかで、対象地区住民の住宅難の解消をはかること。

四、住宅金融公庫の個人住宅資金貸与の資格条件を緩和し、あるいは特別の措置を講じて、低所得者が利用できるよう配慮すること。

五、防波堤、河川堤防などを完備し災害防止を完全に行なうこと。

六、隣接地域社会と対象地区とを陥絶する地理的・行政的な条件を撤廃し、自然な自由交流を実現するよう積極的措置を講ずること。

七、過密住宅地区を解消するため宅地の造成開発を援助すること。

八、農村的形態の対象地区の不良住宅解消のため特別の施策を実施すること。

九、道路の改良、橋梁架設、下水排水施設などの整備拡充と《ママ》積極的に実施すること。

一〇、飲料水供給施設の整備、住居設備（台所、便所、風呂場などを含む）の改善完備のための援助を行なうこと。

一一、墓地、火葬場などの改良、し尿や塵埃の処理設備を整えるための援助を行なうこと。

一二、少くとも五〇世帯以上の対象地区に隣保館を設立し、コミユニテイ・センターとして経済、教育、社会福祉など広範な事業活動を行なうよう指導職員を置き、必要な設備を充実すること。

社会保障・社会福祉の実施状況とその対策

(1) 社会保障・社会福祉の現状と問題点

一、わが国には、公的扶助をうけている生活困窮者とボーダーラインの低所得階層を合わせて、およそ一千万人を越える貧困な国民がいるといわれるが、対象地区住民の六〇%以上はその中に含まれると推定される。

二、対象地区における公的扶助をうける者の正帯[世カ]および人口は他の一般地域社会に比べてひじように多く、人口千人に対する割合は全国平均の十倍にのぼる都市的形態の地区（京都）すらある。農村的形態の地区においても二倍の高率を示すところが少なくない。

三、社会保険について見ても、対象地区住民の多数は被用者に適用される健康保険、厚生年金、労働者災害補償保険および各種の共済保険などの埒外に置かれている。

四、対象地区住民の中には、貧困により保険料の負担が困難であるため、国民健康保険や国民年金に加入していないものがある。

五、わが国の社会保障制度の現状は、一九五三年の国際社会保障会議において採択された国際的な社会保障綱領に比較するまでもなくあまりにも不完全、低劣である。社会保障の中心の柱である社会保険は十数種類に分かれ、賃金や収入の格差がそのまま保険給付の格差となる仕組みとなつている。これは社会保障の本来の目的と精神に反するのみならず、国民を階層別に分裂させる差別的な制度である。

六、生活保護法にもとづく生活保護、医療扶助などの保護規準は現在の社会情勢に合わない低いものである。また無理解な民生委員や福祉事務所の職員による公的扶助辞退の半強制的措置がしばしば行われる実例がある。

(2)　その対策

(A)　基本方策

一、憲法（第二五条）で定められた国民の生活基本権を完全に保障する具体的政策を実施することが目標でなければならない。

二、社会保障制度を整備、拡充し、国際的水準に達した完全な社会保障制度を確立すること。

三、社会保障費を国の予算に大巾に増額し、医療、年金などの保険システムを改めて無拠出保障を実現し、国民の負担を軽減すること。

四、完全な社会保障を実施することは、部落問題を解決するための不可欠の前提条件であることを理解し、とくに社会福祉、公衆衛生の増進、環境改善などと結合して対象地区住民に健康で文化的な生活を保障すること。

(B)　具体的施策

一、生活保護、医療扶助、教育扶助其他公的扶助の適用範囲を拡大すること。

二、保護規準を少くとも現行規準の二倍に引上げること。

三、国民健康保険、日雇労働者健康保険の被保険者負担の保険料を減免すること。

四、国民健康保険給付を一般健保の諸給付と同じにすること。

五、日雇労働者にたいする厚生年金保険の適用を実施すること。

六、老齢、母子、障害年金など総合的な無拠出国民年金制を確立すること。

七、国民年金による老齢、母子、身障者世帯の適正な生活水準の保障を実施すること。

八、生活保護手続きの簡素化を実現し、福祉関係職員、民生委員などによる不当な打切りをなくすよう行政の民主化をはかること。

九、内職の収入など勤労控除を大巾に認め、厚生年金、遺族扶助料、傷病恩給、その他年金、公的補助金、見舞金などを差引かぬこと。

一〇、社会福祉（児童福祉法、身体障害者福祉法にもとづく）施策、事業を拡充すること。

一一、母子福祉法、老齢者福祉法を制定して総合的対策を樹立し、実施すること。

一二、公衆衛生の増進、生活環境の改善を推進するための諸施策を積極的に実施すること。

一三、清掃労働者、狂犬病予防のための捕犬労働者など保健衛生関係従業員の身分、待遇の改善、向上をはかること。

一四、関係公務員、民生委員などに部落問題の正しい認識をあたえるための啓発、教育を行なうこと。

【272－15】Ｂ５活字13頁ホチキス止め

26　一九六四（昭和三九）年六月一一日　同対審総会［北原メモ］

◎会長――
●設置期間延長の問題について――総務長官との会談はまだ機会を得ていない。
　事務局から――北川参事官報告――政府から延長の提案の意思はない。――自民、社会、民主の三党から申入れあり、総理法〔府〕設置法の一部改正にからませ、一年延長――衆院は近く通過の見込み――国会会期の都合で、参議院通過に一まつの不安がある。
×会長――はっきり決まるまでは何ともいえない。やはり、それまでは急いで審議を進め、八月答申の線も崩さず進めたい。
○磯村氏――
延長される場合のことも考え、調査の補足をどのようにするか、と話合をした。
八月答申の場合も考えた――が、答申書のまとめの基本的な討議はしてない。
　①人権宣言的な格調高いものに全体を書くのか
　②具体的な内容ある、普通の審議会の答申にするのか

【－869】Ｂ５大学ノート横書き

27　一九六四（昭和三九）年六月一六日
同対審総会［北原メモ］

①量と質——量から質への変化——
①混住という現象——　都市のみの現象か
混住的形態と、封鎖的形態
③言動による差別——なくなっているか
潜在的差別——
④環境改善——不良住宅改善、道路改修——
それだけではダメ——生活様式、生活態度の改善——教育との関係
⑤市民的権利——制度としてはないが——現実に侵害されている。

×行政組織——機関——綜合対策——
それをうける地区自身の組織——
その両者の接点——

【Ｉ－869】Ｂ5大学ノート横書き

28　一九六四（昭和三九）年六月二七日
同対審総会［北原メモ］

○事務局報告——一年延期決定。国会で——
予算を伴う——法律案が通過——公布——施行の手続——委員の任期はどうか——任期の定めはない——
自然延長——会長もそのまま。
8月13日から一ヶ年——即ち40年8月12日迄《ママ》。

○今後の方針について
×調査部会長——年内に調査報告の補完を了える——
基本的認識と具体的認識の文章化——
×産職部会長——予算措置について事務局に注文——
十分とってもらいたい——
170万あまり——5ヵ月で、（本年）これでは問題にならない。
×磯村——調査（全国）の補正を十二分にしたい。
民間の意見を聴取できるような予算をくんでほしい。
×北川参事官——時間的困難が延長の主な理由——予算の大巾増大は望めない——努力はするが——
○会長——来年8月を目標としては、また困難、

来年3月を目途に答申をつくる気持――

○問題の認識

1、人口

○分散しても、部落としてのつながりがある――

○過密は解消してない

○平行移動で上昇移動でない。

×ブル［ー］カラーとホワイトカラーと比較してホワイトカラーが上位とする考え方はどうか？

×部落に残るものと外へ出ていくものとの比較――残るものが多い。

【ー869】B5大学ノート横書き

29 一九六四（昭和三九）年八月七日 教育部会［北原メモ］

×教育部会報告書の柱――北原私見

1．教育の機会均等の完全な保障

×教育施設・設備

×教育費・教育条件

2．教育内容・教育指針

×教育方法

×教育実践

×過去および現在の教育の反省

~~3．教育方法・教育実践~~

3．教育行政の問題

×文部省

×教育委員会

×教育行政施策

◎過去の教育行政の反省

4．他の諸対策と文教との関係

×環境改善対策

×産業・経済対策

◎藤範氏
× 過去の同和教育の反省をとり入れること
× 同和教育指針を確立すること
◎山本氏
× ソ聯の集団主義教育を基調とする階級主義教育――
　に対決せよ
× 文部省の教育が右寄りなら改めよ
× 文部省は方針を確立せよ――
◎ 帝国興信所の差別――

○ 問題点
1. 同和教育の位置づけ
民主教育における同和教育のあり方
階級主義教育
　イ 階級闘争主義を基調とする教育
　ロ ブル民的教育――
　人間尊重教育――観念論的方法
　差別をなくする（封建的関係の廃除）
　社会政策との関連――
　社会変［革カ］

【―869】 B5大学ノート横書き

30 同和対策審議会総会議事要約（12）

日　時　昭和39年8月8日（土）
　午前10時15分―午前11時45分
場　所　総理府特別会議室
出席者　木村会長　尾形副会長　伊藤　高山　田辺　柳井　北原　石見（代理）各委員　総理府総務副長官（代理）法務　文部　厚生　農林　通商産業　労働及び建設各事務次官（代理）

議事要約
1　前回及び前々回総会の議事要約確認
2　同和対策審議会の存置期限の延長に伴う委員の任期について、同和対策審議会法には、任期について特段の規定がなく審議会そのものが総理府設置法等の一部改正により存続することになつたのでそのまま委員として審議していただくのが通例であることが北川参事官から説明があり了承された。
3　部会報告
教育部会　田辺、北原の両委員から出された意見を中心にとりまとめた「社会教育における同和教育について」及び「同和教育（学校教育）に関する北原、田辺両委員の意見の要点抜すい」にもとづいて議論をすすめ、部会報告とりまとめのために次の5つの柱を立てた。
① 教育の機会均等の完全保障 ② 教育内容
③ 同和教育の基本的考え方 ④ 教育行政のあり方
⑤ 他の諸施策との関連
なお、人権問題についても法務省を中心に検討してもらうこととした。

産業職業部会 建設省建設振興課 波岡事務官から建設業の現状及び問題点についての説明を聞いたのち、質疑を行なつた。建設業の工事量は、昭和38年に3兆9千億円に達し、昭和30年と比較して約3・5倍となつており、公共投資の伸び等は道路整備計画などとも関連してオリンピツク後も相当あることが予想される。しかしながら業者には大企業から零細業まであり、この事業特有の数層に及ぶ下請関係ともならんで代金支払、雇用関係、賃金、社会保険適用などにはいくつかの問題がある、なお、中小零細業者の事業の健全化をはかるため共同請負制なども考えられていることが述べら［れ］た。次いで、総会の意向を体して議事をさらに進めるために部会報告作成の小委員会を設け北原委員及び山本、米田、大橋の各専門委員にそのとりまとめを一任することとし、その原案が提出された後部会においてさらに検討して行くことを取決めた。

調査部会 7月の部会では、① 全国基礎調査の補完調査計画 ② 同調査の集計方法 ③ 同和地区精密調査の報告書の作成 ④ 調査部会としての意見聴取がとりあげられ、8月には主として②の具体案について検討がなされた。その結果①について未調整の若干の県は調査を進め、②では別紙資料のように6表（1、地区数、世帯数、2、総人口、3、部落人口、4、混住率 5、地区住民の職業 6、世帯数、被保護世帯数）にとりまとめ、③はさらに作業をとりすゝめ④は必要に応じて総会の承認により考えることとした。その外「調査にもとづく同和問題の認識」については都合によりとりまとめが少し遅れている旨附言がなされた。

4 会長から総会で問題を総合的に調整するために各部会でのある程度まとまつた意見を9月中にとりまとめて欲しい旨の要望があり、了承された。

5 柳井委員から同和モデル地区事業計画決定にあたつての実態調査について質問があり、あわせてその成否等についても審議会として検討する必要があるとの提言があつた。

6 次回総会は10月13日に関催することとされた。

以 上

【42―】Ｂ4二つ折 活字2枚ホチキス止め

31　北原泰作メモ　一九六四（昭和三九）年八月八日
［産業・職業部会の件］

○　山本氏が部落側六人の意思統一をはかる話合いの必要がある、と提案――

×　柳井氏が、産職部会の報告書原案起草小委員会の構成に不満の様子――

×　部会長が小委員会開会中は、部会は自然休会にする、といったことに反対の意見―

×　藤範氏は、柳井氏と口を合わせて、つぎのように発言。

〝産職の小委のメンバーは部落側だけに申わけ的に大橋専門委を加えた。これでは部落側の意見を強引におしつける格好になる――答申が部落側の意見をおしつけた印象を与える（世間に）のはよくない―

―もつとわれわれは控えめにして、先方に意見を述べさせ、われわれの意見を補足するようにした方がよい――故に、小委の構成は、部落側だけでなく、非部落側の委員を加えるべきだ〟

◎　柳井氏の意見〝はっきりいって北原氏が正直すぎて、（かけひきがないという意味）意見を文書にして早く出しすぎる。出す時機を考えた方がよい。私も、いつでも出せるよう準備しているが出さないのは、彼らに出させ、それを批判し補足する形でいくのがいいと思うからだ〟

私はそれに反論した。

〝現在は、すでに部会報告をまとめる段階だ。これまでも、何回となく、彼らに意見を出すよう要望したが出ない。彼らが出さなければこちらが出さねばならぬ。こちらの意見をおしつけるのではなく、討議の素材として出しているのだ。柳井君も出すべきなのに出さない。八月答申だったら、もう時期はすぎている筈。まだ出ないのはおかしい。

小委の構成が不満なら、ボクは下りてもいい。だが、ボクは意見書はドシドシ出す。

山本氏――　〝柳井、藤範両氏のいうこともわかるが、すでに現在の段階では、彼らの意見が出るのを待つ段階ではない――それは過ぎ去った――

産職の小委の構成も、部会長の指名によるもので、両氏が考えるような意味はない。また、教育部会で田辺委員が、全体の問題で石見委員が意見を文書で出したし、その他は、部会長と専門委であり、必ずしも意見が出てないこともない。

磯村氏は、答申書を自分で書くつもりになっている。

熱意がある。

◎　要するに――

1. 同和会は、理論的に系統ある意見を出せない。八月二一・二二日ごろ徳島で会合する、そこで意見がまとまるだろう、といっている。すでに数ヵ月前から意見を出してくれと会長・部会長から要望されても、まだ組織の意見がまとまらぬといって遅れた。

2. 北原が理論的にリードしている。――それが気にくわぬ。ボクは歴史的段階を心得てブル民の段階としての意見を具体的に出す――それが社会性をもつ――
各省幹事も首肯する――

それが気にくわぬらしい。

藤範はロコツに云った。〝北原氏の意見が土台になり、田辺氏なども、北原氏の意見に肉をつけたようなものだ〟と。

3. 主導権の争いか？
ボクは、とにかく出すことをひかえることはしないが、部落の委員だけで独走することをしないよう注意することには賛成するといっておいた。

4. ○部会長は――〝部会長会議で話しあった結果、北原氏の意見を中心にまと〔め〕よう、という話しあいした〟とひそかに語った。会長は、それを柳井や山本にかんぐられないように、気をつかっているのがわかる。

【Ｉ―８６９】Ｂ５大学ノート横書き

32　一九六四（昭和三九）年八月一六日
産業職業部会――小委員会［北原メモ］

出席――米田、山本、北原、事務局　佐藤
×都市センター別館

①部会の報告書のまとめ方について
×北原試案を検討し、それを骨子としてまとめる
×小委員会で意見を調整してまとめるか、それとも問題点を指摘して素材として部会に出すか
×くいちがった意見は、たいしてないと思われるが、藤範、柳井両氏に意見があるのではないか
×押しつけでなく、客観的態度で書くこと、この姿勢でまとめる――

【Ｉ－８６９】Ｂ５大学ノート横書き

33［北原泰作稿］「三　産業・職業の状態と問題点」

(1)農漁業の状態
イ　農業経営の零細性
対象地区の農業は、わが国農業構造の底辺を形成する、もつともおくれた零細経営である。第二次大戦前は、土地を持たない小作農が圧倒的多数を占めていたが、戦後は、農地改革によつて土地所有者になつたので、従来の小作型農業から、自作型農業に変わった〔ごく僅か小作さえ残っている（戦前の零細の証拠）〕。しかし、経営規模は、依然として零細であり、なかには、一世帯当たり平均七〇アール余の農地を持つ地区もあるが、ほとんどの地区は、一世帯当たり平均四〇アール前後であり、全国平均の八〇アールと比較すると、半分にすぎない。

ロ　農業生産力の低位性
対象地区農業の特徴の一つは、耕地の生産的立地条件が悪いことである。すなわち、土地が深田やせ地であつたり、分散していたり、住居から遠く離れていたりしているのである。また、農業協同組合の結成や活動そして動力や機械の導入が遅れており、生産技術も進歩していない。したがつて、生産性はきわめて低く、〔米は〕一〇アール当

たりおよそ四〇〇キロというのが大部分である。

［欄外］

三ちゃん　　農業に熱意を失い他の仕事――粗放農に停滞――意欲がない――

ハ　兼業農家の増大

兼業農家の増大は、わが国農業経営の一般的な傾向であるが、この点、対象地区は、もともと経営規模が零細であるだけに、この傾向が一そう強く、専業農家は、全体としてきわめて少ない。そのため、日雇労働、季節的行商、家内手工業、出稼ぎなどの農業外所得に依存する割合がきわめて高い。また、都市近郊地区などの場合は、飯米自給を目的とする通勤農家も目立つて増加した。

ニ　農業多角経営の困難

対象地区には、畜産、酪農、養蚕、養鶏、養豚、果樹園等等などを、多角的に経営する地区も、ごく一部にみられるが、しかし、資本、土地、技術、生産組合などの面で、発展する条件がはなはだ少なく、経営は零細である。

ホ　漁業経営の零細性

漁業経営の状態は、農業の場合よりも、一そう悪く、零細である。対象地区の漁業は広島、高知、徳島〔愛媛〕などの数県の沿海〔岸〕地域に限られているが、漁場、漁船などを持たない漁業労働者［抹消は誤りカ］が〔少なくない。〕大部分である。漁船を持つ者でも、動力船は少なく、原始的な粗放漁業を営んでいる。なお、沿岸漁業構造改善政策として推進されている養殖事業は、広島県のある地区で成功した例があるが、しかし、これは特例であつて、他の地区では、成功の可能性が乏しい。

［欄外］

船を持たない漁民もある

賃加工はない

零細漁業に雇われる漁夫はある。少くない。

素もぐり

失対

ヘ　結び

以上みたように、対象地区の農漁業は、経営規模や立地条件や多角経営などに、いろいろな問題があり、その発展が期待できない。したがつて、農業構造改善政策や沿岸漁業構造〔改善〕政策が、具体的に推進されれば、その過程において、対象地区住民の大部分は、脱落を免れえないと推測される。

［欄外］

沿岸漁業構造改善と農業とはちがう。

(2)商工業の状態〔経営の零細性〕

イ　対象地区企業の形態

対象地区の企業は、皮革、屠肉、履物、荒物など、封建時代から継承された伝統的産業との関連で発展した企業と、明治以後に新たに開発された近代的企業〔産業〕（たとえばグローブミット製造）〔靴、グローブ・ミット、ゴム、ビニール〕とに分類できる。また、対象地区の企業は、高度成長の経済の下で自立存続の可能性のあるものと、没落を免れえないものとに分類することができる。たとえば、皮革や靴の製造などは将来、発展の可能性があると考えられるが、履物や荒物などの製造は現在すでに没落に頻《ママ》している。

ロ　商工業の経営状況

対象地区の商工業は、小資本、小規模経営が大部分であり、会社、組合経営は少なく、個人企業が圧倒的に多い。すなわち、家族労働を中核として〔いるのが多いが〕、数名の雇用労働者を使用する零細企業なので〔も〕ある。

また、生産設備や技術そして雇用関係の面で、近代化が著しくおくれており、殊に、雇用関係には、親類縁故などの経済外的条件が強く作用しており、そのために、労働法規や社会保険制度の適用が、完全に実施されていない。しかも、労働条件は劣悪で、賃金なども、一般の中小企業の場合と比べると、さらに低い。

ハ　流通、金融関係の問題

生産品や生産資材の流通は、しっかりした協同組合を通して実施している地区もあるが、問屋、仲買人、小売人など、いくつもの段階を経てなされている。そのため、中間搾取も多く、また、過当競争による犠牲も少なくない。なお、商業には、固定した店舗を有しない行商人や露天商人が多い。

金融は、自己資金が大部分であるが、外部からの融資を受けるものは中小企業金融など、公共金融機関の利用度はきわめて低く、高利貸や市中銀行に依存している〔一般的にいって市中銀行の利用は少ない〕。一部の地区では、市中銀行の利用度が高いが、全体としては、高利貸に頼る傾向が強い。

ニ　むすび

このように、対象地区の商工業は、その形態、経営状況、流通［空白］金融関係などに、多くの障害があり、その発展には大きな制約がある。したがつて、中小企業基本法に基ずく《ママ》〔近代化資金の融資程度では〕経済政策の推進〔運用如何〕の《ママ》いかんによつては、対象地区の零細企業は存立〔発展〕が危ぶまれ〔困難〕［にな］るのである。

(3)職業の状態〔低位性〕

イ　対象地区住民の職業構成

対象地区住民の職業構成は、地区の立地条件や地区内における産業の有無によつて異なるが、都市では、地区内に伝統産業の発展しているところでは、その関係の下請賃加工の家内等〔手〕工業者や雇用労働者が多い。しかし、地区内に産業のないところでは、一般雇用労働者や日雇労働者（失対含む）や行商［空白］サービス業者などとなつている。また、農村では、農業のほかに、日雇労働、行商、出稼ぎなどに従事するが、とくに近郊農村の場合は、近隣都市の小企業に雇用労働者として通勤する者が多くなつた。

最近、農〔漁〕村人口の都市流出が、顕著な傾向として指摘されるが、この現象は、対象地区でも同様で〔この傾向が〕ある〔労働省できく――〕。新規学卒の若年労働者は、都市に出て、多くの場合中小企業に就職するが、中高年齢層は、比較的に定着性が強く、前述したように、近隣都市への通勤する傾向を示している。いずれにしても、近代的な大企業への就職は、きわめて困難であり、せいぜい臨時工や社外工の形をとるだけである。

これをみても分かるように、対象地区住民の職業は、その構成からみて、社会的に低位の職種が多く、公務員、自由業などはきわめて少ない。ちかごろ、ホワイト・カラー〔事務労働者〕に属するものの増加が指摘されているが、まだまだ問題にはならない。いいかえれば、地区民の職業階層の上昇移動は、まだ困難なのである。

ロ　失業の慢性化

対象地区民には、失業者、潜在失業者が多く、慢性というよりは、停滞し、固定化の傾向が強い。失対登録労務者は、関西、四国、中国、九州などの諸地方の対象地区に目立つて多く、大きな問題となつている。とくに注目されるのは、女子の失対労務者の多いことである。が、これが彼女らにとつては唯一の就職の形態なのである。

なお、こうした失業の慢性化、失対労務者の増大〔停滞化〕〔は〕、そのまま、住民の生活水準の低位性を意味するものであろう。

ハ　労働市場の二重構造

零細な農業、漁業および伝統的産業から生ずる失業、転業、転職の問題は、対象地区民にとつて、重要課題である。わが国の労働市場は、大企業と若年労働者、中小企業と中高年齢労働者および大企業に就職できなかつた若年労働者というように、二つの市場に分化している。そして、対象地区の求職者は、このような労働市場の二重構造の底辺部分〔この用語は？〕にしか入りこむことができない。

二　むすび

〔地域の差はあるが、一般的に〕以上、対象地区民の職業には、職業の低位性、失業の慢性化など、いろいろな問題があるが、これは、基本的には、求人側の採用方針、選考規準、選考方法などに、差別と偏見とが〔残存しており〕あり、地区民の就職の機会均等が完全に保障されていないためであるが、同時に、地区民の教育程度や技能の低さが、大きな条件となつていることも注意されねばならない。〔労働力質向上が基本的に重要である。〕

【272―16】Ｂ４二つ折　活字７頁ホチキス止め

34　産業・職業対策について

専門委員　山本政夫　〔年月日不詳〕

一、産業・職業対策の基本方針は、今日の経済成長の中で、地区住民の経済生活を一般の生活水準にまで引き上げることをその目標とするものでなくてはならない。そのためには部落の歴史性と社会性に顧みて、特に画期的な対策を確立する必要がある。

二、産業・職業対策は、環境改善対策・教育対策と関連する総合的同和対策の重要な一環として、実施せられねばならない。またこれと同じ理由に基いて、地域住民の貧乏の底を引き上げるための社会保障・社会福祉等の諸施策を拡充強化する必要がある。

三、産業・職業対策の最も重要なポイントは、地域住民の労働力を評価し、その生産性を高め、新たに経済進出の道を切り開くことを主軸とすることである。その具体策としては、学力の向上・特別指導・職業の訓練等によつて、中高卒の弱年労働者をして大企業等へ積極的に進出せしめるとともに、低収入と失業にあえぐ中高年労働者に対しても、職業再教育等の施策を講じ、就労の斡旋と収入の増加をはかること。

四、農林漁業対策としては、経営の規模・立地条件等に鑑み、特に自立経営の可能なものに重点をおき、機械化・共同化を促進して経営の合理化をはかること。
五、中小企業対策としては、前項同様の措置を講ずるとともに、新たな産業・職業分野に進出せしむるよう積極的に指導すること。
六、いわゆる部落産業とよばれる伝統的産業に関しては、将来性のあるもののみについて積極的にこれを指導し、機械化・共同化等によつて経営の合理化をはかり、近代産業として発展せしむるよう適切な施策を講ずること。
七、差別によつて特に金融難に陥つている現状に鑑み、既設の公的金融機関は率先して融資に当ると共に、更に特別の金融機関を設けて新たに融資の道を開くこと。
八、産業・職業対策を推進するに当つては、職業及び金融等にからむ一切の差別を打破するとともに、特に地域住民の自覚を促し、自力更生の精神を振起する等、これが指導に当つても適切な措置を講ずること。

【272‒7】B4二つ折　活字2枚(3頁)ホッチキス止め

35　産業職業部会問題点　　北原委員

(三九［一九六四年］・四・二七)

一、農業に対する方策

㈠　施策の目標

一、対象地区の農業を保護育成して健全な農民層の成長をはかり、その生活の安定と向上を実現すること。
二、農業構造改善事業の推進等により対象地区の農民が土地から離れ農業生産から没落することを防止すること。
三、農業から離れて他の職業に転換する零細農民にたいする保護救済の措置を講じ、経済的落伍者に転落することを防止すること。
四、農村の民主化を徹底的に促進し、山林、採草地などの入会権や慣行水利権などにおける差別をなくして対象地区農民に平等の権利を保障すること。

㈡　具体的施策

一、国費による農地の開発造成を大規模に行ない、農業団地をつくり、対象地区の農民を含めた中小農民を移住させて近代的な新農村を建設すること。
二、対象地区を単位とする農業生産組合を組織し、土地改良、交換分合などの基盤整備事業の実施と併行して経営規模の拡大をはかり、動力や畜力の導入、械械化、化学化などの共同施設を与え、協業・協同化を促進するための助成と指導を積極的に実施すること。

三、畜産、果樹、園芸などを奨励し、農村工業を開発振興して、対象地区の余剰労力を生産に活用するための助成と指導を積極的に実施すること。

四、諸税の負担を減免し、とくに差別のために売買価値の低い対象地区の固定資産に対する評価を適正に行ない課税の公正を期すこと。また、国民健康保険料、農業共済金、土地改良負担金などの税外諸負担を軽減すること。

［ペン字書き込み］
　1、農業雇用労働へ
　2、農村工業の雇用労働へ　　移住奨励―補助

五、離農転業者、農村労働者、失業者などにたいする生業資金貸与、職業補導、職業訓練、就職斡旋などを積極的に実施し、生活と仕事を保障すること。

六、学校卒業の男女青少年を近代的産業部門の安定した職場に就職させるため、職業訓練、進路指導、就職斡旋などを積極的に実施し、職業訓練手当、就職仕度金などの支給を拡大すること。

二、漁業に対する方策

㈠　施策の目標

一、対象地区の漁業を保護育成し、漁民の生活の安定と向上をはかること。

二、漁業から他の職業に転業する者にたいする保護救済の措置を積極的に講じ、経済的落伍者に転落するのを防止すること。

三、漁村の民主化の徹底を促進し、差別による漁場、漁権の制限の撤廃、漁業協同組合の民主的運営を実現するための指導をおこなうこと。

㈡　具体的施策

一、国費による漁業資源の開発造成事業を実施し、対象地区の漁家にそれを解放すること。

二、対象地区の漁業経営者と漁民を組織して漁業生産組合をつくり、経営の協同化と合理化を促進するための助成と指導を積極的に行なうこと。

三、養殖〔養〕漁業を奨励し、必要な資源、設備、技術等を整備するための助成と指導を積極的に行なうこと。

四、小型動力漁船や漁網その他の生産手段を設備するための助成や低利資金の融資などを積極的に行なうこと。

五、農業対策の項で述べたとおり、諸税および税外諸負担の減免、とくに固定資産税の適正課税ないし減免を実施すること。

六、漁業から他の職業に転業する者、漁村失業者、新規学卒の青少年などに対する生業資金貸与、職業補導、職業

訓練、就職斡旋、手当仕度金などの支給を積極的に拡大して実施すること

三、工業に対する方策

㈠　施策の目標

一、近代的産業として成長発展の可能性ある部落の伝統的産業に属する中小零細企業を保護育成し、部落民の経済的地位の向上と生活基盤の維持、確保をはかること。

二、大資本、大規模経営の事業活動により、部落産業が侵蝕、圧倒されることを防ぐための特別の規制を行なうこと。

三、将来発展の可能性なく衰退する部落の伝統的産業に属する中小零細企業に対しては、事業転換の指導と助成を積極的に行なうとともに応急救済の措置を講じ、経済的落伍者になることを極力防止すること。

四、前近代的段階に停滞している部落の中小零細企業の近代化を推進するため、実情に即した肌理の細かい特別の方策を立て積極的に実施すること。

五、地域開発や工場団地造成にあたり、部落問題の解決を促進する見地から特別の配慮を行なうとともに、部落の中小零細企業者のために事業活動の機会を確保するよう特別の配慮を行なうこと。

六、対象地区の中小零細企業の事業者およびその雇用労働者の福祉を増進し、生活の安定と向上をはかるために必要な福祉施設を積極的に実施すること。

㈡　具体的施策

一、対象地区の中小零細企業を組織化す［る］ため協同組合の組織を積極的に推進するとともに、既存の組合の改組、拡大強化、運営の改善などに関する指導と援助を行なうこと。

二、家内生産から工場生産への転換発展を促進するため、工場、動力、機械など生産設備の整備充実に必要な助成と指導を積極的に行なうこと。

三、対象地区に新産業を開発し、事業経営の近代化と協同化を促進し、経営診断や技術指導を行ない、経営者と従業員の教育訓練を行なう等々の業務にたずさわる行政機関を設置し、有能な専従指導員を配置すること。

四、対象地区の中小企業のうち外国貿易に関係ある事業に対しては、海外市場の調査、販路開拓・商品の宣伝普及・輸出下請系列の導入などに関する特別の援助と指導を行なうこと。

五、対象地区の中小零細企業の商品流通関係を改善するため、業界の系列化による流通機構の整備、過度の競争の防止、生産出荷の調整、品質や意匠の改善向上、製品の標準原価の設定など必要な事業活動にたいする指導と援助を行なうこと。

六、整〔設〕備近代化資金の貸付け、経営安定資金の融通など低利長期融資の特別措置を講じ、信用保証制度を拡充して対象地区の中小零細事業者にたいする銀行融資を特別に配慮すること。

七、対象地区の中小零細企業にたいしては税負担を軽減するための特別措置を講じ、とくに固定資産の評価換えにあたり差別の実情を考慮して適正課税を行なうこと。

八、対象地区における中小零細企業従業員の労働条件の改善、生活安定と向上をはかるため、最低賃金制の確立、社会保険の徹底実施、福利厚生施設の完備、保健衛生施設の拡充などに必要な指導と助成を積極的に実施すること。

四、商業に対する方策

(一)　施策の目標

一、対象地区の商業を保護育成することを目標に、正常な流通秩序を維持して小売商業部門における中小零細企業の存立を擁護すること。

二、中小企業が零細化することを防止し、事業の組織化、近代化を推進して経営の安全をはかり、経済情勢の発展に順応できるよう積極的に指導と助成を行なうこと。

三、経済的に存立の条件を具備していない零細企業に対しては、事業の転換ないしは転職の指導を積極的に行なうとともに応急救済の措置を講じ、経済的落伍者になることを防止すること。

(二)　具体的施策

一、卸売と小売との事業活動の分野を調整する措置を講じること。また乱立による過度の競争を防止するため、指定地域内で小売市場の新設または増設を規制すること。

二、協同組合の組織を促進し、商品の共同仕入、共同運送、統一的な宣伝など事業活動の共同化を奨励指導し、必要な助成を行なうこと。

三、対象地区の中小企業に対する金融の特別配慮を行なうとともに、事業税その他の過大な税負担の減免を実施すること。

四、経営診断、経済調査、情報提供、金融斡旋、業者および従業員の訓練などに関するサービス機関として「経営相談所」を設置し、専任の相談員を配置すること。

五、勤労事業者および従業員の福祉増進をはかるため、従業員の共同住宅、文化施設などを建設する助成を行なうこと。

五、労働・職業対策

(一)　施策の目標

一、対象地区の過剰労働力をあますところなく社会的生産関係の中に導入し定着させること、とくに基幹産業部門へ新規学卒者を就職させることを施策の基本目標とすること。

二、一般労働行政としての労働保護法規の徹底遵守、社会保障と労働者福祉の拡充などを前提とし、それと併行して対象地区の中小企業における労資関係、雇用関係などの近代化と労働条件の改善向上をはかること。

三、最低賃金制を確立し、その規準を下請加工の工賃規準として準用すること。そのほか労働者の福利厚生施設を拡充すること。

四、完全雇用を目標としてその実現をはかり、過渡的段階として失業対策を強化拡充すること。とくに失業者の生活保障の措置を強化すること。

五、事業所の民主化、近代化を推進し、職階制に伴う身分差別をなくして部落差別を発生、温存、助長する社会的・人間的関係をなくすための施策を積極的に実施すること。

（二）具体的施策

一、職業訓練所を増設、拡充して部落民を多数に入所させ、職業訓練を実施すること。

二、訓練期間中の生活を保障し、必要な者にたいしては家族の生活を援護すること。

三、職業補導、就職斡旋、進路指導、適性能力テスト、社会生活訓練等を行なうサービス機関を設け、職業指導員を配置すること。

四、就職斡旋、就職先開拓、身許保証、就職後の定着指導などを行なうため、関係各機関、民間団体の連絡協議会を組織し、その活動を指導し助成すること。

五、労働〔職業安定〕協力委員制度を拡充強化し、その機能を向上させるため必要な助成を行ない、協力委員の人選を民主的に行なうこと。

六、公共職業安定所と地方自治体の関係職員にたいし部落問題を認識させ理解をふかめるための啓蒙教育、訓練を実施すること。

七、求人側の部落民にたいする差別をなくすため、啓蒙宣伝を行なうとともに、選考規準や選考方法に潜在する差別を払拭し、採用規準を設定して特に部落民に就職の機会を与えるための特別の配慮を行なうよう指導すること。

八、対象地区を失業多発地域として指定し、失業対策を強化拡充すること。また失対の新規登録を認め登録者の適格規準、年令制限などを徹廃《ママ》すること。

九、失対登録労務者の賃金を六〇〇円に引上げ、就労日数を月二十五日保障すること。また失業保険の失業手当を増額し、支給期限を延長すること。

一〇、対象地区の低所得者にたいする諸税および税外負担を減免すること。

◎産業職業の具体的対策

一、農業対策

1. 土地改良事業の特別助成
2. 農業技術・農業経営改善の特別指導と助成
3. 未墾地開拓の〔国庫〕助成と部落農民への優先配分
4. 農地開発造成と、農業団地を造成し、中小農民の移住奨励により近代的新農村を建設する。
5. 対象地区単位の農業生産組合を組織し、土地改良、交換分合等基盤整備の実施と経営規模の拡大、動力蓄《ママ》力の導入機械化、化学化等の共同施設供与、協同化協業化促進の指導助成の積極化
6. 畜産果樹園芸酪農、養鶏、養豚、蔬菜、花卉等の奨励助成、及び農村工業を開発振興を図り対象地区の余剰労力の生産への活用の助成と指導実施
7. 国民健康保険料農業共済金土地改良負担金等税外諸負担の軽減
8. 離農転業者、農村労働者、失業者への生業資金貸与、職業補導、職業訓練就職斡旋の積極化による仕事と生活の保証
9. 学校卒業の男女青少年の職業訓練、進路指導就職斡旋の積極化による近代的産業部門への安定就職の指導斡旋と職業訓練手当、就業仕度金支給範囲拡大
10. 零細土地所有者の税負担減免措置
11. 差別による土地売買価格の低廉に対し固定資産評価の適正による課税の公正
12. 農業基本法による施策は同和地区の実情に即して実施する（二、三反以下の零細農家に特に留意すること）
13. 現行戸数方式を積上げ方式に変更すると共に単年度方式を廃止して計画的継続方式とする。
14. 農業構造改善及び産業近代化による離職者対策及び僻地居住者の転業対策の確立

二、漁業対策

1. 漁業資源の開発造成と対象地区漁業者への解放
2. 対象地区漁業経営者と漁民による漁業生産組合の組織と経営の協同化合理化促進の助成と指導の積極的推進
3. 養殖漁業の奨励とそれに必要な資源資材設備技術拡充の助成と指導
4. 小型動力漁船、漁網業生産設備の促進拡充の助成指導
5. 漁業よりの転業転職者漁村失業者新規学卒者に対する生業資金貸付職業補導職業訓練就職斡旋手当仕度金支給の拡充

6. 漁港の改善整備、漁場の確立、漁碓〔礁〕の□置に対する助成指導

三、商工業対策

1. 対象地区中小零細企業の協同化、既存組合の改組、拡充運営改善等の指導助成

2. 家内生産より工場生産への転換発展促進のため工場、動力機械等生産設備充実に必要なる指導と助成

3. 対象地区に新産業を開発導入し、事業経営の協同化近代化を促進するため、企業診断技術経営、記帳の指導、経営者及従業員の教育訓練等を行う行政機関の設置と有能専従指導員の配置

4. 対象地区産業中、外国貿易に関係ある事業に対する海外市場調査販路開拓商品の宣伝普及、輸出下請諸系列導入に関し特別の援助指導

5. 対象地区中小企業系列化による商品流通関係の改善整備、過当競争の防止、生産出荷の調整品質及意匠の改良向上、標準原価の設定等に必要なる事業活動の指導と積極的援助

6. 対象地区中小零細企業の税負担の軽減と固定資産評価には差別の実情考慮による適正課税

7. 金融円滑化のため信用保証制度の拡充

8. 同和産業金庫（仮称）を設置して地区産業特に既存の公私金融機関の融資対象となり得ない小零細業者重点の金融を行う

9. 同和産業倉庫（仮称）を設置

倉荷証券を発行して金融の一助に資すると共にダンピングを防止して価格調整を図る。

10. 一般対策の枠を拡張する

11. 同和地区に適当な産業を導入すると共に既存産業の施設整備費の補助及び部落産業近代化、共同化（大形作業場等）のための補助

12. 同和産業に対する長期低利融資の特別枠設定と事業の育成策強化

13. 同和地区を対象とする特別金融制度の確立、例へば同和金庫の設置（商工業対策の８９参照）

以上個々の具体的対策実施を容易にするため同和対策基本法を制定し国、府県、市町村の三段階に区分して同和対策の実施を義務づけ、之に対して政府が積極的予算措置をする。

四、対象地区労働対策

1. 対象地区中小零細企業従業員の労働条件の改善、生活の安定と向上を図るため左の各項の実施を促進する

(一) 最低基準賃銀制確立

(二) 社会保険の徹底実施

㈢ 福利厚生施設完備
㈣ 保健衛生施設の拡充
㈤ 労働基準法の完全実施
2. 近代産業への雇用促進のため左の各項の実施
㈠ 同和職業訓練所の設置と訓練期間中の生活費補給
㈡ 同和職業訓練所卒業者の就職に当り市町村に身元保証実施策を講ぜしむる。
㈢ 転職、職業指導の実施と転職資金技能修得資金の貸付
㈣ 地区出身者の雇用促進と定着指導
㈤ 事業主教育の実施
㈥ 生業資金、生活資金、就学就職支度金の貸付交付制度の創設

右各項の実施を可能ならしむるため地区産業の体質改善近代化促進のため必要なる指導、保護、援助を行政上の重要点として行うと共に独り所謂部落産業の（伝統産業）の保護育成に止まる事なく寧ろ近代産業の地区導入を図るべきである。

此のため農林漁業、地場産業其の他生産業の総合的再調査を行う

【272－2】B4二つ折 活字21頁ホチキス止め

36 同和対策審議会総会議事要約（10）

日　時　昭和39年6月16日（火）
　午後1時35分―午後3時50分
場　所　総理府講堂
出席者　木村会長、尾形副会長　磯村　伊藤　田辺　柳井　北原　石見（代理）各委員　総理府総務副長官（代理）法務　文部　厚生　農林　通商産業　労働建設及び自治各事務次官（代理）

議事要約

1　部会報告

調査部会　①　同和地区全国基礎調査を通じて同和問題のとらえ方は量的なものと質的なものとを並列的に認識するか或いは質的なものとしてとらえるか　②　大都市の中における混住的形態と非混住形態地区のとらえ方　③　潜在化した言動等による差別の姿　④　環境改善と新しい生活様式への適応策　⑤　市民的権利（例えば居住の自由、結婚の自由等）の実現等について問題点を提示し、総会の意見を求めたいとの報告がなされた。

2　調査部会から出された問題点をめぐつて意見が交換された。

①、②については、磯村委員から調査を行なつても数がつかめないのは、地区が分散して対策も一般的なものの中でとらえて行くという考え方も出来るのではないかという意見が述べられたが、これに対して、北原委員から部分的には部落とスラムが混合した形の地区もでてきたが、依然として部落が地域的に残存しておりスラム対策としてとらえきれないものがあるとの主張がなされた。又柳井委員からは、地方自治体のとりあげ方によつても差がある旨の附言があつた。

③の差別言動については、北原委員から、公然たる差別言動が少なくなつたことは事実であるが、行政上の差別、就職、結婚問題等については未だ少なからずあげることができるとの意見が出された。又差別の根拠如何という問題提起に対して、木村会長からは何か迷信のようなものがあるのではないかとの疑問が出されて北原委員からは、部落差別は迷信というよりも偏見であるが、その根底にあるものとして一つは異人種の末裔であるという考えがあり、もう一つは、不潔な環境と粗暴な言動という現象があるのでその相互作用によつて差別が行なわれているとの主張があり磯村委員からも根拠となる実態がある点では、迷信とはことなるという意見が出された。

山本専門委員からは、タブーがそのもとにあり一つの大きな社会的慣習にまでなつたことが指摘された。

④については、社会福祉対策推進のために共同センターを地区内に設けることが提案された。北原委員からこうしたセンターにおいて有機的関連をもつた総合的施策を実施し、又地区民の自発性を啓発する指導も行なう必要があることが強調された。そして竹中専門委員からは、センターを設ける場合に、既存の団体（社会福祉協議会など）との関係をどう考えるかという問題が提示された。

⑤については、北原委員は行政当局が部落問題を意識的に解決する方向で指導を行ない、さらに部落民自身の努力もあわせて必要であることを強調した。

なお、これらについては磯村委員が今回の議論にもとづいてもう一度メモを書き改めて提出することになつた。

以上

【Ｉ－36】Ｂ４二つ折　活字横書き２枚ホチキス止め

37　同和対策審議会総会議事要約（11）

日　時　昭和39年6月27日（土）
　　　　午後1時30分―午後3時40分
場　所　総理府特別会議室
出席者　木村会長、尾形副会長、磯村、伊藤、田辺、北原、石見（代理）各委員、総理府総務副長官（代理）、法務、文部、厚生、農林、通商商［産］業、労働及び建設各事務次官（代理）

議事要約

1．前々回総会の議事要約確認

2．同和対策審議会の存置期限が、6月26日の参議院本会議にかけられた総理府設置法等の一部改正案の可決によって一年間延長（昭和40年8月まで）されることになったことが北川参事官より報告された。

3．2の延長について、審議会会長及び委員の任期との関連について質問があり、次回に関係法律を配布することとした。

4．今後の審議会の進め方について話し合いがなされた

①　磯村調査部会長からは、精密調査の最終報告は来年2月ごろまですべてを完了し、同和地区全国基礎調査については本年8月及び9月くらいの間に整備をして報告する予定であることが述べられた。

②　延長に伴う予算措置については、充分の考慮をされたい旨の要望があり、北川参事官からも努力したいとの発言があった。

③　会長から、今後の議事の進め方として、審議を進める過程において出てくる問題の補完等を行ないつつおそくも来年3月ぐらいまでにとりまとめる心積りで行きたいとの希望が述べられ、賛成を得た。

5．磯村メモ（「基本調査による具体的認識」）についての質疑が行なわれた。

「1 人口」について

①　現在ある程度混住傾向は進んでいるが、混住の中での定着性は依然強く、過密状態が解消されていないこと　②青年階層の移動は身分的上昇移動でないことがあげられる。

(1)　ブルーカラーからホワイトカラー階層への移動と(2)青少年層の流出傾向について質疑があった。

(1)については、ブルー・カラーからホワイト・カラー層への移動は必ずしも理想型というものではないこと。

(2)については、部落人口の中では15才―20才の層の流

出が多く戦後は出先で定着する率も高くなつていることなどが述べられた。

「2 家族および婚姻」について

家族の大きさ及び形態について、大家族的傾向が多く、核心家族が少ないこと、及び生計維持の必要労働が家族単位に求められること。

婚姻関係については、通婚圏が狭少であり、部落内婚に集中していることがあげられた。

なお大家族という点については、調査結果からみて必ずしもそうはいい切れないという反論が出された。

「3 生活水準」について

部落は停滞的貧困のうちに埋没し、一般地区との経済的格差は増大しつゝある。職業階層による低位性が生活水準に反映し、なおその水準を上昇させる手段としての学業や職業選択の制限状況には問題が残されている。

「4 職業・産業」について

地区内の職業、産業構造は、(イ)伝統的零細企業温存地区(ロ)伝統産業に近代化のきざしをえている地区(ハ)日雇労働者中心地区(ニ)隣接都市就労地区などに分類される。

職業上の転換については、特に単一職種では生計維持が困難なもの等についてみられるが、それはむしろ低生活水準と経済的貧困を裏付けている。

就職に際し、その自由が十分保障されず、特に近代的大企業への就労にそれが著るしい。

労働省からは、500人以上の大企業に就労することだけが望ましいことではないという見解が示され、又農林省からは、漁業については区別した書き方が望ましいことがのべられた。

「5 教育・文化」について

就学年数は、戦後ことに増大する傾向があり、教育への関心がみられるが、一般地区に比較すると進学率はかなり低い。学業成績は、一般地区と較べて必ずしも劣つてはいないが、一部地区では低劣な児童が集中してみられる。社会教育に関しては、一部には活潑なものがみられるが、指導者、財源等に問題がある。

文部省側から、地区の子供の学業成績については一般地区より劣つているが知能指数からみた場合はそれほど変つていないので成績を伸ばす対策が必要であること。社会教育については、社会教育施設が劣つていることが問題点としてあげられた。

「6 生活福祉」について

(イ) 公的扶助の受給世帯が一般地区と比較して多い地区が多い。(ロ)私的扶助（講組など）への依存がかなりあり、公的貸付制度利用世帯は少ない。(ハ)地域福祉に関する活動は部分的、一時的である。

㈡地域の物的環境及び生活環境一般は改善の余地が多い。

6．次回の総会は8月8日午前10時から開催することとされた。

【Ⅰ-36】Ｂ４二つ折　活字横書き３枚ホチキス止め

38　［北原泰作稿］「五　産業職業対策の基本的態度」

［年月日不詳］

最近十年間における日本経済の成長よりはめざましいものがある。ことに注目されることは、わが国産業経済の構造変化が発展して農業、中小企業などの低生産性部門の近代化が促進されつつあることである。けれども、それが必ずしも所謂二重構造を解消する方向に発展せず、かえって所得格差や地域的格差が拡大再生産される傾向がみられるのをはじめ、さまざまの経済分野に多くの矛盾があらわれ種々のヒズミが生じたことを指摘しないわけにはいかない。たとえば、最近経済審議会が政府へ答申した「中期経済計画」のなかでも高度成長に伴う問題点として、「企業の資本構成が悪化し、金融・資本市場を通じて資金環境が悪化したこと、また消費者物価の強い上昇傾向もあげることができる。さらに農業、中小企業、流通など低生産性部門の立ち遅れ、若年労働力の需給逼迫、住宅・生活環境施設の立ち遅れなども大きな問題となつた」と指摘している。［われわれとしては、とくに、「部落」の小零細企業が近代化政策の推進施策の対象にならず、前時代的状態でとりのこされていることを重視しないわけにはいかない。］

［欄外］

社会保障（福祉）――

× 積極面は生産へ――産職部門

× 消極面――厚生――

政府も所得倍増計画の主要な政策課題の一つとして「二重構造の緩和と社会的安定の確保」をとりあげ、成長にとり残される部門に対しては社会保障の充実と社会福祉の向上とによって対処し、「低所得者階層を積極的に解消」しなければならないとしている。

このことは同和問題の根本的解決をめざす立場からきわめて重要な意義がある。なぜなら、さきに同和問題の基本的認識について述べたとおり、二重構造を形づくつている日本の経済社会体制の矛盾と欠陥が同和問題を存続させる根拠となつているのであり、ことに「部落」の経済社会構造そのものがわが国の後進国的な経済社会構造の底辺を形成しており、そのような「部落」の実態が差別と偏見を温存し再生産する直接の根拠ともなつているからである。つまりわが国の経済社会が二重構造を解消する方向に発展することは、とりも直さず、同和問題解決の経済的、社会的な基本的条件をつくりだすことになるのであり、その反対に、二重構造が解消されず跛行的な経済成長の欠陥がもたらすヒズミが深まれば同和問題は解決されずに存続し、「部落」民は明治維新の変革によつて実質的に解放されなかつたと同じように再びこの〔経済的発展と社会的変化の〕機会を逸してとり残されることは論理的に明らかである。

以上の見地から、同和問題の抜本的解決をめざす産業職業対策の基本的態度と目標は、およそ次のとおりでなければならない。

産業職業対策の基本的目標

一　わが国経済構造の二重構造的欠陥を解消する主要な政策的課題として、「部落」の経済社会構造を根本的に改善すること。すなわち、低生産部門に属する「部落」の零細企業を整備し近代化して、産業的基盤を確立するための構造変化を促進すること。

二　伝統的、封鎖的な「部落」形態の解消を志向し、「部落」の凝集性と停滞性を打破して開放性を強化し、人口の流動化と世帯の移動を促進すること。とくに若年労働力の質的向上をはかり、それを近代的産業部門に吸収すること。

三　近代的な地域社会としての生活環境と経済的基盤の上で、対象地区住民の生活水準の向上と安定が確保される基本的条件を整備すること。とくに低所得者階層を解消するための社会保障と社会福祉を拡充し、「部落」の生活困窮者を一掃すること。

［加筆］教育・文化―意識にも触れておくこと

産業職業対策の政策的課題

右の基本目標にもとづく主要な政策的課題は、およそ次のとおりである。

(一) 企業の整備再建

「部落」の農漁業や中小企業のうち、わが国経済の高度成長と開放体制の発展に対応して、近代的な企業として存立し成長する条件のあるもの、あるいはその可能性のあるものにたいしては保護育成の方針をとり、衰退産業に属する零細企業でおそかれ早かれ倒潰の運命を避けえられないものにたいしては転廃業を奨励指導し、同種産業の企業の統合または協同化を促進して企業の整備と近代化を実現すること。

［欄外］

※残される者の、非生産性、老齢化―クズ
その層は社会福祉の対象となる

(二) 地域産業経済の開発

低開発地域の経済的開発、産業の適正配置による過密弊害の是正など、当面の課題として実施を迫られている地域開発政策との関連のもとに同和問題の解決をめざす産業職業対策を実施することが肝要である。すなわち、「部落」の近辺に工場を配置して地域経済の発展をはかるとともに、「部落」の過剰労働力を吸収すること。また、中小都市を背景とする農村工業の振興をはかり、農林畜産物の加工工場を育成して「部落」農民の余剰労働力を吸収すること。あるいはまた地方公営企業の拡大をはかり「部落」民の雇用を促進する等々、地域経済開発を積極的に実施することが必要である。

(三) 職業転換の奨励と指導

「部落」の企業整備と再建を推進する過程において転廃業の問題が重大な課題となつてくるし、人口の流動化と世帯の移動を促進するうえからも職業転換の奨励と指導は重要な対策である。したがつて、転業資金の貸与、奨励金の支給など積極的な奨励政策を実施するとともに、職業訓練、就職斡旋、転職指導などを労働力流動化政策との関連のもとに積極的に行なう必要がある。とくに、新規学卒の若年労働者を「部落」にとどまらせず近代産業の大企業に就職させるよう、人的能力の向上をめざす技術教育と職業訓練を施す特別措置を講ずべきである。職業対策で最も肝心なことは、「部落」民の社会階層的地位の上昇を可能ならしめる条件を保証することである。

◎　部落自身の自覚が――民間団体の活動が必要。

自覚―自主―運動―

【Ｉ-43】　Ｂ４二つ折　活字３枚クリップ止め

※〔　〕内の字句は北原手書き

39　産業職業部会報告書のまとめかた（試案）

北原泰作

一九六四（昭和三九）年八月五日

一、審議の経過について

1．部会の設置とその構成

(イ)部会が設置された年月日

(ロ)部会を構成する人員、氏名

2．部会の任務

(イ)審議すべき課題

(ロ)総会への報告

3．部会の活動

(イ)部会をひらいた回数、年月日

(ロ)現地視察等をおこなった年月日と場所

(ハ)意見聴取、調査、その他の事項

二、同和問題における産業経済の意義

1．同和問題の物質的基盤

(イ)対象地区の産業状態と同和問題の関係

(ロ)対象地区住民の職業の状態と同和問題

(ハ)貧困と同和問題

(ニ)他の諸施策と産業経済施策との関係

2. わが国産業経済の動向と同和問題
(イ)高度経済成長と対象地区の産業
(ロ)現在および将来のわが国産業経済構造と対象地区民の職業
3. 同和対策における産業経済施策の重要性
(イ)問題解決の物質的・基本的条件
(ロ)過去の産業経済施策の反省

三、対象地区の産業・職業状況と問題点
1. 産業の状態と問題点
(イ)農・漁業について
(ロ)商・工業について
2. 職業事情と問題点
(イ)職業構成について
(ロ)失業・就職の問題について

四、実施すべき産業・職業対策
1. 産業別対策
(イ)農・漁業対策の目標と具体的施策
(ロ)商・工業対策の目標と具体的施策
2. 職業対策の目標と具体的施策

五、意見の統一と対立について
1. 全会一致で統一された意見
2. 意見が対立した問題と個々の見解

六、附属文書について
1. 報告書に添付する附属文書の撰定
2. その作成について

七、部会報告書作成の作業日程について
1. 予定日割表の作成
2. 分担割当

一九六四・八・五　北原泰作

【272ー23】 B4二つ折　罫紙手書き2枚

40　同和対策審議会総会議事要約（13）

日時　昭和39年10月13日（火）
　　　午後2時10分—午後3時35分
場所　総理府特別会議室
出席者　木村会長、尾形副会長、磯村、田辺、柳井、北原、石見（代理）各委員、総理府総務副長官（代理）、法務、文部、厚生、農林、通商産業、労働及び建設各事務次官（代理）

議事要約

1．前回総会の議事要約確認

2．部会報告

教育部会　部会報告作成のために小委員会を開催し、山本専門委員の原案をもとにして基本方針の部分を検討中である。なお、教育の政策や行政面についても今後とりまとめる予定である。まだ総会報告の段階にはなっていない。

産業職業部会　部会報告については鋭意検討中であるが、未だ報告するまでにはいたっていない。9月27日からの環境改善産業職業の合同移動部会は、山口、兵庫、京都、新潟、福島を調査見学した。産業職業問題の観点からは、特に卌〔協〕同、卌〔協〕業、卌〔協〕働について長野県塩田町、兵庫県西脇市等の養豚、下請加工に参考となる面が多かつたこと、又地方における同和対策のとりくみ方には意欲的なところとそれほどでないところがかなりはつきり分れていること、東北地方の後進性の中に同和問題が埋没してしまつている状態がある旨の報告がなされた。

環境改善部会　地区の環境改善の観点から、現地助成主義で行くのか、拠点開発主義で行くのか、特に投資される資金効率からみてどれが最も有効であるかなどについて議論がなされた。なお産業部会と合同の移動部会については前の報告のとおりである。

調査部会　同和地区精密調査の中間報告［を］提出し若干の部分については審議未了であるが、方向として大筋はこの形である。なお、希望として、この報告に対して各部会からの意見が出されることを希望する旨附言があつた。

3．福田参事官が同和対策審議会幹事に就任したことを紹介

4．同和地区精密調査中間報告に対する意見の取扱について、

□□□□□□□〔抹消カ〕

磯村委員から同和対策の基本的方向に関連する部会の意見が出されることが要望されたが、報告は事実調査にもとづくものであるから、事実関係や個人的見解の有無を問うにとどまるのではないかの意見や、全体の方向は基本問題

の認識の集約の際にとらえたらどうかの提案もあり、会長は次回総会まで部会で検討する旨とりまとめた。

5　磯村委員から、「寝た子を起すな」という同和対策に対する行政の取組み方をどうするかとの問題提起があり、北原委員からは、まず客観的に同和問題が存在することを把握した上、その解決のための対策をたてることが必要であることが述べられた。部落自体が眠つていて補助金施策の対象に入つていないものもあり、又部落の住民の中にもこのままにしておいて欲しいという意見もあるが、審議会としては客観的に差別の事実があればそれをとりあげ、答申の中にその解決のための施策をたてる必要があるとの意見は一致をみ、各部会ともこの線に沿つて検討を続けることになつた。なお、米田専門委員からは、部落民自身の主体的自覚も必要であることが強調された。

6　次回総会は11月25日に開催することとされた。

【I-36】B４二つ折　活字横書き２枚

41　同対審環境改善部会（第14回）議事録要約

1. 日　時　昭和39年11月25日　午前10時30分〜12時
2. 場　所　総理府特別会議室
3. 出席者
   委　員　高山部会長、北原委員、柳井委員、山本専門委員、藤範専門委員、米田専門委員、野本専門委員
   事務局　福田参事官
   厚生省　社会局生活課長
   建設省　住宅局宅地開発課長
4. 配付資料　同和対策審議会環境部会（第12回、第13回）議事録要約
5. 議　題　環境改善に関する小委員会の設置及び社会保障、社会福祉の諸問題について
6. 議事概要

前回（第12回）議事録要約確認のため朗読

部会長　前回議事録について誤りまたは修正すべきところがなければこれを了承したい。

――各委員より別段の意見なくこれを了承――

部会長　前回までの議事録をかえりみると環境改善に関する意見は出つくしたように思う。

山本専門委員　今後の課題としては、ほとんど出つくした意見をどのようにまとめるかということになると思う。

部会長　部会で実施した実地調査、調査部会の調査結果ならびに各委員の意見などにより方針的なものは出そろつた感があるので、今後は小委員会を設置し、今までの議論なり資料を整理して答申のための原案をつくり審議していくということに決定してよろしいか。

――各委員これを了解し、そのあと柳井委員を環境改善小委員長とし、野本、山本、竹中各専門委員を委員として、原案を起草することとし、環境改善部会長及び他の委員ならびに厚生、建設両省がこれに協力することを了承――

――次いで、第13回議事録（移動部会）について藤範専門委員から京都市実地調査出席が洩れている旨発言があり、議事録に挿入――

部会長　次に社会保障、社会福祉の問題を教育部会との関連も含めてこの部会でとりあげるということになつているが社会保障、社会福祉は現在非常に広い範囲に解釈する方法と、行政官庁が使つている狭い範囲に解釈する2つがある。この問題では、かなり思想が混乱していると思われ、かつ社会開発の関係でも議論になつているところである。従つて、この定義は、非常にむずかしいところからこの部会でとり上げる場合は、一般論として常識的な社会保障、社会福祉というものを包括的に重視してくれというようなことになると思う。本日は社会保障、社会福祉をどのように考えるかということから議論していたゞきたい。

生活課長　前回の部会に提案のあつた北原委員の社会保障、社会福祉の実施状況とその対策という中にも考え方が出ていると思うが、社会福祉の問題をこの部会でとりあげるということになつた経緯は、山本専門委員から「貧乏追放」をなんとかしなければならない。それには、社会福祉はどこの部会にも属さないから環境部会に入れるということに決定されたと思う。

部会長　社会保障、社会福祉の問題は、産業職業部会ならびに教育部会と関連する面が多いと思うが、さしあたり「貧乏追放」というものをどのような形で表現するか、たゞ補助金をふやせという程度にとどめるか、社会保障体系の中にどのように織りこむかということで相当違つてくると思う。山本専門委員から「貧乏追放」の趣旨を御説明いたゞき、そのあと北原委員の「社会保障、社会福祉の実施状況とその対策」の審議ならびに厚生省の施策について説明をお願いしたい。

山本専門委員　専門委員が任命される前の総会で、教育、経済、環境改善の3本の柱にもとづいて審議を進めるという決定がなされているが、私は部落問題に関する限り差別の中における貧乏をどうするか、という問題を含めて柱は4本になるべきであるという考えをもつていた。この柱がもれていたため提案したわけであるが、これを一体どこでやるかは環境改善、住宅問題と関連があるためにこの部会に持ちこまれたと思う。

貧乏追放は、今日の部落の現状をみた場合、放置しておくわけにはいかない。先般産職部会で高知県へ行き、帰りに奈良、和歌山、京都を調べてみて今更ながらこのことを痛感した。例えば、高知の場合、部落職業人口4300人のうち、農業4％、漁業13％、その他生活保護と失対50％、残りの30％強が雑業で失対は高知県の73％を占め生保受給世帯は県平均の5倍弱となつている。

奈良県の失対は、失対人口の72％を占めているが、そのうち20代30代が42％である。京都府、三重県についてもそれがいえる。

愛媛県三崎半島〔町〕では、主人が出稼ぎに出たあと家族は仕事がないのでブラブラ遊んでいる。このような例からみて社会保障、社会福祉の問題に注目しなければ同和対策事業は完全なものにならない。生活の格差をなくすために貧乏の底上げをしていく施策が必要である。生活保護、失対があれば生きていけるという観念をすて、自意識の向上のための社会教育、民生委員活動、隣保館活動についても検討していかなければならないと思う。

部会長　環境改善で議論したように部落の今後の方向としては、①東京のように地域社会の中で対策にとけこんでしまうもの、②農業構造改善事業とか産業の都市集中の波にのつて部落が解消する余地のあるもの、③最後まで残され更に今後ますますとり残されていくもの等、質的に考えると3段階があると思う。社会福祉で問題になるのは③のグループということになるが、あらゆる面から判断して社会保障、社会福祉を1本の柱とする必要があれば、総会にはかり別の部会の設置ということが考えられる。

生活課長　山本専門委員の「貧乏追放」をどうするかということは産職部会との関連があり、当部会としては産職部会まで介入するか、社会保障、社会福祉の面から今の制度では不十分であるということに限るかということになつている。いずれにしても「貧乏追放」は経済的問題として産職部会でも十分な審議をお願いしたい。

北原委員　社会保障、社会福祉のために新しい部会を設けるということは問題があると思う。便宜的にこの部会で検討するとしても答申には環境改善部会に属する狭い意味の社会保障、社会福祉という印象を与えないように、一つの部会の報告のように重要な柱の一つとして答申を出すということにしてもらいたい。

部会長　一つの部会を設けるか、この部会で審議するかは総会において討議してもらうこととし、次に北原委員案の審議に移りたいと思う。

――北原委員案　社会保障、社会福祉の実施状況とその対策の朗読――

北原委員　補足説明となるが、部落の場合は、近代的な社会保障、社会福祉というものが進んできたが、産業による雇用労働者が少ないことから社会保険の対象外になつていること、貧困により国民健康保険、国民年金等の加入率が低いこと、そして産職部会でも問題になつているように潜在失業者、生活保護受給者が非常に多いこと。要するに差別の中の貧乏という問題が社会保障制度と関連づけられなければならない。広い意味の社会保障制度というものの拡充完備、それが基礎となつて、沈澱している最下層の部落の対策がきめ細く考えられなければならない。

部会長　社会保障、社会福祉について現在取り扱っている制度、施策、今後の傾向等について説明願いたい。

福田参事官　最近よくいわれる社会開発ということは、時に広い意味を持つが、社会保障、社会福祉を厚生行政を中心にみた場合は、第1に貧困を防ぐというか予防する措置、第2に貧困を救うための措置の2つに大別できる。貧困を救う措置として従来の救済的、救貧的なものは、生活保護法をもつてその代表的な体系としている。貧困の予防措置としては、貧困の大きな原因である疾病、失業の問題がでてくるが、その解決手段の一つの柱が社会保険制度で、これは、医療保険と年金保険に大別できる。医療保険には、医療給付を目的とするもので健康保険、国民健康保険があり、年金制度としては、厚生年金と国民年金がある。以上が救貧防貧措置であるが、これをとりまくものとして公衆衛生、環境衛生の施策がある。次に所管部局としては、救貧的措置は生活保護法を中心として社会局が担当しているが、社会局にはそのほか、同和、公益質屋、世帯更生資金、生協、身体障害者福祉、災害救助、老人福祉などがあり、児童福祉の諸問題を児童家庭局で担当している。防貧措置として社会保険については、医療保険を保険局、年金保険を年金局が所管している。このほか、公衆衛生のために公衆衛生局、環境衛生は、環境衛生局あるいは医務局でそれぞれ担当している。

今後は、生活保護基準のアップ、医療保険の内容の改善、各種、年金保険の改善が検討され、さらに現在の社会保障で西欧諸国におくれをとつている児童手当の問題は、昭和41年度からの実施を目途に検討が進められている。

部会長　今の説明のなかにとくに同和対策としてとりあげていくものが何かあるだろうか。

山本専門委員　厚生省、民間団体が実施している社会保障、社会福祉に関しては一応形はできている。しかし、運営指導に差別の壁があり、部落に対して親切な指導が行なわれておらない。この運営指導が適切に行なわれていけばかなり救われる面がある。

藤範専門委員　北原委員案は、細部にわたり記入され結構と思うが、なお、これに例えば生活保護や失対に甘んじてこれにより生活ができるという安易な考え方が多いと思う。更生意欲を起させるような精神的な指導が必要と思われるので精神面の強調を考慮に入れてもらいたい。

山本専門委員　高知県で農業構造改善事業として漁船を造りかなり成功している。漁業に新しく転換したため収入が増加し、生活保護の辞退があつたということをきいている。

北原委員　精神的、教育的指導も必要であるが、生産的な施設を与えるなり、就職の機会を保障するという経済的裏付が伴わなければ成功しない。結局、同和問題は、貧困層が一つの集落に結びつき密集していることが差別に作用しているということである。

部会長　今後は、ますます地域の指導者が地域から出て行つてしまう傾向がある。過去における指導方法では、残された部落はなお一層すべての面で見捨てられる結果となる。答申には指導者についても書く必要があるのではないだろうか。

柳井委員　部落が自覚、更生するような団体があれば、問題点は少なくなる。従つて、民間団体の育成強化を当然実施すべきである。その指導のもとに部落自体が自覚して実施された事業なり施設であれば効果が顕著であると思う。

米田専門委員　部落の解放は、部落民の自覚に始まり、部落民の自覚に終る。施設のみを完備しても効果はない。

——このあと社会保障、社会福祉に関する小委員会の設置について懇談が行なわれ北原委員を小委員長として、藤範、米田、竹中各専門委員を委員として原案作成にあたるということ及び環境小委員会の設置についてあわせて総会に付議することを了承。総会において決定されたあとは小委員長が会議を招集することをあわせ了承。散会——

〔以下省略〕

【665】B4二つ折　タイプ横書き6枚

42　基本調査による具体的認識

一　人口

(イ)　部落人口が一般地区、およびその人口と混住化の傾向は、人口増加の著じるしい、かつ工業化、都市化の進行が明確な都市地域において、例えば、東京、大阪、高知、広島などについてはより明らかな特徴を示している。また、第三国人ことに朝鮮人との混住は、戦後の傾向からすればむしろ減少化の傾向をたどるとみられる。全般的にみて、農村部落人口の減少と、都市部落人口の増加が認められるが、前者の場合その比率は一般農村地区と比較して多少とも比率の上で下廻る傾向にある。

(ロ)　また、農村にあつても、その地区における部落の伝統的産業が多少とも温存されている地域に関しては、人口減少よりはむしろ増加の傾向をたどる場合があること。また、伝統消費型の都市に関しては、逆に人口減が認められる。このように、部落人口は、戦後人口移動が多少とも顕著に認められるとはいえ、依然として地域への定着性が高く、一般地区と比較して移動率はそれほど高いといえない。

(ハ)　その結果、人口の量や密度はいぜんとして高く、住居の過密性はとかれていない。また、一部の地域に一般地域への流出がみられるが、それは他地域への凝集、分結という形態をとつて部落が形成される場合が多い。すなわち、いわゆる部落の発展的解消にまで至らない場合が地区人口の分散という過程のうちにより多く認められる。

(ニ)　また、人口流出の一般的形態として年令階属〔層〕別にかなりの特長が指摘できる。それは満15才以上20才の年令階層により多くの流出傾向が認められる義務教育修了後、ことにハイ・テイーンの青少年人口の他出が目立ち、それらは、一般地区の主として中小企業を中心とする商、サービス業、ないしは工業労務者として他出する状況がある。したがつて留意すべき点は、これらの他出人口の多くが大企業を中心とする、いわゆる都市のホワイトカラー階層への社会的移動を意味しているのでなく、その所属階層と同じブルーカラー階層間の社会的平行移動にすぎない場合が多い。

(ホ)　ただし、満20才以上の年令階層の他出には、多くの場合、就職によるほか、結婚などもその理由にあげられているが、比率の上では必ずしも多くはない。

(ヘ)　さらに、地区によつては、地域的流出の他、出身部落への帰村―地区外流出人口の再流入―という形をとる場合が多い。また世帯主の地域的移動経験者についてみると、当該年令階層における、一時的な地域外流出を経たものが多く、中年層、ないしは老年層においても、一時的流出―帰村（再流入）という状況を物語るケースが多い。したがつて、地区外一時流出が、必ずしも一般地区に定住しうる生活環境をうるという結果をみずに、不安定な地区外の職業階層から解放されて、あるいは直接的な差別を経験して、部落への再流入となるケースが多い。したがつて、(イ)地区人口量、(ロ)密度、(ハ)定着性、(ニ)あるいは一部地区の混住化、(ホ)青少年人口の流出と中年層までの再流入などの問題は、部落人口の問題をみる場合にことに留意すべき点である。

二　家族および婚姻

家族の大きさおよびその形態は、(イ)大家族的な傾向―家族構成の成員数が、国勢調査における都市および農村の平均をはるかに上廻る。―がみられる。(ロ)直系および傍系親族までをもふくむ拡大家族が認められる。(ハ)他方、夫および妻ないしは未婚の子女によつて構成される核心家族が少く、同一世帯内に夫婦の核が多く認められる。(ニ)また部分的には、欠損家族としての形態が多少とも認められる。―ただし、この場合欠損は夫および妻のいずれか一方ないしは、双方が欠如するという形態などのほか、離婚、別居による他出などの家族成員の分離による家族機能の喪失もまた多少とも認められる―ここで問題とすべき点は、家族形態が大家族としての特性をもつことにある。それは、生計の維持が家族的労働を必要とすることで、農村部落のみならず、都市部落においてすら生計維持の必要労働が家族単位に求められている点に留意すべきである。これは、低所得階層ないしはそれ以下の階層において共通して認められる事実である。また、同時に部落人口の参与する職業階層がきわめて不安定な状態にあることを物語つているといえよう。

他方、婚姻関係を通じてことに問題とされる点は、通婚圏の狭少性である。(イ)多くの場合通婚関係は、「自由婚」の形式をとらず、「見合」によつている。(ロ)婚姻に際しての男女別にみた年令階層の差異は一般地区との間に顕著な違いは認められないが、(ハ)その通婚の範囲は極端に限定されている。すなわち、多くは配偶者を居住部落内に求めるという、「部落内婚」の形式に集中していること。また、その他の多くは、配偶者を比較的隣接した他の部落内に求める、「部落相互婚」という形式をとる場合も、より顕著な特徴として示されている。したがつて、一般地区人口との通婚はきわめて限られたケースにとどまり、通婚圏はい然として封鎖的であることを特徴としている。被差別人口の「結婚」に際しての直接的な差別経験はより顕著に認められ、また、離婚、別居などの家族解体の主要な原因の一つとなつている。男女人口別にみて、多少とも男子がその出身部落にとどまる傾向が認められる。ただし、他出人口においても、一般地区人口との通婚をえているケースは少い。

通婚圏の狭少性は単に封鎖的な農漁村にとどまらず、都市部落においてもその傾向は指摘できる。ただしこの傾向は中小小都市にみられる特徴であり、東京、大阪などの大都市地区における低所得階層密集地区のいわゆる混住地域では、きわめて僅かながらも一般との通婚が開かれている。

三　生活水準

国民経済の進展にもかかわらず、部落の多くはい然として停滞的貧困のうちに埋没している。しかも一般地区との経済的な水準の格差は増大する傾向にある。地区の産業および職業構成からも理解できるように、全般的にみて部落の生活水準は低く、地区によつては部落のみが、その地方のボーダーライン階層の集中地区となつている。それは、都市地域において、部落がスラム地域の典型となつていることからも明らかである。

職業階層における低位性はそのまゝ生活水準に反映している。すなわち、単純的労働ないしは不定期労働による所得水準の低位性。あるいは低賃金という実態は、最低生活を維持する上に十分な生活資料の確保をえているとはいえない。この点は、個々の世帯にみるエンゲル系数が一般水準に較べてきわめて高いことからも理解される。

家族的労働による形態は多くの場合個々の世帯員ないしは家族員による不定期的な個別的就労に生活を依存する場合にみられる。これはその家族構成が、拡大・複合・多核家族という形態をとることからも明らかである。その場合、生計の維畤〔持〕は全ての家族成員を単位とする複合的所得という形態を消費生活の過程でみる場合が少く、したがつて生計上の不安定はそうした拡大家族により多くみられる。

部落の居住人口の生活水準は全般的にみて低く、またその水準を持続しなければならないという状態に置かれている。すなわち、その水準を上昇させる手段としての学業や職業選択の制限の状況に問題が残されている。その結果、ボーダーライン層の形成のみにとどまらず、それ以下の、いわゆる要保護階層に転落する可能性が認められることにも留意しなければならない。ただし、こうした低所得階層内部における階層的分化は、部落人口のうち、老令・疾病・〔失業〕あるいは一部にそれらの原因をふくむ家族解体などの結果による場合が多い。被保護階層の世帯にみられる特徴は、これらの事実を明示している。

四　職業・産業

部落の立地条件に応じて、地区内の職業・産業構造は異なる。大まかに分類すると、(イ)部落の伝統的な零細企業を依然として温存している地区。(ロ)伝統産業を基礎に、多少とも地元で工業化ないしは設備、施設の導入をはかつて僅かながらにも近代化のきざしをえている地区。(ハ)従来から伝統的な産業をとくにもたず、従前と同様に「日雇労働者」を中心とする単純労働に人々の多くが依存している地区。(ニ)部分的には、伝統産業を含む地元の小企業・商店などをもつが、人々の多くは、地区外周辺を主として隣接都市に就労するという地区などがあげられる。農村部落の場合、専業農家が中心となる地区は殆んどみられず、第一種、ないしは第二種兼業農家をいう類形《ママ》がより多く認められる。しかしながら、一部の地区を除いて、地区内に大企業が導入されるという場合はなく、従来の手工業的零細企業においてその作業工程できわめて部分的に機械化や、資材の改良が加えられている他は、以前と較べて変化をみない場合が多い。

部落人口の職業階層に関する変化は、全般的に、農村にあつてもその兼業化傾向に則応して多少ともみられる。また勤労においても、直接生産的労働に従事しない、ホワイト・カラー階層の職種が僅かながらに増加するという傾向にある。しかしこの状況はきわめて部分的でその職種も限られている。ことに農漁村地区あるいは中小の地元に特定産業をもたない消費型都市の場合には、ほとんど変化をみない場合が多い。

職業上の転換についてみると、多くは零細な商・サービス業労務者、ないしは単純労働者であり、僅かながらに工業労務者がみられる。農漁村部落の場合についても、農林漁業にのみ年間を通じて唯一の職業を求めるという場合は少い、世帯主の兼業をはじめ、他の家族員による各種の職業選択ただし多くは失対・民間日雇労務者などの単純労働―が多くみられる。この点については、単に農林漁業だけでない。都市における単純労働に従事する世帯にも同様の特徴が示されている。さらに部落人口の職業生活において、その特殊性が一様でない都市部落の場合はもとより、農漁村部落に関しても、世帯主の転職ないしは職種選択の変化（職業移動）はみうけられる。これらの経験をもつものの多くは年間を通じて単一の職種における労働のみでは生計維持が困難なもの―例えば零細農業従事者。あるいは都市においても、就労形態が不安定であり、かつ労働条件ことに賃金形態、賃金額などに問題のある中小商・工業労務者、および単純労務者の大部分にみられる。職業階層間の社会的移動の頻度は、低い生活水準と共に部落人口の経済的貧困を裏付けている。

部落差別の問題に関連し就職に際しての自由が十分に保障されていない点に問題がある。ことに近代的な大企業における幾多の職種の就労に際しては、部落人口の多くは、ほぼその就労を制限されている。調査結果からも、「就職試験」を通じて就労するというケースは比較的少なく、多くは、有力者、知人の紹介などの「縁故」による場合が目立つ。この傾向もまた地域的にかなりの差異が認められるが、ことに、中小都市、農村部落においてはより顕著に示されている。就労制限の諸要因の一つに、学校教育の経験との関連もあるが義務教育以上の就学年数を経ているケースが個々の部落においてかなり増大しつつある。

職業指導の問題に関連して、ことに非熟練・単純労働に従事する満25才、ないしは35才以上（中年層以上）の職業指導や、地元の伝統的産業の近代化への助長、特定産業の誘置、増設などの問題もある。部落における産業構造およびそれに関連する社会・経済階層構造の停滞性を打破することが必要である。

五　教育・文化

部落人口の就学年数は、戦後ことに増大する傾向がみられる。これでは、(イ)親子間の学歴の比較から、あるいは親の子に対する学校教育への期待からも明らかにされている。(ロ)また、従来部落により多くみた、(a)未就学、(b)不就学―学令期の途上で学業を放棄しまたそのため就学期間を失なつたもの―(c)長欠児童―が漸次減少の傾向をたどること。(ハ)親の子に対する教育への期待は、男女児童、青少年に対しても同様に比較的強く向けられている。

しかし、(イ)確かに就学年数の増加、ことに義務教育以上。教育への関心が見られるとしても、一般地区に比較して、部落の場合その進学率はかなり低いこと。(ロ)学校への病欠以外の理由で断続的に欠席するというケースも、部落児童、青少年にみうけられ、(ハ)学業成績は、一般地区と較べて必ずしも劣ることなく、むしろ水準以上の成績をとるものがみられる。同時に一部の地区では、ことに低劣な成績が部落児童・青少年に集中してみられること。(ニ)また、部落によつては、ことに地区児童・青少年に一般地区児童・青少年との交友がみられず、かつ言動の粗暴であること、などの状況が示されている。(ホ)また、社会教育に関してみれば、部落人口の一部、しかも婦人会を中心とする関心は高いが、全般的なレベルにまでその対象を求めるまでには至つていないこと。(ヘ)ことに青少年を対象とする校外指導（地域子ども会をふくむ）では成功しているケースがかなり報告されているが、実質的にはこれも、地区における一部の児童の一時的な活動にすぎず、全般的な拡がりをえているケースは、きわめて僅かであること。(ト)それに関連して、社会教育指導に関する適切な指導者がみられないこと。(チ)その活動に際しての財源をもたない場合が多い。

他方また、新聞、雑誌、週刊誌、ラジオ、テレビなどのマスコミ文化財の普及率については、地域的にかなりの差異が認められる。ただし、その普及率が一般水準と較べてことに農村部落に関しては、かなりの較差がある。

教育行政に関しては、(イ)学校教育を通しての「差別」あるいは「部落」に関する「認識」の助長の(ロ)これと関して、従来の文部省の指示による同和教育、(ハ)ないしは、個々の部落をふくむ小中学校の独自の同和教育の方法自体に関しても、ことにその消極的な傾向への反省が求められている。

［欄外］
親の関心と条件の矛盾
社会教育施設がない

六　生活福祉

部落における生活福祉についてもかなり共通した問題が認められる。すなわち、(イ)公的扶助の受給世帯が、一般地区と比較して多少とも多く認められる地区が多いこと。ことに、都市部落に関しては、この傾向が顕著であること。(ロ)また各種生活保護の〔各種扶助の〕うち、ことに医療扶助の受給率が高いこと、などが特徴として示されている。このことは、部落人口の多くが、ボーダーライン階層に所属することを明示しているといえる。(ハ)他方、各種社会保険への加入率は、全般的に低く、例えば、健康、共済保険、国民健保、などへの加入率は、一般地区と比較して、かなり下まわる傾向にあることは見逃せない。(ニ)それに対して、講組などの、いわゆる私的扶助への依存は、以前と較べてかなりその減少が認められるとはいえ、農村、都市共に各種講組とその加入者が認められる。(ホ)また、公的貸付制度の利用世帯は、一般地区に比較してかなり少ないことを特徴としている。つまり、貸付金の返済能力を持たない場合が多くて、その結果を示している。同時に、現在返済の途上にあるものをふくめて、被貸付世帯のうちにも、その返済に困難を示す世帯がある。

　部落人口の多くが低所得階層であり、かつその職業構成からも理解できるように、要保護階層への転化の可能性をもつという状況にあること。しかしながら、その割合に較べて、ことに農村部落の場合、被保護世帯が少いということは、一般に「被保護世帯が部落に少いから、その生活福祉の程度が高い」ということを反証する事実として指摘できる。

　他方、地域福祉に関する自主的な活動は、一般的な資料からすると、かなり活動的であり、効果を上げているかのようにみえる。今回の精密調査結果は明らかにこれを否定している。端的にいうならば、生活地域福祉に関する部落内人口の積極的な働きかけは、きわめて部分的、一時的であり、全般的にその種の状況に関する関心がなされているとはいえない状況である。例えば、(イ)部落内の青年団(会)、婦人会、老人クラブ(会)、子ども会、その他の地域集団への積極的な関心と参加は、部落の全般的な活動にまで波及しているケースは少ない。(ロ)また、そうした地域集団は、対象人口を積極的に参加させるアトラクティヴな機能をもたず、また部落内における適切な指導者をえない場合が多いこと。(ハ)地域集団の福祉は、一時的な集団活動―例えば集会、あるいは地域社会における消費生活面での活動―のみ［に］とどまる場合が多いこと。(ニ)この傾向は、都市、農村部落の両者で考慮して決められること、などが指摘できる。精密調査の結果からも明らかにされるように(a)地域集団の機能、活動内容をしるケースがきわめて少いこと。(b)実際のそうした活動の参加経験者はさらに少く、(c)しかも積極的関心をなすケースは全般的に僅かであり、(d)無関心、消極的態度をとる場合がより多く始〔認〕められたのである。他方また、部落内における指導者、組織団体の特別に応じて、その活動に参加する階層が異なつている。先にみた、部落内社会階層の文〔分〕化が著じるしい地区にはことに地域活動に際しての普通の課題に関する統一的な、かつ適切な活動や効果がえられない。

【272－18】B4二つ折　活字横組み7枚（13頁）

※北原泰作稿か

※年代未詳　調査部会報告か

43　昭和37年同和地区全国基礎調査

(昭和37年同和地区全国基礎調査)

	昭和10年			昭和33年			昭和37年						
	地区数	世帯数	人口	地区数	世帯数	人口	地区数	世帯数	総人口	部落人口	混住率	生保世帯数	失対適格者数
全国	3,237	137,071	712,146	2,960	225,677	1,079,099	4,160	407,279	1,869,748	1,113,043	60	29,063	39,977
01 北海道													
02 青森													
03 岩手													
04 宮城													
05 秋田													
06 山形													
07 福島	—	—	—	—	—	—	2	57	278	265	95	14	4
08 茨城	34	578	3,498	38	4,386	21,427	38	4,386	21,427	5,578	26	38	0
09 栃木	77	1,929	11,795	80	10,575	59,062	84	14,078	73,487	16,690	23	187	39
10 群馬	168	3,718	23,188	204	14,513	72,083	222	21,738	105,027	36,287	35	442	328
11 埼玉	213	4,386	27,029	182	5,353	36,022	270	16,829	90,543	41,496	46	233	46
12 千葉	29	525	3,338	34	2,251	20,082	34	2,486	11,949	4,352	36	41	18
13 東京													
14 神奈川													
15 新潟	11	230	1,278	—	—	—	23	1,609	8,322	2,101	25	62	34
16 富山	3	148	628	—	—	—	4	383	1,597	904	57	19	27
17 石川	—	—	—	—	—	—	4	778	3,710	389	10	19	0
18 福井	8	559	2,892	8	796	3,811	8	860	3,847	3,627	94	53	116
19 山梨	21	332	1,831	—	—	—	23	834	12,298	2,364	19	30	42
20 長野	249	3,526	19,756	231	4,809	26,784	260	37,742	172,838	23,234	13	405	413
21 岐阜	15	750	3,736	16	926	4,296	17	1,216	5,759	4,147	72	108	50
22 静岡	41	2,133	13,181	43	3,748	9,429	54	9,562	46,122	18,032	39	220	197
23 愛知	8	1,763	8,526	—	—	—	9	2,859	12,862	10,662	83	206	82
24 三重	148	6,579	33,507	163	9,388	43,178	196	11,808	50,260	48,238	96	1,441	2,227
25 滋賀	62	5,330	25,852	65	8,302	39,324	69	8,587	39,619	39,066	99	713	603

26	京都	135	9,127	44,039	143	12,011	53,141	145	14,121	57,397	55,652	97	1,471	5,629
27	大阪	41	6,996	35,261	46	20,485	93,060	52	44,905	183,120	89,114	49	1,803	2,253
28	兵庫	259	18,275	95,207	313	37,603	178,941	340	44,714	200,982	163,545	81	2,343	9,334
29	奈良	75	8,359	37,223	75	12,675	54,312	78	14,477	56,130	56,130	100	1,068	3,757
30	和歌山	80	9,135	45,881	—	—	—	95	11,457	49,700	46,316	93	1,034	1,167
31	鳥取	92	3,466	19,635	93	5,079	28,239	99	5,810	30,740	28,414	92	622	1,112
32	島根	63	1,175	5,507	44	1,273	5,955	75	8,345	39,021	6,378	16	336	163
33	岡山	278	8,755	42,690	260	11,573	54,217	348	19,520	85,679	58,635	68	955	1,990
34	広島	331	7,191	38,080	165	5,843	26,256	414	14,915	63,395	44,378	70	1,080	1,807
35	山口	100	3,686	17,996	99	5,395	26,253	123	9,174	39,857	24,981	63	562	773
36	徳島	57	4,380	23,379	75	12,920	62,496	87	7,442	36,413	35,575	98	1,219	780
37	香川	40	1,560	7,604	44	2,408	10,948	46	2,500	10,936	10,267	94	656	831
38	愛媛	241	5,433	28,386	251	7,946	39,639	347	9,780	44,856	44,685	100	1,011	432
39	高知	52	6,117	31,740	66	11,754	49,669	73	11,314	45,205	43,552	96	2,564	2,426
40	福岡	197	6,361	34,107	197	12,274	60,475	366	36,888	196,133	114,482	58	7,013	2,038
41	佐賀	8	224	1,156	—	—	—	11	439	1,974	1,396	71	66	63
42	長崎	—	—	—	—	—	—	7	357	1,202	349	29	187	4
43	熊本	32	1,778	9,970	25	1,385	?	46	3,242	17,377	12,338	71	345	287
44	大分	43	1,369	7,894	—	—	—	56	8,420	35,054	9,250	26	187	309
45	宮崎													
46	鹿児島	26	1,198	6,356	—	—	—	35	3,647	14,632	10,174	70	310	596
別・再掲	旧東京市区域													
	横浜市													
	名古屋市													
	京都市													
	大阪市													
	神戸市													
	北九州市													
備考														

【－584】B4－枚　※番号、府県名など以外の横の項目及び数字は手書き　※厚生省大臣官房統計調査部用箋

44　同和対策審議会議事要約（14）

日　時　昭和39年11月25日（水）
　　　　午後2時―午後3時20分
場　所　総理府特別会議室
出席者　木村会長、尾形副会長、磯村、高山、柳井、北原、石見（代理）各委員、総理府総務副長官（代理）、法務、文部、厚生、農林、通商産業、労働及び建設各事務次官（代理）

議事要約
1．部会報告
調査部会　「同和地区精密調査中間報告」を提出するその項目として、1．調査目的とその狙い、2．調査対象地区の選定とその理由、3．調査結果　1．立地条件、2．人口状態、3．家族と婚姻　4．産業職業、5．教育、6．生活環境、7．生活水準、8．生活福祉、9．部落問題意識、10．同和行政の効果と部落問題について取上げてある。

　調査部会においては、これを基礎とし総合報告の執筆にかかつている。なお、この中間報告に対する意見があれば提出してほしい旨の要望があり、全国基礎調査の報告も合わせて、2月中には完成したい旨の希望が示された。

　この報告の取扱いをめぐつて意見が出され、次回総会までに各部会で十分検討の上意見等を提出することとされ、次回総会を12月19日に開催することとした。

環境改善部会　部会報告の原案作成のために二つの小委員会を設けることを決定した。その一つは環境改善に関する小委員会で柳井委員を小委員長とし、山本、野本、竹中の各専門委員、他は社会福祉に関する小委員会で北原委員を小委員長に、藤範、米田、竹中の各専門委員で構成することとした。

産業職業部会　小委員会報告については若干の猶余をもらいたい。なお、10月下旬から11月上旬にかけて産業職業部会として四国、（高知県、愛媛県）九州（大分県、熊本県）と現地視察を行なつた。ここにおいて、沿岸漁業のやや暗い将来性や地方公共団体における同和問題への取組み方の違いなどが観取された旨の報告があつた。

2．会長から答申作成のメドについて3月末までに答申の原案を期待したい旨の発言があつた。

3．部落解放同盟から、①同盟と審議会委員との懇談の機会をつくること。②審議会として中間答申を考えること。③各省の責任ある担当官と懇談の機会をつくること。④

同和対策の一般行政への位置づけの仕方、⑤同和対策に関する行政機関設置の検討、⑥同和対策の市町村における連絡方法などについて口頭で審議会に申入れがあった。この取扱については、時間の都合もあるので、部落解放同盟から文書で意見の提出を求め、必要なものは部会等で参考《ママ》して行くこととした。以上

【272－5】B4二つ折　活字横書き2枚（3頁）ホチキス止め

45　一九六四（昭和三九）年一二月二一日
同対審総会速記録［抄録］

○木村会長　［前略］次に部会報告・調査部会の御報告をお願いいたします。

○磯村委員　お手元に差し上げました同和地区調査総合報告書というのをごらんいただきたいと思います。

前回からの間にこういう一つの報告書といたしまして、調査部会としては案はございません。こういう内容で現在執筆をいたすということを総会に御報告申し上げておきますということですが、最初の大きい1の中に(1)、(2)がございまして、これには調査の企図とその方法ということで、審議会の中でこういう部会を設置いたしまして、どういう目的でもって審議をやりましたかという、そういう大まかな問題をここで取り上げまして、それに対して、そのきわめて概要と経過というものを全国基礎調査精密調査合わせまして、(1)、(2)で締めくくりたい、こういうふう思います。

2が全国基礎調査結果報告ということになるわけでございまして、その内容を(1)、(2)に分けまして、(1)は調査の概要でございまして、その目的がどういうものであり、従来の調査方法と考え方がかなり違っておりますので、そういう問題を明らかにいたしまして、(2)におきまして、その

結果につきまして次にございますような内容を通じて御報告を申し上げたい、こういうふうに思っております。ただ、この全国調査につきましては、本日も午前十時半から一時まで、専門委員の方々をわずらわしまして、最初的な締めくくりをしているのでございますが、二つの地区につきまして、依然としていわゆる公のチャンネルによります回答を得られません。それは東京都と神奈川県でございます。まあ神奈川県につきましては、特に関係の専門委員の方々をわずらわしまして、総理府の方々も御一緒に行っていただきまして、何とか概況でもつかみたいと思うのでございますが、東京都につきましては、本日の総会直前にまで責任ある回答がほしいということを私、直接、都の責任者に交渉してございますが、依然としてその回答がまいっておりません。この問題は先般東京都の民生局長から私あてに、こういう調査はやりがたいという公文書がまいっております。しかし、都議会におきましては、こういう調査というものは進行中だという答弁をいたしております。これは所管の不明確な結果そういうそごが来たしておりますので、したがいまして、現在東京都におきまして企画調整局というところで調整をとっているというまことに残念な状態でございます。そういう都の内部的事情によりまして、一方では調査いたしております、片方では公文書で調査はできないといったようなことで、関係の専門の先生をわずらわしまして、直接都庁との折衝をいたし、私も関係ございますので——かつてございましたので折衝いたしておりますのですが、まだ明確な答弁はいたしておりません。しかし、本日の午前中の最終の調査部会におきまして、年内にあらゆる努力をいたしまして、そして、最終的な数字をもってこの全国調査の御報告をいたしたい、こう思うわけでございます。したがいまして、全国調査の内容といたしましては、総理府を通じました公のルートによります報告と、それを得られませんところの府県につきましては、専門委員の方々の御調査によりますものを並列してこれを組みまして、そういう形で一応全国的な報告の基礎をつくりたいと、このように考えているわけでございます。

次は3の全国精密調査結果報告でございますが、これはそこに掲げましたような大体十三の項目にいたしております。調査の概要に始まりまして、地区を選定いたしました理由、地域の特性、人口、家族の婚姻、産業と職業、教育、生活環境、生活水準、生活福祉の問題、問題意識の点と、差別経験の問題、最後の同和行政と財政の問題、こういうことに分けまして、いずれも一月十五日までに原稿を作成いたしまして、全部の専門調査委員がその原稿につきまして相互に数回の会合を開いてそれを検討いたしまして、最終的な原稿というものを二月十日までに総理府に出したい、こう思うのでありますが、原稿作成はすでに着手いたしておりまして、きょう午前中にはしがきあるいは全国調査の要項等は一応専門調査部会におきまして検討を済ましているわけでございます。大体そういったような予定をもって進んでいるわけでございます。

なお、他の部会の報告が終りましたならば、調査部会から総会に対して一つの御意見を承りたいということがございますが、報告は一応これだけにとどめさせていただきます。

［尾形副会長、磯村委員の質疑応答、省略］

○木村会長　［前略］磯村委員から総会にはかりたいということがございましたから、どうぞ。

○磯村委員　それは非常に基礎的な問題でございますが、きょう実は先ほど御紹介申し上げましたように、多少の調査報告の原稿ができ上がりまして、それの読み合わせをやっておりますのですが、その際に非常に原則的な意見が出ましたのは、今日の同和地区調査総合報告という中に部落ということばを使うのが妥当であるかどうか、そういうことでございます。ここに一つの原稿がございますが、その場合におきましても、われわれかなり慎重にことばを使って書いておりますのですが、これを担当されました専門委員の方から、一応やはりこの部落ということばが出てきております。これを一体どのように処置してよろしいかということでございますが、これは非常に大きな問題と私自身は考えますので、午前中の調査部会におきまして皆さん方の御意見を承り、この点につきましては、ぜひ総会の、特に御専門の委員の方々の御意見を承りたい、こういうことでございます。問題はそれだけでございます。たとえば、部落世帯数あるいは部落民、そういうようなことばが出てくるわけです。

［木村会長、磯村委員、伊藤委員の発言、省略］

○北原委員　私自身としては、産業職業部会の部会報告の小委員会の原稿には、多くの場合、対象地区と使っているんですがね。というのは、これは同和対策という政府の行政用語としてだいぶ普遍化しておりますし、この諮問も同和対策という形で出ておりますから、そういう場合の同和というのは、行政用語としてあるとすれば、それはそれでいいのじゃないか。しかし、部落という場合、われわれが実態調査をやる場合、当該部落を表現する場合、私はいま磯村先生がおっしゃったような一般的な農村の部落と、いわゆる特殊部落と言われている部落との差異があると思うんです。それは現実にやはり、だからこそ審議会で問題になっているような差別の問題が出ているわけです。それをあらわすのに私はカッコをつけているわけです。一般の農村的な部落と、いわゆるわれわれの部落ですね。カッコをつけて私は表現しているわけですが、そういう場合には部落といって差しつかえないと思いますがね。それは先ほど伊藤委員の御発言に部落ということを新聞に書いた場合に問題になったというような御発言があったと思いますが、これはただ部落と書いただけではなくて、その記事の内容が問題であったのではないかと思うんです。これは私たちのずうっと前からの方針は、たとえば辞書をひいてみますと、エタとか新平民ということばが出てきますが、そういう歴史的な実在していたそれをあらわす場合のことばというものは、私はこれは当然そうあらねばならぬと思うんです。そういうことを私たち問題にしたことは最近ではありません。これは一番最初、水平社の運動が起きました当時には、非常に敏感にそういう用語とか、ことばというようなものを問題にしたことがございましたが、しかし、そういうことは、認識の浅かった時代にそういうあらわれたことばや文字に拘泥したことは確かにありましたが、そうではないんだ、問題はもっと深い社会的な関係にあるのだから、そのことばだけが問題なのではない。もし、そういうことばを使ったとしても、その人の書かれている、あるいは話しておられるその話なり文書なりの内容がこの問題の解決に積極的に協力する、この問題の解決を意図している。そういう前向きの文書なりことばであれば、それは何ら差別ということにはならないんじゃないか、そういう解釈をしてそのような方針を立てたのがもう数十年前のことばでありますから、十五年も二十年にもなりましょう。ですから、そういうことはないと思います。ただ部落と書いただけで問題だということはないと思います。それで、いままでよく言われておりますすり中に、同和地区とか未解放部落とか被差別地区とか、また地区民とか部落民とか、いろいろそういう表現がありますが、これはやはり統一すべきだと思うのです。調査報告その他一切の文書—答申の内容になります文書には統一すべきだと思うのですが、私自身のあれからいいますと、被差別部落というのが一番正しいのじゃないか。現に差別されている被差別部落というのが一番正しいのじゃないか。この未解放部落ということばは、これは私自身が実は最初に書いたように思うのですが、まだ実質的な解放が実現してないと、そういう意味で未解放部落といったのですが、未解放部落というよりは、もっと端的に正しく表現するならば被差別部落というべきであると思います。だから私は被差別をあらわすためにカッコをつけて、普通の部落と区別している。そういうことであります。

［米田専門委員、柳井委員、木村会長の発言。省略］

○尾形副会長　われわれから見ました場合、山本専門委員の御意見を伺って、あとは環境の問題もこれは関連しているように思うので高山委員のお話も聞きたい。学者的な磯村先生の問題は私は重大だと思う。だから山本専門委員があとからきたのですけれども、大体問題はおわかりでしょうから。

○山本専門委員　どうもあとから参りまして、磯村先生がお出しになりました問題がよくわからないのですが……。

○尾形副会長　調査部会で問題を提起されたとおっしゃっておられるので、山本専門委員はおわかりでしょうから……。

○磯村委員　山本さんはあとからお見えになりましたので……。

○木村会長　私はことばの使い方――その使う場所において、ことばをどの場所でどういうふうに使っているかということが問題だろうと思いますがね。ですから、その辺は磯村先生ひとつお考えになって、いま北原先生が言われたようなことを参考にされて一応書いてみないと、どうも抽象的にここでどういうことばがいいといってもいかぬのじゃないかという気がしますが、どうでございましょうか。

○磯村委員　もうすでにここに書いてあるんです。これは原稿に出ているから私は言っているんです。

○木村会長　原稿でどういうふうにお書きになるかということは大体出ているんじゃないですか。

○磯村委員　これは私は決して固執しませんよ。ただ念を押すだけですよ。あとで問題が起きたときに総会ひとつ責任をとってもらいたいと思いますがね。

○山本専門委員　これは公文だから、書けば公のことばになると、そういう御心配だと思いますが……。

○木村会長　最後にきめるときは責任は持ちますけれども、原案を書くときには北原先生がお書きになっていただく。そうでないと、ここで部落がいいじゃないかとか何とかいってもちょっと……。

○磯村委員　私は決して文章の内容で云々というのではないのです。それではもう一つ問題を提起しますが、この原稿で部落民ということばが書いてある。そうすると、これは部落という表現と違うのです。その表現は妥当ですか。

○木村会長　それは部落ということば使われるのがいいというのではなしに、問題をはっきりさせるようにことばをお使いになったらどうでしょうかということを申し上げたのです。ただそれをどういうふうなことばにしたらいいかというようなことは、代案でもない限りここでもって……。

［磯村委員、米田専門委員、尾形副会長、高山委員の発言あり。省略］

○北原委員　しかし、新しい用語を使ってみたところで、たとえば同和対策という一つの行政用語が、それはその部落を指すことばになってしまっている。だから、それはどんなあらわし方をしても問題がある以上は差別用語につながるし、とにかく問題を明らかにしなければならぬのだから何かの表現が必要なわけですから、ですから私はよく私自身の文章の中に後進地区と書く場合がある。先ほど会長が言われたように、一般化近代化されたものと比べるために、文化的にも非常に後進だというときには後進地区だというふうに書く場合もありますし、そのときどきの文章で表現は違うと思います。一般的には特殊という意味の部落と一般の部落と区別する必要があると思います。ですから、私はさっき申しましたようにカッコしているのですが、これは正確に表現すれば被差別部落だと思います。そのことについて一つの御懸念があるようにうかがえるわけですが、たとえばこれが公文書なり答申として出されると、その場合にもしいわゆる部落の人々から問題にされて抗議などがありはしないかというような御懸念があるのではないかと思いますが、私はそれは心配ない。これは部落民自身が自分たちのことをそういうふうに言っている。はっきりと部落解放同盟というふうに名乗っておりますように、ですから問題は、せんじつめれば、前向きでこの問題を解決するために使っているのか、侮辱の意思をもって使っているのかということが問題になるのであって、答申がもちろん前向きでこの問題の解決をはかろうという答申である以上は、そういう抗議を受けるなどという心配は無用だろうと思うのです。

○木村会長　山本さん、大体問題はわかったでしょう。

○山本専門委員　磯村先生のおっしゃった問題点は大体わかりましたが、二つあるのではないかと思うんですがね。一つは、いま北原委員がおっしゃったように、一応審議会が出す公文書が部落民とかいうことばを使っている。これはけしからぬじゃないかという抗議の場合を一応考えておかなければならぬという必要があるんじゃないかと思うのです。それからもう一点は、これはここで意思統一をはかる問題になると思いますが、大体審議会の諮問から、審議会の名称から、いま官庁で使っていることば、これはすべて同和々々できているので、同和で統一すれば大体いままですべてがそれで通ってきているから、それでいいじゃないか。したがって、同和地区という場合があるし、表現の場合で、同和地区というのを略して関係地区とか対象地区といっていい場合があるし、こういうことで統一したらいまの懸念がなくなるのじゃないか。すでに既成事実がはっきり出ておりまして、同和事業とか同和教育とか、法律も同和という名前で通っているし、審議会も同和でやっているし、大体同和については公認されているのだから、同和地区とか、同和地区という表現がはっきりできないときには関係地区というふうに言うこともいいんじゃないかというふうに統一してみたらどうなのかという気がいたしますが、大体問題はそこらにあるんじゃないかという気がするんですが……。

○米田専門委員　私、磯村先生のお考えになっていらっしゃることはよくわかる。学者的な見地から深くお考えになっておられることはよくわかるのですけれども、いまの段階でそれは必要がないのではないか。これは将来、必要が生ずるような機会があったらその時点で処理すべきであって、私は従来どおり部落でいいと、そのほうが通念的にわかっているんですからよくはないかと思うんです。ただし、ここで一つお考え願いたいのは、単に部落ということと、それから部落民ということですね。部落民というのは、何か特殊な民族か人民みたいな印象を与えますから、そのときには部落住民とか、部落の人とか、部落の者とかいうふうにちょっと変えていただいたほうがいいと思います。

○尾形副会長　繰り返すようですけれども、会長の言われたように、問題提起者の磯村さんと北原さんと次回までにひとつ練っていただく、というのは、われわれは過去の推移を見ながら新しい歴史創造の審議会なんだから、そういう現実のあれを払拭することも必要だと思うので、その点は私は磯村理論を慎重に考えて、私もこの問題は多少懸念しておったものですから、次回までにお二人で……。

○山本専門委員　私は各先生のおっしゃったこととちっとも変わりません。それでけっこうだと思います。思いますが、公の機関だから考えるべきだというふうに思うだけです。

○木村会長　それで磯村は、大体こういうふうにしたらいいだろうというお考えはあるのでしょうか。

○磯村委員　次回までというと原稿ができてしまうんです。

○木村会長　ですから、こういうことで書いたらいいじゃないかというふうにお考えになっているならばいいでしょうけれども、そうでないと、また次回までにお書きになれないと困りますから……。

○磯村委員　いまのお話しで部落ということばについてよくわかりましたので、先ほども発言しましたように、実に部落振興とか部落民というのが原稿にも出ているんです。したがって、部落ということばは、先ほど高山さんや伊藤さんのお話もございましたように、それから多数の方々が御発言になりましたような意味で御理解願えれば私はそれでいいのですが、いまのお話しのように、部落民とか部落振興ということになりますとこれは特殊なことばになりますので、これは私としては絶対避けたいと、こう思うのでございます。ですから、部落の振興といえばこれはまた違ってきます。部落の人といえばこれはまた違ってきます。それならば皆さんの御意見であれしたほうがよろしいと思います。

○木村会長　大体見当がおつきになればそれで書いていただいて……。

○磯村委員　大体そういう見当でこれを少し訂正しようと思いますけれども、そういうふうに進めさせていただきたいと思います。

○木村会長　それでは総会は一応そういうことで磯村先生にお願いすることにしたいと思います。

［以下省略］

【642】Ｂ４謄写版複写26枚（48頁）クリップ止め

46　社会福祉の現実とその対策

一九六五年一月九日　竹中和郎

(1)社会福祉の現状と問題点

（訂正と追加）

〈1〉部落住民はその職業構成、就労状況、就労形態、あるいは生活水準—賃金・エンゲル係数など—からも理解できたように、多くは要保護階層をふくむボーダーライン階層（低所得階層）に所属している。また、そのうちには要保護階層への転落を余儀なくされる部分も常に包括している。

〈1〉′部落住民の生活水準における低位性は、その職業選択・就職に際しての自由と機会が十分に保障されていないこと。つまり部落差別により主として近代産業に雇用される率が少ないことも主要な理由の一つにあげられる。部落住民の多くは、地区における零細な伝統的産業、ないしは失対・日雇を中心とする単純労働に従事し、そこでは常に差別を生む貧困を内包しているといえる。

〈3〉′部落住民の経済的貧困は、その住居、生活様式にも幾多かの解決すべき問題を残している。さらにまた、居住地域選択の自由が十分に保障されていない。部落住民は地区外への住居の移動を容易とする経済的基礎をもたず、他方では、部落民への根強い差別感情が一般地区住民の間に残存していることも否定できない。

〈4〉′部落住民の義務教育以上の就学への機会は、戦後、漸進的な伸びがみられる。ただし、依然として、一般地区のそれと比較してかなりの格差があることは事実である。重要な理由の一つに、低所得以下の階層に共通して、家族的就労を年少者が余儀なくされること。また児童の家庭教育・学習の機会の障害・欠如は、進学を阻害している。なお、奨学制度による児童の就学保障が、進学を可能にするに足る十分なものでない点に留意すべきである。

〈5〉′部落への偏見と貧困にねざす地域的封鎖性は、住民の交際、結婚に際しての障害をともなつている。部落住民の通婚圏の狭小性は、住民に対する伝統的な因襲と偏見に原因が求められると共に、他方では、経済的貧困がその偏見をい然として温存させ、一般地区との交流を阻害していることは否定できない。

〈2〉→〈6〉′部落が、その地域社会における貧困地域を形成していることは見逃せない。事実、都市部落の場合、公的扶助の対象世帯が部落に集中することが多く、いわゆる「問題地区」を形成している。京都、大阪、岡山、北九州などの大都市においても、その傾向が顕著に示されている。

〈3〉→〈4〉

〈7〉′部落への福祉諸施策の積極的推進をはばむ原因の一つに、部落内部における階層的分化があげられる。つまり、部落住民にとつて、解決すべき課題、関心、解決方法などの点は一様でなく、階層に応じて異なるのである。その階層分化は、一方では自営層を中心とする旧中流階層であり、他は単純労務者を中心とするブルー・カラー階層である。

〈5〉→〈11〉

---

(2)その対策と問題解決の方法

(A)巨視的視点……現行の社会制度―社会保障の現状における問題

(B) 微視的視点…(1)個別的視点
(2)集団的視点
(3)地域的視点
(4)綜合的視点
} 社会福祉の技術論から見た問題点

(C) 具体的問題の解決…(1)(イ)貧困 (ロ)疾病 (ハ)失業 (ニ)不完全雇用など……
(2)(イ)非行 (ロ)犯罪 (ハ)売春 (ニ)自殺など
(3)(イ)家族（解体）問題 (ロ)住宅（スラム）問題 (ハ)その他物的生活環境 (ニ)老令者問題 (ホ)身障者問題 (ヘ)精薄児問題など

［欄外］
「高知―15、000以下50％
保護率―22・5％」

【457-8】A4原稿用紙横書き青焼き3枚ホチキス止め

47 教育部会小委員会試案

まえがき

同和教育は、同和対策の重要な一環〔基礎の一つとなるもの〕である。のみならず民主主義社会建設のためにもきわめて深い意義を持つものである。この教育の必要が叫ばれるようになつたの〔芽ばえ〕は、大正年間の中頃からであつて、その原因は〔にあり〕主として米騒動や水平運動などの刺激によるものであつた〔その必要性の認識が高まったのは昭和に入ってからであった〕。

［欄外］
まえがきでは何を扱うのか？ 一、過去の同和教育の反省
二、現在の同和教育の状況 三、同和教育の重要性

戦前の同和教育は、はじめ人間性豊かな教師や指導者達によつて取り組まれ、間もなく官民の機関によつて推進されるようになつた。その頃の教育は社会一般の蒙を啓き、部落の教育に対する理解を促し、育英事業によつて社会的進出の道を切り開くなどかなりの成果を修めた。その指導方針や方法は、国家主義的な制約を免れなかつたが、ひたすら差別に目を向けてこの教育を国民教育の中に位置づけた努力は評価に価するものといえよう。

戦後、同和教育の必要性が認められるようになつたのは、大体において二十六、七年頃であるが、特に世間の注意を引くようになつたのは三十三年以後である。その主な理由は学校における差別事件をはじめ、部落解放運動の影響や日教組の勤評反対闘争などの刺激によるものであつた。戦後の民主化の高まりの中で、教育基本法に基づく人権尊重の教育が実施せられたにもかゝわらず、この教育の上に約十年の空白〔に近い〕状態が続いたことは軽視されない。

〔欄外〕

藤範氏——責善教育運動を左翼的イデオロギーと規定——文部省の意見、戦後の民主化——教育の民主化——戦前より後退の印象を与える表現——

戦後の同和教育には、二つの傾向がある。その一つは、この教育の指導方針に二つの流れが認められることであり、他の一つはその実践において、地域的な格差がはなはだしいことである。指導方針〔前者〕について見ると、一方にはイデオロギーにとらわれて階級主義的な教育に発展させようとする動きがあり、他方には概念的な民主主義の教育に終始する傾向が見られる。地域的な格差〔後者〕について見ると地方によつては民主教育の課題として実践され、かなりの成果を上げているところもあるが、地方によつてはまつたく放置してかえりみないところも少なくない。すなわち指導方針の混乱と地域的な格差は戦後の同和教育の重要な問題点であるといえるだろう。

現在の部落の教育状態を見ると、低い所得と苦しい生活にあえぐ貧困家庭が多く、そのことが子弟の教育を疎外する大きな原因となつている。地方によつては不就学や長欠児が多く、非行が論議され学力の低さが指摘されている。したがつて進路や進学についても一般と比べて大きな格差が認められる。また社会教育の状況を見ると地方によつては、かなり熱心に取り組まれているところも見受けられるが、全般的には概して低調であつて、そのことがこの〔同和〕教育全体の発展をさまたげている。しかしその反面地方によつては経済生活の向上と父母の教育熱の高まりによつて、以上のような悪条件も次第に改善されつゝあり、高校進学にしても上昇傾向を辿りつゝあるところも見受けられる。

つぎに教育行政のあり方を見ると、地域的な格差がはなはだしいことはすでに指摘した通りであるが、かなり熱意を持つて実施されている地方においても、学校施設の不備と教育諸条件の欠陥は免れない。

以上のように現在の同和教育には、再検討を要する問題点があり、今後の努力にまつべきものが少なくない。とくにその基本方針を統一して、この教育を国民教育の中に正しく位置づけることゝ、教育行政を整備充実することについては、深い関心がよせられている。くり返すまでもなく同和教育は、同和対策の重要な一環であつて、この問題の解決はその施策に負うところが少なくない。教育は国家と国民に課せられた重大な義務である。教育の機会均等の原則に照して、一日も速やかにその拡充強化をはからねばならない。

一、基本方針について

一、~~同和教育は、~~すべて〔の〕人間は生れながらにして自由であり、尊厳と権利について平等であるという基本的人権をふまえ、~~憲法第十四条の精神にもとづいて、~~一切の不合理な差別を無くし、人権と福祉を守る社会を築くためにおこなわれる〔のが〕教育である。

〔特に〕憲法第十四条によると、すべて国民は法の下に平等であつて、人種、信条、性別、社会的身分又は門地により、政治的、経済的又は社会的関係において差別されないと規定されている。戦後の婦人の解放も、~~家~~〔華〕族や貴族の制度の廃止も、この法の精神にもとづいておこなわれた。すなわち部落問題の解決は、それ以外の何ものでもない。同和教育はこのような目的の達成に役立つためにおこなわれる教育である。

二、同和教育には二つの側面がある。その一つはいわゆる一般教育であり、他の一つは部落を対象とする教育である。この二つの側面は統一的にとらえられ、有機的なつながりを持つて一元的に実施されねばならない。

三、一般教育においては、個人の尊厳と自由を重んじ、同胞の精神によつて行動する人間を育成するとともに、合理主義を徹底し、社会の中に根強く残つている差別意識の打破に努めなければならない。

なお~~以上~~〔こ〕の教育は、〔部落差別を焦点とした〕部落問題の解決は国民的な課題であるという観点に立つて、広く全国的におこなう必要が認められる。

四、部落を対象とする教育においては、地域全体の教育と文化の水準を高め、その地位の向上をはかるとともに、特に青少年の教育に力を注ぎ、社会の各方面へ進出する能力の開発に努めなければならない。

なおこの教育については、部落の低位性にかえりみて、教育の機会均等の原則にもとづき、~~教育環境を改善し、~~教育条件を充実〔し精神面の指導にも意を注じ〕するなど、あらゆる面において最善の努力がはらわれねばならない。

五、同和教育は、その歴史性と社会性にかえりみて、それぞれの地域社会と深いつながりを持つている。それ故にこの教育は、基本的には学校教育と社会教育を統一的にとらえた総合的な教育である。したがつてこの二つの教育は各々その分野において、最高度に機能しなければならないが、その関連性を特に重要視し、総合教育としての効率を高めるよう努力しなければならない。

六、学校教育については、基本的には幼児教育から児童・生徒の教育がその対象となる。したがつて〔これらの教育においては〕それぞれ〔そ〕の発達段階に応じた教育が〔て〕おこなわれねばならないが、その基本的な方針としては、つぎの三項があげられる。

1　一般教育においては、子供の純心性を尊重し、三項の前段にウエイトを置いて前向きの姿勢で取り組まねばならない。個人の尊厳と自由を重んじ、同胞の精神を持つて行動する人間の育成を期する教育こそは、積極的に部落問題解決の道を切り開く教育である。その後段もうらはらの関係にあるものであつて、合理主義をふまえ〔不〕合理的な差別はゆるさないという精神を固めることはきわめて大切である。

2　部落を対象とする教育においては、学校教育を通じて四項の前段の地域全体の教養を高めることに寄与するとともに、特にその後段の青少年の教育に力を注ぎ、社会の各方面へ進出する能力を開発せねばならない。経済の成長と労働の流動性が高まり、地域社会の再開発がおこなわれつつある今日、学力の向上をはかり、技能を身につけた青少年を育成し、広く社会に進出せしむることは、この問題の解決にとつてきわめて重要な課題である。〔なお、部落の青少年自身の自立精神の涵養にもあわせて考慮を払わなければならない。〕

3　以上の一般教育と部落を対象とする教育は、表裏一体の関係にあるものであつて、一元的に実施されねばならないが、特に部落を対象とする教育については、学校と地域との連絡を緊密にし、相互に深い理解を持つて協力することがきわめて大切である。

七、社会教育〔で〕は学校教育と比べてかなりおくれており、その上に都市と農村〔における〕部落問題のありかたもいくらか違つている。したがつてこれらの問題点をふまえて実施されねばならないが、その基本的な方針としては、つぎの三点があげられる。

1　一般教育においては、学校以外の組織的な教育活動として三項の前段の教育に力を注ぐとともに、特にこの問題の特殊性にかえりみて、その後段の社会の中に根強く残っている不合理な差別意識を打破するために、活発な啓蒙教育活動が展開せられねばならない。

なおこの教育では、広い視野に立つて、たとえば古いしきたりや、不合理な因習を温存するようなおくれた地域社会の近代化をはかる重要な課題として、問題の解決を企図する必要が認められる。

2　部落を対象とする教育においては、前項と同様にその組織的な教育活動を通じて、四項の前段の地域全体の教育と文化の水準を高め、その地位の向上をはかるために最善をつくすことが何より大切である。同時にまたその後段の青少年の社会的進出についても積極的に協力し、よい環境の中でその育成をはかるように努力しなければならない。

3　この教育では、あらゆる機会をとらえて部落と一般との交流をはかり、相互の理解を深めるとともに、たとえば町づくり、村づくりなどの共同の目的に向かって進むなかで、よりよい人間関係を形成するように努力しなければならない。

八、同和教育は、憲法および教育基本法にもとづいて、わが国の教育制度の下でおこなわれる教育である。教育の中立性は固く守られねばならない。したがつてこの教育と政治運動や社会運動の関係をはっきり区別し、運動そのものも教育であるというような考え方は避けねばならない。

【６５７】　Ｂ４謄写版６枚

48　教育部会報告（案）に対する意見

北原泰作

一、第一章の「同和対策としての教育問題の認識」においては、どういうことが記述されねばならぬか

ここでは、教育基本法によつて明確に示されている国の教育の目的、方針、理想をふまえ、その視点から教育と同和問題との関係について吟味し、問題の本質を解明しなければならない。とくに、教育基本法第三条の規定に基づく教育の機会均等が部落民には実際上完全に保障されていないこと、これが同和問題としての教育問題の中心点であるから、それを鮮明に記述する必要がある。そのためには、歴史的にみて

［欄外］

◎形式的には平等―実質的には不平等　建前―実際―身分差別の結果としての貧困

(1)封建社会の身分制度の下における身分学校から部落民が排除されていたこと。

［欄外］

近代学校の歴史―教育の機会の拡大と向上―初等教育が、

そして中等教育が国民全体のものに—

(2)維新の変革に伴う学制の制定、公教育の実施は、教育の民主化、機会均等の保障への第一歩として大きな意義があること。

(3)しかし貧困な階層、とくに部落民は実際上教育の機会均等を完全に保障されなかつたこと。その理由として

(イ)はげしい差別

(ロ)極端な貧困

(ハ)教育に対する無理解

など客観的・主観的な条件があつたこと。

〔欄外〕

◎教育の機会均等　◎教育内容　◎教育行政

(4)その結果として部落民の教育程度の低さが、高年齢層ほど顕著にあらわれていること。（精密調査によつて実証された）

(5)その後しだいに教育が普及し、国の施策と教育関係者の努力が効を奏し、部落にも教育が浸透したこと。

〔欄外〕

◎体制の要求——上　国民の要求——下

(6)けれども、現在なお、部落民は教育を受ける権利を十分に享受しておらず、教育的差別が存在すること。その実例として

(イ)大きな部落を校区にもつ小・中学の教育施設や設備の不十分。

(ロ)この種の学校に対する世人の差別と教員の忌避的傾向。

(ハ)部落児童・生徒の長欠・不就学。

(ニ)基礎学力の低さ、進学率の低さ。

(ホ)就職の困難、あるいは不利。

などを指摘することができる。

(7)しかも一方、部落民の教育的関心は非常に高まり、子どもを上級学校に進ませたいという熱望がみられること。

(8)正当なこの願望は、大多数の貧困な部落民が個々人の努力や熱意によつては実現せず、満たされないこと。

(9)然るに、現在の教育行政はこれらの諸問題の解決に努力しながらもきわめて不十分にしか実効をあげていないこと。

(10)この事実が因となり果となつて部落差別を温存し、助長するという悪循環をくり返すこと。

(11)憲法や教育基本法の精神と条文に照してこのような状況はこのまま放置できない問題であり、みみ《ママ》やかに解決されねばならぬ国家的課題であること。

大体以上のような点を「認識」の内容として扱うべきものと考える。ところが原案では、これらの点からはずれた「同和教育の歴史」に関する冗長な記述に重点がおかれている。これは答申内容として適当でないから、書き改められねばならない。

二、第二章「同和対策としての教育的施策の問題点」では、どういう指摘がなされねばならぬか

原案では、第一点として「基本方針の確立について」述べられているが、いうところの基本方針とは「同和対策としての教育的施策」の基本方針ではなく、同和教育といわれる教育実践についての基本方針なのである。われわれの見解によれば、同和教育の指導、実践、奨励は教育的施策の一部分、一項目にすぎない。同和対策としての教育的施策の基本方針という以上、それは、国の文教政策のなかに位置づけられる同和対策としての教育的施策全般にわたる基本的方向づけの指針でなければならない。

そこで第一に問題となるのは、憲法および教育基本法に基づく教育の機会均等の完全な保障を具体的に実現することでなければならない。そもそも部落差別とは、就職の機会均等や教育の機会均等などいわゆる市民的自由・権利が一般国民なみに保障されていないことなのである。このことが今日の段階における差別の具体的内容であり、中心問題である。したがつて、同和対策としての教育的施策の中心課題は、国民教育の本旨に則り、部落民に教育の機会均等を完全に保障し、教育の側面から指摘される差別を物質的にも精神的にも撤廃することでなければならない。そのための施策としては、学校教育ならびに社会教育における教育的諸条件（教育施設、設備、教師、児働生徒の教育環境、教育費等々）を改善し、整備充実することである。これが何よりも肝要であり、基本である。その整備充実された教育的条件のうえにおいてこそ、いわゆる同和教育と称せられるものの教育的実践による効果も期待されるのである。

原案の第二は「政府機関の積極性」の欠如の指摘であり、その要望であるが、われわれも第三〔二から三に修正〕の問題点として教育行政の改善、とくに同和問題に対する認識の徹底と、具体的施策の綜合的、計画的実施を指摘し、要請したい。この意味で原案の第四点は、この第二点と合わせて一つの問題とすべきものと考える。

われわれは第二点〔三から二に修正〕として、教育内容に関する問題点を指摘すべきであると考える。原案のいわゆる同和教育の基本方針なるものは、この教育内容の問題のなかに包含される

と解釈するものである。ここでは、進学コースと就職コースに分ける差別教育の問題、道徳教育と同和教育の関係、各学級の教育課程と教育技術の問題など、いろいろの問題が同和問題との関連において検討されなければならない。

［欄外］

◎主権者としての自覚——民主社会の主体的構成員としての人間　そのパーソナリティ——形成

具体的施策についても、学校教育と社会教育との部面において慎重に検討されなければならぬ問題を含んでいるが、さしあたり根本的な方向と態度に関する問題点を指摘するにとどめる。

【457-6】B5原稿用紙ペン書きホチキス止め13頁

49　一九六五（昭和四〇）年五月二五日　同対審総会速記録［抄録］

○木村会長　［前略］前にも申し上げましたように、本日の総会におきまして、各部会のおまとめになりましたものを御報告いたします。その御報告いたしましたものを基礎といたしまして、各部会長と私とで構成いたします起草小委員会でもって起草いたしたいと思います。そして、その起草いたしましたものをさらに数回総会におかけいたしまして、皆さんの御意見に従いまして最後の完ぺきなものにしたい、かように存じておりますので、よろしく御了承願いたいと思います。［中略］

それでは最初に教育部会の御報告を伺いたいと思いますが、伊藤部会長が御欠席でございますので、北原委員に御報告をお願いいたしたいと思います。

○北原委員　実は教育部会は、むしろ私は協力者の一人でありまして、中心になっておやりになりました山本専門員、それから文部省の関係各局の幹事の方々に御報告願ったほうがいいのではないかと思うのですが、一応五月の二十三日に報告の案がまとまりまして、それまで何回にもわたりまして小委員会が開かれ、そして部分［会］が開かれまして、報告の成案が得られたわけでありますから、むしろ中心になっておやりになった山本専門員から御報告を願ったほうがいいと思うのですが。

○会長　なるべくならば委員の方にお願いしたいと思うのですが、いかがでしょうか。

○北原委員　それではあと回しにしていただけますか。どなたか先にほかの部……。

○会長　そうですか、それでは第二番目に環境改善部会の方の御報告をお願いします。これも高山部会長本日御欠席でございまして、これも北原委員からお話しになるようになっております。

○北原委員　環境改善部会の御報告を申し上げます。

環境改善部会は、高山部会長が中心となりまして、二つの小委員会に分けまして、一つは環境改善の小委員会、他の一つは、社会福祉小委員会と二つに分けまして、環境改善の小委員会は柳井小委員長を中心に、厚生、建設、その他の関係の各省の幹事の方々の御協力を得まして、何回にもわたりまして慎重討議をいたしまして、お手元に配付されております報告がまとまったわけであります。大体その報告を御一読願えれば詳しく内容に触れておりますから、簡単にその討議の経過を申し上げますと、

第一に、調査部会が全国の十六の部落を選んで精密調査をいたしまして、調査の中間報告にあらわれております対象地区の環境改善の問題点を吟味いたしまして、その中で第一に非常に立地条件、自然的環境の立地条件が非常に悪いという問題。第二は、経済的な悪条件があるという問題。それから第三は、社会的な悪条件がある。たとえば住む所が違うということから差別観念が非常に強く残っているというような社会的な問題、そのような問題を中心にしぼりまして討議をいたしました。そして環境改善に対するこれまでのいろんな施策の成果もあがっておるという部分的にはあがっていることを認めながら、しかしきわめて不十分であるという点を指摘いたしまして、そしてその問題点として、いまあげましたようなことに対する対策を次に討議いたしました。第一点として、古い歴史にからまって住む所、つまり生活の場所、状態、そういうものが差別観念を温存し、助長するところの、あるいは再生産するところの一つの強い条件になっている。それを根本的に解決する施策を考えなければならんという立場から、いろいろな対策を討議いたしまして、お手元に差上げましたような報告案を作成して、それが小委員会の仕事として終わりまして、四月二十七日の部会においてそれが承認せられたわけであります。

それから社会福祉小委員会のほうは、不肖私が小委員長を承りまして、厚生省の関係各局の幹事の方々の御協力を

得まして報告をまとめました。そのおもな点は、社会福祉一般との関係において同和問題としての社会福祉はいかにあるべきかということを中心に検討を進めたわけでありま す。そこでもやはり現在対象地区における社会福祉の現状はどんな状態にあるか、それから、そこに問題点はどういうところにあるかということをかなり具体的に詳しく取り上げまして、そしてそれに対する対策を十二項目にわたって具体的に述べておるのであります。これも印刷物を御一読願いたいと思います。

なお、環境改善部会におきましては、一応この報告案を承認したのでありますが、柳井小委員長から二、三の点についてなお意見が保留されておりますので、これはこの部会で、しかし基本的な変更はありませんので、ただ具体策の二、三の点について柳井小委員長が本日出席いたしますと意見を開陳するはずであったのでありますが、都合で出られないという前もって欠席通知がございましたので、この部会でこれを御承認願いまして後一週間ないし十日くらいの後に、具体策の中で、多少の部分的な加除訂正が加えられるということをあらかじめお含みの上でこの報告を御承認願いたいと思うのであります。

高山部会長にかわりまして、簡単でございますが御報告申し上げます。

○会長　ありがとうございました。

それでは続きまして産業職業部会の御報告を尾形副会長からお願いいたします。

○尾形副会長　産業職業部会は、御承知のように三十八年の三月できまして以来、昨日までに二十八回、特に取りまとめについて昨年八月総会の御承認を得まして、北原小委員長のもとで昨日まで十数回にわたって小委員会を設けたわけでございます。

一言お断り申し上げなければなりませんのは、お手元に差上げてあります同和対策審議会、産業職業部会報告(案)、実はこれは二十日の日に部会開催の際に提出いただきまして、それから昨日にかけまして、この中で一ヵ所ほどの訂正がございます。その訂正したものを、前回のお約束に従ってけさまでに成文化したものを会長の手元にお届けするわけでございましたが、何せ昨日は十時半から四時までいたしまして、他の部会のほうが先に印刷がございましたので、私のほうはきょう間に合いません。したがいましてどの個所がどうなったかということにつきまして、まず最初にページから申し上げてそしてほかの大要を申し上げたいと思います。

［中略］

まず、私の部会は、部会において二十八回小委員会で十数回、昨日大体、いまのような加除の点は、きょうの間に合いませんでしたが、不日お手元に成文化してお届けいたしますが、最初に取り上げましたのは、産業経済から見た同和問題、これはお手元にございますように、まず一ページから五ページの前段にわたりまして、歴史的及び社会的条件の制約による「部落」の後進性について述べられておるのであります。二番目には、資本主義経済の発展からとり残された「部落」産業として、五ページの後段から一〇ページにかけてあげてあります。三番目は、わが国経済構造の最底辺を形成する「部落」の経済というものはどういうことかということを、一一ページから一七ページにかけて六ページを費やしておるのであります。このような認識のもとに立ちまして、次に、現在の産業・職業の状態と問題点はどこあるかということについて、部落の地域について取り上げました。まず第一に、「部落」における産業・職業状況の変化と動向はどういうものであるかということについて一九ページから二四ページにかけてあげておるのであります。二番目には、産業・職業状態の具体的分析をいたしまして、まず第一に、第一次産業の中の農業の状態は、部落はどうであるかということについて、五つに分けて、その一つが農業経営の零細性の点をあげておるのであります。これは二五ページから二六ページの前段にかけてあげております。第二番目には、農業の最も低位の生産性はどうなっておるかという分析が二六ページ後段から、まことに簡潔でございますけれども、一字一句の中に述べられている点を御承知いただきたい。三番目には、言うところの兼業農家というものが部落では一体どうなっておるかということで、兼業農家の増大を二七ページの前段で、これもまた端的でございますけれどもあげておるのであります。四番目には、農業の多角経営の困難な問題を、部落における困難性を二七ページの後段から二八ページにかけて述べておるのであります。五番目の問題点は何かということは二八ページの後段にあげております。

第一次産業の農林水産ということになっておりますが、林業の点はまことに調査も不十分でございますので、この点にはあまり触れておりませんで、農業の面で包含しております。ただ漁業の問題を二番目にあげまして、漁業の状態は一体どうなっておるかという分析をいたしました。これは三つに分けて、まず第一に、漁業経営の零細性、これを二八ページの後段から二九ページ前段にかけて述べております。二番目には農業と同じような兼業零細漁民の状態、この文章の中では脱落の分析を二九ページにあげております。三番目には、しからばその現状の同和地区の漁業の問題点はどこにあるかということについて三〇ページにあげてあります。

次には、同和地区の第三次産業を中心に、第二次産業、逆にいっております。そこで商工業の状態がどのように同和地区にあるかということを分析いたしました。これまた三つに分けて、第一に、企業の特徴と零細性、まことに私は部会でもいつも話しておるのでありますが、同和地区では企業という近代性は見られない。しかしながら通俗的に企業というものをここにあげて、その特徴とその零細性というものを三〇ページの後段から三二ページにかけてあげております。二番目には、その第二次、第三次の流通関係と、しかもその経営、就業、そうしたことについての金融の点はどうであるかということについて三二ページにあげております。三番目には、こうした零細な商工業の問題点はどこにあるかということについて三三ページに述べております。部会の性質上、以上が産業面に触れておりますが。

職業の問題について次にあげております。職業の状況はどうであるか。ここで三つに分けまして、「部落」住民の職業構成というものはどういうことになっておるかということについては、三三ページから三四ページにかけてあげております。今日不思議に第三者が考えるかもしれませんが、大半以上が同和地区で失業者を占めております。その失業者が求人難の際でも激増と、それがしかも固定化しておるという実情を、失業者の実情と固定化という面で三五ページにあげております。三番目には、そうした部落の職業対策の問題点はどうしたらいいか、どこにあるかということについては三六ページにあげてございます。

かような認識と現状分析のもとに立ちまして、しからば私たちの部会の産業職業対策の基本目標と具体的施策はどうあったらいいかということについては、まず第一に、基本目標設定の前提としての基本的態度について、ここで私たちの姿勢を三七、三八ページにあげてございます。

二番目、同和対策としての産業・職業対策の基本目標として四つあげております。まず第一には、対象地区の社会開発、これを三九、四〇ページの二ページにあげてございます。二番目には、その社会開発の基本は人間開発でなければならんという立場をとりまして、対象地区の人間開発、これは四一、四二ページにあげてございます。三番目には、そうしたことから対象地区の地域経済振興のための経済開発はどうあればいいかという目標を四三、四四ページにあげてございます。

四番目に産業・職業問題解決の具体策を次にあげておるのであります。その一つとして、農林水産業に対する対策といたしまして、まず青写真を、長期計画の目標として四四ページ後段から四五ページにかけて一、二、三章あげております。(B)として、当面の具体的施策、その目標に向かって現段階においてはいかにすべきかということで四六、四七ページにかけまして、一から九章まで掲げております。このような長期計画目標と現段階におきまする具体的施策をあげました。

それからさらに細分化いたしまして、同和地区には大企業はございません。中もございませんが、一応中小零細企業対策としてあげまして、その中小零細企業対策として二つの面を取り上げました。まず第一に、長期計画の目標として、四八ページに一章から三章まであげてございます。その長期計画の目標を具体化する場合の具体的施策として四九から五〇ページにかけて一章から六章まであげてございます。

かような業《ママ》の対策の面をあげて、今度は就業状態の改善対策を二つあげて、就業状態改善対策として長期計画目標を五一ページに一章から三章まであげてございます。次にその長期計画の目標達成のために、当面の具体的施策として五二ページから五四ページにかけて一章から十一章まであげてございます。

このようなあげ方をいたしまして、いま申しましたような、昨日の部会におきまして加除訂正をいたしたのでございます。このような部会を昨日四時をもちまして一応不満足ではございますけれども、当面の任務が完了したと考えまして、報告の段取りにさしていただきましたが、一つだけ部会として保留しているものがございます。と申しますのは、部会、小委員会の経験を通しまして、各委員から総合的な行政対策の問題があげられておるのでありますが、これは問題は部会だけであげるべきではないという総意の上に立ちまして、きょうの総会以後の会におきまして、各自委員が自由な立場で綜合的な答申に盛らるべき行政的な要望をおあげくださるわけになっておるのでございます。とにかく以上のような点について幸いに小委員長を中心として専門員の御協力を得まして御報告に至ったのであります。

一言、私は、この機会に、部会を終了さしていただきました間におきまする並々ならない各委員の、私の部会は山口県、兵庫県、和歌山、奈良、岐阜、埼玉、東京と、各遠隔近県から、毎回お仕事を犠牲にして御出席の上御討議願ったわけであります。特にどの部会でもそうであったと思いますが、会長初め皆さん方にお気にとめていただきたいと思いますのは、あってはならない同和問題が今日まで取り残され、その間に一生を賭して、ついに目をわずらった山本委員が、毎回奥様が介添として、一家をあげての御審議でございます。この点については、どの委員にも深甚なる感謝の意を表しますけれども、山本委員には特に奥様の御協力に部会長として深甚なる御礼を申し上げます。なお私の部会の幹事庁は農林、水産、労働省でございます。しかもその間各関係省の方々のそのつどおいでいただく機会を得まして、それぞれの行政のあり方も各委員とも知っていただきました。並びにずいぶんと私言そごにしてお気にさわることを申し上げたことをお叱りなく、問題解決のために御協力をいただきましたことを、特に総理府の担当官は、まことに各審議会の重なった中で、特に御協力をいただきましたことを御礼申し上げまして、どうかこの各部会の報告が、今日以後起草委員の手によって意のある答申をされますように、格段と会長の御辛労をわずらわすことをお願い申し上げまして御報告を終ります。

○会長　ありがとうございました。

先ほどあと回しにいたしました教育部会の御報告でございますが、北原委員、田辺委員御両所が御出席になっております。この部会の委員でございます。それで北原委員から山本専門員のほうに一応報告をしてもらったほうがいいのではないかというお話があったのでございますが、皆さんよければそのようにさしていただきたいと思います。よろしゅうございますか。よろしければそういうことでして、あとで北原委員なり田辺委員のほうから総括してまとめていただければけっこうだと思います。それでは山本委員。

○山本専門員　訥弁でございますから、要領を得ないかもしれませんが、資料は、報告等をお手元に差上げてありまして、大体これで完結したものを差上げたようになっておると思っております。この報告にありますように教育部会の報告は、第一章が、明治維新の当時から、戦前、戦後の教育の沿革と、それから現状を大体あげまして、第二章で、現在における教育の問題点をあげている。第三章でこの教育に対する基本的態度はどうあるべきかということをあげまして、第四章で学校教育と社会教育その他をあげております。これを具体的対策として示しておられるわけでございますが、その次に、特につけ加えて申し上げますと、法務省の関係になりますけれども、人権擁護の関係で、この問題非常に重要性を持っておりますので、同時にこれは教育部会として審議を進めてまいりましたので、人権擁護に対しましても問題点があるということと、その具体策が示されておるということが、この教育部会が学校教育、社会教育以外に人権擁護の観点から法務省の問題に触れておるということが、この部会の一つの特徴であろうと思います。

第一章の経過について申し上げますと、明治維新当時から、一応戦争が終わったころまで、同和教育はどういう過程を経て進められてきたかということでありますが、部落の人人が、この教育を、部落教育を高めなければならないという関心を持ちましたのが、明治三十五、六年ごろからでありまして、それが表に出てきている。それから米騒動のあとに昭和［大正］八年二月でありますが、京都［東京］の築地本願寺でオオヤキョウジン［大木遠吉のことか］伯爵が世話しておりました帝国公道会が、米騒動のあとの善後措置として大会を開きました場合、全国から集まりました部落代表が別に席を設けて、そして文部省に対して、国会に対して請願をすると同時に文部省に対して、教育に対して差別を与えないように、教育を高めるように、また人材登用の機会を与えるように要求をいたしたことから始まりまして、戦後のいわゆる融和教育、同和教育というものが大体形をつくってきたということと、戦後は、どちらかと申しますと、一応民間の手によって昭和二十一年ごろからこの教育が芽生えてまいりまして、文部省が昭和二十七年六月に次官通達を出す、それから三十四年から文部省が作業を始めるという経過を大体取り上げてまいりまして、その後に今日の教育のあり方を精密調査なりその他の資料によって分析してまいりますと、比較的この教育は進んでおるような面も地方によってはございますけれども、一面から申しますと、まだ長欠、不就学が多い、高校進学率が少ない、義務教育なり、後期中等教育の段階において非常におくれているということが目立っております。それから社会教育の面においても、まだ一般の偏見が取り除かれていない、部落教育が高まっていないということがはっきりあらわれております。ということを第一章で現状の認識ということで取り上げております。

　それから第二章の問題点になってまいりますと、この教育の地方における取り組みのしかたと、もう一つは、教育を取り上げている地域差というものが非常にありますので、これも何とかしなければならん。取り組みのしかたによって、基本的な考え方について、民間の教育と、それから府教委、県教委の考え方がかなり違っております。地域によっては非常に熱心に取り組んでいるところがある。そうでないところがある。非常にアンバランスが、方針と実践の二つの面にあらわれております。これを何とかしなければならんということが問題点の大きなところです。

　第二点といたしましては、義務教育の段階において、ことに学校教育が非常に地方によっては熱心に取り組まれておりますけれども、国全体として見た場合、ことに文部省の施策として見た場合に非常におくれている。これが同和教育の一つの盲点だということを問題点としてあがってまいりました。これが強くここで意識づけられておるのであります。

それから第三の問題は、学校教育と社会教育、しいて申しますと部落の中における指導者を通じて、ほんとうに熱意のある指導者は少ない。これを何とかしなければいけないというのが問題点としてあがっております。

第四点が、先ほど申しましたような、人権擁護の面において、そのほうの立場からも考えなければいけないという点が問題点としてあげられております。

そこで第三章に入りまして、基本的な態度でありますが、これは要するに、日本の国の憲法と教育基本法のワクの中で行なうべき教育である。しかも、バックボーンとなるものは、憲法の十四条、二十六条。十四条は御承知のとおり、法のもとの平等であります。二十六条は憲法における教育を受ける権利、教育基本法第三条の教育の機会均等、これを柱に同和教育を進めていかなければならんという方針を打ち出したこと。

第二の態度としては、部落子弟の教育を高める。そこにこの教育は重点を置かなければならない。長欠、不就学、進路指導、そういう大きな問題をもっておりますけれども、学校教育の面において、後期中等教育を含めてその面において力を入れる必要が特にある、これが教育の大きな課題になっているということで、その問題をかなり掘り下げて検討を加えてまいって、それが方針として強く教育の機会均等の観点からも、人間が人格尊重、基本的人権を守るという観点からも、これが強く方針として打ち出されてきたのです。

それから第三点は、学校教育、社会教育のあり方はいかにあるべきかということを示したと思っております。

その次に、先ほど申し上げました指導者の養成、文部省の関係で、法務省人権擁護局の関係で、大体六項くらい基本的態度をまとめたと思います。

最後は具体策として、学校教育、社会教育、人権の三つの観点から、それぞれかなり精細に詳しく、同時にかなり将来の背骨となるような具体策をそこに示して、この間において、われわれ小委員会において各委員と文部省の間に熱心な討議が斗わされまして、各方面とも、これなら自信を持ってやっていけるという満足のできたものが、おととい二十三日の教育部会でまとまった。こういうふうに委員長は申しておられましたが、以上のように考えております。大体簡単に御報告申し上げますと以上のとおりでございます。

〔会長、北原委員、尾形副会長、法務省人権擁護局長、田辺委員、山本専門員、米田専門員の発言、省略〕

○会長　それでは最後に、磯村委員から調査部会の御報告を願いたいと思います。

○磯村委員　私のほうは別に御報告申し上げることはないのですが、昨日調査部会を開きまして、最終段階になりまして、ほとんど、各項目にわたります産業職業、それから生活構造その他全部一応済ましてありますが、何ぶん十六の地区を一つの表に全部まとめておりますので、調査されました方が、今日の段階においてそういうことを申し上げて恐縮でございますが、かなり内容的に指数において扱いにちょっと違いがありますので、したがって十六地区並べて最終的な表にいたしますのにかなり手間どっております。全体の基礎的な報告の案文は終わりまして、付表と申しますか、その付表が全部やれば千六百表くらいになるのです。それを全部つける必要もないと思いますので、それを半分以下に整理いたしまして、六月四日までには一応整理をしてしまいたい。現在表を整理する段階でございます。本文のほうは若干の補正を残しますが一応完了いたしました。四日までには付表のほうを整理いたしましてきめていただきたいと考えます。

［会長、尾形副会長、山本専門員、米田専門員の発言、省略］

○会長　それではこの三つの部会からの御報告をいただきましたので、これを基礎にいたしまして一応起草委員のほうでもって起草いたしたいと思います。むろん答申案を起草するのでございますから、答申案を審議するのは総会でございます。総会におきまして発言の自由を拘束するつもりは全然ございませんので、あとでもって十分御審議を願う、できるだけ早い機会に起草委員会でもって答申案を作成いたしたいと思いますが、大体考え方といたしましては、対策はそのまま全部をできるだけ入れるようにつとめる。対策につきましては、各特別部会から出ました対策につきましてこれを全部取り上げて、なるべく字句のままに使いたいという気持ちを持っております。

［中略］

それから最後に全体の問題として、やはり問題が残っておりますのは、いままで皆さん方お話しになりました中で、行政機構、行政組織の問題、この問題が一つございます。もう一つは、法律を特につくることの問題がございます。私たちとしてはこの二点だけはどうするかということにつきまして、つけ加えておかなければならんのではないかと考えます。これらにつきましては各方面から意見も出ておりますので、また委員の皆さんからも一応それについての御意見を申されておりますので、そういうものを基礎といたしまして現在の日本の行政の関係と、それからそういう法律の体系といったものから見まして、種々の問題点等についても一応調整いたしました上で、ここでもって答申案のほうに何かのことを書き加えるようにいたしたいと思いますけれども、これにつきましても、できましたものについて十分御審議をあとでしていただいたらどうかと考えるわけです。

［中略］

以上につきまして御意見ございましたらお述べ願いたいと思います。

○北原委員　各部会の報告の中の具体策についてはそれを原則として尊重して答申の中に取り入れるということを会長の御発言わかりますが、各部会の報告書の具体策の前に書かれております問題の認識とか、それぞれの部会の専門的な立場からの、たとえば産業経済から見た同和問題と教育の問題というような、そういうそれぞれの側面から見ましたこの問題の認識、そして問題点の指摘ということがこの報告の中にかなりの部分を占めておりますが、この各部会の報告は、全体としてどのように扱われるものか、たとえば具体策は答申の本文の中に取り入れられるということになりますが、報告は、これは起草委員会において答申の本文起草のための参考として扱われるのか、それとも答申の本文に添えた付属文章として提出されるという御意向なのか、これは起草委員会のほうのお考えを伺いたいと思うのです。

○会長　ただいままでの起草委員会のほうの相談で申し上げますと、答申そのものは、まとめました答申案を答申する。各特別部会の報告書は、付属文書としてこれに添付することにいたしたい。調査部会のほうは、これは性質が違いますから、答申に完全に付属したものといたします。それからいまの特別部会の報告書は、これは全部まとめてみました上で、形からその必要がないという皆さんの御意見がございましたら、その必要はございませんが、いままでの各部会長さんとのお話し合いでは、添付文書として、こういう意見があったので、かようにまとめたということを明らかにしたいと考えております。

［北原委員、会長発言、省略］

○北原委員　この前あたり総会で行政組織とそれから行政の、たとえば補助、助成の補助率の問題等、いろいろ各方面からの陳情要請がございまして、それは各部会でも討議をされた問題でありますが、それは全体にかかる問題であるからというので、各部会の報告からは除いておるという事情でございますから、これを先ほど会長の御意見のように、その問題は重要な問題として討議されるということでございますが、前の総会のときには、これを特別の一つの部会のような、委員会のようなものを設けて、そこで検討してどうかという意見もあったかのように記憶しておりますが、その点そういう部会なり委員会なりを設けて、そこで従来の行政施策に対する反省、検討、今後の行政のあり方についての問題点ということを、何かそういう委員会なり部会なりをおつくりになって検討されるお考えか、それとも総会において起草された案を直接それを討議するということになりますか、どちらになりますか。

［会長、山本専門員、磯村委員の発言、省略］

○磯村委員　私発言いたしましたが、問題を少し追っていきますと、部会に属さない問題がちょっと出てきて、単なる文章の綾でもって調整できるような問題と、できないような問題が出るおそれがあるのではないか、それを少し最近懸念しておりますが、会長の御指導で有能なる部会長さんをぜひひとつこの際有効にお使いになる、ちょっと無理なような感じがいたします。私だけではございませんから、念のために申し上げます。

○会長　私のほうは本日までにひとつあることをやっておいてもらいたいことがあるのですが、できておりませんので、それでちょっとあれでございますが。

○磯村委員　会長の例の資料の問題ですか。

○会長　これができませんとわかりません。それを早くつくっていただきまして、その上に立ってやっていきたいと思います。

○北原委員　それに関連して、六月、七月とあと二ヵ月［し］か時間がありません。いままでの経過から考えますと、非常に長い、予定を数ヵ月もおくれたようなことになっておりますので、今度は引き延ばすわけにはまいりませんので、その本文の案を起草しますのを能率的にし、またその起草委員の方々の御苦労を幾らかでも軽め、そして協力する意味で、各委員がいま会長がお示しの問題点についてのそれぞれの意見、たとえば、行政組織の問題、立法の問題、基本的認識の問題、それらの問題について各委員からそれぞれの所見を文書にして早急に提出する。一定の期限を切りましてそれを提出する。それを起草委員会において御参考にしていただくことも、能率を高める上において必要かと存じますが、そういう点どうでございましょう。

○会長　これはお出しいただきますれば非常に仕合せだと思います。必ず出せということは申しませんけれども、お持ちの方についてはお出しいただきますれば、起草いたします際に便利になることが多かろうかと思います。［以下

省略〕

○磯村委員　ぜひ出していただいたほうがよろしいと思いますね。

○会長　そのほうが、出していただきますれば書くほうは楽になるかと思います。

○山本専門員　あくまで起草委員会にああいう形でおまかせしたんですから、かれこれ言うことはないと思いますが、起草委員会に主体性を置いてまとめていただきたい。各委員で意見を出す人、出さない人があるということで、その間アンバランスがあってはならないので、主体性はそういうふうにやっていただきたいと思います。

○会長　いずれにしても、各部会に置いております範囲を逸脱したり、違うことを言うわけにいきませんので、これをまとめることが中心になりますので、主体性と申しましても、私は私の意見でもって押し通すということはいたすことはございません。皆さんの御意見をまとめるのが起草委員会のほうの任務でございます。〔以下省略〕

〔関連して磯村委員、会長、石見委員の発言あり。省略〕

○北原委員　石見委員、磯村委員の御意見とも関連し、共通もあるのですが、やはり討議を効果的にやるためには、各委員の意見が、その問題点をしぼりまして、それに集中して、その問題についての各委員の意見を文書で出す。お出しになる必要がないと認められる方はかまわないですが、と申しますのは、その草案がかりに総会にかけられて、そこでその委員の意見が出てきて討議されるわけでありますが、起草委員〔会〕はあらかじめ各委員のその問題についての意見を参酌されるほうが能率的であるし、短いあと二ヵ月間の期間でこれをまとめる上においても、そのほうがやり方としては聡明なやり方だと思うのです。そういう意味で問題点をしぼりまして、それに対して各委員の六月一日なら六月一日までの第一回起草委員会が開かれますまでに、各委員の意見を出す。もちろん強制的ではなくて、任意に出すということのほうがまとまりがいいのではないか、それは部会の報告をつくりますまでの討議の過程でいろいろ問題が出ておりますけれども、重要な問題がそこでは討議されずに、起草委員会にそれを持ち越しておるという問題があります。これはただ部会の報告だけを見ましては、そこから取り残されておる問題がありますので、それは討議を尽されておりませんので、そういう方法をとっていただくことがいいのではないかと思います。

○会長　私も北原委員の御意見に賛成でございますが、先ほど申し上げましたように、いまの意見についてはそういうふうにいたしたいと思います。〔以下省略〕

○尾形副会長　部会のほうで保留した点は、行政部会の部会としてではなく、綜合的なきょう以後の総会において御発言があるはずだと申し上げたのです。実は昨日までの北原小委員長のもとに御審議いただいたのでは七カ条出てお るのです。それがきょう御発言があると思っておりましたのは、いまのような北原委員の御発言があるのですから、私は北原委員の御発言を会長はお取り上げになって、日にちがなくて何ですが、一日までに間に合わせる。間に合わなければ八日の起草委員会までに間に合わせるということでお取り上げいただくとどうか。もう一つは、磯村委員毎回おっしゃっているのですけれども、これはみなさんが確認しておられると思っておったのです。今度の何は格調の高いものにしようということを毎回おっしゃられて御異議はなかった。［以下省略］

○会長　先ほど申し上げましたように、北原委員の御意見については同感でございますので、出していただきたい。お出しにならなかったらどうということはございませんが、出していただきたいと思っております。ぜひお出しいただくならば、私のつもりでは六月一日、五月中にいただきますれば一番いいのではないかと思っております。最初の起草委員会は、いままでの取り扱いの方針だけを相談しましたが、いまお話しのような趣旨に従って、実際にやるのは六月一日ですから、その前までにいただきますれば、かように思っております。北原委員おっしゃるとおりいたしたいと思います。

それから、いま申しましたようにまとめますが、格調の高いというのはむずかしいので、私なんか文章が下手なので書けないので、磯村委員、伊藤委員、たいへんな人がおられますから、何とか格調を高くしていただくということをお願いするということもございます。あまり添付いたしますものと重複するものは必要ないのではないかと思いますので、できるだけ簡にして要を得たものを書くようにいたします。おまかせいただきますと非常に仕合せだと思います。

○北原委員　その点異議はありません。

［会長、山本専門員の発言あり。省略］

【649】Ｂ４謄写版51頁

50　問題解決の基本的方向と態度について

北原泰作

［年月日不明］

一、平和と民主主義を確立すること

平和と民主主義の確立こそ、部落問題（同和問題）を根本的に解決するための大前提である。

平和は人類の幸福と文化の発展を保障する。これに反し、熱核兵器の使用を伴う現代戦は人類の生存をおびやかし、文化を破壊する。また、民主主義は人民の権利と自由と生活を保障するが、専制主義は人民を抑圧し基本的人権を侵害する。

したがつて、部落問題（同和問題）を根本的に解決するためには、軍国主義の復活に反対し、戦争政策を排除して平和政策を推進すると同時に、政治・経済・文化・社会などあらゆる領域にわたつて一切の非民主的な制度や反民主的な社会関係を払拭して、観念的で実質の伴わない見せかけの民主主義ではなく、人民を主体とする人民のための真の民主主義国家・社会を建設しなければならない。

これが、この問題を解決する基本的方向である。

二、人権尊重の原則に立脚すること

日本国憲法は基本的人権を保障し尊重する原則を確立した。とくに第十四条の規定は国民平等の理念を明確にしている。

また、一九四八年国際連合総会において決定された世界人権宣言は、第二条および第七条で、何人も、いかなる差別もうけることなく平等の権利と自由を有することを確認し、その達成はすべての人民とすべての国の共通の規《ママ》準である、と宣言した。

しかるに、この人類普遍の原理であり、わが国憲法の根本精神である人権尊重と自由平等の保障が現実に達成されていないのだから、それを達成することは日本国民の義務であり、国の政治にたずさわる者の責務である。

との観点に立脚して努力することが、部落問題を解決するための基本的態度でなければならない。

三、慈善的態度や恩恵的施策を排除すること

慈善事業や恩恵的施策は、その動機が宗教的信条や人道主義的博愛精神にもとづく行為であつても、上から下に恵みを施すという社会的地位の差別を是認する観点に立つており、したがつて「与える者」と「受ける者」との優越感や卑屈な奴隷根性を助長する。

かような慈恵的態度や施策は、基本的人権尊重の精神に

反し、社会保障や社会福祉の理念に反する。

部落民を対象とする明治時代や大正時代のいわゆる同情融和運動や改善事業は、その本質において疑いもなく慈恵的なものであつたが、戦前、国や地方自治体が行なつた同和行政諸施策も慈恵的性格から完全に脱けきつていたとはいえない。

部落問題を根本的に解決するためのあらゆる施策は、上から与えられる恵みを下から受けるという関係ではなく、憲法で保護〔障〕され〔た〕権利であり、〔国・地方公共団体の〕義務であるという関係で実施されなければならない。

四、全国民を対象とする社会保障体制を完整〔拡充〕すること

日本国憲法は「すべて国民は、健康で文化的な最低限度の生活をいとなむ権利を有する。国は、すべての生活部面について、社会福祉、社会保障及び公衆衛生の向上及び増進に努めなければならない」（第二十五条）と規定している。

このように、伝統的な人権としての自由権とともに人間らしく生きる生活権が基本的人権として承認され、保障されているにもかかわらず、現在のわが国の社会保障、社会福祉は不充分であり、完全な体制が確立されていない。憲法の規定は現実とあまりにも大きくかけ離れている。そのため、近代文明国民の生活とはいえない低いみじめな状態に置かれている階層は一千万人を超えるといわれており、部落民はその最底辺におさえつけられているのである。

それゆえ、部落問題を解決するためには、すべての国民を対象とする完全な社会保障体制を確立整備すること、一般的な社会福祉や公衆衛生などのサービスを徹底充実して実施することが前提条件である。

五、特殊な要求に対応する特別の施策が必要であること

対象の部落は、歴史的・社会的関係によつて特別なソーシャル・ハンディキャップをもつている。この社会的欠陥がいろいろの形態であらわれる現象が、すなわち「部落」の特殊性といわれるものなのである。それゆえ、部落問題は、一般的な行政施策のみによつては解決し得ない特別な側面をもつている。ことに、部落民は社会的地位の低さのために、一般的・平均的な水準の国民を対象として実施される行政施策の網の目からもれ、疎外されてきたのである。このような部落問題のもつ特殊性と部落民のもつ特別な要求に対応するための特別の考慮が払われなければならない。

しかし、部落問題を解決するための諸施策は、一般的行

政の諸施策と切り離されたまつたく個別のものであつてはならない。それはあくまでも、一般行政のなかでの特別な配慮による特別の対策でなければならない。このような全体と部分、普遍性と特殊性の関係が正しく位置づけられねばならない。

六、複雑多岐な要求に対応すること

部落民は、全体として日本社会の最底辺に圧迫された身分的階層を形成しているが、すべての部落民が「生活の落伍者」とか、「生産機構から脱落した経済秩序外的存在」とかいわれるものではない。部落内部には極貧の生活困窮者、雑業に従事する低所得者、中小零細企業の被用者、少数の近代的労働者、農漁・商・工の零細な自営業者、少数の小地主と小資本家など、いくつもの分化された階層がある。

これらの諸階層はそれぞれの利害関係をもち相互に対立する場合もあるが、しかも全体としては部落民としての共通の利害関係と共同意識によつて結ばれているのである。

したがつて、部落問題を解決するための対策は、このような二つの側面に対応して、一つには集団としての部落民全体に共通する要求を充たす施策が必要であり、もう一つは分化された階層の個々の要求を充たす施策が必要である。

具体的にいえば、部落民のなかには生活や医療に関する公的扶助の対象者もいるが、部落民全体としては環境改善や公衆衛生のごとき広義の社会福祉の対象である。また、社会福祉や社会保険の対象であるばかりでなく、産業・労働・教育などの諸政策の対象として、〔対象地区における〕部落産業の保護〔開発〕新興、失業と就労の対策、教育と文化の向上などに就いて具体的な対策が立てられ実施されねばならない。

七、行政機関と所管の問題について

かつて地方改善事業の名で呼ばれた部落問題のための行政は、はじめは内務省の所管であつたが、厚生省が設置されてから厚生省の一元的行政に属していた（但し、文教関係にかぎり文部省の所管であつた）。これは部落問題対策がはじめは窮民救恤事業としてはじまり、その後も社会事業の対象としてのみ扱われたからである。

しかし現在は、施設・事業の種目別に関係各省の所管に分かれ、多元的行政となつている。このことは部落問題対策の発展であつて、それが各種の専門分野にわたりいくつもの行政官庁の所管事項と関連しているため自然の成行きである。

部落問題の対策は、国および地方公共団体の行政組織の全機能をあげてとり組む態勢を確立し、そのたてまえに立つて、各専門部局がそれぞれの専門的機能を発揮して有効適切な施策を実施すべきである。だが、多元的行政は各省、各部局の対策がてんでばらばらとなり統一性を欠く弊害がある。ことに官庁のセクショナリズムが根強く存在する実情を看過するわけにはいかない。

ゆえに、各専門分野の施策に計画性と統一性を与えるための総合調整の機関が必要である。このような機関は、内閣直属の審議会という形で設置し、民間の学識経験ある者および部落民を組織的に代表する者を加えた民主的な構成とし、たんなる諮問機関ではなくある程度実際の行政に参与できる機関とすべきである。

―以上―

(附記)

これは、私が総会において述べる基本的見解の覚え書であるから、さきの「部落問題の認識と本質の把握」と題する覚え書と共に、未定稿であることを、ご承知ねがいます。

【272―22】B5活字ホチキス止め9頁

51 答申書起草要綱

北原泰作

[起稿年月日不明]

前文

前文は、格調の高い、人権宣言的な文章にするがよい、という磯村委員の意見を支持する。その内容については、ここでは触れないことにする。

第一章 同和問題の認識

第一節 同和問題の現状

一、全国的基礎調査にもとづく対象地区の概況の記述。

二、精密調査およびその他の資料にもとづく対象地区の現状分析と問題点の指摘。

第二節 同和問題の本質

一、同和問題の歴史的解明。

二、同和問題と日本の社会体制との関係

三、今日の時点における同和問題とは何か。

第二章 従来の同和対策の検討

第一節 明治維新の解放的措置

一、封建身分制度の廃止と太政官布告第六十一号発布の意義。

二、明治の新社会における対象地区の状況と政府の対策。

第二節　戦前の同和対策

一、明治・大正初期の慈恵的な窮民救恤政策としての同和対策。

二、自主的解放運動の勃興と地方改善事業を中心とする融和対策。

三、軍国主義時代の同和対策と融和完成十年計画。

第三節　戦後の同和対策

一、占領時代における同和対策の解消。

二、講和条約締結後の復活した同和対策。

三、同和対策審議会の設置と同和問題にたいする政府の認識と対策。

第三章　同和問題解決の基本的態度

第一節　同和問題の解決を要求する根拠

一、人権を尊重する日本国憲法と民主主義の原理。

二、自由平等の世界史的動向と世界人権宣言その他の国際的憲章。

第二節　同和対策の基本的態度

一、日本国憲法の遵守とその精神および諸規定の具現。

二、国の責務の確認にもとづく根本的解決策の樹立と実施。

三、全国民的課題としての同和問題解決のための国民運動体制の確立。

第四章　産業経済状況とその対策

第一節　農林水産業

一、対象地区の農業の状況と問題点

二、対象地区の漁業の状況と問題点

第二節　具体的対策

一、施策の目標

二、具体的施策

第五章　商工業の状況とその対策

第一節　商工業

一、対象地区の工業の状況と問題点

二、対象地区の商業の状況と問題点

第二節　具体的対策

一、施策の目標

二、具体的施策

第六章　労働・職業の状況とその対策

第一節　労働の問題

一、対象地区の産業における労働の状況と問題点。

二、労働対策の目標と具体的施策

第二節　職業の問題
一、対象地区住民の職業の状況と問題点。
二、職業案定対策の目標と具体的施策

第七章　教育の問題とその対策
第一節　学校教育の問題
一、対象地区における学校教育の状況と問題点。
二、学校教育の対策の目標と具体的施策。
第二節　社会教育の問題
一、対象地区における社会教育の状況と問題点。
二、対象地区における社会教育の対策の目標と具体的施策。
三、一般社会を対象とする社会教育の状況と問題点。
四、一般社会を対象とする社会教育の対策の目標と具体的施策。

第八章　環境改善の問題と対策
第一節　環境の状況と問題点
一、対象地区の生活環境の状況
二、その問題点。
第二節　環境改善の対策
一、生活環境改善の対策の目標。
二、その具体的施策。

第九章　社会福祉の問題
第一節　社会福祉の状況と問題点
一、対象地区における社会福祉の実施状況。
二、その問題点。
第二節　社会福祉対策
一、対象地区における社会福祉対策の目標。
二、その具体的施策。

第十章　当面の行政的措置
第一節　同和行政の在り方
一、一般行政施策と特殊な同和行政施策との相互関係。
二、行政組織と同和行政の所管の問題。
三、国と地方公共団体の同和行政施策の関係の規定。
第二節　予算措置
一、同和行政実施のための国の予算措置。
二、地方公共団体の同和対策事業にかんする経費の問題。
第三節　当面の行政的措置
一、当面要請される行政的措置。

結　語

【906】Ｂ４二つ折　活字４枚

52　答申案の修正意見

［北原泰作］　［日付記載なし］

一、全文の構成について

1．第一部「同和問題の認識」のなかで、Ⅰの「同和問題の歴史性」と、Ⅲの「同和問題の基本的認識」が重復《ママ》する。これを一章にまとめる。

2．同和問題の本質についての認識が明確でない。ことに同和問題の歴史性と社会性についての解明が不十分。

3．「同和問題の概要」が冗長にすぎるばかりでなく、現象形態の客観的記述にとどまり、問題意識に立脚した分析と問題点の指摘がない。

4．第二部「同和対策の概況」では、融和事業と融和団体の混同が見られる。

5．「民間運動としての同和対策」の内容はまだ判明しないが、融和団体の融和運動をとり上げるとすれば、その評価に問題がある。

6．過去の同和対策についての批判がきわめて不十分である。

二、全文の構成にたいする修正意見

第一部　同和問題の認識

㈠同和問題の概観

ここでは、調査資料に基づき、部落の実態を客観的に概述する。しかし単に現象形態としての状態の記述にとどまらず、問題意識に立って分析し、問題点を浮き彫りにすることが必要である。

㈡同和問題の本質

ここでは、同和問題とは何か、部落差別とは何か、を解明すること。何故今日なお残存しているか。そして、同和問題の現時点における社会的意義を明らかにすること。さらにまた、部落差別の発生、発展、存続の歴史的社会的根拠を明らかにすること。

第二部　同和問題解決の基本的方向

㈠過去の同和対策の批判

ここでは、明治・大正・昭和（戦前）・戦後の同和対策（行政）の性格、発展、欠陥等を明らかにし、問題点を指摘する。

㈡民間の解放運動

ここでは、明治時代・大正時代の自主的改善運動、全国水平社の自主的解放運動について記述し、評価すること。

㈢同和対策のあり方

ここでは、政府および地方公共団体の同和対策（行政）のあり方を明らかにし、これに協力すべき民間団体の活動の方針を示すこと。

第三部　同和対策の具体案

㈠人権擁護対策
㈡教育文化対策
㈢社会福祉対策
㈣環境改善対策
㈤産業職業対策

第四部　法制・行政措置

㈠行政組織

ここでは、現行同和対策の行政組織上の問題点を指摘し、欠陥を克服すべき行政組織の在り方を明示すること。

㈡財政上の措置

ここでは、国の同和対策諸施策および地方公共団体の実施事業に関する財政上の問題点を指摘し、その改善策を明示する。

㈢立法措置

ここでは、法律制定の意義を明らかにし、制定される法律の性格、内容の要綱を明示すること。

◎一頁―九行目

「部落の起源は、千数百年前の古代社会がつくりだした賤民制度と、密接な関係をもつているが、部落住民の血統が古代賤民から現在まで万世一系であるというわけではない。その間、社会制度の変革にともなう身分、階級関係の上昇・下降的変化により、混淆の過程を経てきたことを見逃してはならない。」

一二行

「法制的に身分が規定され、職業、居住、服装、婚姻その他生活の一切の面で……」

最下の行
「しかし社会的、現実的には、――あるいは現実の社会関係の実際の上では――」

◎二頁　六行目
「封建時代のカースト的な手工業……」
カーストは封建的身分階層秩序というよりそれ以前の古代的な身分秩序である。カースト的手工業はおかしい。世襲的な手工業というべきか。カーストを云々するならば、インドのカーストとの類似性と相異性を――。
職業、居住の固定化、強制は身分制の内容である。

七行目
「労務者の低賃金と、苛酷な労働強化の基礎としての役割を背負わされてきた……」では説明不十分。（ここでは封建社会の叙述か、明治以後か？それなら、基本的生産である農業からのしめ出しをかくべきだ。）
「……（しばりつけられ）て……以下は、明治以後――それなら、「近代産業からもしめ出され（生産過程から除外され）停滞的過剰人口の溜りとして、労働者の低賃金とかこくな労働条件と無権利を維持する死錘としての役割を……」とすべきだ。

○補足の必要
この二頁では、土地革命の不徹底さだけをとり上げているが、それは勿論、民主革命の物質的基礎であるという意味で基本的問題であるが、その反映としての社会革命の不徹底さ、ことに封建的身分制度の廃止の不徹底、維新後の社会における再編成がとり上げられねばならない。

十行目から
敗戦後の状況について、農地改革の不徹底のほか、日本経済構造の二重構造的特殊性にみられる前近代的な生産関係が、封建的身分の残滓をのこす物質的基礎となつていること。

三頁――
部落民の経済的劣悪さと身分差別とを二元的に扱っている――、差別と貧困とは部落の場合、一つである。何故貧困なのか――それは近代市民的社会における貧困者とはちがい、差別に因る貧困――その主要原因は、就職の機会均等の保障がないこと。

三頁後半
部落民は、主要な近代産業に就職できないから、（差別のために）このような仕事に就いている。職業的に解放されていない証拠――として扱うべきである。

四頁　下から4行目
「この差別の観念と生活の格差は……」
「部落住民の生活の劣悪な実態――それは差別によってもたらされたものであるが――と部落民にたいする差別蔑視の観念とは相互作用して――悪循環をくり返す――」

II　同和問題の概観――(一)実態調査の概況
という見出しは、内容とそぐわない。「実在する部落」「客観的存在としての同和問題」とでもいうべきか。
○概念、イデオロギーの側面と、劣悪な生活実態の側面。
この二つの側面をもつ同和問題の基盤は、日本の社会体制――この観点から二つの側面を取扱う――そこから出てくる対策は、物質的改善（環境、産業職業、社会福祉等）と、精神的改革――（教育、人権対策）――しかしそれだけでは、基盤である日本の社会体制、社会経済構造の改造という対策（一般的な性格の）がでてこない。

【272―25】Ｂ５二百字原稿用紙手書き17枚

※北原自筆か

53　答申書起草要綱（私案）

［日付記載なし］

委員　北原泰作

前　文

一、本審議会が内閣総理大臣より同和問題解決の根本方策について諮問をうけたこと。
二、本審議会の審議の経過、総会・部会の開催、専門委員の協力、調査活動、現地視察、関係方面の意見聴取、資料蒐集など。
三、問題の性質上複雑多岐にわたる諸問題の究明に多大の努力を払ったこと。
四、問題解決の根本方策についての考え方もいろいろあり、種々の建設的な意見が出されたので、それらの諸見解を調整し統一するために審議が重ねられたこと。
五、時限立法に基づいて設置された審議会である関係上、時間的制約をうけ、十分に意を尽しえなかった点もあるが、ともあれ結論をえたので答申のはこびとなったこと。
六、同和問題の重要性にかんがみ、政府がこの答申を採択して速かに具体的な行政措置を講じ、問題の抜本的解決を促進されんことを希望すること。

第一章　総論

第一節　同和問題の現状

㈠全国部落基礎調査に基づく、部落の概況

一、部落数、府県別有部落市町村数、地方別分布状況。

二、世帯数、人口、職業別世帯数。

三、類型（例えば都市型、農村型、大型、小型、有産業型、無産業型、など）

㈡精密調査に基づく部落の現状分析

一、生活環境

居住地区の立地条件、人口密度、交通関係、住宅事情、道路　上下水道、環境衛生状態、封鎖的・開放的状況など。

二、産業経済・職業

(1)農漁業　(2)商工業　(3)雑業

それら各業の経営規模、経営形態、雇用関係、労働条件、協業・共同化状態、内包する問題点など。

(4)職業の状態

職種、世帯別複合状況、転職の傾向、学卒青少年の就職状況、失業者の状況、無職者の問題など。

三、教育・文化

教育程度、就学状況、進学状況、同和教育の状況、文化施設、文化水準、地域団体、社会意識など。

第二節　同和問題の認識

㈠客観的存在としての同和問題

一、同和問題は歴史的段階としては、現在は解消過程にあること、即ち、明治維新以後における日本社会の近代化、ことに戦後における民主化、近代化による促進。

二、だが、問題は今日なお残存している。この事実を認識すべきこと。観念的な国民平等論や法制上の無差別論で問題の存在を観念的・主観的に否定するのは間違いであること。

㈡同和問題とは何か、という定義づけ

いわゆる同和問題とは、日本社会の歴史的発展過程において発生した不合理な身分的差別と偏見により、一部少数の国民が著しく基本的人権を侵害されている、という現実の社会問題である。

㈢同和問題の歴史的・社会的根拠

一、同和問題は歴史的にみると、中世─近世の社会において制度化された封建的身分階層構造が根拠となって発生した。

二、明治維新の変革により封建制度は廃止されたが政治・経済・社会・文化などあらゆる領域に残存した前時代の要素が、その後におけるわが国の近代的発展に絡みついてきた。

三、戦後の著しい民主化と近代化の促進にもかかわらず、なお前時代的要素は完全に払拭されず残っており、その社会関係が同和問題を未解決で残存させる根拠となっているのである。

㈣同和問題の本質

一、同和問題は単に社会意識として偏見が存在し、一部国民を差別し蔑視するというだけではなく、政治・経済・社会・文化などのあらゆる領域において、一部国民が不平等な扱いをうけていること、そのように差別が種々の形態で現実に存在していることが問題なのである。

二、一部国民は、近代社会においては何ぴとにも當然みとめられているところの婚姻の自由、就職や教育の機会均等、居住移転や社交の自由すらしばしば侵害されている。

三、さらにまた一部国民は、前時代の圧迫と屈辱の延長である貧困と無知と悲惨な低い生活状態のもとに置かれている。

四、要するに、部落はわが国の社会・経済構造の最底辺を形成しており、国民の一番下積みに抑圧されている部落民の低い位置はほとんど固定化して上昇移動はきわめて困難である。

第二章　これまでの同和対策

第一節　明治維新の身分制廃止

一、明治維新の変革はわが国の近代的発展に大きな道をひらいた。維新政府によって封建的身分制度は廃止され、国民平等の原則が形式的には一応うち立てられた。

二、明治四年八月二十八日発布された太政官布告第六十一号をもって、部落民に対する賤称は廃止され、身分・職業とも平民同等となり、制度上の身分差別は撤廃された。

三、だが部落民は実質的には解放されなかった。何故か？　その最も大きな理由は、解放令を裏づける行政施策が何一つ行なわれなかったからだ。部落民は旧幕時代と変らない低い生活状態のまま放置され、加うるに従来の生業の特権を失い、伝統的産業は大資本に圧倒され、差別と偏見のハンディキャップの重荷を背負って激しい自由競争の中へ放り出されたのである。(このことは士族に対する秩禄公債などの保護政策と対照的である。)

第二節　明治・大正時代の同和対策

一、明治時代の同和対策は、ひとくちにいえば窮民救済事業として行われた。したがって、慈恵的なものであった。

二、大正時代の「地方改善事業」として行われた同和対策は、社会政策的な意味をもつ社会事業であった。

三、この二つの時代を通じて、国庫から支出された同和対策費はきわめて少額であり、実施された事業や施設も効果的ではなく、卒直にいえば、糊塗的なものにすぎなかった。

第三節　戦前の同和対策

一、従来の観念的啓蒙対策から一歩前進して、経済的対策をとり入れた。すなわち自力経済更生施策である。それによって部落民の生活の向上を図ろうとしたことは前進であった。

二、融和事業完成十年計画が立てられ、綜合的施策を年次的に実施しようとする志向がみられた。これはさらに前進であった。

三、しかしそのいずれも大した成果をあげえなかった。その後、満州事変勃発から軍国主義時代となり、同和対策は戦争政策に従属し、予算も削減された。

第四節　戦後の同和対策

一、占領軍支配下においては同和対策は全然おこなわれなかった。昭和二十七年から復活し、国の予算に同和対策費が計上された。

二、地方公共団体においても同和対策が行われるようになった。

三、しかし、いずれも同和問題の根本的解決を目ざす積極性と綜合的な計画性を欠き、その意味では戦前の対策より後退した。

第三章　同和問題解決の基本的方向

第一節　憲法の条章の具現

(一)平和と民主主義の確立

一、日本国憲法の根本精神は平和主義と民主主義によって貫かれている。この精神と理念を遵守し、それに徹底して、日本を平和・民主国家として建設することが、同和問題を根本的に解決する大前提である。

二、したがって、軍国主義、帝国主義の復活に反対して平和政策を堅持すると同時に、立法・司法・行政のすべての分野における民主化を徹底し、あらゆる反民主的要素を除去することが肝要である。

(二)基本的人権の尊重とその確立

一、憲法で保障された基本的人権を尊重し、国民の民主的権利を完全に守り、かつそれを伸張すること。

二、基本的人権は単にいわゆる自由権的人権にとどまらず、生存権的人権、生活権をも併せて保障しなければならない。それ故に、現行社会保障制度の不備欠陥を補正し、すべての国民に健康で文化的な最低限度の生活を保障することが同和問題解決のために不可欠の前提条件である。

第二節　国家および国民の責務

一、同和問題の解決は国家の責務である。為政者がこのことを確認し国の行政のあらゆる部面にわたり有効適切な施策を積極的に実施すること。

二、地方公共団体は、国の行政施策に積極的に協力して同和対策を推進するとともに、地方公共団体みずから主体となり、地域住民の福祉増進の見地から同和対策を積極的に実施すること。

三、すべての国民は同和問題解決の連帯責任を負う。このことを自覚して、すべての国民が問題を正しく認識し、ふかい理解をもって解決のために協力する体制をつくることが必要である。

四、とくに、部落民は問題の当事者であるから、自覚発奮して自主的にみずからを解放するための努力をつくすことが必要である。部落民自身の自覚がなくては、あらゆる施策は与えられるものとなり、そのため他力依存心を培い、効果があがらないのみでなく有害となる。

第四章　同和行政の基本的態度

第一節　慈恵的態度・政略的態度の排除

一、慈善的・恩恵的態度をもって同和行政を行うことは厳に戒めなければならない。それは基本的人権尊重の精神に反し、現代社会保障や社会福祉の精神にそむく。

二、同和対策は問題の性質上、これまでも超党派的な協力によって行なわれてきたし、現在もそのように行われている。同和行政施策を党略、政略の具としないこと。それには行政機関の主体性を確立する必要がある。

第二節　一般行政における特別配慮

一、対象の部落は歴史的・社会的関係によって特別のソーシャル・ハンディキャップをもっている。それゆえ一般行政施策の対象の埒外に置かれ、網《ママ》の目から洩れた存在となる場合がしばしばある。

二、このような同和問題の特殊性にかんがみ、一般行政のあらゆる施策を実施するにあたって、部落民の要請をとり上げ、それに対応する特別の配慮が払われねばならない。

三、具体的な問題として、たとえば、同和対策の予算項目を設け、特別の支出をすることは、當面の段階では必要である。具体的な施策に［以下2行分空白］

の実施にあたって、特別に部落を対象とする場合の考慮が払われなければならない。

第三節　行政組織の問題

一、かつて、同和対策は厚生省の所管とされていた時代があった。現在は施策が多様となり、種目別に各省の所管に分かれている。

二、同和対策は国の行政機関の全組織に関連ある問題であるから、全機能をあげてとりくむ体制を確立し、それぞれの所管事項を各省が専門的立場から有効に実施するようにすべきである。

三、そのために、各分野の施策に統一性と綜合性、計画性を与えるための同和対策協議会を内閣直属機関として設置する必要がある。

四、地方公共団体の同和対策は、各府県のこの問題にたいする認識の如何により積極的なところと消極的なところとの格差が大きい。それどころか全然同和対策を行っていない県や市町村がある。このような実情にかんがみ、法令を以て同和対策の実施を義務づけると共に行政指導を強化すること。

第四節　予算措置

一、国の同和対策予算を大巾に増額すること。十年計画の策定に見合うよう毎年度の予算を少なくとも現在の三倍に増加すること。

二、補助率と基準単価を引上げること。地方公共団体の財政負担を軽減するため、補助率は一律に2／3とし、経費見積りの基準単価を物価高を考慮して引上げること。

三、特別平衡交付税の交付額を増加すると共に、地方公共団体の同和対策に関する起債の枠を大巾に広げて、財源を補強すること。とくに、特別平衡交付税の交付手続きを改善し、その使途が目的に合致するよう指導監督すること。

四、同和対策事業・施設の経費は一切、国または地方公共団体が支出することを原則とし、地元部落民には負担させないこと。

五、同和対策の諸施策は、同和対策予算と称する特殊予算を計上して実施するのではなく、一般行政の中で特別の考慮を拂う必要がある対象にたいする特別の措置として公費を投入するのが建前でなければならぬ。しかし現段階では過渡的に特殊予算を認めること。

六、モデル地区に重点を置く現在のやり方をやめ、綜合的計画に基づき全部落を対象とする積極的施策を推進する建前をとり、緩急、軽重、効率などを勘案して年次計画を立て逐次実施すること。

第五章　産業経済状態と産業別対策

第一節　農漁業

㈠部落の農業の現状

㈡実施すべき対策

㈢部落の漁業の現状
㈣実施すべき対策
第二節　皮革製造・加工業
第三節　履物製造業
第四節　其他の雑工業
第五節　商業其他の雑業
第六章　労働・職業の状態と対策
第一節　部落産業の労働状況と対策
第二節　就職状況と対策
第七章　教育文化の状態と向上策
第一節　教育の問題と対策
第二節　文化水準向上の対策
第八章　生活環境の状態と改善策
第一節　環境改善の諸施策
第二節　社会福祉・公衆衛生増進対策
第九章　結論

【272-21】　B4二つ折　謄写版10枚（20頁）

三　同和対策協議会

一九六八年〜一九六九年

54　第一回同和対策協議会議事次第

一九六八（昭和四三）年七月二四日

1、総理府総務長官あいさつ
2、委員等の紹介
3、会長の互選　　堀木鎌三氏再任
4、会長あいさつ、会長代理の指名　　磯村英一氏を指名
5、議事規則の決定　　草案どおり承認
6、部会の設置について　　必要に応じて設置する
7、四月以降の経緯の説明（総理府）
8、その他

※法律制定の問題　—　米田氏質問

田中長官の答弁　—　自民党（与党）が中心となり、各党超党派で制定に努力することを申合せ、努力中。自民党では政調会で—秋田大助議員が中心—社党は八木氏が—

米田—政府に本協議会は要綱を報告した—四党の打合せは別として、政府としては法案すら作成しておらぬというが、どうか。四党折衝は法案提出後のことではないか。

田中長官—立法が目的なのではなく、問題解決—予算も増加した—

※政府（とくに田中総務長官）は法案の政府提出に消極的な態度—議員立法で逃げたい腹ではないか

※各省提出の計画案を9月中旬までに総理府でまとめるその時点で、第二回総会をひらく。

【926】B4二つ折　謄写版1枚

※議事次第（活字印刷）への北原自筆メモ

55 「同和問題と同和対策」

総理府同対協委員　北原　泰作

一　同和問題（部落問題）とはなにか

この問題の本質を正しく認識することが、同和対策を推進するために肝要である。

(1)同和地区はどんな状態に置かれているか。

○　同和対策審議会の調査報告の分析。

○　日本社会の底辺を形成している。

(2)同和問題には二つの主な要素がある。

○　部落差別　―　文化の問題。

○　貧　困　―　経済の問題。

(3)部落差別とはなにか。それは封建的身分差別である。

○　人種・民族的差別ではない。

○　階級的差別でもない。

○　封建的身分と近代的身分との性質の違い。

(4)同和地区の経済的貧困。日本資本主義の発展と同和地区の立遅れ。

○　秩禄公債の発行と官営企業の払下げ。

○　官営企業の民間への払い下げ。

○　封建制度の職業規制と職業選択の自由。

○　近代産業から除外されて後進地区を形づくっている。

2　同和対策審議会答申の意義

答申は同和問題の解決を促進するうえに積極的な意義がある。

(1)戦前の融和政策に対する批判。

それは慈恵的な部分的改善施策にすぎなかった。

○　恩恵的・慈善的な救貧の時代　―同情融和運動と地区改善事業。

○　社会的緊張を緩和することを目的とする社会政策の時代　―国策の融和事業十ヵ年計画。

(2)民主主義と人権尊重の理念に基づく同和対策。

同対審答申によってそれが明確になった。

○　同和問題の解決は国の責務であり、国民的課題であるとする認識。

○　総合的な行政施策として実施する抜本的解決を目ざす同和対策10ヵ年計画。

○　同和行政を推進する制度を確立すること。

すなわち、同和対策を推進する法的根拠となる法律を制定すること。

3　同和問題はどうすれば根本的に解決されるか問題解決の見通しと解決を促進する方策について

(1)戦後の民主化・近代化により同和問題の解決に有利な諸条件が成長しつつある。

○　日本の社会には前近代的なものが多分に残存してきた。そのような特殊な性格の社会構造が同和問題を今日なお未解決で残している基盤なのである。

○　戦後の民主的改革と経済の高度成長にともなう近代化の発展により、同和問題を残存させる社会的基盤が弱まり揺れだした。

○　都市化現象・農村の生活様式の近代化、教育の普及などにより封建的な意識がしだいに薄弱になってゆく。

(2)民主的な自覚が高まり、抑圧された大衆の解放と民主社会建設のうごきが、部落解放を促進する力として作用している。

○　同和地区住民の自覚が高まり、解放行政を要求する運動が全国的に起っている。

○　民主勢力を中心とする広範な国民大衆が部落解放の要求を支持し、国民運動として発展している。

(3)同和対策の基本方向はいかに在るべきか。

○　環境の改善整備と経済的生活基盤の確保と教育文化水準の向上の3つの柱が同和問題解決の基本方策。

○　同和地区を閉鎖的社会から開放的社会へ転化させること。つまり前近代性、後進性、停滞性を克服して近代的な地域社会として再建することが基本方向。

○　同和対策の長期計画は、たとえば地域開発・都市再開発・広域圏整備開発などのマスタープランと関連させ、その一環として総合計画を策定すること。府県・市町村のマスタープランと関連させることも同様。

○　具体的諸施策を実施する経費は、国の予算に計上するのを原則とし、地方財政を圧迫しない配慮を行なうこと。

○　地方自治体は、国の同和対策に協力する義務を負うと共に自治体自身が地域住民の福祉向上の立場から独自の施策を行なうべきである。

○　同和地区住民の意志を十分反映させる民主的行政をおこない、地区住民の自主的解放意欲を盛り上がらせ、行政施策の実施に対する地区住民の自発的協力態勢をつくることが肝要である。

○　同和対策はその性質上すべての行政部門に関係あ

る施策を行なわなければならぬから、民生部だけの所管でなく、特に同和対策室を設置することが望ましい。

【2－55】　B4二つ折　活字横書き4頁

※年月日未詳、同対協初期のものか。

56　同和対策長期計画策定要綱案

一　計画作成の意義

同和問題は、人類普遍の原理である人間の自由と平等に関する問題であり、日本国憲法によって保障された基本的人権にかかわる課題である。したがって、これを未解決に放置することは許されないことであり、早急な解決こそ国の責務であると同時に全国民的課題である。

昭和三十五年に同和対策審議会が設置され、翌年十二月七日内閣総理大臣が同審議会にたいし「同和地区に関する社会的及び経済的諸問題を解決するための基本的方策」について諮問したのは、政府がこの問題の重要性を認識し、これが解決を図ろうとする意図に出ずるものである。同和対策審議会は総理大臣の諮問にこたえ、昭和四十一年八月十一日同和対策の基本方策ならびに具体的施策に関する提案を内容とする答申を提出したが、その結論として、立法措置、行政組織の確立、財政的保障などを伴う総合的な長期計画の策定が肝要であることを指摘したのである。

その計画策定の任務は同和対策協議会の重要な課題となった。したがって、本協議会は、同和対策審議会の意見を尊重し、答申を慎重に検討し、本協議会独自の立場から計画を作成して同和対策の方向と具体的施策を明らかに示し、同和問題の抜本的解決を促進しなければならない。

二、計画の期間設定

計画の期間は、次のごとく十年と定め、前期と後期に区分する。前期においては基本的施策を概ね普遍的に全対象地区において実施し、後期においては補完的施策を実施して徹底を期する。

前期＝昭和四十二年四月一日から昭和四十九年三月三十一日までの七年

後期＝昭和四十九年四月一日から昭和五十二年三月三十一日までの三年

三、計画の目標

憲法に基づき、国の責任において同和問題の抜本的解決を図るため、国家・社会の発展進歩に即応して対象地区の経済的・社会的・文化的停滞性を克服し、一般社会との格差を除去し、差別的悪弊を根絶して市民的権利を完全に保障する行政施策を積極的に実施する方向を明らかにするのがこの計画の目標である。

［書き込み］

国民生活水準のどの線？

四、基本的施策

㈠環境改善整備対策

1　居住地区整備（防災、宅地造成、移転、居住地開発等）

2　住宅建設（公営住宅、改良住宅、個人持家等の建設改修）

3　生活環境の改善（道路、橋梁、上水道、下水排水、し尿塵埃処理施設等）

4　文化的施設（隣保館、集会所、診療所、保育園、共衆浴場、公園等）

5　公害対策（騒音、悪臭、河川汚濁等の除去）

㈡産業・職業対策

1　農林水産業対策（協業化、共同化、近代化の促進と転業援助等）

2　商工業零細企業対策（共同化、近代化、転業援助、金融等）

3　就業状態の改善対策（雇用促進、職業訓練、転職就職指導）

㈢教育・文化向上対策

1　学校教育対策（就学進学、学力向上、教育環境、条件整備等）

2　社会教育対策（文化施設、教育活動、指導者養成等）

3　同和教育振興（基本方針確立、民間運動援助等）

㈣社会福祉・人権擁護対策

1　社会保障制度の改善整備（保護の改善拡充等）

2　福祉施設の拡充増設（各種施設等）

3　人権擁護制度の改善

4　人権擁護活動の強化

五、計画策定の方法

㈠基本計数の確定

同和対策審議会の調査報告を基礎資料とし、その他の資料によって補完して、この計画を策定するために必要な基本計数を次のように確定する。

1　全国対象地区数

2　地区の戸数・世帯数

3　地区の人口

［以下、4〜9ペン字で追加］

4　関係市町村、都府県数

5　関係学校数　児童数、生徒数

6　保護世帯数

7　失業者数、日雇労務者数

8　農家数　漁業家数

9　商業、工業自営業者数

㈡類型の撰別

全国の対象地区を、次のような条件によって類型別に分け、その各類型別地区数を算出する。

1　地域別（大都市地区、小都市地区、都市近郊地区、農村地区、漁村地区、山村地区等）

2　規模別（20世帯未満、20〜40世帯、40〜60世帯、60〜１００世帯、１００〜１５０世帯、１５０〜２００世帯、２００〜３００世帯、３００〜４００世帯、４００〜５００世帯、５００世帯以上）

3　産業経済別（農業・漁業を主とする地区、伝統的産業のある地区、近代的産業のある地区、産業のない地区等）

4　地方別（東北地方、関東地方、東海地方、北陸地方、近畿地方、中国地方、四国地方、九州地方）

㈢モデル調査

類型別に分類された地区の中から典型的な地区を選び、

基本的施策を総合的に実施する効率的な方法と、施策を実施するために必要な経費を計算する基礎資料を求める調査を行なう。

㈣事業別調査

関係各省所管の同和対策事業・施設のうち、基礎的資料のない分野につき、事業別の精密調査を行なう。但しこの調査は一年以内に完了する。調査事項の例をあげると次のごとし。

1 不良住宅数、世帯分離による必要住宅数
2 伝統産業の事業所数、経営規模等
3 金融関係、公共融資利用状況等
4 学校の教育施設・設備状況、上級学校進学希望生徒数等
5 生活保護世帯増減状況、地区住民の所得階層別世帯・人口等

【42―】Ｂ４手書きコピー４枚

※北原自筆か
※年月日不詳。

57 ［同和対策協議会の活動に関する意見書］

一九七〇（昭和四五）年一二月二一日

北原泰作

連名の有志各位

前略。急ぎ用件のみ申述べます。

1）12月16日午後2時から約1時間40分にわたり、堀木会長と懇談。当方の出席者は山本、米田、野本および北原で、総理府の参事官と他に一人の役人がオブザーバーとして同席しました。

2）われわれが申述べた意見は、別紙意見書（案）の内容とほぼ同じ。これに対し、堀木会長は、われわれの意見に大体同意され、われわれの立場と主張を諒解されたようです。そして、諸君の考えを意見書として提出してくれ、とのこと。

3）それゆえ、私が草案を起草する役目をひきうけた次第。ところが年末で煩雑な私用が多く、草案の作成が遅れたのです。おわびします。今日ようやく諸君あてに発送するわけ。

4）私の草案を受取られたら、すぐご検討のうえ、折返しご意見を私におつたえ下さい。修正の所には、訂正文をお

書き下さってすぐ速達で郵送して下さい。あるいは、電話で御意見をおきかせ下さい。どちらにしても25日までに私に達するよう、とくにお願いします。

5)山本氏もそういうお考えでしたが、私も、今年内に意見書を総務長官と堀木会長あてに届けるべく、急ぎ郵送する考えですから、そのつもりですぐ折返しお送り下さい。

6)皆さんの修正意見を参酌し、文章を訂正したうえで正本を印刷し（タイプ刷りにし）発送するつもり。その作業はおまかせ下さい。なお副本を皆さんに郵送します。以上

同和対策協議会の活動に関する意見書

趣　旨

末尾に連署する有志一同は、同和対策協議会委員並びに専門委員として、責務の自覚に基づき、当面の主要な若干の問題につき意見を交換した結果、大体以下述べるとおり見解の一致をみましたので、私どもの意の存するところを理解していただき、同対協の活動につき一段のご配慮と然るべき善処を要請するため、この意見書を提出するものであります。

理　由

1、同対協は、同和対策事業特別措置法に基づき政府が行なう同和対策の円滑な推進を図る目的をもって各省庁の行政機能を補完するための附属機関として設置されたものであると考えます。

ところが、最近における同対協の活動状態を反省すると、課せられた任務を十分はたしえていないように思われます。その原因として以下述べるような問題点を指摘することができます。

2、まづ《ママ》何よりも、政府の姿勢が問題であります。佐藤首相はしばしば、同対審答申を尊重し《ママ》その提案を具体化して同和問題の根本的解決を図るべく必要な諸施策を積極的に実施する旨を言明されました。それにもかゝわらず、長期計画実施第二年度の事業計画の規模および予算措置を見ますと、遺憾ながら、首相の公約は具現されていません。同和対策予算は比較的高率の増加を示していることは事実でありますが、問題の根本的解決を志向する積極的意欲は見られず、われわれに期待を裏切られたという感情を抱かせました。

3、同対審答申は、その提案の一つとして、同和対策を効果的に実施する手段として専掌的な行政組織（機関）の必要を強調していますが、その実現を見ないのはまことに遺憾であります。そのため、関係各省庁の同和対策はそれ

ぞれ個別的に実施せられ、全体としての総合的な計画性を欠くうらみがあります。それにもかゝわらず、総理府審議室の機能にはおのずから限界があるため、関係各省庁の同和対策を統一調整し国の同和対策として一本化することに失敗し、中央・地方の同和対策は脈絡を欠き断絶が生じています。

4、同対審答申、法律制定、長期計画策定などの一連の好条件により、地方自治体と同和地区民衆は、国の同和対策に大きな期待をかけ、問題解決の促進に明るい希望を抱いたのでありますが、前記のような悲観的状況に直面し、いまや失望と不満の兆候があらわれています。

それのみでなく、同和地区住民のニードの高まりに対応するための財源難につきあたり困惑している市町村は、地区住民の要求と国の財政援助の過少との板ばさみに立たされ、深刻な苦悩に陥っているというのが実情であります。

5、私どもは、堀木会長の熱意と力量を高く評価し尊敬しています。けれどもそれとはべつに、同対協の活動がきわめて低調であることを卒直に指摘せざるを得ません。単に総会の度数が少ないということでだけではなく、総会そのものが内容的にははなはだ空疎であります。官庁側委員はほとんど出席せず、民間側委員の質問や意見にたいし責任ある答弁をなしえない低い地位の代理者が出席する慣例となっています。現下の社会経済状態の急激な大きな変動が対象地区にどのような影響をおよぼし、対象地区にどのような変化が生じたか、中央・地方における長期計画の策定が適切であるか、さらにまた実施されつつある具体的諸施策の成果と欠陥をいかに評価すべきか、というような問題について総会で論議されたことはただの一度もない。総会は同和対策の重要問題を審議する場所ではなく、官庁の一方的な報告を聴かされる場所にすぎないものとなり、まったく形骸化しています。民間側委員（とくに同和地区委員）と官庁側委員（その代理者）との間における相互理解と連帯意識の欠除《ママ》から、前者は徒らに不満、抗議、問責の弁のみを弄し、後者はひたすら責任回避の沈黙をまもるというありさまです。つねに総会は午後二時に始まり午後四時に終わるという短時間のため、委員並びに専門委員の発言の機会が十分保障されないという　非民主的な運営も問題であります。

提　案

前記の批判と反省をふまえて、同対協の今後の活動を積極的な意義あるものとするための改善方策として、私どもは、次の事項を提案します。

A)部会の設置と活動の推進

同対協内部に、環境・経済・教育の三部会を設け、委員並びに専門委員はそれぞれ各部会のいずれかに所属するよう措置し、各部会に、会長の任命する部会長を置くものとすること。各部会は、それぞれ分担の分野における調査研究活動を行ない、文書で会長に報告することとし、会長は、各部会の報告を総括して総会の審議にかけ、総会の決定に基づきそれを総理大臣並びに関係各省庁の長官に進達するものとすること。

B)公聴・懇談会の開催

部落解放同盟、全日本同和会、全国同和対策協議会及び全国同和教育研究協議会の各代表若干名を個別的に招致し、同和問題と同和対策等に関する意見を聴取するとともに同対協との意見の交換などを行ない、相互理解と協力関係を保持するための対話の機会を設けること。

また、自由民主党、日本社会党、公明党、民主社会党、日本共産党など各政党の代表者若干名を招致し、同和対策に関する各党の政策や方針を聴取し、同対協との意見交換を行ない、政党の協力態勢をつくるための懇談の機会を設けること。

結　語

私どもは、同和問題の解決、部落解放のために過去半世紀にわたり努力して来ましたが、幸いにして、国及び地方公共団体の行政責任と国民連帯の課題として同和問題の解決を促進する気運が醸成された今日の好ましい情勢に際会することができました。

この秋にあたり、私どもは、同対協委員並びに専門委員としての責務の重大性をひとしお痛感するものであります。そしてそれ故にこそ、私どもは同対協の活動の現状を黙視することができず、潜越《ママ》をかえりみず、この意見書を提出することを申合わせたのであります。

願わくば、われわれのこの微意を諒承せられ、上述の提案を採択のうえ速かに同対協の活動を充実強化するための適当なる措置を講ぜられんことを要請する次第であります。

以上

昭和45年12月　日

委員　柳井　政雄
仝　米田　富
仝　井戸内　正
仝　北原　泰作

専門委員　山本　政夫
仝　藤範　晃誠
仝　野本　武一

総理府総務長官　山中　貞則殿
同対協　会長　堀木　鎌三殿

【2673】Ａ4コクヨ便箋ペン字横書きコピー8枚

58　一九六九（昭和四四）年三月一一日　第四回同和対策協議会速記録

於　都道府県会館

〇小熊参事官　お待たせいたしました。
それでは、ただいまから第四回同和対策協議会総会を開催いたします。

〇堀木会長　お忙しいところをおいで願いましてありがとうございました。

本日の議題につきましては、お手元の議事次第にありますように、同和対策長期計画の策定についての問題と、かねて問題になっております立法措置についてでございます。

長期計画については、前回の総会でおはかりしましたわけですが、ご審議の時間が非常に少なかったのでなお検討すべしという皆さんのご意見がございましたので、再度、あまり変わっておりませんが、政府部内でさらに検討を重ねてもらったわけでございます。

立法措置につきましては、かねてから四党国会対策副委員長のところで相談して、各党一致の意見でまとめたいということで、その実現を待ちかまえておったのでございますが、後ほど事務当局からご説明があると思います。きょうはお示しできたら非常に幸せだと思いましたが、何分もみにもんだ問題でございますから、きょうその草案をお手元まで差し上げる段階に至っていないのは非常に残念でございます。しかし、ともかく初めは全然日の目を見ないで終わるんではないかと心配しておりましたが、皆さんのご援助とご努力によりまして、だいぶもう終局に近くなったんではなかろうかと、こう考えております。まあ初めから申し上げておくのは少し早まっておりますかもしれませんが、立法措置についてまだきょうの段階はいま申し上げたような事柄でございますので、今月末には大丈夫でき上がるのではないか、こういうふうな見通しをしておりますので、もう一度その法律ができましたら皆さんにご披露申し上げたいと思います。大体この協議会でつくりました法律案要綱と申しますか、それにもっと具体的な財政的措置が主として加わったところが目新しいので、そういう点非常に皆さんの意見が取り入れられておる点と思うのでありま す。お忙しいところですが、今月末にもう一度お集まりを願おうかと、こういうふうに考えておりますから、それをお含みの上、議事進行していただきたいと思います。

それでは最初に、お手元に配付されております同和対策長期計画案について、総理府のほうから、各省の考えを統合したものを一ぺんご説明願いますが、あまりどうもきょうのは前のと変わっていないので、ともかくも一応この間読み上げただけだったので、ご説明を事務当局から願いましょう。

○小熊参事官　それでは、本日の配付資料に基づきまして、「同和対策長期計画（案）」につきまして、一応各省とも何回か集まりましてご相談申し上げたわけですが、その結果につきましてご報告申し上げたいと思います。お手元に「同和対策長期計画（案）」と、それから「同和対策長期計画案（第二次案）に対する意見」、それから青刷りで辰巳委員からの意見具申、これをお配りしてございます。

前回の総会の際に、諸先生方からいろいろご意見が出まして、会長の裁量では一週間以内にそれぞれ意見を文書でまとめてお出しいただきたい、こういうお願いを申し上げたわけでございますが、文書でいただきました分が参考資料としてお配りしました第二次案に対する意見でございます。北原先生、米田先生、柳井先生、山本政夫先生、山本登先生、その五人の先生方からの意見でございます。辰巳先生からの分につきましては、これは昨日の朝私どものほうへいただきましたので印刷物として盛り込むことができませんでしたので、青刷りとしてお配りしたような次第でございます。したがいまして、五人の先生方の意見につきましていろいろ私ども取りまとめてみたわけでございますがその結果、大体先生方の意見について、大まかにまとめてみますと、第一点は、政府の長期計画に対する姿勢と申しますか、態度についてどうも表現が少し足りないんじゃないか、こういうご指摘が一つかと思います。それから第二点は、この計画の具体性というか、具現性というか、それの一つの大きな原因が事業量が明示されていないという点にあるかと思いますが、要するに計画像というものがはっきりどうも出てこないのではないか、こういうご指摘。それから第三点が、この計画の実施の問題になるかと思いますが、この計画の総合性といいますか、計画性といいますか、この点に欠けているんではないか。それから第四点が、各省のそれぞれの施策に対するご不満と申しますかご意見。大体こういった大きく四つに分けられるんではないかと思いますが、そこで第一点の政府の姿勢、態度につきましては、私ども前々、前回お出ししました案につきましても、一応この同和対策審議会からの出されました答申、あるいは協議会から出されました長期計画策定に関する意見、こういったものを十分踏まえてやるんだというような考えを持っておりましたし、そういうことで一応ご了解願えるのではないかということで、まあその上さらに政府が立てる長期計画であまり何といいますか、精神訓話的なものを盛り込んだ計画というのもあまり見当たりませんので、一応簡単にしておったわけですが、たびたびのご意見もありますので、この点に関しましては長期計画案の本日お配りしました前書きの部分、あるいは基本方針のところで若干手直しをいたしまして、たとえば前書きの部分で中ごろになりますが、「同和問題は、歴史的社会的根源を有する問題であり、一朝一夕の努力をもってこれを解決することは極めて困難であると思われるが、これは日本国憲法に保障された基本的人権にかかわる問題であり」ということで、こういったような文言を加えるとか、あるいはすでに前回会長からもご指摘があったわけですが、さらに一番最後のパラグラフで、「政府は、この問題の解決のために、同和対策審議会答申の趣旨を尊重し」、こういった文言を加えまして、まあ姿勢といいますか、態度をよりはっきりさせる、こういったことで修正を行なったわけです。

それから第二点の計画の具体性、さらに言いますと計画の全体の事業量がどのぐらいになるか、これは五人の先生とも皆さん共通のご意見であったわけです。これにつきましては、全然いままでやっていなかったわけではなくて、それぞれ各省が大蔵当局も含めまして私どもいろいろ調整を続けてまいったわけであります。しかし、あるものについてはそういった事業量をわりあい容易に把握できるものもありますし、中にはまたなかなか把握しにくい、こういったようなものもございまして、なかなか歩調が合わない。

そこでこれは今回の計画には盛られておりませんが、今後ともこういった事業量を――事業量といいますか、目標といいますか、こういったものをなるべくはっきりさせるための努力、これは今後とも続けていきたい、このように考えておるわけでございます。

それから各省の施策について、単に各省の縦割り行政そのものじゃないか、全然総合性に欠けておるんではないか、こういうご意見でございますが、これは意見書にもありますように、この計画自体それぞれ実施官庁である各省が作成しまして計画を立てたものでございまして、勢い縦割りにならざるを得なかったような事情もあるわけですが、この総合性の問題については、単に各省だけの問題ではなくて、また地方公共団体との連絡といいますか、調整といいますか、こういったものも考えあわせながら、今後実施段階でそういった総合性に欠けることのないように配慮していきたい、このように考えておるわけです。

それから第四点の各省の施策に対していろいろご意見が出ておるわけでありますが、この計画案に盛られておりま す各省の施策がかなり抽象的といいますか、包括的に書かれておりますので、何か物足りない、心もとないという感じを与えておる点は確かにあるかと思います。しかし各省の施策を、この前協議会からお出しいただいた長期計画に対する意見書と比べてみますと、そんなに漏れているわけではないので、ただ具体性に具体的な施策が一々掲げていない、こういうところに若干問題があるのではないかと思うわけですが、これを実施する上での予算編成等に際しては、それぞれやはり積み上げ方式でいろいろ具体的な施策を盛り込んでいくわけでございますから、まあ大部分のものに関しては原案の中で読み込めるのではないか、このように考えておるわけです。各省の施策については、なおこまかい点もあるかと思いますので、これは先生方からのご質問に対して各省からお答えいただくという形でご審議いただきたいと思います。

以上、簡単ですが、長期計画についての連絡役としての総理府からの説明を終わります。

○堀木会長　僕が口を出したらおかしいのだが、第一点のあなたのあげた政府の施策の態度、意識、姿勢といったことについてだけれども、僕はそういう点について各委員からおっしゃったことは、もっと根本的なことなので、いままでの行政の態度が何パーセント増しだというふうなところに低迷していることが問題だ。そういう点が審議会の答申なり、長期計画の策定方針の中間報告の意識の上に立っての施策でないと、こういうことがこの間一番指摘されたんじゃなかったかな。具体的には、そういう政府の態度、姿勢というふうなことについての説明、これではちょっと足りないような気がするんだがね。そうじゃなかったたか。

○本城委員　そうだったですね。

○堀木会長　根本的な、まあ従来の何パーセント増というような形ではなくて、同和問題を考えるときには、根本的にもっと飛躍した次元においてものを考えていけということが共通したご不満だったように僕は考えているのです。ことに北原さんの出していただいた報告書を一言にしていえば、ややそういうところじゃないかと思う。それから柳井さんはもっと露骨な話を具体的に出しておられる。だからその点は、各省せっかく努力していろいろやってくださったんだが、そういう点をつけ加えないとちょっと困るのですね。つまり審議会の答申に即応する姿勢が内閣の姿勢としてなっていないじゃないか、そうですね。

○北原委員　そうです。

○堀木会長　どうもそういうところが一番大きなところで、あとこまかいことは言わぬけれども、そこが一番大切なんだというふうに僕は記憶しているのだ。それをうまく書いてくれよ。

○山本(政)専門委員　おそれ入りますが、前文をひとつ総理府のほうで読んでいただけないでしょうか。

〔同和対策長期計画（案）前文朗読〕

○小熊参事官　なお、基本方針もちょっと訂正しましたので、基本方針の前書きといいますか、はしがきをつけましたので、それをちょっと読ませていただきます。

〔Ｉ基本方針朗読〕

○山本(政)専門委員　別に基本方針は変わっていないわけですね。

○小熊参事官　目標を掲げたということでございます。

○北原委員　先ほど会長がおっしゃったように、私どももう少し全体としての政府の姿勢、行政における姿勢、それをもっと強く出してもらいたいと思います。たとえば基本方針のところでも、「同和地区住民の社会的経済的地位の向上を不当にはばむ諸要因を解消」という、これ一つありますね。これは消極的な態度で、地区よりも地区を取り巻く日本社会全体の経済、社会状態の、たとえばはっきり申しますと、身分的な差別によるところの不当にはばむ条件というような身分的差別、それと同時に地区に対するもっと積極的な、そこをここでは「同和地区における他の地域との格差の是正」ということばであらわれておりますが、これをもっと積極的に、たとえば私はその点を「社会的・経済的・文化的な低位性のハンディキャップを克服し、地区住民の生活文化水準および社会的地位の向上を図り、不当な差別を根絶する」といったように、具体的に積極的な地区に対する地区の条件をよくするための、つまり格差是正とここでいわれておりますことを、もっと具体的に強調していただきたいと思うのです。

○**小熊参事官**　その具体的なものが中の施策に出てくるのではないかと思うのです。ここでは目標といいますか、掲げているわけですから、ここで具体的な施策を並べますと、全般的にいえることなんですけれども、具体的になるべく書いたほうがいいだろうと思いますが、それをやりますと同対審の答申を一冊またつくるようなかっこうになるような気がするのでございます。

○**北原委員**　だけれども、これ自体が独立した文章になりますので、会長堀木鎌三の名前で出されるので、前の木村忠二郎会長の名前で出されたと同じようにこれがまた出されるので。

○**小熊参事官**　この計画は、これはこの前の長期計画に対する意見にありますように、政府が計画をつくれ、これに対してつくる際には協議会にも見せろ、こういうご注文があるわけでございまして、これは堀木会長の名前で出る性質のものではございません。

○**北原委員**　その点は取り消します。

もう一つ非常に重要な問題と思いますのは、全体から申しましてこれは計画策定の方針書みたいなものでございまして、計画自身じゃないんですね、プランがないのですね、計画書というものはやはりプランがなければ、どうしても私は計画策定の方針のように思うのです。各省はこういう方針でこういうことをやるということであって、それはどういうことを、どういう事業量をどういうように、たとえば十ヵ年計画の初年度の年次計画、次はどうだ、前期五年の年次計画はどうだということが出てこないので、これは計画とはいえないと思うのですよ。だからもしそれをいま事業量を示して、計画を具体的に立てることができないとするならば、年次計画をどういうふうに立てるかということを、ここではっきりしていかなければいかぬと思うのです。たとえば年次計画を昭和四十四年度を第一年度とするなら、四十三年度の年度末までには四十四年度の第一年度の年次計画、こういう事業量でこういうことをやるのだという具体的な計画案を示す、それを協議会にはかってお立てになるとか、そして第二年度はこうだと、一年ごとに区切ってもやむを得ないからよろしいと、五年間の全部を立てられなければ年次ごとでもいいと思いますが、そういう事業計画というものがここには全然ない。計画を立てる方針にすぎないのですね、これは。

○**小熊参事官**　事業計画については、先ほども申し上げましたが、ずいぶん各省と何べんも集まりましていろいろ議論はいたしたのでございますけれども、先生のご承知のように同和地区といいますと、いろいろ過疎地帯あり、過密地帯あり、農村あり、漁村あり、特殊産業地区ありということで、ほかの住宅五ヵ年計画とか、道路の計画とか、何年間に何戸建てるのだというようなことですむような計画と違うものですから、ですからあるものについては、たとえば隣保館なら隣保館について現在調べたところではどれだけないところがあると、だからそれは建てるのだというような計画なら、それは出てくるわけなんだろうと思いますけれども、まあそれにしても出てこないいろいろな道路の問題とか、なかなか立てにくい問題もあるにはあるのですけれども、そういった点で今後ともなお検討したいということでいま考えておるわけでございます。

○北原委員　どうもその点が計画書とは受け取れない。

○小熊参事官　その意味で先ほど申し上げましたように、地方公共団体との調整といいますか、連絡、これが非常に重要なんじゃないかということを、私個人なりに考えておるわけでございますけれども、各省が意見書にありますように長期計画をつくれということで各省がつくりますと、いま申し上げましたように隣保館は幾つつくる、何は幾つつくる、こういうような計画にどうしてもならざるを得ない、私どものあるいは調整のまずい点もあるのかと思いますけれども、そういう点もございますので、今後ともひとつ詰めていきたいと考えておるわけでございます。

○北原委員　やはりあれですか、昭和四十四年を初年度とする十ヵ年計画ですね。そうしますと、四十四年度のこの間お示しになった各省予算ですね、これが私たちが考えているような十ヵ年計画の初年度としての計画を裏づける、財政的な裏づけとしてのそういう性格を持っているかどうかということには、大いに疑問を感ずる。ただ従来のやられてきました事業、それの事業幾らか増して三割か三割五分ですか、予算の面で増加した予算であって、こういう総合的な、抜本的解決を目ざすところの、しかも前期五年計画の初年度であるというような意味の、そういう意欲的な性格が一つもそこからは汲みとれないじゃないかというように思うのです。一年お延ばしになって四十五年度から十ヵ年計画をやるというのなら、これはまた別ですけれども、四十四年度を初年度とするならば、一体四十四年度の予算というものはそういう性格を持つものであるかどうかということ、これは大いに疑問だと思うのです。

○野本専門委員　関連質問ですが、各省とも四十四年度を第一年度として予算編成をされたのか、そういう点が意思統一されているのかどうか、そういう点お聞きしたいのです。

○小熊参事官　各省とも大体四十四年度を初年度とすると

いう心組みといいますか、それを踏まえて予算の編成をしている。

○野本専門委員　心組みだけでしょう。そうすると、たとえば大蔵省は財政的な問題、その他の省との意思統一がなされていないと思うのです。四十四年度を初年度とするという方針は、その点は意見が一致していないと思うのです。それは私どものほうの部落解放同盟が各省に要請に行って意思不統一だということは明らかになっているのです。

○堀木会長　卒直に言うと、僕はきょうはなるべく答弁しまいと思ったのだが、四十二年の二月二十五日の同和対策長期計画の策定方針に関する意見、これが出ているのですよね。それで各省は、こういうところについてはこういう点が欠けるところがあるから、長期計画策定にあたっては十分考慮してくれということが具体的にあらわれておる。柳井君が、この間何だ中間答申より後退しているじゃないかと言われる感覚をこれから受けられることは、この策定方針自身をつくった僕としても考えられるのですよ。はたしてこれを踏まえた上の、四十四年度を初年度とする同和対策であるか、この同和対策長期計画の策定方針に関する意見というのは、まさに僕の名前で総理大臣以下各省大臣に出したのですからね。これを踏んまえて四十四年度はできているはずなんだが、最初に申し上げたように、どうも皆さんから受ける感覚は、どうも踏んまえてやったんならもっと飛躍的、抜本的にこの問題と取り組む姿勢がなくちゃおかしいじゃないかということに帰着するんじゃないですかね。これは僕は一生懸命に書いたんだけれどもね。しかし、この長期計画を策定するということは各省の行政の実施の部門ですからね。僕は日本国全体も、あるいは各官庁も、われわれがここで問題を討議している態度なり、意識まで上がってやっているとは思わないんですよ。しかし、それをいまさら言ったって、僕らに実施計画を策定しろと言われても、これは行政措置ですからね。われわれとしてはそういう点はこの実施にあたっては、さらにさきに出した同和対策長期計画の策定方針に関する意見から見ると、はなはだ遠いものがあるけれども、その点についてはもっと十分考慮が払われるべきものだ。長い間の封建的社会から出てきたそういうものについては、そういう姿勢に立って見ると足りないところがあるということを、意見として注文をつけるよりほかないと思うのですけれどもね。

○磯村委員　私は前回から聞いておりまして一回休みまして失礼したのですが、この計画案の皆さん方の具体的なご審議の内容をよく知らないのですけれども、いまこれを拝見しておりまして、会長はじめ皆さんのご意見がございましたように、かなり物足りなさを感ずるわけなんですが、ただし会長が言われましたし、皆さん方も言われましたのですが、いわゆる同対審と同対協の答申に対して政府がどのようにこたえているかという文章が一行か二行ないか、また全部を変えなければならぬ。それで私は簡単に私の意見を申し上げますと、前文の一番おしまいのパラグラフへ持っていきまして、「政府は、この問題の解決のために同和対策審議会の趣旨を尊重し」という、どのように尊重しているかということをここではっきり政府に答弁してもらいたい。その趣旨を政府に変《ママ》わって私がここに文章を書くとしますと、「同和対策審議会及び同対協の答申の趣旨がわが国における同和問題に対する中央並びに地方の行政施策に基本的な検討と方策の確立を求めているものであると理解し」と、こういうことでもないと、前の「尊重する」だけでは、近ごろ学生たちと話をしておりますと、こういうことばは通用いたしませんので、もうちょっと具体的に、この程度ならば会長のおっしゃった趣旨にも沿うのではないか。つまり中央並びに地方の行政施策に基本的な検討と方策の樹立を求めているのだと、そういうものと理解しと、政府がここで返事してもらわないと、上からいきますと、意見が出されました、それに従って計画をつくりました、そして国民的課題でございますというのは、これはまあたいへんけっこうなんでございますけれども、そこまでおっしゃるなら、もう少しこう受けとめましたとおっしゃっていただけば、大体この前文で、あとは内容の検討になるのではないか。まあ一回休みました責任上、そういう意見を申し上げます。

○柳井委員　いま磯村先生からお聞きしまして、なんぼか安心したのですが、第一にお尋ねしたいのは、この長期計画の案は、いま堀木会長の名前ではない、各省からこれは出されたもので、それをいまの協議会にかけて、そして検討を仰ぐということなんですか。それともこの協議会にこれの決定権があるのかどうなのか、その性格をひとつ示していただきたい。ここでいまの長期計画を修正するわれわれにそれだけの責任があるのかどうなのか。ただその報告を聞いて、それで終ってしまうのかどうなのか、それが第一に問題だと思うのです。

○磯村委員　その点について私が返事するのはおかしいのですけれども、審議会とは違いまして協議会でございますから、おそらく政府のほうにおかれても、こういうここの一、二、三のパラグラフで見てまいりますと、こういたしましたと、したがいまして最後にこういう方針をきめるから、まあ会長にご諮問を申し上げたというので、おそらく修正と申しますか、意見を申し上げれば受け入れていただけると私自身は個人的に考えております。

○柳井委員　これはわれわれの協議会の権限ではないわけなんですね。

○堀木会長　ない。

○柳井委員　これが一番大事な問題なんで、われわれ三百万の団体が二つが来ている以上は、将来批判を仰がなければならない。これは長期計画の一番大事な問題なんでありります。一応その面はひとつ安心いたしました。

それから、この長期計画に対する予算の裏づけという、一番大事なものがなぜなされていないのか。ご承知のように全国の基礎調査もなされ、あるいは不満足ではあるが精密調査もなされ、その中から同和問題を解決をつけるためには十ヵ年なら十ヵ年にこれだけの経費が要るんだということは、およそわかっていると思う。そうすれば、前期の五ヵ年に対して、先ほど参事官は道路がどうであるとか、あるいは環境がどうであるとか、あるいは不良住宅がどうであるということをおっしゃいましたが、そのとおりでございます。目に見えるものだけでも、前期にこれだけの不良住宅を全国にやればこれだけの住宅が要るのだ、あるいは下排水をやり、環境改善のために、地区道路のためにはこれだけのものが要るのだということは、精密調査と基礎調査で大体わかっているはずなんです。そこでなぜそれでは五ヵ年にこれだけの金が要るのだからという、その予算の裏づけが一切これにはなされていない。予算の裏づけがなくして、十ヵ年の計画をなされるから、先ほど北原委員が指摘いたしましたように四十四年度の七十何億、これは三十五年から政府、自民党が同和対策を取り上げて、それから一切変わっていない。物価の上昇とともに、七十五億なんぼになることは決してこれは努力じゃない。予算がそれだけ上がってきているわけなんです。だから十ヵ年計画ならばこれとこれだけ、実態調査もした、精密調査もしたから、これだけ新しいものが部落にはある、こういう特異な問題がある。この特異の問題を取り上げるということに対してこそ、私は精密調査をした、実態調査をやった、そこに一つの効果が、十ヵ年計画の一年目には出てこなければいけない、それがこれには一切なされていない。普通と同じことで十ヵ年計画ということはいえない、これが現在の同和対策に対する政府の姿勢だといっても過言ではない。もしそれが真剣に同和問題を取り上げておるならば、四十四年度を当初ともしなされたならば、そうした事実がここに四十四年度の予算上に出てこなければいけない。これが一切なされていない。あるいは私が意見書の中にも出しましたが、いろいろ各省に対して具体的なものを出しているが、それが一切なされていない。私は、これは会長からお叱りを受けるかもわかりませんが、いまの長期計画は、これは答申と長期計画案の意見書を抜すいしたにすぎない。一つもそこには努力というものがないといっても過言じゃないと思う。これで実際に、ほんとうにいまの日本の社会にある三百万という部落の問題を解決つくかつかないかということを、ひとつ冷静に考えていただきたい。

以上でございます。

○堀木会長　柳井君、それはよくわかるのだけれども、要するにあなたの言われることは、事業量自身がはっきりしてないじゃないかということ。しかし、実はこの裏に数字を各省は持っているのですよ、一応。持っていることはたしかなんだ、四十四年度予算編成をしたのだから。持っているんだが、まあご承知のとおり予算というのは、国会が通ると各省みんな実施計画をさらにこまかくつくるものですから、その分がまだ実はできていない。だからある程度の数字は予測できるのですよ、僕としては。しかしまあ行政官庁が一応これだけ努力してくるようになったのも、この協議会の功績といえるかどうかは別にしても、ある程度の指導性があったからここまできたんだということは僕は認めるんです。だから官庁的におやりになるのと、われわれみたいに徳川三百年代から今日に至るまで、国民の間にしみ通っている封建制からくるものを、この際まあ十年の間に沸〔拂〕拭してしまおうというふうな意気込みでやっている形とは、はなはだしく懸隔がある。そういうことは僕らが表現して一向差しつかえないんじゃないか。各省せっかくおつくりになった労は多とするが、僕らとしてはそういう意見を、批判をつけたっていいじゃないか。あと今度は具体的なこまかい問題で、まあちょっとそう言っては悪いけれども、僕は柳井君ほど専門家じゃないことは自覚しているんだが、だけれどもまだわれわれの任期が実は一年あるのですよね。そうすると、四十五年度からの実施なんといっていると手ぬるいんだよ。四十四年度から各省にやらしてみて、どこが悪いかをさらに具体的にしないと間に合わないと僕は思うのです。これはだめだから、四十五年度からやれなんていわれても、それこそ実は手ぬるい問題だと、こういうふうに考えるから、それは四十四年度まあ各省もいろいろ予算がきまった上のことだが、いまの意見を聞いて、もう少しこういうところは実施計画も考えてやるだけの誠意はあってもいいと思うのだ。まああまりこまかいことは僕らが行政事務をやっているんじゃないんだから、その姿勢だけはっきりさしたらいいじゃないか。

○北原委員　こういう点どうなんでしょう。一番最初申し上げたのは誤解で、審議会と違うということはわかりますが、協議会として政府提出の計画案なるものに対する批判的な意見を協議会としてまとめて、それを会長堀木鎌三の名前で意見書として出すということができますかどうですか。しかし、協議会の約半分は構成メンバーから申しますとお役人なんで、お役人ははたしてわれわれの意見に同調してくれて、そういう批判的意見に賛成されるかどうかという問題も一つあるわけですね。

○堀木会長　法律的に見て協議会としての統一的な見解はできないだろうが、役所を除いた各委員個々の集約した意見を述べることは、さしつかえないと思います。長期策定方針に関する件でそのくらい各省のなににメスを入れることは自由だと思うのですがね。それもできないような協議会なら解散しましょうや。

○北原委員　ちょっと意味がないですね。

○米田委員　先ほどからの会長なり、それから参事官の説明を聞いておりますと、これはまあ私ども意見書を出しましたように、こんなのは計画書ではなくて、この計画書を出すにあたっての前文的な城《ママ》を出ないということは意見書に書いたとおりです。したがって、私どもとしてはそれ以上の意見を申し上げません。そこで政府各省におかれましては、これは前文的なものと見て具体的なものをさらにお出しになる用意がおありなのかどうか。私どもの意見を批判と申し上げて失礼なら、私どもの意見を申し上げさせていただく機会を得るとするならば、具体案が出てから先のことだと思います。このままで各省の行政ベースでしかるべくおやりになるということであれば、私は十ヵ年で審議会が意図した目的が達成されるという自信をお持ちなのかいなかという一点だけ押さえておきたいと思います。その数字や量がわかりませんから不安なものですから、意見が言えないということなんです。

○堀木会長　それはそうなんだよ。確かに僕自身もそうなんだよ。

○米田委員　予算がどうだとか、あるいは時間がなかったとか、それでこれだけしかできませんといわれても、時間は絶対ですから、十ヵ年たてばそれでおしまいということになる危険性もあると思いますので、そのところをはっきり伺っておきたいと思うのです。

○小熊参事官　いまの米田先生のご質問ですが、私最初に申し上げましたように、確かにこの計画案に対する五人の先生方のご意見を拝見いたしますと、共通して事業量がうたわれていないということに対する不安といいますか、ご意見があったわけです。それでこれについては、私どもも今後ともなるべく早い機会に各省集まりまして事業量をきめていく。こういう作業にとりかかりたいというふうに考えているわけでございます。

○米田委員　私の考えは、計画そのものは私は行政当局がお立てになるのがあたりまえだと思うのです。人さまのつくったものをおやめなさいといっても始まる話ではないので、これはやはり責任を持って実行できるという範囲でおやりになることは、私は行政当局の責任だと思います。しかしそれを完璧《ママ》を期する意味で協議会におはかりになっておるんなら、その出てきた案に対して協議会としては何らかの賛否の意見を申し上げなければ、協議会の意味がないという考えから申し上げておるのです。行政当局は、いやそれならそれはわしのほうで責任を持ってやるんだから、協議会にはかる必要はない、私のほうが責任を持つのだとおっしゃるか、あるいはなお完璧《ママ》を期する意味においてせっかく設置されている協議会の意見をも問うのだと、こういう態度かは、それは私は行政側のご意見のしからしむるところだと思います。

○小熊参事官　おっしゃるような感じでございます。

○本城委員　私もこれを拝見いたしまして、いま各委員がおっしゃったのと思じような感じを持つわけです。これは計画の前提を書いているのであって、計画ではない。一般に計画といいますと、たとえば東京都の長期計画といいますと、シビル・ミニマムというのがあって、これを達成するためにどういうことをするか。それでそれを頭に置きまして、これをいろいろ考えてみたんですが、私も昨年精密調査のお手伝いをさせていただきまして、それ以来考えてみておるのですが、なかなかシビル・ミニマムらしいものを出すというのはむずかしいだろう。つまり非常にさまざまな施策をそれからそれへと手を打っていくということが、同和対策ということの根本的な問題であって、だからあまり簡単に――非常に具体的な例で申し上げますと、共同便所をつくらなければいけない、ところが共同便所をつくるというふうなことは書いてございますが、しかし共同便所というものが必ずしもそれぞれの部落で要るとは限らない。むしろそれを取っ払うような時期にきているというようなところもある。それを一律に共同便所は何戸に一つというような水準にしなければいかぬからなんぼつくれと、こういうようなものが出てまいりますと、むしろ私たちは非常にまずい長期計画を考えるようなことになる。

それで、この問題のもう一つのむずかしさは、たとえば同和対策庁というようなものがありまして、一切の予算と人事権のようなものを持っていて、何年後にこういうものにするのだというようなはっきりしたものがありますれば……。むしろ私は国では大きな方針を出して、中央及び地方官庁がその方針に向かって努力するということが必要なんで、ですからこの段階でまだ一昨年の精密調査あるいは全体的な調査を踏まえてもそれを踏まえた上で各省がそれをいま出してこられても、これが長期計画であるということが、ちょっといえないのではないか。うっかりいうということが、実はかえってマイナスになるのではないかという感じがするわけです。ですから私は、むしろ先ほど会長がおっしゃいました法律のほうが進んでいるというふうなおことばに、実は非常に関心を持つわけです。何かそういうふうなしっかりした足がかりをつくって、それと並行しながら長期計画をかためていく。それで先ほど会長がおっしゃいましたように、四十四年度の成果がどうであったかということにわれわれもはっきり注目するということのほうがいいのではないかというような感じを持っております。

会長さん、私がいま申し上げることはさようなことでございます。

○山本(政)専門委員　まあ先生方のご意見を承りまして、一々ごもっともだと思うのです。ことに各省庁が非常に苦労されたり、それから総理府がおまとめになる上の苦労もずいぶんあったと思うのですが、ただ全体を総括して申しますと、やはり問題そのものが長期計画という面が必要であるのでありますから、総合性と計画性というものがある程度明らかにしなければいかぬのじゃないかという感じが、各省の関係の間における総合性と、それからそれを踏まえた計画性というものは、これは長期計画である限りは明らかにしなければいかぬのではないか。しかしそれを積算していってどういうふうに持っていくかということになると、各省庁とも相当苦労が多いと思うのですが、その点についてのもう少しご努力がほしいという感じがすることは、大体同感なんです。

それからもう一点は、近く出されるであろう措置法との関連性ですが、それを考えてみます場合に、四十四年度予算というものは、大体ほかの委員の方も指摘されたような四十三年度予算の踏襲であって、それをベースアップ、補助率をアップしたという点が考えられていない。その一番いい例は、二分の一補助であったものが依然として二分の一補助、三分の一補助が依然として三分の一補助で、ちっとも新しい計画を踏まえた補助率についての配慮がなされていない。これは大蔵省との間にご苦心があったと思うのでありますが、そういう点から申しますならば、やっぱり措置法で一応補助率をどう考えているのか、これが知りたいという感じなんですが、おそらく措置法が出ました場合に、いままでと同じような補助率で二分の一の分は二分の一にするのだ、三分の一の分は三分の一にするのだというふうにはならない。それでは計画にはならないと思うので、やっぱり措置法との関連というものが非常にウエイトを持ってくると思うのですが、それは一年しんぼうしろといわれればそれでけっこうですが、その点が一つ問題がありますのと、それからもう一つは私の意見書でも申し上げておいたのですが、少なくとも各省の、大体うちの省としては五年間にこれぐらいいくというような見通しは、小熊参事官がおっしゃったように思うのですが、いまの時点においてもそれはあると思うのです。それぐらいのものをお示しになってもいいんじゃないかという感じがするのですが、いかがでございましょうか。

○堀木会長　僕は、実際適当な時期にそういう数字的なものも出していただこうと思っておるのですがね。それが出ても、賢明なる皆さんから見れば、おそらくわれわれの城《ママ》から見ると相当ほど遠いものかもしれないが、もう一つ申しわけないと思っているのは、実は法律案ができて法律で各省ふんじばってしまって、それから出してもらおうと思っていたのですが、事心ざしと違って、まあ法律案のほうがあとになった。だけれども、考えてみますと、おそらくここら辺は官僚がなかなか手際がいいですから、補助率が変わり、あるいは地方債の問題が出て、それに対する金利の問題等が出てきても、まあ大蔵省としてはもうともかくも予算の間で実施計画をつくってくださいと、法律が出るとそれに従わなければいけませんから、予算額としてはそういうふうなものになるだろう。それをさらに追加予算なりその他なりで補正していけるかどうかという問題は、もう少し様子を見なければいけないと、こう思っているのですがね。それまでまあ不満なところはあるだろうけれども、まあまあそう言っては悪いけれども、各省もここまで努力した点は認めなければね。これは数字の裏づけがありますよ。これは適当な時期に各省から出してもらおうと思うし、この間話したような全体的な、総合的な数量のつかみというものはある。ともかくも、まあうんと飛躍してもらいたいと思っているが、相当努力したあとは見えるから、一応四十四年度から実施しないと全然おくれるというような気がしていまして、僕らがまだ任期中にもう少し足りないところを補っていこうじゃないか、こういう気がしているのですがね。ただこの際、ここでわれわれだけは意見を表示して、こういう点についてはもっと行政当局だけの問題でなしに、政治上非常に考えなければならぬというところを、僕らの意見としてつけ加えることは一向差しつかえないじゃないか、こう思っているのですがね。一年間四十四年度を踏んまえて、よく実施の点を見て、重ねて意識の足りないところを指〔摘カ〕定するよりしようがないんじゃないかというような気がしているのですけれどもね。

○柳井委員　いまの長期計画の案で、われわれの意見の問題なんですが、これをつけ加えて、それはどこへ持っていくわけですか。

○堀木会長　それは総理大臣に出す。

○柳井委員　それならば、でき得ることなら会長ひとつ総理に会って、委員のどなたかも何名か総理のところへ行って、実際に政府の考えていることと、われわれの考えていることが違っていることを、もっと総理に認識させなければ私はいかぬのじゃないかと思う。

○堀木会長　内閣総理大臣にはそういう考えを申達していいんじゃないですか。

○柳井委員　ぜひそうしていただきたいと思うのです。それでないと、政府の案が即協議会の案だというように総理から誤解されては困ると思うのです。なぜ各省の方々に気に要らぬことを言わなければいかぬのか、ようやく最近になってわかったのですけれども、私は病人であるというように各省の方はひとつ理解していただきたい。皆さんにはヤブ医者じゃなしに名医だと思うのです。名医が医学的に見て私が苦しいということは、どこまでも想像であって、私の苦しいということは体全体の苦しいということ、それだけの私は差があると思うのです。だから私は、決して皆さんに憎しみを持って暴言を吐くわけではない。私は実は三十八度五分あるのです。実は昨日、汽車に乗るまで家族のものが氷マクラを持ってきてくれていたのです。そこで長男と私の家内が、おとうちゃんこんなにしてまで行かぬでもいいじゃないですかと言うのです。これがほんとうをいうと部落に生まれた者の宿命なんです。決して私もここに来てこの熱をもって皆さんに暴言的なものを吐きたくはないけれども、私らが生きている間にでも、私らが味わったあなた方の知らないこの差別を少しでも私らの子孫に低減させる方法をこさえなければならぬ。それが私らの精いっぱいなんです。ですからぜひそういうようにご理解していただいて、各省の方々に希望することは憎しみを持ってすることでないということだけは、ひとつこの機会にご了承していただきたいと思います。

○北原委員　それでは大体わかりましたから、これは会長がお出しになった計画の案ですが、これに対する協議会としての意見をまとめて、それを総理大臣に出してもらう。それをただ四十四年度で組まれた予算の実行を見てからということではなくて、この案そのものに対する意見を、まずひとつ出す。そして実施されたことに対する批判はまたあとで行なうということで。

○堀木会長　この案をちょっとあれしますと、「本計画においては、その内容について具体的に目標と事業量を明らかにしていないのみならず、その姿勢について、さきの同対審、同対協の意見に沿うものとは考えられない。よって……」。

○小熊参事官　ちょっとそれは、われわれとしては十分沿っているつもりですし、沿っていないというのなら沿っていない点を具体的に明示していかないと……。

○堀木会長　「よって、政府はよろしく実施にあたってこの点について特別の考慮を払われんことを期待する。」。

○北原委員　以下具体例を出すのですか。

○米田委員　いま参事官のほうから、具体的に指摘されたいということだから。

○堀木会長　そんなら、だれだれからこういう修正意見があったということで、各委員の意見を添えるか。

○柳井委員　それは卒直に申し上げて、いま参事官は全面的じゃないとおっしゃるけれども、普通行政のやりやすいところだけ抜すいして出してあるにすぎないのです。

○小熊参事官　必ずしもそうじゃなくて、長期計画に対する意見を各省とも十分踏まえていると思うのです。全部対照表をつくりまして、漏れているところをまたやり直した点もありまして、それは十分踏まえているつもりなんですが、最初に申し上げましたように若干抽象的な表現、あるいは包括的な表現になっておるということは、あるかもしれませんけれども。

○柳井委員　しかし私の意見書の中に出していますが、通産省は小規模対策の指導員以外には出していない。これが部落経済の更生に何の役に立つのか。それを具体的にやれといっているということは、同和対策には大事な問題なんですよ。たとえば厚生省がいまこさえている隣保館というものは、これは同和地区に限っての名称なんです。しかしいまの同和地区は、これを甘んじて受けなければならない環境なんです。そのいまの隣保館に対しては、必らずしも優秀な指導者が置かれていない。従っていまの隣保館事業というものの成果があがっていない。だからその基本方針を示せということは、厚生省に対しては一番大事な問題なんです。あるいは農林漁業の問題、これの問題でも部落の経済更生になるのは、それは全国で部落に国有林があるというのはわずかですけれども、国有林の払い下げでも一つしたらどうかということを出しているけれども、それには今度の意見書の中に一切触れていない。部落の一番大事な問題をわれわれは触れているのだが、この長期計画の中にはそうしたものが一切入れられていない。

○小熊参事官　たとえばいまの人の問題とか、指導者の問題、それは一体計画に盛るべき性質のものかどうか、それは実施上当然考えなきゃならない問題なんです。方針を踏まえてやるという以上は、あそこには指導者の問題も出ているわけですから、各省も当然踏まえてやっている。

○柳井委員　参事官とあれするつもりはないけれども、指導者というのが姥捨山のような指導者であって、そんなものをなんぼ置いても役に立たないということなんです。だから私は基本方針を示せと。それは同和地区に指導者がおれば、あるいはどのぐらいの人でなければいけないという、そういうようなものを示すというのが、一切いまの隣保館の運営については触れていない。

○小熊参事官　ただ指導者を姥捨山でないものをやるんだとか、そんな表現で一体……。

○柳井委員　それはここでの会議だから言うので、基本方針を示すというのは、具体的にこういう事実があるから、いまの指導する人間を選びなさい、それがためには一つの内容、どんないい隣保館をつくっても、中に入っている人間が役に立たない人間では、それは隣保館が泣くのですよ。

○小熊参事官　それは実施の問題じゃないでしょうかというのです。

○柳井委員　指導をするような人間を入れない以上は、それは役に立たないのですよ。指導するだけの能力のある者を入れなさい。それをするためには、具体的に隣保館にはこういう制度とこういう制度をしなさいということを、いま私が言ったような姥捨山みたいなところだから、そういうことでなしに、市町村に対して、県に対してこういうことをしなさいと、これはたとえば山口県なら山口県に九館ある、九館ある中で実際に隣保館活動がりっぱにできているのは四つしかない。あとの五つというものは役に立たない。そういうものを、内容を、もっと指導者というものをよくしなさいということなんです。

○堀木会長　ただ、きょうは事務当局ばかに攻勢に出ているんだけれども……。

まあそれだけに、一応誠意を持ってこの長期計画はつくったんだと思っているのですよ。だけれども、つまり根底の意識が僕は結局何というか、少し極端なことばを言えば、現在の社会制度を少し変革を及ぼしても同和問題を解決したいという立場に立つ者と、現状の状態——現実を踏んまえていこうとする者の間に意識の差があることはやむを得ないのですよ。これは僕は平行線だと思う。ただ、だんだんわれわれが努力していった結果が、初めはてんで法律案だって問題にならなかったものが、まあいま言ったような、これから事務当局が報告するようだけれども、報告するような段階になってきた。ただわれわれは、ゲバ棒じゃなくて、建設的な意見もあわせて言っているわけですよ。だからまあ一挙に百八十度転回しろということは言わない。僕は事務当局にこれを求めるということは非常に困難だ。まあ事務当局としては精いっぱいやったろう。しかしわれわれはわれわれの意見を述べることに何のちゅうちょすることがあるか。その上に立って、一応事務当局の案を了承するよりしようがないんじゃないですか。

○藤範専門委員　同対審の答申は理想的なものを答申しておりますし、今度の長期計画は現実的なものを計画しておると思います。その同対審の答申に対して渇望をしておりました期待というものに対して、今日のこの長期計画のまあ具体案といわれそうにもない具体案を拝見いたしますと失望せざるを得ない。そこで同対協の委員として意見書を提出される場合には、四十四年度をもって発足する第一年、すべて初めは非常にはなばなしくスタートを切りたいというのが人情でございますが、それに反して予算的に見ましても、事業計画の内容から見ましても、非常に貧弱なことであるというようなことがしみじみ感ぜられて、あまりにも大き過ぎるギャップがあるような気がいたしますので、これをできるだけ圧縮するようにすることが、十年計画を完成する第一年度の発足時における重要な仕事であるというような心持ちを具体的に表現していただきたいことを希望いたします。

○堀木会長　さっき読んだようなことでいいんじゃないのかな。これは君らのほうは事務的に閣議に了解を求めるんでしょう。そのときに僕らがこういう意見を持っているということを披露することは何の差しさわりがあるのだ。

○小熊参事官　各省それぞれ委員として出ておりますので、一応各省からもご意見を申し述べていただきたいと思います。

○堀木会長　ただこのギャップを埋めるのはむずかしいのだよ。智恵者の両先生が言うのだから……。

○小熊参事官　ちょっとお読みいたしましょうか。——それではちょっと先生方のご意見を。

「本計画は、その内容について具体的に目標と事業量を明らかにして示していないのみならず、その姿勢について、さきの同対審、同対協の意見に必ずしも沿っているとは考えられない。よって、政府はその実施にあたってこの点に十分反省し、特別の考慮を払われんことを期待する。」

○北原委員　うまいもんですね。

○堀木会長　なにも一片の作文でよくなるとは思わないのですよ。みんなの努力の積み重ねだと思うのですがね。だけれども、一応これだけ文句を入れようじゃないですか。君のほうの案に入れることは困るようだったら、別個の名前でやりましょう。

○小熊参事官　各省からもひとつもしご意見があれば……。

○堀木会長　法律案のあれがわかると、君らの文句も少なくなってくるのだが、法律案そのものがまだかたまっていないのは申しわけないのですけれども。

○米田委員　法律案を見れば文句を言わぬだろうとおっしゃるけれども、法律にはそういう具体的なこまかいことをいっておりませんから、その法律を基礎として各省は所管事項について同和対策としてこうやるのだという具体案がほしいというのが、私どもの気持ちなんです。

○堀木会長　あなたの言われるような具体案はあるのですよ。それでいまいったようなことを、僕らの意見としてつけ加えて総理大臣に出しましょう。これは一体同対協の会長としてだか、個人堀木鎌三としてだかわからないのだがね。

○柳井委員　それともう一つ問題は、特別措置法が近いうちに出ると思うのですが、これはわれわれが期待するものでないことは私はもうわかっている。そのときにそれをわれわれはうのみにするのかどうなのか、協議会として実際にそれをあれするのか、そういう点をひとつ明らかにしてもらいたい。

○北原委員　それは国会できまるのだから。

○柳井委員　協議会としては。

○堀木会長　露骨にいえば、今度四党の相談の結果できるものなんです。それからまあ僕のいままでの、まだはっきり知らないが仄聞しているところでは、皆さんのご了承を得た——僕が休んでいたのだが磯村さんがかかわっておやりくださった法律案と、そうかけ離れていない。むしろより具体的に、柳井君の言われるような補助率だとか、その他の財政的措置がより具体的に、あそこに書いたのを具体化したようなものができると思うのですよね。それを一体のむか、のまないかは、のまなければのまなくてもかまわないだろう。

○柳井委員　財政措置は具体的なものが出ていないですよ。

○堀木会長　いるんですよ。あれが削られてしまうとなくなってしまうのだ。まあこれはこれからの努力ですよ。

一応それでは、この長期計画自身はああいう意見をつけて了承というか、その程度の敬意は払っておきましょうや。

○米田委員　さっきのあの文書が協議会の意見だということです。

○堀木会長　しかし協議会の意見だということになると、各省反論してくるからな。

それでは次に移りましょう。いま問題になっている立法措置について、一応ご説明を願います。

○小熊参事官　実は本日、議事次第の中に立法措置についてあげましたのは、きょうぐらいには何か具体的な案がお示しできるのではないかというような見通しであげたのでございますけれども、どうもいろいろ事務上の手続のあれもありまして、非常に残念ながら本日は具体的に案の内容をお示しできないわけであります。

それでいままでの経過をここでご報告いたしまして、内容につきましては先ほど会長からお話しございましたように、今月の下旬にもう一度総会をお開きいただきまして、その席で内容についてのご報告を申し上げたい、このように考えるわけです。

法案の経過については、もう先生方もご存じだとは思いますが、この新しい国会が始まりまして二月十日、それから二月十五日、それぞれ予算委員会の席上で、総理及び床次総務長官から、この法律案の提出時期についての質問に対し、質問の内容は、四党の協議がととのったらすみやかに政府案として提出されたいというご要望と、それから四党で協議がととのわない場合でも政府案として必ず提出するようにと、こういう質問の内容でございますが、これらに対しましてとにかく法律の性質が性質であるだけに、できる限り四党で調整をつけていただくように努力願いたいと、こういう趣旨の答弁でございまして、さらにもし四党が二月中ぐらいに調整がととのえば三月上旬ぐらいをめどにして法案成文化を急ぎたいというご発言があったわけです。

これに対しまして、四党の懇談に至るいきさつについては、すでにご承知と思いますが、同対協から出ました中間意見、法案要綱でございますが、この要綱につきましては与野党ともに基本法的な性格が強くて、具体的な措置に欠けておるという点で不満がございまして、それで四党で特別の協議会を設けまして、そこでいろいろ話し合いを続けておったわけでございますが、昨年十二月の何日でしたか、ちょっと日にちははっきりしませんが、最後にどうしても意見の食い違う点をお互いに確認し合いまして、これを四党の国会対策の場に持ち上げようということで、国会対策の副委員長の間でこの話し合いをずっと進めてきたわけでございます。この四党の話し合いが先週の末になりまして、ようやく大体の話し合いのめどがついた。まだこまかい点いろいろあるわけですし、また法制化の段階でいろいろ法制局の法文に対する技術的な意見も入りますし、さらに先ほどから話にも出ております財政措置につきましても、各省特に財政当局大蔵省のご意見等もまだあるわけでございまして、まだ最終的な詰めというところまではいっていないと思いますが、一応四党国会対策副委員長の間で話し合いが詰まりまして、これが各党に持ち返って各党で党内をまとめ、その上でもう一度四党協議会で話し合おう、こういういま段階でございます。

したがいまして、私どもも事務的には今月末までには法案を成文化することができるのではないか、このような見通しでおるわけです。なおこの法案の審議の過程では、たえず同対協から出ました中間答申、これとの平仄《ひょうそく》に踏まえまして、これと対応するような形でずっと審議を進めてまいっております。その点ではかなり同対協の答申要綱に近いものができているんじゃないかと思います。さらに付帯条件として出されました特別の財政措置を講ずること、これにつきましてもかなり具体的な財政措置が盛り込まれておりまして、むしろその点でちょっと前例のないような措置もございまして、それはこれから各省調整をはからなければならない大きな問題になるんではないか、このように考えております。

先ほど申し上げましたように、実際の具体案をお示しできれば一番いいんでございますが、残念ながらその段階でございませんので、いまのお話の中からひとつご推察願ってご了解いただきたいと思います。

○米田委員　ただいまの参事官のご説明ですが、各党に持ち返ってこれから党内で協議してということですが、協議なさる以上は、いわゆる四党間でどの程度のものがまとまったか、合意近くなったか存じませんけれども、協議なさる以上は、また他の人からいろいろな反対意見が出ないとも限りません。そこで私はこの際一番重要なことは政府の姿勢と、それから方針をお伺いしておきたいのですけれども、一つにはどういうものが出てくるかは存じませんけれども、出てきたものは政府案としてお出しになるということが一つ。それから政府案をおまとめになるには各省のご意見が必要かと思われます。

そこで各省にお願いしたいことは、私ども今日まで四党でやっておられる内容はつまびらかにいたしませんけれども、時間的にこんなになに《ママ》長くかかるということは、その面から想像いたしましてなかなか調整に困難な点もあったのではないか、こういうように想像いたします。したがって、でき上がったものは妥協の産物しか出ないと思うのです。それをさらに政府でかれこれと意見を出して、まだもっと悪いものになるということになりますと、これはもうとんでもないことになると思いますので、各省にお願いしたいことは、これはやはり不十分なものであって、四党協議会がまとめたものであれば、それ以上によくしてもらうことはけっこうですが、それ以上に悪くしないようにということだけは、ここでひとつ皆さんお考え願っておきたいと思うのです。特に中心をなすものは大蔵省関係の面だと思いますので、この点はひとつ十分に――法律にどんなことを書いても大蔵省が金を出さなければ何もできないことですから、この点は特に大蔵省に対して要望しておきたいと思います。

○堀木会長　まあ法律案をつくれという諮問は何にもない

んだな、内閣からの。特別措置法をつくるというのは、僕らが進んでやろうと、また、やらなければ完全なものでないと、こういう意見を述べたんだから。それでそれは米田さん、よくわかるんだよ、おっしゃることは。しかしまあともかく、何とかかんとかここまできたのは何十年の懸案ですからね。僕も実は堀木試案をつくるときには、やはりややちゅうちょしたのですが、まあ闘争の歴史ですね。皆さんも助けてくださって、今度のは政府案だろう、四党まとまったやつは。

○小熊参事官　そういうことでございます。

○堀木会長　まあ四党まとまれば政府提案になる予定なんですが、それはいま参事官が言ったように、最後でもって船をひっくり返しちゃったらたいへんなことになるんだけれども、たいへん努力してもらったし、まあ一応そういうことが言えるようになっただけ、これは協議会のおかげじゃないですか。大蔵省に対するご注文はご注文だけで、いま大蔵大臣のお答えをもらうことはちょっと無理ですからね。だけれども政府提案になれば、もうはっきりしている。

○米田委員　政府案のまとまるまでが心配なものですから。大蔵省が一番抵抗なされるということを想像するものですから。

○堀木会長　まあ同和問題に理解のある大蔵省だから、たぶん大丈夫だろうと思っているのですが、まあしかしいまの経過で了承するよりしようがないと思いますがね。

○山本(政)専門委員　いまの法律案の関連でただ一点だけ心配な点がありますので、希望意見だけを申し上げさせていただきたいと思います。

それは堀木試案の中間報告におきましても、それから今度長期計画におきましても、この計画を実施するためには同和対策推進協議会を置く必要があるということがうたわれていると思うのです。私はこれは非常に重要なウエイトを持っておるんで、いまどういうふうに各省間で折衝がされておりますか、政府案がどういうふうにおまとめになっているかわかりませんが、これだけは非常に重要な問題としてお考えおき願いたい。以上です。

○堀木会長　これがまあどういう地位を占めるか、非常にあれだから、まあ先もあるんだから、そうきょう一ぺんに何でもかんでもきめる必要はないだろう。

［3行分空白］

○小熊参事官　それでは、先ほどの意見書のてにをはを直す点は保留していただきまして。

○堀木会長　作文の上手な人に、てにをは程度の修正はお認めの上、これを意見書として出すということをご了承願って、一応各省の長期計画は了承したことだな、ここで。

これは行政庁の権限だからね。了承も何もないと思うけれども。
○北原委員　協議会は意見の具申ができるんだから。
○堀木会長　意見の具申はできるけれども、だけれども長期計画は深みに入り過ぎているんだよ。俺たちが。あれはもっとはっきり言うなら、自民党が法律をつくらないで、長期計画にすり変えたんだ、初めは。それは経過は皆さんがよく知っている。ところが法律もでき、長期計画も一応目鼻がついたんだから、まあかんべんしてくれよ。あまり会長をいじめるなよ。
　法律案大丈夫だな、今月末になってまだできませんといったら……。
○小熊参事官　できるとは思いますが……。
○堀木会長　ただし、それまでに法律案がきまらなかったら、電報を打ちます。そしたらみんなゲバ棒を持って……。
○小熊参事官　三月末、おそくとも四月の初めにはできると思います。
　〔日程協議〕
○堀木会長　それでは、次回は三月二十七日午後二時より開きます。本日はどうもありがとうございました。

【677】Ｂ５謄写版冊子50頁

59　一九六九（昭和四四）年四月三日 第五回同和対策協議会速記録

於　総理府講堂

○小熊参事官　お待たせいたしました。
　それでは、ただいまから第五回同和対策協議会総会を開催いたします。
○堀木会長　まずおわびしなければならないと思いますのは、前のこの協議会でもって、次回は二十七日ときめたんですが、それはご承知のとおりに特別措置法ができるということが主たる問題だったために、ご承知のような国会でございましたのでたいへん延引いたしました。きょうも実は法律の成案を――成案でもないんですが、各党協議でもってまいりましたものをごらんに入れることができると思っていたのですが、事務当局なかなか慎重でして……。まあとで適当な取り計らいを考えていただきたいと思います。しかし、とにかくも長い間、この立法措置についてはたいへんご迷惑をおかけしてまいりましたが、どうやら曙光を見ることができるのではなかろうかと思います。
　実はやや画期的なことでございますので、さっき床次長官のところへ行って、ぜひ出てくれないかと申し上げたのですが、本会議がちょうど二時から開会するということで万やむを得ずきょうは欠席させていただきたいと、こういうお話ですから、［総理府内政］審議室長からかわってごあいさつ願います。

○橋口［収］審議室長　ただいま会長からご指名をいただきましたので、総務長官にかわりまして簡単にごあいさつを申し上げたいと思います。

同和対策事業特別措置法案につきましては、一昨年末、前の協議会ではございますけれども当協議会におきまして十分ご審議をいただきまして、昨年の三月には法律案要綱の中間的な答申をちょうだいいたしたような経緯もございまして、政府といたしましても昨年来法案の成文化について努力をいたしてまいったわけでございますが、ご承知のように国会側におきましても四党間で法案の作成についてご相談をいただいておりました経緯もございまして、昨年来四党協議会を相当の回数を重ねて協議をいたしてまいりましたし、またさらに国対副委員長間の協議ということも数回にわたって行なわれてまいりまして、ようやく昨日四党間の国対副委員会談で一応の要綱についてのとりまとめが終わったわけでございます。四党間でご相談いただきました内容につきまして、さらにそれを成文化してできるだけ早く国会に提案するという準備をいたしておるわけでございますが、実は法案の内容につきましても四党間の協議と並行いたしまして、政府内部においても相当程度検討を進めてまいりまして、成案を得る段階まできておったわた《ママ》わけでございます。四党間においてその案を基礎にしてご相談いただきまして、最終的に四党間の協議が成立したという経緯がございます。ただ四党間では一応そういう形で最終的な協議が終わっておりますが、法案を国会に提出いたします正規の手続としまして次官会議、閣議という政府部内の意思の決定もございますし、さらに与党としての自民党の政策審議会、総務会という正規の手続を経由することになっておるわけでございます。

きょうお集まりいただいたわけでございますが、昨日四党間の協議が成立し、できれば来週早々にも政府部内及び与党内の手続を終わりまして、できるだけ早く国会に提出したいということまで事態が進展いたしてまいっておるわけでございます。法案の内容につきましては、あとで小熊参事官からご説明申し上げると思いますが、いずれにいたしましても比較的近い歴史をふり返って見ましても、昭和四十年の同和対策審議会の答申以来の約四年近くの歴史がございます。さらに政府が本格的な同和対策に乗り出した昭和三十四年からちょうど十年の歴史を持っておるわけでございます。そういう一つのいわば意義ある年に際会をいたしまして、ようやく皆さん方にご協力、ご審議いただきました法案が日の目を見るという段階にまいりましたことはまことに喜ばしいことだというふうに思うわけでございます。

先ほど会長からおっしゃいましたように、総務長官出まして直接ごあいさつ申し上げまたお礼を申し上げる予定にいたしておりましたが、あいにく衆議院の本会議が開催中でございますので、私からかわりまして従来の努力に対しまして深くお礼を申し上げるとともに、今後ともよろしくご鞭撻をお願いいたしたいと思います。

以上、簡単でございますが、ごあいさつといたします。

○堀木会長　それでは法律が最終的には政府の意思を決定するのには、まださっき審議室長からお話があったように、最終案とはいえないと思いますが、配布されている要綱について法律を照らしつつご説明をお願いいたしたいと思います。

済みませんけれども、無理に配ってもらうように取り計らったのですが、あとでお返しを願うという条件で配りますから、それだけご承知を願いたいと思います。きょうあなた方に法律案そのものの、どう修正されるかは別にして、法律案そのものを見せないことにはまことに私会長としても申しわけないので、いまから配らせます。そのかわり、あとで返してもらうのですからよろしく。

〔同和対策事業特別措置法案配布《ママ》〕

○堀木会長　それでは、参事官のほうから説明願います。

○小熊参事官　それでは、お手元に配りました同和対策事業特別措置法案につきまして、ご説明を申し上げます。

○堀木会長　あわせて同和対策協議会の法律案要綱にも触れてくださいよ。

○小熊参事官　この法案になりますまでの過程につきましては、ただいま審議室長のほうから話があったわけでございますが、四党でこの要綱を決定してまいります段階で、こまかいニュアンスであるとか、字句の問題にまで立ち入って検討されてきたわけでございます。また、私どももこれに対していろいろ意見も申し上げてはきたのですが、こちらも四党側のご意見を最大限に調整しながら盛り込もうと、こういった姿勢でまいりましたので、政府部内とくに、法制局段階で審議いたします際に、何といいますか法律としてなじまないといいますか、非常に解釈がむずかしいとか、無理であるとか、こういった問題がかなり出たわけでございます。しかし法律の性格上、いろいろ事務的にはかなり無理だというような点ものみ込んでいただいて、各省あるいは法制局等との折衝を続けてまいったわけでございます。したがいまして、この法案に対していろいろご意見等もあるのではないかと思いますが、いま申し上げたような経過でできておりますので、その辺もひとつ先生方にものみ込んでいただいて、この法案が一日も早く成立するように、なお今後ともご援助願いたいと思います。

それでは、法案につきまして各条読みながらご説明してまいりたいと思います。

〔同和対策事業特別措置法案第一条朗読〕

○小熊参事官　この第一条につきましては、四党協議の際最も問題が多かったといいますか、非常に長い時間かけて検討された条項でございます。しかし、最終的には、法律の名称を同和対策事業特別措置法とするということで意見が一致しまして、その対象地域の規定をこの第一条のような形で行なわれたわけです。これについても非常にいろいろ議論がございまして、同和地区あるいは同和問題、こういった字句を使うことについての可否等についていろいろ議論があったわけですが、従来の歴史的といいますか、経過を見ますと、このようなことば、たとえば部落あるいは特殊部落というようなことばは、それがつくられた何か差別感のないようなことばであっても、時がたつにつれて、いずれまたこれが差別感を伴うようなことばになりかねないという懸念も非常に強くてそういったことばはなるべく避けたい、こういうことからここにございますような「歴史的社会的理由により生活環境等の安定向上が阻害されている地域」、こういう表現になったわけでございます。しかし行なう事業は一応同和対策事業、こういうことになっておりますので、この辺も踏まえまして今後いろいろ解釈上の問題は若干起こるかとも思いますが、こういうことで四党間の話し合いがととのったわけでございます。

なお、第一条のこの目的については、中間報告でお出しいただいた趣旨と趣旨としてはほとんど変わっておりません。

〔第二条、第三条朗読〕

○小熊参事官　第二条は、これは同和対策事業についての措置法でございますので、一応同和対策事業の定義といいますか、これを掲げたわけでございます。

第三条につきましては、中間答申において基本的人権の尊重という形で述べられておりますことを第三条に移したわけでございます。

なお、これに関連しましては、中間答申で「国民の同和問題に対する正しい理解と態度の養成を図ること」という事項がございましたのですが、これを「国の施策」としてやるということよりは、ここに「国民の責務」として掲げるほうがいいだろうということで、これも四党で意見の一致を見まして、ここにこのような形で出しておるわけでございます。

〔第四条朗読〕

○小熊参事官　これは中間報告の「国及び地方公共団体の責務」、これを受けましてこの条項ができたわけでございます。ここに「計画的」ということばを入れまして、一応この事業遂行について十年計画といいますか、こういったものを踏まえて実施するのだということをうたったわけでございます。

〔第五条、第六条朗読〕

○小熊参事官　第五条、第六条につきましては、中間報告でお出しいただきました政策の目標並びに国の施策、これとほとんどかわりございません。それを受けて、ここに目標それから国の行なうべき施策、これを規定したわけでございます。

〔第七条朗読〕

○小熊参事官　第七条以降、九、十条につきましては中間答申におきましては明記された条項はなかったわけでございますが、中間答申で財政措置について特別の規定をするよう、附帯意見がございましたのにかんがみまして、ここにきわめて具体的な特別の財政的な措置、これを規定したわけでございます。

第七条の一項につきましては、考え方としましてはこの同和対策事業のうちで、国が負担または補助するものについては三分の二を原則とする、ただし例外はあり得る、その例外は政令で定める、こういうことにしておるわけでございます。この政令は目下大蔵省を中心といたしまして各省で考えてまいるわけでございますが、いま大きな柱としては、たとえば従来ともそうでございましたが、いろいろこの同和対策事業に附帯する事務費、あるいは運営費、そういったようなもの等を考えておるわけでございます。

それから二項におきましては、一項で原則として三分の二としておりますが、すでに法律で補助割合が規定されているもの、しかもそれが三分の二以下のもの、これについてはこの法律で政令に委任いたしまして、三分の二までは引き上げるのだと、こういう規定でございます。

〔第八条朗読〕

○小熊参事官　これも中間報告でいただきました条項がそのままでございます。地方公共団体が、この前に掲げました「国の施策」に準じて必要な施策を行なう。こういうことでございます。

〔第九条、第十条朗読〕

○小熊参事官　第九条、第十条につきましては、国が三分の二補助した補助裏〔費カ〕について地方債を認め、さらにその元利を普通交付税の基準財政需要額に算入する。これも非常に特別の措置かと思いますが、大体考え方としては辺地債方式を考えておるわけでございます。

〔第十一条朗読〕

○小熊参事官　これも中間答申で施策実施上の配慮についてご注意を受けている点について、各機関相互に協力しながらやっていこうという規定でございます。

なお、附則につきましては、これは十年の時限立法であるという点と、それから地方交付税法の一部を改正する手続的な必要から、こういう附則がついておるわけでございます。これはごらんいただければわかると思います。

以上、簡単でございますが、法案の内容のご説明を終わります。

なお、お手元にお配りしました要綱でございますが、この要綱は昨夜四党が国会で副委員長間で話し合いをされて、その上でまとまったところを非常に取り急いで書き上げて、新聞発表をされたようでございまして、中にあるいはこの法案と字句その他の上で若干食い違っている点があるかとも思いますが、先ほど申し上げましたように審議に際してはかなりこまかい点まで一つ一つの字句等についてもかなり時間をかけて四党間で審議をされておる。またその間、政府の側の考え方も中に入っておりますので、考え方としましてはこの法案のほうが、むしろもしくい違っている点があるとすれば、法案のほうがむしろ四党の話し合いを正確に受けている、このように考えております。

○堀木会長　以上お聞き取りのとおりでございますが、まあここまで皆さんのご努力、関係各省のご努力によって、各省ともここまでは大体進んでまいっておる。なお十分とはいえないが、この段階でなるべく法案自身が早く国会に出されないと、不測の事柄も予想されますので、できるだけ早く取り計らいたい、こういうふうに考えておるのですけれども、小異を捨てて大同についてお考えを願いたい。

何かご質疑がありましたらどうぞ。

○米田委員　この法案は、四党とそれから政府側も同席の上ででき上がったんだというご説明を伺ったのでありますが、そうしますとこれは政府の責任においてご提案なさるものだと信じますが、きょうここにお出しになりましたこの法案につきまして、卒直に申して私どもは隔靴掻痒の感を抱いております。しかしここで私ども意見を申し上げたら政府案としてこの四党協議会でまとまった案を訂正ないし修正してお出しになるご用意がおありなのか、あるいはそれは非常に困難なのかということをお伺いしたいと思います。可能ならば申し上げますし、困難ならばこれは申し上げたところでせんないことでございますから、この辺だけはっきりお答えいただきたいと思います。

○堀木会長　攻府提案として出してくれる予定なんです。実はこの法律案をいま出すのは早いのですけれども、私としてはこれを皆さんに提示しないで、きょうの会合をお手元にいっている新聞に出た要綱だけでは申しわけないと思って出したのです。隔靴掻痒の感がおありになることは十分察知されますが、長い間の懸案ですからね。それより政府に早くこの国会に出してもらって、法律の成立を早くはかるということを僕はお願いしたいと思うので、まあ小異を捨てて大同についていただけないか、こういうふうに思います。まあ少しはほめることも忘れないで……。

○米田委員　ほめるのは最後です。途中でほめたら、それから先が言えませんからね。

○堀木会長　まあしかし長い間君、何とかかんとか法律をつくれ、つくらないとやってきたのがここにきたのだから、勘弁してもらうんだな。そして財政的な措置も、中間報告では概念的に書いたんですよ。実はなかなか大蔵省も承知しまいと思ったし、各省もおるので。だけれども、ここまでいけばやむを得ないじゃないですか、やむを得ずととしてご了承を願いたいと、こう思っているのですよ。たまにはこの会を円満にいこうじゃないか。

○小熊参事官　四党の話し合いについて、なおちょっと例を一つ申し上げて、どの程度のご審議をいただいたかを申し上げますと、たとえば第一条に「安定向上が阻害されている地域」と、こうなっておりますのですが、これが当初は「安定向上が著しく阻害されている地域」、こういう表現を使っておったわけです。この「著しく」をとるかとらないかというので、これは昨夜も約一時間半ぐらい議論したあげく、これはとろうじゃないかということで話がきまったような、そういう形で審議してまいっておりますので、その点ひとつご推察をいただいてご了承願いたいと思います。

○北原委員　そういういろんなご意見が、結局煮つまったところでこうなったんですが、第一条の目的が文章もまずいし、概念の規定が実にあいまいだし、第五条との関係、第五条が具体的に出ておりますのを抽象化したような形でここに出ているわけで、ここではちょっと次元の高い抽象化がなされないと、たとえば「歴史的社会的理由により生活環境等の安定向上が阻害されている地域」、これは実におかしいと思うのです。環境だけをここにとり上げて、「環境等の安定向上」というのは一体どういうことなんでしょう。「生活の安定向上」ならばまだわかりますが……。そういう点で非常にまずい文章だと思います。つまり文章はいろいろありましょうけれども、第五条に具体的に示されておりますから、もっと高い次元においてここでは表現しなければいかぬと思うのです。最後のところで「対象地域における経済力の培養、住民の生活の安定及び福祉の向上」というようなことになって、第五条のほうが詳しく出ている、教育文化の問題も出ているので。そこらはもう少し……。要するにこの問題を解決することを目的とするところの法律だということなんでしょう。そこのところを、まあしかしそれは修正できなければできないでいいですが、意見としては、これはいろいろ関係があったから「事業」という名称をおつけになったこともやむを得ないとしましても、まず第一条の法律の目的のところでは、もう少しすっきりしたものに何とかならないものでしょうか。

○小熊参事官　この一条の「目的」があまりすっきりしていないということですが、政府部内でも、特に法制局審議の段階でこれは何かならないかというお話があったのですけれども、まあすっきりしないからこれを訂正するというようなことはことは一切よしてくれ、こういうお話もございまして、特に「生活環境等」のあたりは、これはおっしゃるとおり非常に議論がございまして、たとえば「生活水準が低位にある地域」というような意見も出ておったわけです。生活水準だけの問題じゃない、精神的な意味も含める何か表現を考えろということで、「生活環境等の安定向上が阻害されている」、こういう表現をお出しいただいたような経過がございます。

○北原委員　いろいろそうだろうと思いますが、この第六条のところでは、「生活環境」ということばはおもに厚生省の所管事項に該当するものとして使われておりますね。第六条の一、ここでは「対象地域における生活環境の改善」というふうに「環境」が使われておりますね。この「生活環境」ということと、この「目的」にあります「生活環境」とは違うのかどうか。もしそうだとすれば、それの向上安定だけが阻害されているというようなことになりますね。

○小熊参事官　「生活環境等」となりましたのは、いろいろ生活水準もあるだろうし、教育の問題も「生活環境等」の中にはいるだろう、こういった配慮がたぶんあったと思います。

○北原委員　お役所は、「等」ということばに非常に魔術的な効力を持たせて、何でも「等」といえば、書かれていないことも全部そこに含まれるのだという意味に使われますね。まあしかし第一条の文章は実にまずい。しかしそれを修正することが、また一年間おくらせるということになれば、これはもうやむを得ませんけれども。

○柳井委員　いま北原委員がおっしゃったように字句の問題ですけれども、私は全体的に見て心から賛成するわけにはいかないが、ここまで追い込まれたらしかたがないという感が出てくるのですが、お記憶にとどめておいていただきたいのは、四党会談の結果だからということになると、協議会自体というもののウエイトでなしに、しろうとの四党の——卒直に私は申し上げます。四党のいまの代議士の先生はしろうとなんです。そういう人のほうがウエイトを持って、そしてこれができているということで、具体的な問題がいま北原委員がおっしゃったような字句的にも、具体的にも、こうしたものが出ざるを得ないのではないか。そういう面がまことに残念なんだが、これをとやかくまた申し上げますと、また一年ほど延ばされたんでは、これはもう地区住民がどうにもならない。今後私らは、まだあと一年ありますので、これを具体的に協議会でどのように政府にやっていただくのかということに努力をしなければならないので、この面に対しては今後の協議会は、従来より以上に活発にひとつ全国的な特異な部落の実情を調査して、そしてこの行政上に乗せるように会長にひとつお願いを申し上げたいと思います。それで残念ながら了承せざるを得ない。

それともう一つは、ここの最初に地方交付税法の一部改正ということがある。これはこのまま大蔵省が了承しているかどうかお尋ねをしておきたいと思います。

○小熊参事官　いまの最初の点についてちょっと私から申し上げたいのですが、四党がやったから提案をのむのだということか、四党だけで全面的にやったのだからというような意味のご発言だったと思いますが、先ほど申し上げましたようにこの案をつくるにつきましては、この協議会からいただきました中間報告をトレースしていきながら、それにできるだけ忠実なものに作成されていくように、また四党でご審議なされるときも、私どもはいろいろ要求されまして、中間答申と四党との考えの対照表をたえずつくりながら審議をお願いしてきた、こういうことになっておりますので、その点ちょっとご了解いただきたいと思います。

それから附則の点は、先ほど申し上げましたように、各省いろいろ調整を重ねてここにお示ししているわけです。

○堀木会長　とにかく長期計画と一体にこれを考えてもらわなければいけないので、僕もさっき柳井君の言っているのを聞いていて、これは織り込んだともいえるのだな。

○柳井委員　善意に解釈すればですね。

○北原委員　私はずっと前から非常に遺憾に思いますのは、私たちの発言はいわゆるここの法律の対象地区住民の利益代表としての発言というふうにとられがちなんですね。私はむしろそうではなくて、もっと高い立場でものを言っているつもりなんですが、いつもそういうふうにとられがちなんですね。

○堀木会長　全国民の立場ですね。僕もあなたと同じような立場に立って、この問題を解決することに努力している訳です。

○柳井委員　いま申し上げました地方交付税法の一部改正を、ひとつ参事官から、大蔵省自体はこれを了承しているのかどうか。

○小熊参事官　大蔵省了承しております。

○堀木会長　柳井君、大体出ているだろう。補助率の引き上げ、地方債の問題、それから償還の問題その他、中間報告でやや僕が遠慮したのは、その点はほんとうは僕は――これも速記から削除するかもしれないけれども、僕は前の長官が、四党の国会対策でやれというふうに移したときに、責任逃れをするなと言ったんですがね。だけれども、結論からいうとこう迫ったときは、四党のこういう下相談があっていま提案になること自体が、わりあいにスムースにいくことはたしかなんだ。僕は落武者だから、議員を落第したものだからえらそうなことはいえないが、僕の経験ではそういった点ではかえってよかったのではないか。それからまた案を見てくだされば、堀木試案から発展してきたこの法律部会のあれに即応して、なお政党らしく財政的措置をはっきりさせた。実はその点では、私は特に感謝しなければならない人がほうぼうにいると思っているのですがね。まあご不満であることは僕もよくわかるのです。だけれども、たまには、文句を言わずにすまそうじゃないか。

○柳井委員　よくわかりました。

○北原委員　しかし内容はやむを得ないと思うのですが、この法律の「目的」の条文の文章の表現はまずいということです。これは私から言わせると、歴史的社会的理由により基本的人格《ママ》を阻害されている者の住む地域ですね。それから最後のところは、「経済力の培養」とか何とか具体的にあとで出てきているのですから、この問題の解決をするということが目的だということで……。

○堀木会長　僕はよくわかるのですよ。基本法的な考え方を織り込まないとあなた方が承知しない。だから不十分ながら、一応第一条で基本法的な感覚を述べさせておいて、具体的には第六条――前の中間試案にもこういうような形式をとっていましたから、ただ文句がへただとおっしゃれば、それはよく法制局に伝えます。

○米田委員　これはやっぱり問題の本質を十分把握していないから、無理にむずかしがるのです。問題を把握すればちっともむずかしくない。きわめて簡単なんですね。

○山本(政)専門委員　これは事務当局に質問でございますから、事務当局の方から、まあできれば小熊参事官からご答弁いただければたいへんけっこうですが、一点は、第一条の「目的」で、同和地区の環境なり、生活なり、それがよくなれば問題解決するというふうなことに非常に重点が置かれているように思う。たとえば教育の問題にしましても、同和地区を対象として学校教育をやる、社会教育をやる。しかし問題は、ただ同和地区のみ問題があるのではなくて、この地域社会に結婚を阻害するといったような深刻な差別があるので、私は同和地区のみを対象としてそういう問題解決をするのだということがこの法案の精神に流れているとすれば、これは問題だと、こう思うのです。

それから第二点は、基本的人権を阻害されているということで目的をうたっていると思いますが、第三条には「相互に基本的人権を尊重するとともに」という字句があるのですが、私は「相互」という意味がわからない。相互に基本的人権を尊重しなければならないということが原則的な考え方にあるならば、私は同和対策の性格が変わってくると思うのですが、そこで相互に尊重するという「相互」という字句をお入れになった理由をお聞かせ願いたいと思います。

それからいま申し上げましたように、学校教育にしろ、社会教育にしろ、同和地区を対象とした教育を試みるのだということをはっきり結びつけられておりますが、一体同和教育というものはただそれだけでいいのかどうか、またそういう考え方で関係当局がおありになるのかどうか、これは私は非常に大きな問題だと、こう考えるのです。

それから第四点、もう一回申し上げますと、私は長い経験から、堀木先生も長い経験とおっしゃられますが、私どもも五十年からの経験をもっておりまして、戦前は厚生省の下属《カゾク》団体に働いておった事実もございます。そういった長い経験を踏まえて、あの中間報告の時点においては、やはり推進協議会のようなものを設けて、民間の意見を取り入れて促進していくような性格を持たなければ同和対策のあれはできないというのが私どもの考え方なんです。私はいまでもそう考えております。それはせっかく各省施策をされておりますが、その施策が生きているのかどうか。例をあげますならば、厚生省の隣保館がうまく運用されているかどうか。また文部省の集会所がうまく運用されているのかどうか、こういった問題がたくさんあって、これは非常に残念なことでありますがこの問題の持っている基本的な欠点としまして、お役所まかせではなかなかむずかしいという点が多分にあるためにあの中間報告では推進協議会を設けてほしい、もちろん答申もそうなっておりますし、中間報告にうたってあるのですが、それを削除されたのは、どういうようなご関係であるのか、そういったことについて小熊参事官からご答弁願いたいと思います。

○小熊参事官　ただいまの第一点につきましては、この法律をつくることによって一体心の問題は解決するのかどうか、こういうご趣旨だったかと思いますが……。
○山本(政)専門委員　ということは、社会一般の人々の差別意識がなくなりますかということなんです。
○小熊参事官　そのことかと思いますが、この法案をつくる上でいろいろ問題があったという点の一つは、こういった法律をつくることによって差別意識といいますか、それぞれの国民の中にある潜在的な意識あるいは顕在的なもの、こういうものがほんとうに法律でなくなるものかどうか。要は同和問題を解決することじゃないか、解決することに一体こういう法律をつくることが手っ取り早いのであろうか、こういう議論をたびたび各政党からも聞いておったわけでございますが、もちろんこの法律をつくることによって、そういった各人の気持の中の差別感、そういうものが完全に払拭されるということを保障できるかどうか、これは私疑問だと思います。しかしこの法律では、先生が先ほどおあげになりました第三条で、各国民はすべてお互いに人権を尊重して、この同和対策事業の円滑な実施に協力するようにつとめるということは、すなわち不当に差別をしているような要因、これをぬぐい去るようにつとめろと、こういう規定を一条入れておるわけでございます。
○山本(政)専門委員　この「相互に」という字句が入ったのはいまのご説明かもしれませんが、部落問題そのものは、部落の人々が基本的人権を阻害されておるから基本的人権を尊重する政策をとってほしいと、それでなければ問題が解決しないのだ。ところが「相互に」ということになりますと、これは私たちが同対審の調査において地域社会一般の差別意識調査もやりました。そういうものを踏まえて考えますと、やはり基本的人権の阻害というのは、そういったような部落の意識を高めなければならないという必要性も大いにございますけれども、その反面において歴史的に、社会的に非常に根深い差別意識が一般社会に存在している。したがって、この一番典型的にあらわれているのが結婚差別なんです。だからそこまで人権が阻害されているという問題でありますから、お互いに人権を尊重しょうじゃないかということならば、君のほうも悪いかもしれないが、俺のほうも悪いということが、私は「相互」だと思うのです。それではこの問題解決の基本的な考え方と表現が食い違ってくる、こう私は考えます。第一条の「目的」で基本的人権を阻害されているこの問題を解決するのだというのならば、やはり第三条は「相互」という字句は必要がないと思うのであります。
○堀木会長　僕は山本君に聞きたいんだが、僕と君とが一緒にやった同和対策特別委員会で、お互いにお互いの人権を尊重すると同時に、生活向上の意欲の強いところはモデル地区にしたのですね。ただ自分の権利だけを要求するだけで、政府が悪いのだ、どこが悪いのだというようなところはモデル地区に指定しない。それでないと、国民の税金を使うのに効果が上がらないからと、こういってきたんですよ。あなた自身もそれには関係していたのであって、「相互」をいまさら取り立てていわれることは少しどうかと思うのです。

○山本(政)専門委員　私の杞憂は、そういう表現をされると、基本的人権をお互いに阻害しているじゃないかというような法律の解釈になり、そういう法律を踏まえて問題がいつまでも停滞する。

○堀木会長　自分自身の人間としての尊厳をまず自覚することが必要じゃないかね。

○山本(政)専門委員　それはそのとおりです。

○小熊参事官　山本先生、第一条ですね。もう一度ちょっとお読みいたします。

「この法律は、すべての国民に基本的人権の享有を保障する日本国憲法の理念にのっとり、歴史的社会的理由により生活環境等の安定向上が阻害されている地域（以下「対象地域」という。）について国及び地方公共団体が協力して行なう同和対策事業の目標を明らかにするとともに、この目標を達成するために必要な特別の措置を講ずることにより、対象地域における経済力の培養、住民の生活の安定及び福祉の向上等に寄与することを目的とする。」こうなっておりまして、「歴史的社会的理由により生活環境等の安定向上が阻害されている地域」こういうことになってるわけでございます。

○堀木会長　まあそれと同時に、僕は法律でみんな解決しょうと考えることはできないという思想を持っているのです。だから長期計画も裏づけにしょうじゃありませんか。長期計画をやると同時に、長期計画と表裏一体になるような法律、両々相まって僕は地域住民の幸福を促進できるのだと思います。だから特別措置法にしたのもそうだし、長期計画の裏づけをつくったのも実はそこなんです。まあいろいろご議論はあるけれども、全体の趨勢を見ていただければわかるんじゃなかろうかと思うのです。

○山本(政)専門委員　それからいまの小熊参事官の解説なり、会長の説明がそうであれば大体基本的なものと、現象的なものが一応そこで一緒にされて、相互に基本的人権を保障しろというふうな表現になっていると理解します。そういうふうに考えられているのではないかと思います。しかし教育にいたしましても、同和地区に対する教育を高めるということで、学校教育、社会教育すべてが同和地区のみを対象として行なう、こういうふうに私は文部省お考えになっていないと思うし、現在の同和教育はこういう形で行なわれていないと思うのですが、これを法文どおりに受け取りますとそういうことになりますが、そういう点にも問題点があるのではないでしょうか。

○小熊参事官　これは文部省からお答えいただければいいと思いますが、文部省ではすでに今年度も同和教育推進地域といったような非常に広範な地域を考えた施策を、それをおそらく現実にはもう施策としてお考えになっているのではないかと思います。

○山本(政)専門委員　それもございますし、差別的な考え方を取り除くというようなふうに、その一般の子弟に対してもそういうふうにひとつ考えていかなければならないということを、同和教育は考えて……。

○堀木会長　あとでよく相談して下さい。

○山本(政)専門委員　最終的に推進協議会をおとりになったのは何か理由があるのですか。これは中間報告でははっきり出ています。

○堀木会長　これはゆっくり今後内閣と措置を考えます。それから皆さん方のご意向も伺って考えます。

○山本(政)専門委員　私はそういった問題点を指摘してご回答を受けまして、一応皆さんと同じ気持でこの案にまあ賛成しなければしかたがないと思います。

○磯村委員　この対象地域というのは、地域というのは、地域ですから包括的にお考えになるのですか、事業によって個別になるのではないですか、その辺のところは。

○小熊参事官　対象地域は、実は当初から地域の指定の問題がいろいろ出たわけですが、これはやはり、従来同和対策事業をやっておったものについて、同和地域だというふうに地方でお考えになるかどうかということにならざるを得ないと思います。

○堀木会長　あまりどこどこというふうにいうと、かえっていけないと思うのでごまかしたのです。

○北原委員　これは非常にご苦心の結果こういうまずい表現になった、そのご苦心のあらわれだと思って……。

○小熊参事官　妥協の産物ということでございます。

○堀木会長　離島なんかみたいに、ずっと並べられたらかなわぬぞ。これからこの法律が通り、長期計画が閣議了解を得たら、まだわれわれ任期はあるのだから、またその後の任期をどうするかは、内閣や皆さんと相談をするということで、ともかくも実施を一応これで監督していく、こういうことにしようじゃないか。

○柳井委員　これは会長、大事なことですからおしかりを受けないで聞いていただきたいと思いますが、いまおっしゃったようにわれわれこの法律にはほんとうは不満足でありますいままでの意見からいたしましても。しかし、意見書の中にも推進協議会の設置ということはうたってありますから、それを実現すればそうした足らないところは、この推進協議会でできると、こういうふうに考えておりますので、これはぜひひとつ、いま会長は将来考えるというようなことですが、そうでなしに、意見書にも歴然と出ているように、協議会というものは将来必要であるということをお考えおきいただきたいと思います。

○堀木会長　皆さんのご意思の上に立ってやるんです。

○北原委員　ただ磯村先生、私たち最初法律制定の要綱をつくりましたときは、事業ということばがなかったが、これが入りました。入りましたから、この法律の性格が非常に変わったと思うのです。同和地区を対象としてこういう事業を行なうという法律になったものですから。これが同和対策ということだけですと、広い意味になるわけです。先ほど山本さんがおっしゃった地区でない、一般のいわば日本の社会の広い社会の問題として取り上げるということとちょっと違ってきた。いわば地区の劣っている点を引き上げることに重点が置かれる事業をする法律だと、こういうことになってきた。だから非常に性格が変ってきたと思うのです。山本さんのおっしゃるのは、これは私は事実そのとおりだと思うのです。だけれども、いまさらこの案を認めるとか、認めないとかということじゃないのです。これはこのまま押し切られるだろうと思いますが、それでやむを得ないと思いますが、ただ意見のあるところはやはり一応ここの協議会で全く意見なしに、これが無条件で賛成されたということでは、私たちもちょっと困りますので。

○堀木会長　それは承知しました。私は皆さんに十分にご満足を得られるとは思わなかったんだが、しかし事業という字がついたのも変に解釈するとあなたの言うふうになる、基本法的な性格だけでいけば、もっとそのかわりにこういう具体的な補助率だとか、金融の問題だとか、そんなことは盛れなくなってしまうのですよ。まああなた方の基本法的な性格も入れながら、実際に役に立つような法律をつくろうというので特別措置法になったんだから、そこら辺の調和は十分考えていかなければならない。今後運用にあたってはそう思っているのですが。しかしまあ何十年できるかできないかわからなかったのがここまで一応こぎつけたのだから、まあ勘弁してもらうよりしかたがない。そういうことだ。

○磯村委員　その点非常に会長心配されたのです。事業が入るということは性格が云々とおっしゃいましたけれども、それと決して取引きしたわけじゃないのですけれども、中間答申をしたときには補助率とか何とかということが非常にむずかしかったのが、皆さんのご努力でできたということでございます。われわれはこれを中心に、いわゆる同和対策的なものを盛り上げていくという橋頭堡にしたいと思っております。

○藤範専門委員　特別措置法案につきましては、皆さんのご意見どおりでございますが、文部省にちょっと念のためにお尋ねをしておきたいのでございますが、第六条の内容によりますと、同和教育は関係地区に対する教育向上ということだけにかかわるというようなことになりますが、文部省としてはむろん対一般側の啓蒙教育というものも文部行政教育の中にお持ちいただいているのだろうと思いますが、そのとおりに違いございませんかどうかということを念のためにはっきり聞かせていただきたいと思います。

○文部省　私ども一般施策としてはそのように考えております。

○堀木会長　文部省の意見を聞かないで、俺たちの意見をつくれよ。

○米田委員　結論を言います。さっき申し上げましたように、また同僚委員からいろいろ意見が出ておりますように、私は表現はへたですけれども、不満足、不十分であることは会長の認めるとおり。しかし、これはできるだけカバーしていくのが行政を施行される方々の私は認識にかかっていると思います。ただ一まつの危惧がございます。この法律をつくるにあたりましても、それぞれ行政当局の方々の意見が盛り込まれてこういう法案がなおかつできたとすると、ちょっと私も不安が重なるわけです。どうぞひとつこの法律を執行するにあたりまして、私はそれぞれの部署における行政の方々にもっと部落問題の本質の把握、認識の向上をお願いしたいと思います。このことだけを十分ひとつご了承をいただきたいと思います。

○堀木会長　いまおっしゃった行政各部門の姿勢のみならず、内閣自体の姿勢だな。まあしかし、僕は行政当局が協議会の委員の意識まで上がっているかどうかということには疑問を持っているのです。しかし、いままでの行政当局よりは、少なくともこれだけ協力した労は、感謝していいのですが。まあともかくも一応これでいこうや。法律にはおのずから限度があるから、具体的な問題は自書《ママ》と、それから長期計画でやっていこう、こういうつもりなんです。

　じゃあ、どうも本日の会議はこれで終わります。長時間にわたってありがとうございました。

【670】Ｂ５謄写版冊子34頁

第二部　国民融合論の成立と展開

広川禎秀【編】

一　一九六〇年綱領の再検討へ

60 「戦後社会と部落問題」［北原泰作研究ノート］
［日付記載なし］

◎　この二つの差別の利用者―それは基本的には資本主義の擁護である――封建的なものを利用した―この関係は従属的・副次的である――

◎　これを逆に考えれば、プロレタリアートは資本主義打倒社会主義勝利のために――差別斗争をとりあげる
やはり従属的・副次的だ――

◎　アメ帝と日本独占資本は、日本資本主義を維持し、人民を搾取・支配する道具として利用するために天皇制を完全に廃止せず、象徴として天皇の特権的地位を残した。

◎　憲法改悪の企ての中には天皇の政治的地位を強める意図がある――うすれつつあるとはいえなお残っている天皇崇拝思想を民主主義に対する攻撃と反動支配の武器として利用しようとしていることを示す。

×この裏返しの部落問題――

×半封建的土地所有制と絶対主義的天皇制は解体され、半封建的政治勢力はその力を失った。

×今日の「象徴天皇制」はもはや戦前のような絶対主義天皇制ではない。

ブルジョアジーと地主の両階級の利益を代表しながら、支配機構としての絶対主義天皇制は解体され、ブルジョア的君主制の一種となった。

◎　ブルジョア的改革が徹底した人民的改革に発展
資本主義制度そのものを脅やかすようになることをおそれ、それを中途で妨害し、流産させることはアメ帝の基本目標であった。

◎　世界民主主義勢力の要求と日本人民の民主勢力におされて――また自己の占領目的と日本支配の利益に一致する「民主化」をおこなったが明治維新と戦後の二回にわたる民主化の中途妨害――しかし同一ではない発展がある。

［追記］
アメリカに敵対する要素をとりのぞき、不利をとりのぞき

◎　農地改革によって、半封建的寄生地主制度の経済的基礎は基本的に崩壊した。これまでの地主勢力は階級的に富農、中農、貧農に分解した。農村における地主の特権は全体として失われた。地主対小作人の対立は、農村における階級対立の本質的中心的なものでなくなり、農民はアメ帝とそれに従属する独占資本の搾取と収奪に対して基本的な対立関係におかれるようになった。

◎　もちろんこのことは封建的・半封建的遺制、風習がまったく姿を消したということではなく、現存の小作地およ

び農村の部落、家庭、親族、冠婚葬祭宗教関係などに、その遺制や風習が残っておるが、それはしだいに弱められ

［る］方向に向っている。

◎　わが国の労働者階級と全人民は、アメリカ帝国主義者による民族的抑圧と、独占資本を中心とする支配層による支配、搾取、無権利状態の二重の苦しみをなめている――

部落民はさらにその上に封建的身分の差別の苦しみがある

×一千百万を超えた要保護人口を基礎に中小零細企業の劣悪な労働条件を保持している

＝部落内の零細企業における労働者――

労働者階級を分裂させ低賃金を維持し、強化する手段として利用している。

×生活保護、医療保護をひきしめ、健康保険その他の社会保障を劣悪化させ、この上下のしめ木のなかで、資本主義国最低の賃金水準を維持し、資本主義諸国最高の蓄積率の上に立って資本を急激に蓄積している。

×これをアメ帝が支持し、その抑圧と搾取を助けている。

差別と貧困に苦しむ部落民の解放運動は、平和、独立、民主主義と生活向上のための全人民的斗争と固く結びつき、その一環となることによって――

◎　部落民は、基本的にアメ帝と独占資本に対立する勢力である。

×戦後の民主的諸改革にも拘らず、その身分、生活、教育その他について、積極的措置を講ぜられることなく、放置されたまま

×共通の身分的圧迫をうけているこの人民層内部にも階級分化がおこっている。□□一部の勢力をのぞいて、その基本的大衆は、勤労者として、また中小企業家としても独占資本からうけている搾取と圧迫を加重されて苦しんでいる。

×解放運動は、部落各階層の諸要求をかちとるために、労働運動、農民運動、その他他《ママ》各分野の民主運動との共同提携をつよめる必然性がある。

×封建的な差別観念を利用して人民を相互に対立させ分裂させようとする反動勢力に反対して――

×政府の「融和事業」予算の増額とその自主的、民主的な運営をかちとり、

×差別観念には各分野での共同斗争と宣伝教育活動によって打破する――

◎　農民の階級分化の特徴は、富農層の形成が部分的にとどまり、一方では多数農民の貧農化がすすんでいること。農業外賃労働、農業外収入に依存する、一本立ちのできない農民の増加――これらは土地を得る道も、完全就職する道もないので――土地と仕事、賃金、各種社会保障につ

いてのはげしい要求をもっている。
＝部落の農民はこの層で――部落だけのことではない。
不安定な出稼ぎ、工場労働者へ――部落の場合行商など
――
これは失業・半失業者の存在――低賃金を支える条件と
なって都市労働者への圧迫のために利用されてる《ママ》

◎　行政斗争について

政府の予算の中で軍事費と独占資本に対する財政投資融資の増大の傾向―農民や労働者への補補《ママ》金の打切り
災害防止復旧費の削減―社会保障費の減額―これと共に部落改善費の打切り、減額―それを説明しその観点から立たない―共斗の場をつくらない―対立をつくる―
すべての進歩的・民主的・平和的な人民の斗いへの支持と参加
×独立と平和のための反帝斗争
×人民の権利擁ゴと民主［主］義のための反封建斗争
×生活擁護―向上、貧困からの解放のための反独占―
○土地と仕事と
×アメ帝の圧迫と日本独占資本の搾取・支配（中小企業家）
×戦後の政治的経済構造と階級関係の変化

◎　スローガンなど

土地―国有地を部落農民へ（このスローガンにはセクトがある）部落農民　身分と階級―これは貧農へとすべきだ
―農民運動との共同提携をつよめる方向へ

【Ｉ―744―2】Ｂ5原稿用紙手書き8枚

※標題は編者による
※中部日本新聞社原稿用紙を使用

61 「同和地区実態調査」について

［北原泰作より部落解放同盟中央本部への報告］

［日付記載なし］

一、調査はどのように行なわれるか

内閣総理府の昭和三十七年度予算のうち調査費二九四万五千円で部落の実態調査が行なわれる。調査の目的は「同和問題解決のための資料を得ること」である。この調査は、標本精密調査と全国基礎〔調査〕とに分かれている。標本精密調査は本年八月から十月にかけて同対審議会の専門委員が中心となって次の四ヵ所で行なわれた。

広島県能美郡柿浦町　（世帯数　二六〇）
高知県高知市宮前町　（世帯数　三〇三）
京都市左京区鹿谷高岸町　（世帯数　二五八）
埼玉県騎西町　（世帯数　八一）

三十八年度は調査費四一一万七千円をくみ、二十地区をえらんで標本精密調査を行なう予定である。

全国基礎調査は、同和対策審議会が企画立案し、都道府県に委託して行なわれる。調査の対象は全国の部落で、調査事項は別紙「基礎調査票」のとおりである。この調査は三十八年一月一日現在の状態で行なわれる。そのためすでに各都道府県にたいし委託の手続きがとられ、全国を五地方に分けてブッロック説明会がひらかれた。都道府県はこれを市町村に委託して行なうだろう。

二、この調査には次の問題点がある

全国基礎調査は調査票を見ればわかるとおり、きわめておおざっぱな調査である。部落の実態についてのくわしい調査は、前述の標本精密調査にゆずるという考え方である。同審議会の事務局は「この基礎調査は部落の原簿となるもの」といっている。

そこで問題になるのは、調査もれになる部落が相当多いことが予想されることである。調査もれの原因は二つある。第一は、市町村当局が誤れる主観によって、あるいは意識的に、「該当部落なし」と報告すること。第二は、部落の役員や上層の一部有力者といわれる連中が、「寝た子を起すな」というまちがった考えから調査を拒否すること。

もう一つの問題は、「地区住民の主な職業」についての調査の仕方である。日雇労働者何%、常用労働者何%、自営業者何%というぐあいになっており、失対事業紹介適格者数という項目があるが、その基準があいまいである。たとえば、常用労働者とは通常二ヵ月以上の雇用契約をむすんでいる者をいうのであるが、それではたして常用といえるかどうか。あるいは土建労働のばあい一つの工事が完了するまで雇われることがあり、臨時雇用、日雇労働の性格のつよい者が多い。また大企業の臨時工や社外工などの問題もある。失対事業紹介適格者とは、わかりやすくいえば失業者のことであるが、われわれの部落に多い固定化された潜在失業者、半失業者はどのように扱われるのか。これらの問題は重要である。

ところが、以上指摘した点については同対審議会の総会においても論議されたが結局、都道府県当局の善処にまかせる、という結論しかでなかった。

三、同盟はどんな態度で臨むべきか

一、同盟としては、この調査にたいし、批判的協力の立場をとること。とくに全国基本調査が部落の原簿となる事情にかんがみ、つぎのような活動を積極的におこなう必要がある。

1、市町村当局や部落の一部上層の役員たちのまちがった主観による「該当部落なし」の報告をさせないよう都道府県当局にたいし厳重に申入れ、監視すること。

2、そのために、同盟はこの調査に積極的に協力することを申入れ、同盟の府県連・支部の協力を受け入れるよう交渉すること。

3、職業・就労状態の項目では、たくさんの潜在失業者や半失業者をもれなく調査票に記入させると共に、日雇、常用の区別についても公正な記入をさせるようつとめること。

4、都道府県当局が同盟の協力を拒否するような場合には、調査もれの部落の存在を指摘し、具体的事実をあげて調査の不正確の責任を追求《ママ》して差別的行政とたたかうこと。

二、以上の活動を未組織部落の組織化と教育宣伝活動にむすびつけて強力に展開すること。

【―59―】Ｂ４更紙二つ折　謄写版３枚ホチキス止め

※調査票添付　次頁に掲載

同和地区全国基礎調査票　38年1月1日現在

所在地	都府県	郡市	区町村
(1) 地区名		俗称	
地区の状況	(2) 旧市町村名		市町村
	(3) 戸数		戸
	(4) 世帯数		世帯
	(5) 総人口		人
	(6) 部落人口と混住率	部落人口　　人	混住率　部落人口/総人口 ×100＝　　%
	(7) 地区住民の主な職業	A) 日雇労働者	%
		B) 常用労働者	%
		C) 自営業者	%
	(8) 失業対策事業紹介適格者数		人
	(9) 生活保護をうけている者の数		人
(10) 備考			

記入者　　　市区町村　　　係

62　部落解放同盟中央執行委員会への報告要項

［北原泰作メモ］

［一九六三（昭和三八）年一〇月頃］

同盟中執への報告要項

1　審議会の活動状況

1、現段階――問題認識と把握

×　実態調査――全国調査（基礎調査）

10月末頃、集計報告―

七府県の拒否、各府県下の調査もれ

拒否県対策

×　精密調査――

37年度5ヶ所―報告ずみ

38年度11ヶ所―12月～1月報告

×　部会の調査、視察

環境改善、産業職業、教育文化

（浜松、三重県、奈良県）

×　学問学識経験者の意見聴取

（お茶水大教授、東上高志氏）

2、答申書作成の段階

1、時限立法の制約――39年8月末日

×　延長要望の意見――柳井、尾形

×　時限までに任務を果せ――木村、伊藤

2、部会の任務――遂行の見透し―中間報告

環境改善部会――徳島県の例―高山氏の意見

住宅問題

産・職部会――労働、通産、農林―実態調査

一世帯15、000

――職業訓練―

教育文化――漠然――人権擁ゴ局――

【Ｉ－868】Ｂ５大学ノート横書きＩ頁

63　北原泰作車中メモ

［一九六四（昭和三九）年一月一〇日か］

○東京――岐阜の6時間――帰途――反省と思索――失礼不遜な言辞――今日の会議の内容――言い足りなかったこと――説得力の不足――
×結局――暗澹たる気持――
×公議所の記録――各藩――各界――代表
×歴史の記録―現実的効果ある政策への反映は不可能か？
○問題認識の基本――それをうやむやにして――対策――それは根本的解決を期していない糊塗策――場当り――過去に騙された経験――
しかし――理想主義的だとの批判――
妥協はできる――政治の性格――行政の性格――やむをえない――
筋みちは通す――解決のビジョン――
○委員会というもの――60～100の審ギ会―委員の態度――審ギ会の本質？擬装―
×欠席――代理――代理者の怠慢か、委員の不明か？――報告の正確《ママ》――二時間の貴重の時間が――欠席のためのチンプンカンプン――
○東京都の小ブル――観念的な問題解消《ママ》――小ブル共の意識――個人解放――封建的搾取――解決への阻害――
×行政の指導性――個々の認識の如何ではない――客観的事実としての問題の存在――その根本的解決――
○答申書の表現への構想――そのイメージの統一、それがないための討議のムダ――大体の構想をきめること――
○差別について――調査報告の意識の項目――粗暴――不潔―他人種
その分析――その意識――感覚――差別意識の構成――
○官僚諸君に――国家試験――公務員――私は小学卒――何故か――学問とは？――私はこの問題解決のために勉強した――
文部省の教育方針――考えねばならないでないか――
○藤範氏――絶望して――
わたしは絶望しない――限界と能力との評価――

わたしは、理想的ビジョン――現実的可能性――私の任務をつくす――

◎公聴会―意見聴取―同盟―

その方法?

◎議事要録―次回出席前に―配布―

先回何が―12月14日までに基本的見解を―その不成績―

確認・訂正は次回でよい―

【Ｉ―８６８】 Ｂ５大学ノート横書き３頁

64 「山本政夫の批判の批判」

［北原泰作メモ］［日付記載なし］

① 改良主義と改善的要求

山本はこの区別がわからない

改善の要求は必要だし、当然。

② 憲法と部落問題

ブル民と新しい民主主義

憲法改悪を企てる力

それを阻止する力

③ 血は水より濃い――

部落第一主義――前時代的なもの

それをなくする近代化――

山本は一方をみとめ、一方を否定する

部落内ボス――反動――

中国のタンミンと蒋の手先のボス

売国的資本と日本民族・国民

④ 解放の展望――

山本――別の本――モデル地区の理想郷の夢――

ヒューマニズムと部落問題

⑤ 意図――中傷――おくれた層への影響

分裂――奉仕

⑥　差別の本質について
×　独占資本は差別しない
×　搾取されていない――直接搾取の対象となっていない、近代産業についていない――
×　封建的というより前近代的――そういいつつ、もはや封建的遺制はない――
⑦　自由民主主義革命の課題
×　どういう革命なのか
主体勢力？
目標は？
プログラムは？
⑧　大衆化、全部落的――
この反省は必要――
⑨　超党派的課題
×　全同和――自民党
参院選推せん候補
部落内小ブルの立場とイデオロギー
○　憲法を呪文のように唱えれば条文どおりの社会が実現するのではない
×　現実社会の侵害の事実
×　〝公共の福祉〟によ［る］制限

その階級的本質
○　全人民的結合の方向に反対する山本
×　部落だけの問題
×　特殊性と一般性――
×　そのウエイト
×　山本は人道主義に国民的協力の基礎をおこうとする。
○　観念として把握している
×　生産関係の基礎づけに抵抗
×　前時代的――（古代的）イデオロギー
［余白］
○　山本は安保反対への参加を〝部落民の反社会的な感情を斗争エネルギーにかり立てた〟といっている（54頁）
○反社会的感情とはなにか
差別への怒り――社会の不合理と矛盾へのめざめ――
○社会改革の要求、新社会への期待――
旧社会の破壊――
×　その感情こそ、歴史の進歩の推進力
生命の正しい衝動――
○　山本は、民主戦線の統一の条件を否定する（56頁）

○前近代的な部落民と、近代的な労働者とは違う――
　共同できない――共同利害の上に立てない――

○　分裂政策の融和政策――
この攻げきに対して彼は同盟こそ部落内で対立の種をまいている、という（67頁）
○全部落民主義――ブルジョア民族主義と同質

◎　彼は、政府の政策を極力ほめたたえ、自民党の政策を支持している
×　それに対する同盟の攻撃を逆に非難している
×　彼の思想的立場――（72頁）
◎　彼は改良主義を是として
×　奈良本論文
×　岡論文
　などを引用
×　社党の構造改革論を歓迎
○　山本は改良主義と改善要求とを混同
（73頁）（85―86）
◎　山本は、予算が増加し、政党、政府が問題をとり上げるに至ったのは全同対の手柄だという――（90頁）
◎　部落民全体がついて行けないコースと同盟を批判――
（93頁）

×　大衆路線による大衆化の必要
×　無原則ではない
×　まして改良主義に堕することではない
○　山本は、日本社会にもはや封建遺制はないとする（112頁）
搾取制度が根源だということを極力否定する（116頁）
×　ここで奈良本理論を持ち出す
×　これは観念的認識の典型
×
○　彼は部落起源をタブーに求める
○　タブーは古代的、原始的イデオロギー
それすら残っていることを認めながら封建的なものの残存を否定する――（135頁）
○　全同和会の綱領――
×　生れによる差別――とはなにか
　身分である――
　その典型は封建制
×　天皇と部落民――

【Ｉ－８６９】Ｂ５大学ノート横書き６頁

65　［部落解放同盟の］綱領解説と批判

［北原泰作研究ノート］［日付記載なし］

綱領解説と批判

（1）

◎カニの成長と革命

×自然界の法則と人間社会の法則とは同じでよいが［かカ］——

生命の発展と変革——

×人類社会は変革で進歩した。歴史的段階——

×変革をおそれるもの——地位を失いたくない——

失うものがなく得るもののみ——保守と革新——

×既成の制度、政治、経済、法律、文化、宗教すべてを道具として阻止する——革新を憎む　その影響——プロも——しかし自覚が——影響からのがれ——斗争へ——

◎部落と社会変革——

×旧い制度の所産——変革による解決——

徳川時代と現代とを比較すれば——

×ドレイの解放——農奴の解放——

×自由のための斗い——人類の歴史——

×人権の発達——

×前向きの歴史観を——部落の歴史——

◎日本の当面の革命と部落問題

×民主革命と社会主義革命

×古いブル民と新しい民主主義

×民主的課題——未完成の民主革命

社会主義革命を主張する者も民主的課題がのこっていることを否定できない

×部落問題は民主革命の課題——任務——

（2）

◎どうしたら解放されるか

×民主革命の勝利

×主体勢力——戦略、戦術

×世界の情勢——

×日本国内の情勢——

×人民政府と政策——変革——徹底的民主主義

×人権尊重、生活保障——

×意識の変化——人間関係

×意識・イデオロギーは長くのこるが——

◎解放運動の性格、本質

×部落の階級構成——状態——要求

×民主主義運動――民主的変革をめざす運動
社会主義的変革をめざす［運動］とはちがう
×全部落民的運動――
×部落内ブルの不徹底と裏切り――保守
×プロ、農民（貧農、半プロ）が中心
×自営小ブル

◎運動の偏向
①融和主義　改良主義
②階級主義、政治主義
③左翼小児病――ブルジョア行政の否定
審ギ会――国会――地方自治体――

（3）

◎全国民（人民）との統一
×部落民の要求と全人民の要求
社会保障、最低賃金制、教育――
×平和と民主、生活
×統一の条件――孤立でなく一部分――
全体と部分――一般と特殊――
×部落エゴ――利己――排他、
×共同斗争の方式――

×ブルジョア融和――
◎われわれの要求――を
ブルジョジーは実現するか
×政府の政策と行政の欺瞞性
君主制の維持――軍国主義復活――
憲法改悪――
×世界史的動向と日本の外交――
米への従属、追従――
A・A諸国――ソ・中―朝・台
×独占資本中心の政治
農業、中小企業、
×労仂政策――
×教育文化――
×反動政策と融和政策
×民主革命のブルの役割
×山本君の論文

（4）

◎われらの主張と要求
×答申と要求
×最少限綱領
×この実現のために――斗争を

×実現する政府を

◎　奈良本論文の評価

×独占の心情――問題提起が形而上学的――

×独占は矛盾をもつ――資本主義の高度発展を望む立場からは、部落問題を含めて前近代性は障害（否定的側面）　反対に――搾取収奪の直接的利害からは肯定的側面――

×独占は、資本主義発展の自由性を全面的に肯定したい
――そのことが彼らを独占たらし［め］た――
しかし、一定の規制が要求される――そして社会保障も――これは単純素朴な搾取にはお気に召さない――
しかし大局的見地からは――維持存続の見地からは必要である――
そこに社会政策が生れ、譲歩と妥協が政策として生れる――

×奈良本理論と井上理論はその一面づつを強調している

×レーニンは、その点をただしく表現している。
独占は自分に都合よい限度で民主主義を実行する。

（5）

○　植民地――解放された――自由独立をかちとった植民地民族にとって、最も重要で基本的なことは、経済的発展である――
ソ連の主張――

×部落問題も同様――
植民地が独立したと同様――部落を差別する法制的根拠はない。政治的には、差別制度はない――あるのは経済とイデオロギーである。
そして経済が基礎である。

○　独占にとって部落があることは有利か、不利か
これは二つの側面がある。
ある意味では有利、ある意味では不利――

×われわれは、彼らの有利な面と対抗し、彼らの不利な面を利用して解決を促進する――

○　謙虚に反省しよう。
修正主義、右翼的偏向といえば、教条主義、左翼小児病ともいえる
罵声と反目と憎しみ合いでは　ダメ――

◎　［前記の続きに以下のメモがある］
科学的な態度とは〈事実にもとづいて真理を探究する〉ことであって、〈自分だけがただしいと思い上がっ〉たり、〈大家ぶっ〉たりするようなそういう思い

あがった態度では、けっして問題を解決することはできない。
わが民衆のうけている災難はきわめて深く、科学的な態度と責任を負う精神だけが、わが民族を解放の道にみちびくことができる。〈毛沢東　〈新民主主義論〉〉

1、どういう状態におかれているか
2、なぜ差別され圧迫されるか
3、どうしたら解放されるか
4、いかに闘うべきか　敵と味方
5、何からはじめたらよいか

◎易しく、内容的、理論的にはしっかりした方針
適格に、端的に、わかり易い表現で――

同盟の組織――反省――
全水時代からの伝統、経験――発展、
×偏向
×統一戦線の条件――
憲法擁ゴ、平和運動、社会保障

【Ｉ－869】Ｂ５大学ノート横書き６頁

66「最低賃金制の問題」

［北原泰作メモ］
［一九六四（昭和三九）年一〇月頃ヵ］

○賃金――これは賃金労働者――プロレタリアートの問題――したがって雇主、すなわち資本家にたいする要求の斗い――だから、階級斗争
○最低賃金制確立――これが資本主義制度の政策の課題――すなわち、社会政策的な意味――このかぎりにおいてブル民の課題――最低生活の保障――
○恣意の搾取の抑制――資本主義制度の維持が目的――プロレタリアの斗争への譲歩――妥協――欺瞞――
○解同の捉える側面――社会保障的な意味での最低賃金制――
二つの側面　1、階級斗争
　　　　　　2、ブル民――社会保障
この後者（2）が同盟――
○この二つの側面――古い民主主義と新しい民主主義の関係――
○この二つの側面の関連性――切り離しえない――②から①への発展――
○社会保障的側面での最低賃金制――ゆえに、地区内中

小ブルの利害を考慮に入れねばならぬ――でないと、
①になる。

【ー869】B5大学ノート横書きー頁

67　「実態調査の結果から見た「部落」の変化と停滞」

［北原泰作研究ノート］［一九六五（昭和四〇）年頃］

I　戦後日本の社会的変動

戦後の日本は大きく変わつた。とくに昭和三十年前後を境とする最近の十年間に、経済・社会・文化などあらゆる領域にわたつて、社会科学的見地からきわめて重要な意味のある多くの変化がおこつた。われわれの身辺に生起した変化の現象ないしは傾向について、思いつくまま列挙してみよう。

(イ)　家父長制的家族制度が、基本的には崩壊しつつある。民法の相続制度の改革により、それが促進された。

(ロ)　労働者階級の組織された勢力が著しく増大し、労働者の権利が社会的に承認され社会的地位が上昇した。

(ハ)　技術革新による生産力の発展にともない、肉体的労働の価値が減退し、機械や計算器を操作する頭脳労働の職務の価値が高まつた。

(ニ)　産業人口構成が変化して第一次産業に従事する人口が激減し、第二次・第三次産業の人口が増加した。

(ホ)　人口の都市集中が目立ち、いわゆる都市化現象が顕著となつた。

(ヘ) 農家の兼業化が一般的傾向となり、農村人口の都市への大量流出が著しい。
(ト) 中小企業の労働力不足が深刻化し、大企業との間の賃銀格差が縮少した。
(チ) 高校および大学への進学率が高まり、全体としての国民の教育水準が向上した。
(リ) 消費生活の水準が一般的に高まり、消費財が高級化し、都市的生活様式が普遍化して都市と農村の差等が解消しつつある。
(ヌ) 国民の平均寿命が延長し、出産率が低下して、人口構成の老齢化現象があらわれた。
(ル) レジャーブームが持続され、旅行が盛んに行なわれ、行通量が激増した。
(オ) 婦人の政治・社会・経済などに対する関心が高まり、物価政策などに関する大衆の意志表示や行動が強くなつた。
(ワ) 青年・学生の物の考え方や行動様式に大きな変化があらわれ、少年の非行が著しい傾向を示している。
(カ) セツクスに関する考え方が開放的となり、エロテイシズム氾濫の風潮がみられる。
(ヨ) 大企業において年功序列賃銀制から能力主義的職務給への転換の動きが現われた。
(タ) 燃料革命といわれる変化がおこり、石炭産業が斜陽化し、他方では原子力発電所の建設が企てられている。

以上のような変化は、部分的な個々ばらばらの変化ではなく、あらゆる領域の相互依存と相互作用の関係による構造的な変動であるということができる。

〔欄外〕

貧困家庭では父の権威はない。生活保護世帯

II 「部落」に現われた変化

われわれの実態調査の対象である「部落」は、幕藩体制の下では、身分差別のために一般社会から隔離された閉鎖社会を形成していた。現在でも差別は残存しており、したがって多かれ少なかれ閉鎖社会的性格をもつているが、しかし「部落」は、日本社会の全体としての構造の一部分であるいじよう、前記のような社会的変動の影響をうけずにはいられない。

それは当然のことである。事実、戦前ゆ〔と〕戦後の「部落」の状態を比較すると、かなり著しい変化が現われているのである。その主要ないくつかの指標について、昭和三十八年に同和対策審議会が調査した結果を列記しよう。

(イ) 「部落」における混住の現象

全国の「部落」四、一六〇のうち、その地区内の住民が

一〇〇％「部落民」であつて、他の者が混住していない「部落」は全体の六二・六％、「部落民）《ママ》~~であつて、他の者~~~~が混住していない「部落」は全体の六二・六％、「部落民」~~以外の者との混住率が五〇％未満の「部落」は全体の二一・一％あり、混住率五〇～九九％の「部落」は全体の一六・三％である。混住率は関東・中部地方が比較的高く、近畿・四国地方が低い。とくに奈良県と愛媛県ではほんど混住がなく、郡市の「部落」より農山漁村の「部落」は混住率が低い、という傾向が見られる。

この混住の現象は、「部落」の閉鎖性が弱まり、逆に開放性が強まる傾向のあらわれである。

(ロ)　「部落」における職業の変化

昭和十年に中央融和事業協会が調べた全国の「部落」の主要職業別調査によると、次のような結果が見られる。

業種	「部落」全体の比率	戸数全体の比率
業〔農〕業	八〇・五％	六四・二％
工業	四・六	九・九
商業	三・六	五・七
漁業	二・三	二・九
交通業	〇・四	〇・二
力役	〇・八	〇・四
其他	七・八	一六・二

この調査で、主要業態とは当該「部落」戸数の半数以上が従事する職業をその「部落」の主要業態と見做したもののようである。ここで交通業とは、人力車夫、荷馬車挽などであり、力役とは、日雇労働者などの単純筋肉労働者のことである。

この調査と、昭和三十七年同和対策審議会の調査とを比較することは科学的厳密さを欠くが、大ざつぱにいえば、首肯できる結果が示されている。すなわち、同対審の調査によると、「部落」の有業者のうち日雇労働者が五〇％以上を占める地区は、全国「部落」の一五・三％である。つまり二十七年間に二倍近い数値となつている。

次は雇用労働者の増加である。同対審の調査によると、「部落」の有業者中常用労働者の占める割合が五〇％以上の「部落」は、全国「部落」数の九％にあたり、二〇％未満の常用労働者がいる「部落」は全「部落」の五〇％である。これは、昭和十年の調査に見られなかつた近代的雇用労働者の出現であると思われる。

さらに、農・工・商自営業者の変化について見よう。同対審調査では、自営業者が全有業者中五〇％以上を占めている「部落」は、全国「部落」数の六〇・七％である。これを昭和十年の中央融和事業協会の調査による農・工・商・漁業の合計九一％に比べると減少しているが、変化の具体的内容をぎんみすれば、よく理解できる。すなわち、和歌山県における昭和二十七年〜昭和三十七年の十年間の変化を調べたところによると、農業従事者の多くが製造業に移行しており、離農・脱農した者は日雇土工、失対労務者、日稼ぎ雑業などに移行した。この傾向は甚だ顕著で「農民の分解の鋭さを示している」と説明されている。また、比重は小さいが金融・保険および不動産業の従事者やデパートなどの小売業やサービス業などの従業者が新しく出現している。これらの現象や傾向は、「部落」住民の就業の変化、その近代化を物語るものである。

(ハ)　「部落」における学歴構成の変化

昭和三十八年同対審が十六の「部落」の精密調査を行なつた結果によると、祖父母の六〇%が不就学という地区があり、父は一〇%、母は一五%が不就学であるが、子女には不就学は見られない。以前は長欠児童・生徒が多かつたが、現在は漸次減少している。奈良県など一部の府県を除き小学児童の長欠はほとんどなくなつている。

世帯主の教育程度は、義務教育終了までの者が八〇%で、そのうち小学卒業以下が四七%を占めている。配偶者も同様に低い。けれども新しい世代の教育程度はしだいに高まりつつあり、高校、大学卒業者の数は戦後急速に増加した。「部落」のばあい高校進学率は全国平均の二分の一にも達しない三〇〜三五%であると推測されるのは問題であるが、それにしても、戦前にくらべると隔世のちがいがある。

III　「部落」における文化的停滞

前述のように「後進地区」といわれる「部落」にもいわゆる「近代化」の変化が見られる。それは緩漫な変化であるにしても、その意義はきわめて大きく、正当に評価されねばならない。しかし他面においては、「部落」には依然として頑固な停滞性が根づよく残つている。同対審の調査にもとづき二、三の事項を例示しよう。

(イ)　居住と職業の定着性

世帯主の現住地における定住期間は、大都市の「部落」ことに大阪市西成地区のような戦災をうけたところをべつとして、中小都市、近郊農村、農山漁村の「部落」では、いずれもほとんど明治年間からひきつづき住んでいるというのが圧倒的に多く、七〇〜九〇%を占めている。その中には、もちろん明治維新以前から祖先伝来の居住地として定着している者が少なくない。大阪の西成地区では、戦後から住みついた者が五〇%ちかくあるが、なかには他府県の「部落」出身者がそうとう多いと推測される。

職業についてみても、従来の生業に執着して、新しい職業に転換したり新分野を開拓しようとする意欲は乏しい。この傾向は若年層より高年齢層に強い。

周知のように、「部落」の人びとは身分・職業・居住が三位一体的に固定化されていた封建制身分秩序の下に縛りつけられていたのである。そのような制度的束縛が存在しない今日なお、「部落」住民みずからの惰性や習性によって居住や職業の定着性が強いという保守的性向に注目しなければならない。

(ロ)　結婚形態の停滞性

一概にはいえないにしても、見合結婚と自由結婚とを比較すれば、前者より後者のほうが個人の自由意志にもとづく行動様式であるといえるであろう。ところが、「部落」住民のばあい、大阪や京都などの大都市では見合婚と自由婚とはほぼ同じ比率を示しているが、小都市や農山漁村の「部落」では見合婚が圧倒的に多く、六五%ないし七七%を占めているという状態である。

通婚の状況についてみても、「部落民」同士の結婚が圧倒的多数を占め、十六地区の精密調査の結果によると、七〇%ないし九〇%という高率を示している。ただし大阪の西成地区では「部落」外の一般市民との通婚が三〇%となっている。これは都市と農村のちがいを現わすもので、一般に農村は都市にくらべて保守的であるが、「部落」のばあいにも同じ傾向が見られる。

(ハ)　意識・観念の伝統志向型

神社や寺院の伝統的行事、冠婚葬祭の伝統的儀式などを従来どおり存続させたいと考える「部落」住民は圧倒的に多く、大都市の大阪西成地区でさえ六七%を占めており、反対の考えを持つ者はわずか六%にすぎない。

「部落」住民は、その周辺の一般地域住民とくらべて、伝統的な生活慣習にたいする執着がより強い傾向を示す。「義理・人情」というような前近代的人間関係を肯定する伝統的志向型が、「部落」には多い。

結　語

われわれは、科学的な調査によって実証された事実、すなわち「部落」における変化と停滞の二つの側面を正しく認識しなければならない。

ドグマにとらわれて事実認識を歪曲したり、政治的意図によって実在を隠蔽したりすることは、許されない。事実の正確な認識と、状況の正しい判断と将来への動向の賢明な洞察のうえにこそ、部落解放の誤りない方針はうちたてられるのである。

これまで行なわれた各種の調査は、いずれも満足すべき回答をわれわれに与えてくれなかつた。その欠陥を補なうための実態調査が要求される。生きた資料を豊富に蒐集し、それを解析して、「部落」の現実を把握することは、きわめて重要な課題である。部落解放の事業に理解をもち、情熱をもつて行動しているすべての人びとに、協力を訴える以所《ママ》である。

［970］Ｂ5更紙活字6頁ホチキス止め

68 ［部落解放同盟中央執行委員会］「第二段階の闘争」

［北原泰作メモ］

昭和四二年五月一三日

42・5・13・中執—第2段階の斗争

◎独占段階における同和対策

× 現在まで、われわれの斗いによって、政府は譲歩し妥協して同対審答申を出した。法律制定、十年計画も策定する——といいつつも消極的態度——つまり斗いなくしては——可能もあやしくなる——

× 独占の政治的性格は反動——民主主義の否定——そのときがくるかもしれない——

× 斗いで弱い点は、地方的な運動の格差——デコボコ——全国的な均整とれた斗いがくめないこと——近畿、中国などの要求つきあげがどこでもできるなら、それの中で高い要求を下から盛り上げてゆく——その関係が末端の権力をつき上げて——それが中央政府への圧力となる——

× そういう条件のないときには弱い——政府に対する交渉のみではダメ—やはり下からの斗争が必要——この二つの面が忘れられてはならない。

×　地方自治体の中央に対する要求と態度――これは前向き――評価しなければならぬ――それをさらに強化することが大切――

×　いままでの中央斗争は、力を出しきっていたか、力以上もしてない、力以下だ――現在ある力を有効にタイムリーに、第二段階の斗争として、斗い方をも考えるべきではないか――地方には、これまでの中央斗争に不満を持っている――弱いところの県連に合わせていた――強いところに合わせ、強大県連中心でも力強い中央斗争をやるべきだ。それと合せて、下部からの斗争をやるべきだ。

×　弱いところは、左翼日和見主義――経済斗争軽視、――それが左翼的な政治斗争至上主義――

もう一つは、もっとも弱い県連は、まったく予算増加のための中央斗争礼讃――

×　中央斗争も強力におしすすめ、地方斗争も――これを統一的にやるべきだ――

×　しかしそのうち、どちらに重点を置くべきかをこの時点で考えねばならぬ――地方における斗争が組織を伸ばす（確立）のが重点ではないか

弱いところは――われわれの斗いによって斗いとった成果が、同和会、融和主義者にとられているところもある

×　一発主義の大衆動員の中央交渉ではなく、精英《ママ》主義の交渉を効果的にねばりづよくやるのが有効――むしろ、地方ブロックを目標に設定して、大衆動員で未組織解消をねらうこと――

×　大阪が強い――しかし他の近隣が弱い――その弱いところを強めることによって、大阪はより予算獲得の成果を大きくできる。弱いところも強くなる――

×　ブロックを目標に設定する――これに力を集中する――これも一発主義ではダメ――やはり、オルグを配置し、不断の組織活動が大切。

×　政府にたいする均等圧力斗争がよいのか――たとえば、京都、大阪では住宅問題で、岡山、長野では農村問題で――というように要求を集中して、農林と建設とをえらんで――集中攻撃をかける――われわれの力関係のもとでどちらが効果的か――考えるべきだ――対政府斗争のくみ方の検討が必要だ。

×　中央斗争のやり方――岡山の経験――強大県と中執で――弱いところも参加できたらさせて――規模を小さくして、目標官庁に坐りこむこと――七日間泊りこみで――これは有効である――

×　法律制定に中心要求をおくべきか、それは総理府が

予算のない——いらない——ところゆえこたえない——やはりどこかの省で悲鳴あげるほど斗いとった方が有効ではないか——

【20－4】B5ノート横書き2頁

69 ［部落解放同盟］第四回拡大中央委員会

［北原泰作メモ］

一九六八（昭和四三）年二月一五日（京都・文化厚生会館）

◎壬申戸籍の問題

〝制度として差別が残っている〟ことの重大性——（本部報告）？

やはり〝遺制〟と規定すべきではないか。制度としての差別とは何か？

戦術的に重大性を強調する意図はわかるが——。

◎43年度政府予算

総額61億5千万円

総理府

◎法律案の問題

×自民党内部の動き——法律を制定しなくとも、予算措置でいいのではないか——という意見——財政特例法でよい——両論あり——

×政府としては、総理の公約もあり、法律案を出さないわけにいかない——総理府は案を準備している——が、

内容は期待薄——堀木試案からあまり前進はなかろう
——
×法案内容が不満の場合、どういう態度をとるべきか
不十分な内容——同盟側の委員が反対し、同和会が賛成した場合、どうなるか

【20―4】Ｂ5ノート横書き一頁

70「未来社会論」

［北原泰作メモ］［日付記載なし］

所感（未来社会論）

×　これまで、部落解放の理論は、マルクス主義のイデオロギーに立って論ぜられてきた。（融和主義のそれはべつとして）

×　そのマルクス主義のイデオロギーによる部落解放理論は、体制の変革がなければ部落の完全解放はありえない、という結論に達していたように思う。

×　部落の状態を——現状認識——暗たんたるものとしてえがき——この絶望的な状態からの解放の道として革命を想定するのはマルクス主義の帰結だ——

×　プロレタリアートが政権をにぎる——あるいは民主連合政権にしろ、その中心はプロレタリーアート——独才《ママ》政権への過渡的段階——
その社会主義政権による民主革命の徹底と社会主義社会の建設がなければ、部落問題は完全に解決しない——と。

×　戦後——日本の産業発展——それをもたらした科学技術の新［し］い発展——
生産技術の発展が社会変動の源動力となっている状況——
都市化の現象など——生活様式の変化——
そこに部落差別を存続させてきた客観的条件の崩壊、消滅が見られる——この思考形態——
×　体制の変革（政権奪取の政治革命）によらなくても完全解放の可能性がある——という思考——
つまり社会発展の思想——
×　農業段階から工業段階へと進む人間社会の発展を逆転させることはできない。工業化、都市化の方向を逆転させえない。——非可逆的な時間が人間社会の経験的な時間——一方的な流れの時間——そのなかに部落解放の未来を求める

【2609】Ａ5ノート横書き2頁

71　部落解放への道—社会学的アプローチ

［北原泰作メモ］［日付記載なし］

◎　現状認識
×　部落の現状
1、経済的側面（経済学的分析）
2、社会的側面（社会学的分析）
×　身分としての規定
1、印度的身分制—カースト
2、少数民族
3、ジプシー
×　部落差別の実態
1、差別観念の分析
2、偏見
3、差別の具象化としての部落の実態
×　部落差別を存続せしめる社会的根拠
1、日本社会の性格
2、日本の文化的特性
3、その経済的基盤
×　存在の基礎の消滅
1、生産技術の革新による経済発展
2、都市化、大衆社会化現象

3、部落の変貌

◎部落の歴史
×部落史研究の問題
1、近世史の枠―藤谷ら
2、林屋さんの説
×滝川説が代表する帰化人説
×小浜教授の調査
×先住民族説

◎明治維新の解放
×ブル民革命の性格―未成熟
1、農民一揆のエタ狩り
2、維新政府の考え
3、部落民自身
×解放令と行政措置
1、布令
2、無施策
3、ハンディキャップ
4、自由競争社会
5、市民的自由、権利
×一般国民と部落民

1、日本の下層社会
2、農民
3、女工哀史

◎部落解放運動の歩み
×明治時代
×大正時代
×昭和――

◎全水勃興
×全水運動の性格
――排他・閉鎖――同類意識
×一般民主運動化
×融和主義――

◎戦後の解放運動の性格
×

◎政府・自治体の行政
×慈恵――同情
×社会政策

× 施策——予算
× 国策樹立要望の歩み
× 同対審答申
◎ 解放への道——結論
× 社会学的接近
× 社会主義国の少数民族
× ジプシー
× インドのカースト
× 中国の少数民族問題
× 奈良本論文
× 近代化——
× 解放運動の方向——
　政策の再検討
× 松本氏の言——同盟の組織、運動の不要となる日を
——
× 部落内の階層分化——
　要求別、階層別斗争
× 選挙の結果——
　参院選——
× 差別事件に対する激情の喪失
× 寝た子をおこすな

○ 部落の状況調査
　1、部落からの人口流出
　2、部落の閉鎖性の解消へのうごき
　　つまり都市化現象
　3、中小零細企業の状態と変化
（これらの調査は同対協で行われるのを利用したらよい）

【2609】 A5ノート横書き4頁

72 「独占資本と大衆社会」

［北原泰作研究ノート］［日付記載なし］

× 独占化は不可避の方向であり、それが国家独占資本主義を媒体として、帝国主義の色彩を濃厚にするにつれて、資本主義に内在し展開されてきたさまざまな障害を除去しようとする試みがなされなければならない。経営の合理化といい能率化というも、実は資本主義の延命策としてとられるにすぎない。

×奈良本論文と井上の反論

○独占資本は、部落差別（身分的関係）をもはや搾取（もしくは分裂支配）の道具として利用するよりも、それを近代化した、いわば資本主義的身分秩序として利用した方が有利――

○教育投資――独占資本の望む人間像の形成のために――

中学卒では生産性を高めるのに不十分――高校卒をのぞむ――

そのために国家の費用を教育に投資する――

○井上は天皇制をアメリカが利用し独占が利用した例をあげて、独占がやはり部落差別を搾取と支配に利用していることを証明しようとする

○だが、戦前の天皇制のままで利用しているのではない。民主化された天皇制――ブルジョア化した皇室を利用

○そこには、変化がみられる――天皇制も資本主義的身分秩序に変化しつつある

○これに照応して、部落差別もかわる――封建的身分差別から資本主義的身分差別に――

○独占が利用するのは資本主義的身分差別だ――

○奈良本説の真意は知らず――客観的には、正しい

○部落解放――同和対策が政府でとりあげられる――三木武夫が云々する根拠はそこにある――それは資本主義の延命策――

○　戦後の変動の諸条件を便宜上三つの大きな条件グループに分けて述べる

①経済的与件の変動

②政治的状況の過程

③文化的発展の諸相

×経済的与件の変動

高度成長――

資本主義は工業を中心として発展するから——技術の改良が行われれば行われるほど、生産力の巨大な発展がみられる——

これにたいして農業は相対的にますます遅れをみせてくる。

資本の蓄積がすすめば、ますます多くの人口を労働力として吸収し支配するに至る——

×それは直接第二次産業人口の増加にかぎらない——産業資本主義の段階はそうだが——

×独占段階ではホワイトカラーが増加する——

単に産業労働者の増加でなく、商業労働者、事務員サービス従業員の増加——

×大衆社会を大衆民主主義社会として規定しても差支えない——

×資本主義と社会主義の基本的イデオロギーの差異はあっても民主主義的政治体制は東西両陣営にあてはまる。

資本主義と社会主義という次元を超えたところにデモクラシーを位置づけることも可能である

①経済的与件の変動

高度化——軽工業から重工業へ

産業人口の移動

国民総生産の増加——その中で占める農業（第一次）の減少——第二第三の増大——

高度独占資本主義化へのうごき——

②政治的状況

部落（大衆）の政治参与の機会の増大（大衆の政治からの疎外）の状況が変った

戦後の民主的改革——制度上——

労組の団結権、選挙法の民主化

③文化的発展

×生活様式の都市化

×等質性——均一化

×西欧型の近代化

×意識——若い世代——

×マスコミの発達の影響——

×交通手段の発展——距離の短縮

×伝統・習慣・権威の破壊

×教育の大衆化——

×

×現実の冷静な把握——

客観的な認識にたたねばならない。

◎マルクス主義者は〝絶対的窮乏化〟の理論を支柱として、

窮乏による反抗を階級意識ないし階級行動の発條として扱い、大衆社会理論とはもちろん、近代主義的立場と明瞭なコントラストをなす

◎同盟の中でも、部落差別がますます増大したという――或いは差別がしだいに薄れることをみとめず、資本主義自体が差別を再生産拡大すると説く――

それによって、革命行動に結びつけようとする

◎大河内教授は下層社会の分解という契機をとくに重視し、この立場は、前近代↓近代の転化に注目する近代主義に立脚している　32頁

◎大衆化の社会的滲透

1、パーソナリティの分裂

前近代的社会にみられるような家族・村落などの共同体的な社会関係の崩れ――しだいにその機能をせばめ、これに代ってゲゼルシャフト的な集団が増加した現代は、パーソナリティの分裂に悩んでいる時代――

価値、信念体系の変化――

×伝統・慣習・約束によって――われわれの行動様式はそれに適応しておればよかった――

×それが、社会経済状況の変化に伴い、価値、信念体系の変動――不調和、不安定、分裂をもたらしている

×封建主義　天皇制イデオロギー崩壊――デモクラシー的近代的思考様式へ――

2、集団の変質

×家族的結合の結合度が弱まり

×対等の人間関係

3、文化――

画一性、平均化――

大衆文化、大衆娯楽――

これが商業ジャーナリズムによって――

局地性、地方性の打破――全国的なものに――

◎社会心理、社会意識の変化

×産業化、工業化、都市化によってもたらせ［ら］れる――工業の発展と流通過程の諸活動の展開は、地域共同体の経済的自給自足と社会的封鎖性を打破する。共同体の拘束を馳［弛］緩させる――

×産業化都市化は、社会心理の顕在化の条件をつくりだす

(イ)　地域共同体と家族の拘束の弱化――習俗として固定化していた個人の心理の凝結をゆるめ、多様化と表出の機会をあたえる

(ロ)　産業化、都市化は――社会的変動をともなう。

社会変動によって農村的生活環境から都市的生活環境へ――
×差別観念は農村が都市より強い
×下層社会の分解――
技術革新による高度経済の発展は労働者にたいし一定の知的・技術的水準を要求する
そのため義務教育を促進する。
また、労働力の順当な再生産を確保する必要から、上からの施策と都市下層社会のなか［か］ら生育した労働者階級の下からの圧力によって、下層社会の悲惨はしだいに解消されてゆく――
×悲惨と道徳的タイハイに彩られた都市下層社会はしだいに縮少し解体し、それとかわって健全な肉体と精神をもった労働者階級の像が大きく立ち現われる。

【2604】 A5ノート（ルーズ・リーフ） 横書き10頁

※標題は編者による

73 「講座派」と「労農派」

［北原泰作研究ノート］［日付記載なし］

「講座派」は、日本資本主義の構造的要因としての〈封建的なるもの〉を重視し、日本では民主主義革命は未完遂だと規定した。

×「労農派」は、〈封建的なるものは遺制にすぎないとし、その残存にもかかわらず日本の民主革命は完了し、日本は資本主義的に発展したと主張した。

×全水時代からの伝統で、部落解放の理論は、右の「講座派」の思想的影響の下に発展し、今日に至っているといえる。

×同盟の主流を形成している解放理論の特徴は、
①日本資本主義の構造的要因として残存する〈封建的なるもの〉が、部落差別を存続させ再生産させる物質的根拠であるとする認識――つまり、日本社会の土台の中に根拠を求める考え方――
②日本社会の上部構造と部落差別との関係については、支配構造としての天皇制との両極的対立としての最下層身分としての認識を偏重し、上部構造の他の部分、とくにイデオロギーや文化の面との関連を軽視する傾向

×ここから、政治主義的傾向がつよく出ること——

×民主革命・社会主義革命がなければ、問題は解決されない、という考え方が生れる

×同盟の運動方針に文化活動方針がないことにも現われている—社会全体として把握していない——

×戦後の日本社会の変動にたいする不感性——

○これは、講座派理論が政治主義に立って天皇制を分析し、日本の〈封建的なもの〉を支配構造の側面からのみとらえて、文化的・人間的側面の分析を欠いたこと

○戦後の日本主義《ママ》の変化の誤認——に共通する。

×このような傾向にたいして、

対立点

○同盟の伝統的な—（全水時代からの）——講座派＝日本マルクス主義の正統派の影響—がつよい——部落問題の本質把握—解放理論のたて方——主要傾向——

○それはいうまでもなく、史的唯物論の方法に照らして部落問題を検討し把握すること

○日本資本主義分析——

生産力と生産関係との関係および土台と上部構造との関係—にかかわる問題—その中で〈封建的なるもの〉の評価の問題として部落問［題］は認識される——

○日本資本主義分析で、講座派と労農派との対立が生れた——

講座派は〈封建的なるもの〉を重視した——日本では民主革命はまだ完遂されていないとした——

労農派は、〈封建的なるもの〉は遺制にすぎず、その残存にもかかわらず、日本の民主革命は維新後の諸改革でおわり、日本は資本主義として発展した——とした。

○同盟は、講座派の影響がつよい——伝統的に——

同盟の解放理論の傾向は

×封建的なるもの過重評価

日本社会の土台に残存する封建的（前資本主義的要素）——

上部構造としては支配構造としての天皇制と土台の連結——その重視（構造的要因としての封建的なもの）——

×かくて——政治主義的傾向がつよい——たとえば、

○部落差別の根拠を（物質的根拠）——生産関係に求め、

上部構造としては天皇制との関係に——

×上部構造のイデオロギー的部分の分析の欠如—

日本人の生活様式や行動様式（広い意味の文化—基礎的な文化）と部落差別との関係の分析の欠如——

×講座派の欠陥——社会を全体として把える方法の欠如——

×戦後の激変――状況にたいする無感覚――その評価の欠如――

×講座派―戦後版―戦後日本の社会変化を致命的なまでに誤認した。

×これに対して
北原提案――近代主義――

近代化論的様相であらわれた
×近代社会学――

経済の資本主義に対応するのは思想の合理主義――

×資本主義の分析において〈封建的なるもの〉として問題にされたものを、人間の（あるいは文化の）問題に転形してとらえると、それは〈非合理的なるもの〉である
×近代化論は、近代的人間（合理主義的人間）の理念を追求する――

×これは、資本主義分析に欠けていた――上部構造の分析―社会を全体としてとらえる道への前進―

部落を日本社会の全体としての構造のなかで把えようとする試みへの接近といえる――

×したがって戦後の社会経済的変動に敏感――

近代過程の進行――の評価――

×これは、発展すれば――産業化論、大衆社会論となる危険性をはらむ――

×日本的近代化論がこれまで「近代化」として理念的に問題にしてきたものが、「産業化」という即物的な問題に転化し、産業化の果てには「大衆社会」が現れることになった――
×そこではブルジョアジーと諸階級への両極分解および分極した二階級の相互敵対という理論が意味をうしなう――
「平等ではないがしかし階級のない社会」が出現するだろうと意見が出る――イデオロギーの終焉
×マルクス主義の社会発展論にとって、現代は、資本主義から社会主義への移行の時代として認識される
――
×資本主義は高度に発展して国家独占資本主義の形態をとり――現代帝国主義の体制をつくり上げている
×現代日本の社会科学における理論上の基本的対立は、現代日本資本主義分析を主題とするマルクス主義と、「産業化」論の構成をとる新近代主義との対立として、世界的な普遍性をおびるに至った。対立点は、右にみたように〈現代的なるもの〉の把握の中にあり、根底にあるのは、「社会構成」概念発展論と「社会体系」概念、社会変動論との対立である。
×部落解放理論――ようやくこの水準に達した――しか

し次元がひくい——
×マルクス主義は、支配構造以外の上部構造（文化）の問題を正面の対象とせざるをえなくなり、近代主義は技術史観を社会の基盤にある土台（生産関係）の問題を重視せざるをえなくなった
×部落解放理論においても、同盟正統派は——文化面イデオロギーの問題にとりくまざるをえなくなり、北原——は資本主義——独占——の中における生産関係——階級関係と部落差別の結合を重視せざるをえない
——
この意味で、部落問題を人間の社会の全体的構造のなかでとらえる方向へ——理論上の基本的対立を内面化しつつ、——この問題の解決なくしては、部落解放理論の前進はありえない——
×これはまた、日本の現代社会科学における理論上の問題でもある——

【2956】B5原稿用紙手書き15枚
※中日新聞の原稿用紙使用
※標題は編者による
※前頁下段の5行にわたって斜線が引かれている。

74 「経済成長と部落の変容」［北原泰作研究ノート］

［日付記載なし、一九六〇年代後半か］

×　高度成長ということは、結局はひとにぎりの独占資本を育てあげるための政策にすぎなかった。
×　高度成長政策に助けられて、国際級の大企業が出現したかげに、国民生活の向上、社会福祉の増進はあとまわしにされ、他方、中小企業、農業などに日の当らない部分のおくれがますますきわだってきている。
　そうい［う］矛盾——政府自身「ひずみの是正」——を政策の課題としなければならなくなった——
×　一部の基礎産業部門にかたよった成長の結果、日本の産業の構造上の弱点だった軽工業へのかたよりは、逆に重化学工業比率の62％と、欧米諸国よりも高くなるという構造変化をひきおこした。
×　重化学工業化は、産業発展の高度化をあらわす指標である。
×　けれども、急テンポな重化学工業化は、かえってその矛盾を日本経済の上に現わすこととなった。即ち、重化学工業化のかげにその発展に追つけない消ヒ工業の立ちおくれをきわだたせることによって、ここ数年来の消ヒ物価の上昇をきたす要因のひとつ□□《削除カ》□をつくりあげた。

× 金融面では――市中大銀行を中心とする融資系列をつくりだした――

× 銀行を中心とする融資系列企業集団の形成――

× 旧財閥の再編成された集団（三井、三菱、住友といった）を中核とするコンツエルン組織――独占資本――大企業の市場占拠――寡占体制

× 大企業を中心とする戦後の技術革新的投資が一巡し、いちおう産業の近代化という目標が達成された

× いままで、かえりみられなかった中小企業＝下請工業として大企業の生産を補完しつつあった部分が、その生産力の格差のためにかえって大企業の発展をさまたげる死重となっている――

× 中小企業の有史以来の倒産の続発

× 系列中小企業の整理統合が親企業である独占資本によって強行されつつある――

× 高度成長の過程における労働力の不足は、すくなくとも新規学卒者にかんするかぎり規模別賃金格差をなくした――

× このことが、中小企業に影響――

× 新設備に入れかえはじめた設備資金の負担増大――金利の累積――は経理内容を圧迫し、系列融資銀行からの融資を断たれ［れ］ば、ただちに企業の倒産に陥らざるをえない

◎ 日本に中小企業が多いことは、日本経済の特徴――従業員10人未満の零細企業の国民経済に占める地位が高い。アメリカ、イギリスにくらべると、これがいままで日本における中小企業問題の解決を困難にしてきたひとつの大きな理由だった―

◎ しかし、30年以降の高度成長は、このような日本の経済の特徴をしだいに変化させてきた。工業労働者中、従業員数10人未満の工場に働く労働者の比率は、はげしく低下した。

× 日本の中小企業は30年前後から零細層を中心としてしだいに分解傾向を示しはじめたのである

この傾向は、日本経済の「近代化」をいみするものとして、注目をあつめた。

× 高度成長は、多くの中小企業を発展・拡大させた。従業員数200人以上300人未満の中小企業上層の発展ぶりが特に目立っている。従来日本の中小企業にかんしては、停滞性がその特徴とされていた――この上層部を中心とした中小企業の発展傾向もまた、日本経済の「近代化」をいみするものとして高く評価されてきた。

× 中小企業は、日本経済が高度成長をとげたり、開放体制（資本の自由化）へ移行したりした結果、その存立を

せばめられ、経営が苦しくなり、市場における競争に敗れて、お互の間にはげしい競争をくりひろげ、――倒れる――

結局――大企業のかげでのミゼラブルな生存かそれともある程度の発展の可能性ある大企業への従属か、という二つの道しかのこされていない

◎　規模別賃金格差の縮小

日本では大企業労働者と中小企業労働者の賃金の間に大きな差があり、このことが日本で中小企業が多いひとつの重要な理由であるといわれてきた

×　ところが、日本の賃金構造の特徴であったこのような規模別の賃金格差は、30年以降の高度成長過程で、しだいに縮まってきた。

×　この時期に、女子労働者および零細規模の男子労務者のばあい、格差は縮小した（労働力の需給関係が全面的に逼迫したから）

×　今後、ますますこの傾向はつよまるだろう。ことに適応度の高い若年労働者が要求される《ママ》雇用され大量に大企業へ吸収されていった。（中高年層では依然格差が存在しており、逆に拡大している部分もある）

×　日本の大企業の賃金体系は、年功序列型という特徴をもっている。中小企業でもそれは多かれ少かれみられる。

◎　中小企業労働者の低賃金による低コストを武器として、国際市場に進出していた――繊維類および雑貨の輸出――最下《ママ》っているのは――最近の労働力不足による賃金上昇により、――たとえば雑貨のなかでは人造真珠、造花、竹製品、皮革製品、グラスボールなどの輸出額が、東南アジア諸国とくに香港の進出のために急減している。

×　雑貨輸出はとくに労働力にたよる部分が多く、いわば裸の労働力の輸出という性格をつよく帯びており、しかも日本や東南アジアの雑貨輸出は、雑貨のなかでも低級品の輸出であって、いっそうその性格がつよいことからみて、日本の雑貨輸出の伸び悩みの最も大きな原因は、日本の低賃金が、東南アジアの低賃金とは競争できなくなってきたことにあるといえる。

◎　部落産業――部落内労働者の低賃金によって支えられた――それが、若年者の都会流出――他産業への進出（雇用）によって不足――中高年層のみに依存――ここにも将来の運命に問題がある。

◎　部落の中小企業

1、系列化の条件が乏しい。技術的にみて、機械化が困難な、それゆえ大量生産が不可能な分野に主として存在している

大企業は系列企業にたいする選別を強化してきた。

――経営不振の系列企業の切捨てが目立つ。倒産件数の増加の一因

このとき、

2、大企業や外国資本との競争に敗れる。大企業は既存の中小企業分野へ進出した相互の競争の激化――

直接には大企業製品と競合しない低級品生産分野での狭い市場を目あてとして――はげしい相互競合――

そこでは、細々とした生活が保証されているにすぎない。

部落の零細企業が倒産しないのは（倒産がしだいに小型化してゆくなかで）、骨身をけづり生活を低めて――

転業するとしても、大企業と無関係の分野はかぎられており、（全分野の3割強といわれている）そのうち約4割は将来需要が減少する衰退部門であり、二割強は需要はのびるが、生産上昇の可能性は小さい停滞部門であることが示されている

3、金融

系列金融――疎外――

差別的偏見――融資――信用度

規模の小さい企業ほど金融機関からの借入金や買掛債務（買掛金、支払手形など）のような外部からの負債の比率が高くなっている。

中小企業ほど企業間信用にたいする依存度が高いという事実

売掛や買掛けの期間がのばされたり、手形の期間が延されたりして、企業間信用の整理がすすまず、しかも銀行からの融資が困難――

庶民金融利用――拘束預金

4、低賃金労働力の不足

33年以降増加した労働者のうち、若年層では圧倒的部分が大企業へ流れ、中高年ほどより多くの労働者が中小企業へ流入していることが明らか――

このため――規模別賃金格差の縮少が生じた。

×労組の組織率が増大――中小企業といえども首切りや賃金カットが容易におこなえなくなっている。――支払い賃金の増加が、中小企業経営の将来に大きな負担を残すこととなる。

◎部落内の階層間の矛盾対立

×中小企業経営者と賃労働者

○経営の近代化――高賃金

社会保障

労働条件改善

経営困難――倒産――

労働者にとっては、当然——階級的対立
○近代産業への若年労働者の進出——
就職問題——
部落内低賃労力の不足——に拍車——
近代化が——生活困難を——
◎農業
30年以来のいわゆる高度成長経済のもとで、日本経済はいろいろな面で大きな変化をとげたが、農業も例外ではないどころか、もっとも大きな深刻な変化をうけた
この変化をうながした条件としては
1、農地改革によって地主がなくなったこと
2、35年ごろから農業技術に大きな変化を生じ、とくに機械化がすすんだこと
3、農村でも教育が普及し、またマスコミの影響がつよくおよぶようになったこと
4、農民の意識がそのなかで変化し、農業からはなれる(宿命的な生業と考えることが少なくなったこと)などいろいろあげられるが、とくに、高度成長と結びつけて考えるならば、次の二つの条件をあげうる。
1、農村人口のはげしい流出
これは高度成長にともなって非農業の雇用がめざましく伸びたため、過剰人口のたまり場のようにいわれてきた農業でも、急激に労働力の不足が目だつようになってきた。これは日本農業にとっては前例のない事態。
2、農産物の需要の変化
国民の消費水準の上昇に応じて、米麦にたいする需要が停滞ないし減少に向った。そして畜産物、青果物などにたいする需要が急激に伸びはじめたこと。そのため農業生産もこれに対応すべく、畜産、果実野菜の生産を増加させ、いまやそれが農業生産の大きな柱となった
◎農村人口の流出
農林漁家（その大部分は農家）からは、出稼ぎ人口をのぞいても、年に70〜90万の人口が流出して他の職業に移っている。他方離職してもどってくるものも15〜20万人ほどあるが、それでも差引50〜70万の人口が農家から失われている勘定になる。さらに、この職業的移動人口が年々急速に増大していっている。このほか、農閑期に出稼ぎにゆく人口もだんだんふえている。年三万—四万づつ農家人口の減少がふえている
× また通勤がそうと［う］多く、ますますふえてゆく。
(世帯主、あととりのばあい、この通勤がだんぜん多い)
× これらの流出人口の行先は、ほとんど第二次、第三次

産業である。製造業、商業、サービィス業、建設業といったところが大どころであり、それに通勤のばあいの公務を加えればほとんど大部分が占められることになる

×　流出人口が若い世代に主としてあらわれている。離農のばあいほぼ七割が20才未満の若年層―35才以上は皆無にちかい。

×　高成長経済のなかで、急激な農家人口の流出が起っていることはたしかである。年々60～70万人という職業的移動は、約三千五百万人の農業人口にたいしてほぼ２％に相当する。またほぼ一千四〇〇万人の農業人口にたいしていえば５％である

×　次・三男や娘の流出ばかりではなく、世帯主・あとつぎの流出もかなり起っている。こうした事態はたしかに日本農村にとって未曾有のことである。それが農村におよぼす影響は大きい。

×　こういう人口の流出は、さしあたり兼業農家化を促進するにしても、農家そのものを減らすことにはなかなかならないと想像される。事実、農家の減り方はいちじるしく鈍い。それは将来とも、そう速くなる見込みのないことが推測される。

×　若年層の人口流出――農業の就業人口は減少すると同時に老齢化し、婦人化するということにならざるをえない

かくて農業労働力の劣悪化をともないながら進行している。これも農業にとって重大なこと

◎農産物需要の変化と部落

×　食生活の合理化の進展――国民の営《ママ》養状態の改善――蛋白質および脂肪の摂取

【Ｉ―653―4】Ｂ５原稿用紙手書き23枚ホチキス止め

※標題は編者による

※使用済原稿用紙の裏面を使用

75 「部落問題の基本的認識に関する覚書」

北原泰作

一、「差別」とは、個人または社会階層・社会集団に対する不平等な取扱いのことである。差別にもいろいろあるが、部落差別は身分的差別である。それは人種的・民族的差別や階級的差別と区別されなければならない。

二、「身分」とは、個人およびその個人の所属する社会層の社会的位階（ランク）とか、格付けというべきものである。封建社会の身分と近代社会の身分とは、社会的位階という点では同じであっても性質は異なる。

三、部落差別は、本質的には「封建的身分差別」であるが、部落差別の意識や観念は単に封建的な身分意識のみではなく、古代ないしは原始社会から残存したものが含まれている。

四、わが国の江戸時代の身分階層秩序とインドのカースト制度とは酷似している。カーストの特徴は、その成員が出生によって定まり、生涯そのカーストにとどまること、交際や結婚は同じカースト内でのみ行なわれること、異なるカーストは相互に排他的であり、封鎖的社会を形づくっていること、などである。インドの最下層賤民として差別されているハリジャンと、江戸時代のエタにたいする蔑視や差別とは共通性があり、よく似ている。

五、部落差別は、封建社会の上部構造としての身分制の遺制である。その社会の上部構造の性格はその社会の土台である経済制度（生産関係）によって規定される。明治維新後の日本社会は、資本主義経済制度の土台のうえに発展した資本主義的社会である。にもかかわらず、封建社会の上部構造の遺物が残存するのは何故か。

(1)資本主義は不均衡な発展をするもの。とくに日本資本主義は特殊な発展の仕方をしてきた。そのため前時代の経済的要素が残存し、それが資本主義と結びついて発展してきた。つまり、明治維新以後の社会の土台そのものに前資本主義的な要素が残っているので、そのような土台の性格に規定された上部構造の性格（封建遺制を残存させる）が生まれた。

(2)土台が変わってもすぐ上部構造がすみずみまで変わるものではなく、ことにイデオロギー的上部構造は遅れて変化する。一定の段階では、局部的に土台と上部構造の不照応の現象が生ずる。

(3)支配階級は、新制度を維持し成長させるために、古い上部構造を利用する。また上部構造はそれに奉仕する性質をもっている。維新後の資本主義社会に封建遺制が残存したのは以上のような理由による。

六、日本の農業、中小零細企業など、いわゆる二重構造の経済のなかで近代化の遅れた生産性の低い部門には、資本主義以前の経済形態ないしは資本主義的に未発達の経済的要素が多分に残存してきた。部落は経済的には、そのような日本の経済構造の底辺を形成している。したがって部落の経済構造は前近代的性格が濃い。つまり部落は経済的に、日の当らぬ場所として日本資本主義の発展からとり残されている。

七、日本の社会は、家族主義の原理、自然［発ヵ］生的共同体関係、身分階層構造などを柱として組み立てられている。少なくとも敗戦までの社会はそのような性格が顕著であった。また日本人の民族的性格（国民性）や日本の伝統的文化なども、多分に前近代的性格をもっていることが指摘される。部落には、そのような日本社会の特殊性が集約されている。つまり部落は、日本社会の底辺を形成しているわけである。

八、以上のような部落の実態は、前時代からひきつづく身分的差別と抑圧の結果であり、また逆にそのような惨めな生活の実態が、部落差別と偏見を温存し再生する原因となっている。この悪循環がくりかえされており、容易に断ちきれず停滞してきた。

しかし、戦後の日本の社会は大きく変化した。民主的諸改革が日本社会の民主化を促進した。ことに、昭和三十年以来の日本経済の高度成長にともなう社会の近代化は著しい。軽工業中心から重化学工業中心への資本主義的発展、それにともなう産業人口構成の急激な変動、企業近代化の進展、いわゆる都市化の現象、教育の向上普及、マスコミの影響による生活様式の画一化と文化水準の均等化などは、家族主義の原理や古い共同体関係を弱め、伝統的慣習を崩しつつある。日本の社会は、前近代的な身分社会的性格を克服して近代社会へと進化しつつある。以上のような変化は、部落差別の衰滅を促進する客観的条件の成長といえる。

九、部落問題には二つの側面がある。一つは、差別であり、もう一つは、貧困である。この二つの側面が、前述のような資本主義の高度発展にともなう社会経済的変化によって変化する。すなわち、社会の近代化がすすむにしたがって、封建的身分差別はしだいに弱まり、薄められてゆき、近代的身分差別に変質するのである（現在は封建的身分差別と近代的身分差別が結びついている）。また、部落民の貧困も、現在は封建的身分差別が原因となっている貧困と、資本主義的矛盾が原因となっている貧困とが、区別しがたく結びついているが、それがしだいに分化して資本主義的矛盾による貧困に変わっていく。これが社会の歴史的発展の必然であり、土台と上部構造の関係を貫く法則である。

一〇、部落内にはいくつかの階級や階層がある。それらの階級・階層のあいだには、相互に利害関係の対立がある。しかも、彼らは部落民であるがゆえに封建的身分差別をうけるという共通の苦悩を持っている。したがって、部落民は仲間意識ともいうべき共通の意識をもっており、全体としての利害関係が共通する。この条件が部落大衆を団結させる基礎である。しかし、前述のように近代化がすすむと、部落内における階級・階層の分化が促進され、部落民全体に共通する利害や同類意識が弱まり薄められていく。そして、部落以外の一般民とのあいだの階級別・階層別の共通利害の紐帯がつよくなり、意識の共通・連帯性も強まっていく。このことも、歴史的発展の必然的傾向として肯定しなければならない。

一一、部落民のあいだに階級・階層の分化があり、資本主義の発展につれてその分解作用が促進されるとはいえ、部落民は全体として政治的にも、経済的にも、社会的にも、客観的には独占資本と対立する地位に置かれている。したがって、部落大衆は、現代日本の基本的矛盾である独占と人民大衆との対立の一翼を形づくる立場に立っている。そこに部落解放運動と全人民解放闘争との結合・統一の条件がある。

一二、部落解放運動の基本的性格は、あくまでも民主主義運動である。なぜなら、部落解放という事業は民主主義的変革の課題であるからだ。現段階においては、社会主義運動ときりはなされた民主主義運動はナンセンスであるという意見がある。しかし、その意見を肯定するにしても、民主主義革命と社会主義革命との性質のちがいをわきまえず、両者を混同することは絶対にまちがいである。民主主義的変革の課題としての部落解放を目標とする運動は、民主主義運動であって、社会主義運動ではない（しかし社会主義の方向へ発展する可能性は強い）。

一三、部落解放運動は本来、反封建・反独占の民主主義運動という性質をもっているが、水平社時代からこれまでの運動は、どちらかといえば反封建の性格がつよかった。しかしこんごは、どちらかといえば反独占の民主主義運動という性格をつよめてゆくだろう。

一四、支配階級は、人民をいくつもの身分階層に分けて対立させ、体制を維持するために分裂支配する。このやり方は封建時代でも今日でも同じである。このような政治的支配の究極の目的は経済的搾取なのである。だから身分差別を搾取のために利用しているといえるわけである。

ところで、部落差別は封建的身分差別であるという前提に立って考えなければならない。日本資本主義の発展のために封建的残存物を利用することが有利であった段階では、搾取を容易にするために部落差別が利用された。けれども、日本の資本主義がより高度の成長を遂げるためには前近代的な障害物をとり除かなければならなくなった今日の段階では、部落差別は搾取のために利用価値ある道具ではなくなった。独占が利用している身分差別は、基本的には封建的身分差別ではなく、企業における職制のような近代的身分差別なのである。

一五、労働力の需給関係がひっぱくしている今日では、独占は、部落に滞溜している労働力を産業に吸収しようと企図している。

「同和対策」として就職あっせんや職業訓練など雇用促進の方策を重要視している。労働力需給関係のひっぱくは今後さらに深刻化し、恒常化するといわれている。したがって、独占の政策としては、これまでのように部落民を失業者として停滞させ、農村過剰人口とともに産業予備軍にとどめて置くことによって、労働者の低賃金と低生活を維持する重石としての役割を果させようとするのではなく、部落の労働力の質的向上をはかり労働市場に送り出し、生産過程に編入して搾取しようとする。それが独占にとって有利なのである。このような「同和対策」が、部落差別を衰弱させる方向に有効に作用することは、「同和対策」に対して肯定的なものも否定的なものも、客観的事実として認めざるをえないであろう。

一六、以上展開してきた私見には、未来論ともいうべき部分がふくまれており、現実の状況とは一致しないところもあろう。しかし基本的方向としてはこのように進展するものと確信する。社会現象の歴史的発展を測るには、少なくとも十年ないし二十年の時間を尺度としなければならない。

部落解放同盟『部落解放理論委員会会報』第3号（一九六七年九月）、『北原泰作部落問題著作集』第2巻（部落問題研究所　一九八二年）所収

二　国民融合論への道

76 「部落問題とは何か　四　問題解決の方向」［抜粋］

北原泰作

人種差別解決のための分離主義と融合主義

私は一番最初あなた方に同和問題は民族人種の問題ではないということを申し上げました。これは大切な事です。人種、民族の違いということになりますと、問題の解決が非常にむずかしい。何故むずかしいかというと、皮膚の色が違う、人種的な反感というものがある。ユダヤ人に対する問題はなかなか解決できない。黒人に対して白人は人間扱いにしない。アメリカのある青年が四つ辻に立っていて前を通る白人の娘さんが「あの黒人の青年は私の頭の天辺から足の爪先までナメクジがはうように視線を私の軀の上にはわせたから私を凌辱したんだ」といって訴えた。これに対して、アメリカの裁判所はその黒人を白人の婦人を凌辱したとして監獄にぶち込んだ。こういう無茶をやるところでは民主主義というものはないでしょう。だから黒人は命がけで反抗した。歯には歯を、血には血をというぐあいで、反抗するようになった。ルーサー・キングという牧師さんを指導者とするところの穏健派は白人と融和していこうという方針を取っている。ところが若い黒人の青年達は、白人と融和できるわけがない、我々は復讐するだけだ、白人をやっつけるんだ、白人をほろぼすまでは我々は解放されないと言ってブラックパワー黒人の力で戦おうという分離主義を主張している。同化融合主義と分離主義の二派があるわけです。このようなことは黒人だけでなしに、ユダヤ人のところにもあります。あのイスラエルの国というのは分離主義の国であります。「ヨーロッパ諸国のユダヤ人に対する差別というものはとてもなくならない、われわれユダヤ人だけがかたまる、それで結構なんだ、差別しようとどうしようとほっておけ、ユダヤ人だけで自分達の国を作ってそこで生活すればそれでいいのだ」という分離主義です。ところが中には「それは間違いだ、ユダヤ人はヨーロッパの各国に分散して住んでいる国の人々と融和同化すべきである」と主張する人もおります。両方ありますけれども、人種の違いということになると非常にむずかしい。何故むずかしいかというと言葉が違う、宗教が違う、生活様式が違う。これらの差違はきわめて永い歴史の過程を経て、そういうふうに自然成長してきたものでありますから、昨日や今日で問題は解決しません。日本においてもそうでしょう。あの戦争中に朝鮮皇化政策をやりました。つまり皇民にしようというのです。ところが朝鮮人には朝鮮の歴史がある、朝鮮の言葉がある、朝鮮の文化がある。これを抹殺して日本人にしようとして朝鮮人の子ども達に学校で日本語を使わせ、姓名まで日本式の姓名に変えさせて皇化政策をとりました。それは失敗するにきまっています。だから敗戦後に朝鮮は独立して皇化しなかったわけです。今、アイヌを同化しようとしている。アイヌ人も一つの民族として、人種として自分達の歴史、自分達の文化を持っている。それを無視して日本人に同化しようとしている。これも誤りだと思う、何故か、民族の違いだから彼らの歴史と文化を尊重しなければいけない。

同和問題の解決に分離対立主義は誤り

ところが、同和問題は人種民族の違いではない。同一日本人の中における身分差別なのですから言葉の違いもなければ、宗教の違いもない。私は部落出身ですけれど、今私がお話ししているのはまぎれもなく日本語です。私の家庭は仏教を信じている。部落の場合宗教や言葉などの対立がない。だからこの問題は解決が早いと思う。日本は非常に民主的文化的に進んでいる。黒人が差別されて罪もないのに罰せられるというようなことはない。今狭山事件というのが起きていますがほんとうに正しい公平な裁判が行なわれるものと信じています。少なくとも日本では公正・民主的な裁判が行なわれ、また行なわせることができます。四日市の公害の病気に対して、正しい判決がなされました。我々は日本の憲法を信じ、守るべきだと思う。

今日の状態から言えば、分離主義というのは間違いです。我々は同和融合しなければいけない。そうすると北原は部落解放同盟の運動をやっていながら、この頃融和主義者になったなどと悪口をいう人がある。私が融和するというのは、人民が融和しなければいけないということ、国民が融和しなければいけないということです。これは何も融和主義でもなんでもない。では、分離主義が正しいのか。九州とか四国とかを別にして部落の者がそこへ集まって一つの国を作るなどということは、いかに滑稽であるか間違っているかということは論ずるまでもないでしょう。そういう方向が間違いだということはわかり切っている。ユダヤ人がイスラエルの国を作ったようなそういう方向へ行っては同和問題は解決しない。我々はやはり全国民が融和結合してこの問題を解決する方向を取らなければいけない。これは基本的に大事なことです。そうではなしに、どうかすると一部のトロッキストやアナーキストが分裂しなければならんような、つまり対立の溝を深めるようなはね上がった行為を取るということがある、私はきびしくそれに反対しそれを叱っているわけです。目標は国民的融和結合であるということを理解して下さい。

部落解放運動は民主主義の運動

もう一つの問題は同和問題とか部落解放の問題とかというのは社会主義の問題であるかどうかという点です。これもはっきりしておきたい。部落解放の運動は、民主主義の運動であり、これが基調です。社会主義の運動というのはどういうことかというと、今日の資本主義の制度を変えて、社会主義の制度を作るというのが社会主義運動の目標なのです。部落解放の運動は同和問題の解決をはかるものです。部落解放運動は、社会主義を目標とするのではなくて、封建的な前近代的な身分差別をなくして、国民として平等の権利が保障される社会にしようというのですから、これは民主主義の運動であることは間違いないです。民主主義の運動だからこそ、自民党も共産党も社会党も党派を越えて同和対策特別措置法を作る時に協力し、同和対策に協力しているのです。一部の誤った連中の中には民主主義の運動と社会主義の運動と混同していろいろはね上がったことを言ったりやったりしておりますが、それは間違いであるということを私達ははっきりさせなければいけない。あくまでもこれは民主主義の運動として部落が部落だけの殻の中に閉じこもらないで、一般の民主主義の社会を作ろうとしているいろんな人々と手を握って、日本の社会に先に言いました三つの条件を早く作っていくようにしなければいけない。これが私の考え方であります。たとえば、公害の問題、物価高の問題、社会保障の完全実施というふうないろんな国民の運動、民主主義を要求する運動、国民の権利と生活を守る運動と手を握って、日本の社会をほんとうの民主的社会にする。その中でこの問題を解決して行く。私はこれが部落解放運動、同和問題解決の基本的な方向であると思うのであります。

（一九七二年七月、広島県能美島同和問題講演会における講演）

北原泰作『部落解放の路線』（部落問題研究所　一九七五年）所収「Ⅰ　部落問題とは何か」からの抜粋

77 「同和融合こそ問題解決の道」

北原泰作

隔離政策と分離主義

南アフリカ共和国では黒人にたいする極端な差別が行なわれています。人種のちがいによって人間を差別することは許されない、というのが文明国民の常識です。その意味で、南ア共和国は文明国ではなく野蛮国である、といわなければなりません。

南ア共和国の黒人（有色人種を含む）にたいする差別は、アパルトヘイト（隔離という意味）といわれ、白人と黒人は住む場所も、仕事の種類も区別され、白人と黒人の通婚はもちろん厳しく禁じられています。もし違反すれば法律によって処罰されるのです。このような白人優越のひどい差別にたいし、アフリカの黒人大衆が反抗して解放運動をおこしたのは当然のことです。しかし、黒人解放運動は始めのうちはきわめて穏健だったのですが、支配者の白人たちが、暴虐な弾圧をくわえ、指導者を投獄したり、暗殺したりするため、黒人の忍耐も限界を越えて、「暴力にたいする暴力」の報復が行なわれるようになったのであります。

おなじことがアメリカでも見られます。アメリカでも黒人にたいする差別はひどいので、黒人の反抗運動が起っています。暗殺されたキング牧師のような穏健派もありますが、黒豹党と名乗る過激派のように「歯には歯を」と主張して白人とは絶対に妥協せず、暴力の闘争をつづける一派が大きな勢力になっています。

ここで注目されるのは、黒人の解放運動に二つの異なる傾向があらわれていることです。すなわち、一つは白人と同化することによって解決しようとする考えであり、もう一つは同化は絶対に不可能だから分離して独立しより《ママ》とする考えです。

ユダヤ人のシオニズム

欧米諸国ではユダヤ人にたいする差別が今日なお根づよく残っております。中世のヨーロッパでは各国の領主がユダヤ人を隔して集団的に住む場所を法律で定めて強制しました。そのユダヤ人部落はゲツトーと呼ばれました。

ナチス・ドイツが大戦中にユダヤ人を大量虐殺したことを知らぬものはありません。ヒツトラー政府はユダヤ人を集めてゲツトーに収容し、鉄条網をはりめぐらして出入を厳しく制限し他の人びととの交際を遮断しました。中世ヨーロッパのゲツトーと同じユダヤ部落をつくったのです。そのうえ、ユダヤ人であることが一目でわかるように、胸に標識をつけさせました。

ナチス・ドイツのこの差別政策は野蛮な南ア共和国の黒人差別とおなじです。つまり、隔離して非道な差別圧迫を如《ママ》えることです。

　このような差別を受けてきたユダヤ人のあいだに、ユダヤ人問題の解決を目ざす二つの異なる意見があらわれました。一方は、欧米諸《ママ》国に散在しているユダヤ人がそれぞれの国で市民権を得て同化すれば差別から解放されるという主張です。他の一方は、ユダヤ人としての自覚と団結によって独立したユダヤ人の民族国家を建設せよ、という主張です。この後者がイスラエルという国をつくったシオニズムの分離主義です。

解放への道は同和融合

　もちろん、部落差別は人種のちがいによる差別ではなく、同じ日本人のあいだにおける身分のちがいによって生じた差別の問題ですから、黒人やユダヤ人の問題とは性質がちがいます。けれども、人種差別と身分差別とのあいだには多くの共通性があります。なぜかといえば、どちらも差別・被差別の問題であるという共通点があるからです。

　そこで私たちが注意すべきことは、同和問題の解決を目ざす運動のなかにも、やはり、二つの異なる考え方があることです。すなわち、その一方は「分離」的な傾向であり、他の一方は「同化」的な傾向です。

　結論からさきにいうと、部落解放（同和問題解決）の道は、絶対に同和融合の道でなければならない、分離孤立の道は絶対にまちがいだ、ということです。ところが解放同盟のなかには「融和主義」を排斥する思想が根づよく存在しています。だから、解放同盟のいわゆる融和主義とは何か、ということをぎんみすることが必要です。

　私の考えでは、解放同盟が排斥し非難する融和主義というのは、現在の体制を維持しようとする保守勢力が、部落大衆を利用するために、部落民の不平や要求をなだめごまかす改善事業や、融和政策を行なっている、その改善事業や融和政策によって部落差別はなくなり、同和問題は解決すると考えるのはまちがいだ、という主張であります。

　そうだとすれば、〔元々は〕解放同盟のいう融和主義反対は、現体制との「融和」に反対することであって部落民が一般国民と融和することに反対するわけではないと思われます。ちかごろ無政府主義者やトロツキストが沖縄の独立とかアイヌ人の共和国建設というようなことを主張したり、部落問題を暴力革命に利用しようとして解放運動を分離主義の方向へ引きずり込もうと企らんでいることを警戒しなければなりません。

　もちろん解放同盟のなかに、部落民を日本の国から分離して部落民だけの独立国をつくろうなどという、バカげた考えを持っている者は一人もありますまい。もしかりに、そんなまちがった思想をいだいている者があるとすれば、それはまともな人間ではなく、気違いであります。

部落セクトと分離的傾向

けれども、解放同盟の主張のなかには誤った部落セクトの傾向があります。部落セクトというのは、部落民と一般国民との同和融合をはかることを忘れて、ただ部落民の利害だけを主張し、一般の勤労国民大衆の利害とを対立させて考え、部落民だけの団結を強調して部落民を一船国民から分離させるようなそういう運動のすすめ方のことです。

このような部落セクトの傾向は、やはり分離主義に通ずる危険があることに注意しなければなりません。今日の段階では、独占資本と人民との対立関係が基本的な社会の矛盾です。部落民の利害と一般国民の利害関係は共通している部分が対立する部分より多くなっています。部落差別がまだ残っているのは事実でありその点に、差別する者と差別される者との対立があるわけです。けれどもそのような対立をとりのぞいて、部落問題の根本的な解決をはかるには、一般国民を敵として部落民だけが固まるのではなく、一般国民との同和融合をはかり、人民大衆の団結によって現在社会の矛盾を解決しなければならないのです。

だから私たちは、一部少数の独占資本や支配階級との融和を排斥し、大多数の国民との同和結合をはかる方向へ運動をすすめなければなりません。

岐阜県民主同和促進協議会『民主同和情報』第六〇号
（〔一九七二〕年一一月一五日）より

※〔　〕内は北原の書き込みか。

78 部落解放同盟第二八回大会での本部報告並びに運動方針に関する質問趣意書

一九七三年三月三日

岐阜県連　北原泰作

一、朝田委員長に対する質問

五〇年の闘争経歴を誇る朝田委員長に対し戦略・戦術の意義について説明する必要はあるまい。だが、ちかごろの部落解放同盟の傾向を見ると、いったいどのような戦略・戦術の観点に立って運動を指導しているのか、という疑問を抱かないわけにはいかない。

同盟の綱領はその前文のなかで、「部落の完全な解放は、労働者階級を中核とする・農、漁民、勤労市民、青年、婦人、知識人など、すべての圧迫された大衆の解放闘争の勝利によって、日本の真の民主化が達成されたときはじめて実現する。それ故部落解放運動は、平和と独立と民主主義のための広範な国民運動の一環であり、そのための統一戦線の一翼である。」と、きわめて明確に戦略的路線をさし示している。

ところが、ここ数年らい、解放同盟の運動に一貫する著しい特徴は、きわめて露骨な反共主義であり、しかも最近ますますその傾向がひどくなっている。

これは同盟の綱領に背反する憂うべき現象であると思う。こんにち、国民大衆がもっとも強く希望し期待しているのは、革新勢力が結束して統一戦線をつくり、国民大衆を犠牲にして独占資本に奉仕するいまの政治を変えることである。そのために、社共、その他の民主革新勢力による連合政権をうちたてることが、七〇年代の中心的課題であると考える。

これはとりも直さず、部落解放運動の戦略目標でなければならない。

戦略と戦術の関係についてとやかく言うことは、朝田委員長の自尊心を傷つけるおそれがある。けれども私は、戦略が戦術を規定するという原則を朝田委員長が想起するよう希望しないわけにはいかない。

解放同盟のいわゆる行政闘争を中心とするすべての戦術的諸闘争は、右に述べた戦略路線に適応し合致するよう組織され推進されなければならないことは言うまでもない。

ところが、どう考えてみても、最近の解放同盟の諸活動は綱領が指し示す戦略路線から脱線していると思われる。

「水平社運動五〇年の闘争の歴史と革命的伝統から教訓をひき出し、それに学ぼう」と、しきりに強調されているが、そのこと自体にだれも異存はないはずである。けれども、水平社運動の歴史を通じて最も貴重な教訓は、統一戦線への志向であることを見逃して居りはしないか。

大衆団体はそれ自身が小規模の統一戦線である。全国水平社はその発展の歴史的過程において二回か三回分裂の危機に直面したが、その都度分裂を回避して統一と団結を守り抜いた。

それだけではなく、革新陣営の分裂を避け、統一戦線を結成するために、全国水平社は常に周旋の任務を果たしたのである。このことこそ、現段階の解放同盟が汲みとらなければならない歴史的教訓であると思う。

今日の部落解放運動は、急速に克服しなければならないいくつかの偏向を持っている。しかし、それらはすべて戦略・戦術の問題にかかわりがあると思う。

そこで、朝田委員長を中軸とする中央執行部は、いったい、どのような戦略的構想に基づいて運動を指導しているのか、朝田委員長に明確な回答をお願いする次第である。

二、八木中執委員に対する質問

昨年の暮、衆院の議院運営委員会で、国会開院式に天皇が臨席して「おことばを賜わる」ことの是非が論議されたとき、社会・公明・民社各党は共産党の提案に反対して自民党と同調した。公明・民社両党はともかくとして、社会党のこの問題に対する態度は納得できないものがある。

故松本委員長が参院副議長の地位に在ったとき、「カニの横ばい」を拒否したことはよく知られている。

そのため国会議事堂において、天皇に「拝謁」する形式が改められた。故松本委員長は、「貴族があれば賤族がある」と喝破し、特定の人物が「人間以上の人間」として崇拝され、またその逆に、「人間以下の人間」として蔑視される身分差別の不合理にたいして、その生涯をかけて闘ったのである。

伝えられるところによると、国会開院式の天皇臨席問題にたいして、社会党の執行部は、「以前からの慣例だから」とか「目くじらたてるほどの事ではない」という態度であったというが、そのような態度や言葉は、反民主的な部落差別の重大性を理解しえない人びとの態度や言葉とまったく同じであることを指摘しないわけにはいかない。

八木一男氏は社会党所属の国会議員であると同時に、わが部落解放同盟の中央執行委員であり、部落解放問題に関する社会党の対策委員でもあるように思う。

その立場から前述の、国会開院式における天皇臨席問題にたいしてどのような見解を持っているか、そのことでつぎの三点について明確にお答えねがいたい。

一、松本委員長の「カニの横ばい」拒否の意義にたいする評価如何

二、開院式に天皇が臨席して、「おことばを賜わる」従来の慣例にたいする八木中執個人の意見如何
三、上記の問題に関する社会党の態度もしくは方針にたいする、八木中執の意見如何

―以上―

荊冠友の会機関誌『荊冠の友』第八一号
（一九七三年四月一五日）

79　北原泰作宛て阪本清一郎の葉書

〔宛　先〕岐阜市元浜町川畔　北原泰作兄
〔差出人〕奈良県御所市柏原　阪本清一郎

(1)　三月一二日付の書面

〔おもてに三月一二日の日付あり〕

永らく御無礼しております　只今、貴兄の意見届きました。／一昨日京都木村君来訪あって、大会当日の状況詳しく報告して呉れました。お互いに水平精神丈けは人生間忘却しません。／何れ不日生残りの会合を実現したいと念願しております。

【２７３９―Ⅰ―14】

(2)　昭和四八年七月二七日消印〔日付なし〕の書面

とても暑い夏ですね。御元気の由、何よりのことです。例の件につき、しかも速達で御返事有難御座います。御意見はよく理解出来ます。実は上阪して居りまして、相済ませんが、／同件に付ては更によく考慮いたしまして態度を定めます。研究所の夏期講座終てから改めて御報告いたします。何卒悪からずに　合掌

【２７３９―Ⅰ―２】

80　岐阜県民主同和促進協議会編『同和問題と解決の方策――民主同和運動の基本方針――』

まえがき

部落解放の運動は、いまや一つの曲り角にきている。われわれは、まづこの認識に立つことが肝要だと思う。

理論的分野を考えてみても、これまでの定式化されたいくつかの命題を再検討し反省しなければならない破綻があらわれている。

実践の面における現況をみても、組織の分裂や派閥の抗争があちこちに起っている。この事実は否定しえない。

このときにあたり、われわれが敢てここに「部落解放＝民主同和運動の基本方針」を提案するのは、ことさら異説をたてて平地に波乱をまき起すためではなくこれこそ真に部落解放（同和問題の解決）を達成する道であると確信するからである。

正直なところ、この提案を行なうためには若干の勇気が必要であった。あるいは、この種の勇気は、むしろ今後いっそう必要なのかも知れない。けれども、政治論的な偏見にとらわれず、部落解放の問題を真剣に、純粋に考えている全国の部落の同志諸君や、良識ある民主陣営の同志の方々や、同和行政や同和教育を熱心に推進しておられる人びとの、支持と共鳴を期待して、あえて発表に踏みきった次第である。この小冊子が広く読まれ、われわれの提案が多くの人びとによって検討せられ、曲り角に立つ解放運動の新しい方向づけに役立つならば、こんなうれしいことはない。

目　次

一　同和問題の認識

(一)　同和問題とは何か

一、一九四八年（昭和二三年）国際連合の第三回総会で決議された「世界人権宣言」の第二条には、つぎのように人間の自由と平等の原則がかかげられている。

「何人も、人種、皮膚の色、性、言語、宗教、政治上もしくはその他の意見、国民的もしくは社会的出身、財産、出生もしくはその他の地位のような、いかなる種類の差別もうけることなく、この宣言にかかげられているすべての権利と自由とを享有することができる。」

二、一九四六年（昭和二一年）に制定された「日本国憲法」の第十四条には、つぎのように規定されている。

「すべて国民は、法の下に平等であって、人種、信条、性別、社会的身分又は門地により、政治的、経済的又は社会的関係において、差別されない……」

三、一九六五年（昭和四〇年）に内閣総理大臣の諮問にこたえて同和対策審議会が提出した「答申」のなかで、同和問題をつぎのように定義づけている。

「いわゆる同和問題とは、日本社会の歴史的発展の過程において形成された身分階層構造に基づく差別により、日本国民の一部の集団が経済的社会的、文化的に低位の状態におかれ、現代社会においても、なおいちじるしく基本的人権を侵害され、とくに、近代社会の原理として何人にも保障されている市民的権利と自由を完全に保障されていないという、もっとも深刻にして重大な社会問題である」

四、同和地区の概況は昭和四十六年六月一日現在の調査によると次のとおりである（「時の動き」より）。

地区数・世帯数および人口

全国の同和地区数は三千九百七十二地区、地区内の世帯数は三十八万六千九百九十二世帯、地区人口は百四十五万八千八百二人（男女別内訳は男七十一万三千九百一人、女七十四万四千九百一人）で、このうち同和関係の世帯数は二十七万七千百三十七世帯、人口は百四万八千五百六十六人（男五十一万四千二百二十三人、女五十三万四千三百四十三人）となっている。

これを過去二回の調査結果と比較すれば、つぎのとおりである。

	地区数	同和関係人口
38年調査	四、一六〇	一、一一三、〇四三
42年調査	三、五四五	一、〇六八、三〇二
46年調査	三、九七二	一、〇四八、五六六

府県別・地方別の分布状況

まず、府県別の地区数をみると、福岡が最も多く、ついで広島、愛媛、兵庫、岡山の順となっており、上位十府県の地区数は全国の七五・八％をしめている。

同和関係人口数からみた府県別の状況は、兵庫、大阪、福岡、奈良、京都の順となっており、地区数の順位とはかなりの相違があるが、これは地区の規模等の差異によるものである。

地区の分布を地方別にみると、全国の同和地区の四八・七％が近畿、中国地方に集中しており、世帯の分布では近畿地方がきわめて多く、全国の四二・三％をしめている。また、人口の分布についてみると、世帯の分布と同様、近畿地方に最も多く地区人口で六十万一千四百七十七人、全国の四一・二％、同和関係人口で五十一万九千四百九十人、全国の四九・五％をしめている。

世帯規模別による地区分布状況

世帯規模別による地区の分布をみると、二十〜三十九世帯の地区が二二・二％で最も多く、全国同和地区のほぼ半数（四八・五％）が四十世帯未満の地区である。

また、府県別にみると、三百世帯以上の地区は大阪が最も多く三十六地区、ついで兵庫三十二、福岡二十八、奈良二十二、和歌山十七の順であり、この五県で百三十五地区、全体の五一・七％をしめ、大都市所在府県の地区規模が比較的大規模化している。

就業上の状況

就業の状況をみると、同和地区内の十五歳以上の就業者数は全国で七十万七千二百六十二人で、十五歳以上の地区人口（百十万五千二百十八人）の六四・〇％にあたり、前回調査の割合より八・二％上回るいちじるしい増加である。ちなみに、わが国全体の十五歳以上の就業者の割合を労動《ママ》力調査から算出してみると、昭和四十六年六月現在、六五・七％となっている。

産業構成

就業者の地方別・産業別の割合をわが国全体の産業構成（昭和四十五年国勢調査）と比較すると、同和地区の産業構成は、第三次産業に従事する者の割合が一二・六％も低くなっている。反面、第一次産業で八・一％、第二次産業で四・六％高くなっている。

職業構成

職業構成をみると、全国七十万七千二百六十二人の就業者のうち、生産運輸関係に従事する者は三十万三千八百七十三人で全就業者の四三・〇％、ついで農林漁業関係十九万四千七百十四人（二七・五％）、販売・サービス関係十二万九千五百五十人（一八・三％）、事務関係六万五百九十五人（八・六％）となっている。これをわが国全体の職業構成（昭和四十五年国勢調査）と比較すると、事務関係が極端に低く、生産・運輸関係および農林漁業関係で高くなっている。

従業上の地位

同和地区の就業者を従業上の地位からその構成をみると、全就業者のうち雇用者は四十三万七千百三十三人で六一・八%、自営業主（家族従業者を含む。）二十七万百二十九人で三八・二%となっており、前回調査の構成比と比較すると、雇用者のしめる割合が増加している。（前回調査では雇用者が五五・七%、自営業主四四・三%）

これを地方別にみると、雇用者の割合の最も高い地方は近畿地方で六九・一%ついで四国、中部、九州、中国の順であり、また、府県別にみると、愛知県が最も高く七五・八%、ついで和歌山、京都、大阪、兵庫の順となっている。

世帯主の産業別世帯構成

同和地区の世帯主の産業別世帯総数は三十八万四千九百七十一世帯、このうち農業八万四千百四十四世帯（二一・九%）製造業七万三千九百五十五世帯（一九・二%）、建設業五万九千五百七十世帯（一五・五%）となっており、これだけで全体の五六・六%をしめている。

また、地方別の状況をみると、関東地方は農業世帯の割合が高く三六・九%、近畿地方は製造業世帯（二五・六%）およびその他の産業世帯が高い割合をしめ九州地方は非就業世帯の割合が各地方に比較して高くなっている。

同和関係人口の年令構成

年齢別人口構成を、わが国全体の人口構成の割合と比較すると、二十～三十四歳階級の割合が比較的に低くなっている。これは、この階級の人口がある期間地区外に流出する割合が多いことによるものと思われる。

㈡　同和問題の差別の本質

一、区別と差別とは同じではない。区別とは、物・事をその違いによっていちいち分けることである。たとえば、同じ人間でも男と女とは身体的特徴や心理的傾向の差異がある。この違いによって男女を分けることが区別である。

差別とは、ある人またはその人が所属する集団や階層を不平等に扱うことである。男性が女性を劣等視して、平等の権利を認めないのが差別である。白色人種が有色人種を蔑視して不平等に扱うのが差別である。

二、差別と偏見はむすびついている。偏見とは、理屈に合わない誤った考えのことである。偏見は学問的な根拠もなく、論理的な根拠もない誤った判断である。

そのような偏見によって差別がおこなわれる。またその逆に、差別があるので偏見がいっそう強化される。差別と偏見とはそのように結びつき、相互に作用し合っている。

三、いちがいに差別といわれるなかにも、その性質のちがいによりいろいろの種類がある。おもな差別を挙げると、人種差別、階級差別、身分差別、性的差別などがある。

人種差別というのは、白人が黒人を侮蔑して差別扱いしたり、日本人が朝鮮人を軽蔑して平等に扱わないような、人種のちがいによる差別である。階級差別というのは、資本家が労働者を対等の人格として扱わず、労働者階級の基本権を認めず、政治的自由を制限するなど労働者の生活を圧迫し、生命を軽視する差別である。また、身分差別というのは、身分や社会的地位の上下の格付けによって、ある者を尊敬し、ある者を軽蔑して不平等に扱う差別である。

四、同和問題における差別（部落差別）の本質は、身分差別である、ところが、世間には偏見によって、人種差別のように誤解している者が少なくない。差別される部落民の祖先は古代に朝鮮から渡来した「帰化人」だとする偏見が今日でも根づよく残っている。しかし、そのような人種起源説は、戦後の歴史学のいちじるしい進歩と「部落」史研究の成果によって、まったく誤解であることが学問的に立証された。

五、日本民族がいくつかの異人種の混合によって形成されたものであることは定説となっている。しわしそれは原始・古代に属することがらである。被差別部落が形成された中世末期ないし近世初期までには十世紀以上のへだたりがある。そのあいだには、大化改新や戦国時代のような大きな社会的変動を経過して、階級関係や身分秩序はいくたびも変わった。したがって「部落」の人種起源説を主張すべき根拠はないので、歴史学者はほとんどそれを否定している。ことに、現代における同和問題には人種差別のモメント（契機や要素）は存在しない。あるのはただ偏見だけである。

六、身分差別には近代的なものと前近代的なものとの区別がある。近代的な身分差別は、自由競争を原理とする近代社会の所産である。それは各個人の才能、力量、努力など、一言でいえば「はたらき」による差別である。これにたいし、前近代的な身分差別は、封建社会の身分秩序を見れば明らかなとおり、武士の子は武士、百姓町人の子は百姓町人として身分が世襲された。つまり「生まれ」による差別である。

同和問題における差別は、この前近代的な身分差別なのである。部落民はいかに高い学識を持ち、いかに優秀な技能を身につけ、いかに大きな資産を所有しても、部落出身というだけの理由によって差別されるのだ。つまり、部落民は近代社会の原理に基づく「はたらき」による差別ではなく、前近代社会の秩序である「生まれ」による差別に苦

い。

七、同和問題における差別の本質は前近代的な身分差別であるが、それは近代的な身分差別と切り離せない関係で結びついている。この両者は理論的には区別できるし、区別して考えなければならないが、現実の社会関係では絡み合って作用している。それと同じように「身分」と「階級」も概念としては区別されるし、区別しなければならないが、実際には両者は結びついている。部落民は全体として一つの階級を形づくっているのではなく、小資本家や労働者も、農民や商人やサラリーマンもあるとおりいくつかの階級や階層に分かれている。最近の社会経済情勢の下で「部落」内の階級・階層分化はますます進展している。大ざっぱに言えば、部落民は、一面で身分差別に苦しめられ、他の一面では勤労無産階級として貧乏に苦しめられている。このような二重性格の複雑さを同和問題は持っていることを正しく認識しなければならない。

㈢　身分差別の社会的地盤

一、明治維新の変革によって、日本は封建国家から近代国家に変った。封建的身分制度は廃止され、国民平等の原則がうちたてられた。国民は、これまでの身分差別の秩序から解放せられ、職業選択の自由、住居移転の自由、婚姻の自由などいわゆる市民的権利と自由を保障されることとなった。被差別部落民も、一八七一年（明治四年）八月二十八日に発せられた太政官布告第六十一号によって、身分職業とも一般国民と同様になった。それがすなわち「解放令」である。

二、ところが、さきに述べたとおり、同和問題は百余年後の今日なお未解決のままで残されている。それはいったい何故か？われわれはその理由を科学的に究明することによって、問題解決の方途を見つけなければならない。

まず第一に、同和問題は一つの社会問題であるということ、社会問題はどんな問題にせよ当該社会を地盤として発生し存続する社会現象であるということを理解する必要がある。医師が近代医学の科学的方法で患者を診断し病気の正体をつきとめ、最も効果的な治療を行なうように、われわれもまた社会科学の理論と方法によって同和問題が残存する社会的根拠を分析し解明して、問題解決の方策を講じなければならない。

三、革新陣営のあいだに、日本においてはまだ民主主義革命は完全に遂行されていないという主張と、いや民主主義革命はすでにおわり社会主義革命の段階に入っている、という主張が対立していることは注目される。しかしわれわれにとって肝心なことは、どちらの主張が正しいかを論議することではない。同和問題が未解決で残っているという事実によっても明らかなとおり、日本の社会にはまだ封建的な要素や前近代的な社会関係が多分に残存している。それを根底からとりのぞくことが民主的改革の任務であり課題であることは、だれも否定することはできない。

四、すべて社会が組み立てられている基礎、即ち土台は、経済制度である。その土台の上に政治や文化が発展するわけである。現在の日本の経済制度は、もちろん資本主義であり、しかも高度に発達した独占資本主義の段階である。けれども日本の産業経済は二重構造といわれるように、一方には、巨大な資本と、進歩した技術と、大量生産の機械設備などを持っている少数の大資本経営があり、他方には、小さな資本で、設備や技術もおくれた、生産性の低い、中小零細企業が圧倒的に多数存在している。大経営と小企業とのあいだの格差は、いろいろの点できわだっている。

また、日本の農業はきわめて小規模の経営で、戦前には農地の大部分を地主が所有し、土地を持たない農民は高い小作料を払って耕作していたので、資本主義的な農業経営に発展することが遅れた。

五、以上のような土台の上に構築されている日本の社会は、経済の二重構造を反映して二つの顔を持っている。その一つは、欧米の先進諸国並みに近代化した新しい顔であるが、もう一つは、アジアの後進諸国と共通の前近代的な古い顔である。わかりやすい例をあげるならば、茨城県の東海村で原子炉開きが行なわれたとき、現代科学の先頭に立つ学者たちが神主を招いてお祓いの儀式を行なったのである。それは日本の社会が新しい一面と古い一面とを併せ持っているということの象徴である。日本の社会には「原子」と、「原始」が同居していると言うことができる。

六、社会学者たちは、日本の社会に古い共同体の関係と前近代的な身分関係が根づよく残存していることを指摘している。「家」とムラは共同体の典型である。個人はその中に埋没し、独立した人格として解放されていない。自己の意見を卒直に述べ、自分の意志にしたがって自由に行動する近代的な人間像は、日本の社会ではまだ完成されていない。つまり日本人の多くは古い共同体の成員であって近代社会を構成する市民ではないのだ。

前近代的な身分関係は日本の社会の隅ずみまでいたるところに残っている。政党の派閥や学閥をはじめ、やくざ世界の親分子分や、茶・華・舞踊・歌舞伎・角力などの師匠と弟子、親方と子分などの関係に見られる。家庭生活の中にも身分秩序があり、女子は男子から劣等視され、家庭でも職場でも差別待遇を受けている。労働者と資本家は対等の雇用関係ではなく、終身雇用制や年功序列の賃金制度が支配的である。階級的組織である労働組合すら「企業一家」の傾向がつよく公害問題では被害を受ける住民と対立して企業の側に立つこともある。

七、天皇制問題はタブーのようになっているが、真の民主的見地から言及しないわけにはいかない。近代日本の先覚者福沢諭吉が「天は人の上に人を造らず、人の下に人を造らず」と言ったことはよく知られている。部落解放の偉大な指導者松本治一郎は「貴族があれば賤族がある」と言った。ところが、日本国民の心の奥深く天皇崇拝の意識が潜んでいる。このことは同和問題と関係がある。なぜなら、身分階層の構造を考えるとき天皇と部落民とは対極の存在だからである。一九四六年（昭和二十一年）正月元旦、天皇みずから「人間宣言」を行ない神格を否定したにもかかわらず、今日なお戦前の天皇制を復活しようとする策動や、天皇を元首として政治の舞台に引出して利用しようとする企てがあることに注目しなければならない。

八、以上にのべたように、日本の近代は本当の近代ではなく、いわば、まがいものの近代なのである。それゆえ、明治百年後の今日なお前近代的な身分差別は解消せず、いわゆる同和問題が抜本的に解決されないのである。われわれは先に、同和問題は社会問題の一つであると言った。そして社会問題はすべて当該社会の矛盾のあらわれなのだから、その社会を地盤として発生し存続する社会現象であると指摘した。ここでそのことを想起してもらいたい。部落差別が残存するのは歴史的・社会的な根拠があるからである。そのことを理解せず、ただ単に人びとの頭脳の中に潜在する差別の観念だと考えるのは、誤った観念論である。

二　同和問題解決の方策

(一)　客観的な条件の成熟

一、すべて歴史的な社会現象は、ある時代の一定の社会的条件のもとで発生し、つぎの時代の一定の条件のもとで成長成熟し、さらにつぎの時代の一定の条件のもとで衰弱し死滅する。これが社会発展の法則である。もちろん、同和問題も例外ではない。

歴史の長い尺度ではかれば、明治維新の変革によって日本の近代がはじまったとき、同和問題は解決への歴史的過程に第一歩を踏み出したといえる。しかし、さきに述べたような理由で身分差別は残された。けれども、明治・大正・昭和へと時代が進むにつれて、同和問題は徐々に変化した。きわめて緩漫ながら解決の方向へ動いてきたことは事実である。それを認めないとすれば、社会の進歩発展を否定することになる。ところが、戦後の日本は大きく変化した。この変化は、一言でいえば、同和問題の解決を促進する有利な条件を成長させる変化である。

われわれは宿命論に陥ってはならない。同和問題もまた歴史的現象の一つである以上、かならず一定の社会的条件のもとにおいて根本的に解決されるのだ。それでは、同和問題を解決するために必要な社会的条件は何か？言いかえれば、どのような社会になったら同和問題は解決されるか？この設問に答えなければならない。

二、同和問題を根本的に解決するための基礎的条件の第一は、徹底した真の民主主義の確立である。民主主義といっても、すでに歴史的役割をおわった明治の古い民主主義ではなく、現代の国民主体の新しい民主主義が本当に「草の根」から確立されなければならない。戦後の政治の民主化によって、日本の民主主義は大きく前進した。明治の大日本帝国憲法と戦後の日本国憲法とをくらべてみるだけでも、政治の民主化の前進がよくわかる。国民の政治的自由や基本的人権の保障は戦前にくらべて隔世の感がある。

けれども、平和の精神と民主主義の原則で貫かれている憲法の条文が、具体的に政治・行政に生かされていない。憲法の規定は理念（たてまえ）にすぎず、現実の社会に具現された本音（ほんね）になっていないという欠陥がいろいろ指摘される。しかも、一部の反動勢力は憲法を改悪して戦前の政治状況に逆戻りさせようと策謀している。

われわれは、日本国憲法を守り、憲法の条文を具体的に生かし、さらに日本の民主主義を前進させ、国民を主体とする新しい民主主義を確立しなければならない。それなくして部落の完全な解放も同和問題の根本的な解決もありえない。

三、第二に肝要な基礎的条件は、国民経済の成長発展である。日本はアジア的後進性から早く脱け出して欧米先進国なみの発達した資本主義経済を確立した。いまや日本の国民総生産（ＧＮＰ）は、アメリに次ぐ第二位、ソ連を加えると世界第三位にのし上った。この目ざましい発展は否定できない事実である。産業人口の構成は大きく変わり、いわゆる工業化のいちじるしい発展を示している。けれども、ＧＮＰと国民所得の不均衡が目立ち、独占・寡占の支配がますます強化された。少数の財閥に富が集中し、大多数の貧しい勤労国民と独占との対立が深まった。インフレの兆候を示す物価の高騰が国民の生活を圧迫している。人間の尊い生命と幸福をおびやかし、自然を破壊する公害の問題が大写しになってきた。

このような欠陥と矛盾を持つ独占の利益本位、生産第一主義の経済体制が改められ、国民の生活の安定と向上、社会福祉の拡充と増進、文化のすばらしい発展などを保証する国民本位の経済体制が確立されなければならない。そうした経済的・物質的基盤が整えられなければ、同和問題の解決は望めない。

四、第三に肝要なことは、日本の社会がまがいものの近代社会ではなく、ほんものの近代社会になることである。戦後の日本社会はいちじるしく近代化がすすんだ。人口の都市集中、教育の普及徹底、交通手段とマスコミの発達、都会と農村の格差の縮少と文化の均等化、生活様式の近代化など目ざましいものがある。「家」やムラの共同体は基本的には崩壊の過程をたどっている。古い慣習や伝統も崩れつつある。このような状況のなかで、社会意識も変化し、非合理的なものが退却して合理的な思考が前面に出てきた。

けれども、丙午の迷信が昭和四十一年の出生率を低下させた事実が示すとおりまだいろいろの迷信や偏見が生活の隅ずみに残っている。日本とアメリカの主婦たちの物価値上げ反対の市民運動をくらべてみても、日本国民が近代市民として成長していないことがはっきりわかる。とにかく、日本の社会が徹底した近代社会にならなければ、同和問題は解決しない。

(二) 主体的な条件の整備

一、前述のような一般的な社会環境の中にある同和地区にも、戦後の社会経済的な変動にともなういろいろの変化があらわれているのは当然である。部落の伝統産業といわれるもののうち、あるものは潰滅して過去の名残りだけをとどめ、あるものは崩壊の一歩手前にきている。なかには存続して将来発展する可能性のある産業もあるが、資本が小さく機械設備と技術がおくれているため、大資本に圧倒される運命からのがれられない。このような産業経済状況の影響で、同和地区内の階級・階層分化はいちじるしく進展した。地区住民がたずさわる職業の種類も、これまでの伝統的な職種から離れて多様化した。ことに近代的な経営や企業に就職するホワイトカラーやブルーカラー階層が漸増する傾向が注目される。

二、従来の被差別部落は、一般の地域社会から隔離された閉鎖的な居住地区を形づくっていたところが多かった。しかし最近では、都市化現象の影響により、都市の中にある部落の周辺は混住地帯に変化しつつある。環境も良くなったところが少なくない。住宅問題が深刻化するにともない、現実の利害計算が偏見を打破して、同和地区内に居住する一般市民の数が多くなった。この傾向はますます発展するに違いない。その反対に、同和地区の住民が地区から離れ一般市民の中に混じり合って生活する者が多くなった。この傾向は、老人のように定着性がつよくない青壮年層にいちじるしい。若い人びとは、事情が許し条件がととのいさえすれば、部落から離脱したいという欲求をつよく持っている。

われわれの調査によって明らかな通り、高年齢層は比較的に閉鎖性、凝集性、定着性がつよく、若年層は比較的に開放性、分散性、流動性の傾向がいちじるしい。農山村の同和地区には過疎の現象が見られるところもある。

三、部落出身の地方議会議員、各種委員会の委員、諸団体の役員などが目立って増加したことも変化の一つの指標である。このことは説明するまでもなく明らかに、同和地区住民の社会的地位の上昇を意味する。もちろん、その背景には経済的・生活的基礎の安定と向上がみとめられる。大学・高校の進学率も全国平均やその地域の一般的平均にくらべるとまだ低いが、戦前にくらべれば飛躍的な向上を示している。

最も困難な問題とされている通婚が漸増する傾向を示していることはとくに注目される。最近、結婚にからまる差別事件が全国各地で頻発しているが、これは悲観的な現象ではない。なぜなら、最近は部落の青年男女と一般の青年男女との接触の機会や場所が多くなり、恋愛と結婚の問題が生じるようになったという、いわば開放的な状況から生まれる現象だからである。けれども、差別と偏見が根づよく残っているため、お互いに理解と愛情によって結ばれた当事者の意志に反し、親兄姉や親戚の妨害によってトラブルが起るというケースが多い。そのような差別の壁が崩されたとき通婚がおこなわれるようになるのである。だから、最近結婚にからまる差別事件がしきりに起るのは、いわば新世代と旧世代の相剋であり、通婚へのアプローチであるとも言える。部落が隔離され孤立した閉鎖社会だった段階では、結婚にからまる差別事件すら起らなかったのである。

四、同和地区のこのような変化は、当然のことながら、部落共同体の結合を弛緩させ、同族意識を弱める方向へ発展して行く。部落内の近代化や階層分化がすすめばすすむほど、その傾向がはっきりあらわれる。しかし、このことも決して悲観すべき現象ではない。部落民の共通の利害と仲間感情や同族意識を組織の条件として結合している団体にとっては、結合の紐が弱くなるという意味でマイナスの作用となるが、反面では、部落民が一般市民化の方向をたどるのだから同和問題の解決という観点からすればプラスの作用であるといえる。

五、同和地区には以上のような近代化の動きが見られる反面、古い共同体関係が根づよく残存していることに注目しなければならない。他の町村から移転して同和地区に定住した「よそもの」は、十五年ないし二十年の間、そのムラの共同体の仲間入りを許されないという例は非常に多い。このような排他的傾向は混住による同和融合の妨げとなっている。また、ムラの娘が他所の若い衆に嫁入りするときは、ムラの青年団体が祝儀を取るという封建時代の習俗が今日なお生きている事例は少なくない。このほか、生活の慣習や意識のなかに前近代的要素が多分に残存している。自分自身が差別の苦悩を体験し、あらゆる差別の根絶を願う立場にありながら、人種的差別や女性を劣等視する差別の観念を抱いているという矛盾があることも否定できない。

このような「内なる差別」や、差別を支える内部の条件を徹底的に克服し、同和地区自身の近代化と民主化を実現しなければならない。それは同和問題を解決する主体的条件の整備という意味で肝要なことである。

(三) 同和対策事業

一、戦後の同和対策に一時期を画した同和対策審議会の答申が行なわれたのは一九六五年（昭和四〇年）八月である。次いで四年後（昭和四四年）七月には同和対策事業特別措置法が制定公布され、同時にその年を初年度とする十ヵ年計画として同和対策長期計画（閣議了解）も策定された。その後、国の同和対策は、この特別措置法と長期計画を二本の柱として遂行されている。また、四十一年四月には総理府の付属機関として同和対策協議会が設置され、同和対策の基本的事項についていろいろ意見具申を行なっている。

二、同和対策特別措置法は、同和地区住民の社会的経済的地位の向上をはばむ諸要因の解消をはかることを同和対策事業の目標とし、これを十ヵ年で達成することを目途として昭和五十三年度までの時限法となっている。前記の目標を達成するため、国は、同和地区の生活環境の改善、社会福祉の増進、産業の振興、雇用の促進、教育の充実、人権擁護活動の強化など、必要な措置を講じなければならないことになっている（第六条）。また、地方公共団体は、国の施策に準じて必要な措置を講ずるように努めなければならないことになっている（第八条）。

三、政府は、昭和四十六年六月一日を基準日として全国同和地区の実態調査を行なうとともに、昭和四十七年度から昭和五十三年度までの物的施設にかかる各都道府県の同和対策事業計画について報告を求め、これを集計して十ヵ年計画の総事業費を算出した。その総額は次のように四千七百三十三億円となっている。

〈総事業費〉

① 社会同和教育施設費　一四億円
② 生活環境施設関係等　一五六〇億円
③ 農林漁業関係　六九三億円

④　住宅及び都市関係　二四六六億円
　計　四七三三億円

四、すべての国民を対象として、あるいは一定地域の住民全体にたいして、機会均等に平等の条件のもとで行なわれる行政施策を一般的行政サービスと呼ぶなら同和対策や身体障害者対策などのように一部の階層を対象として行なわれる行政施策は特殊的行政サービスと呼ぶべきものである。

社会保障や生活水準の向上をはかる一般的行政施策があるにもかかわらず、それだけでは同和問題の解決という目的を達成することはできない。同和地区住民は歴史的・社会的関係による差別のために、とくに低い状態に置かれている。だから同和地区住民にたいしては、大多数の国民に共通の要求に対応する普遍的な一般的行政施策と同時に、彼らの特殊的な要求に対応する特殊的行政施策が必要なのである。

しかし、特殊的行政としての同和対策はそれ自身一般的行政と結びついておりそれから離れて独自性や固有の機能を主張しうるものでないことを忘れてはならない。実際に同和対策事業を見ればわかるとおり、経済的な施設にしても教育的な施設にしても、その機能内容はなんら固有なものではありえない。たとえば、同和教育も教育という専門的機能に関するかぎり、一般児童にたいする教育と原理的に異るものではない。とくに同和地区の児童・生徒にたいする特別の配慮と特別の措置が要求されるのは、現行教育制度の欠陥がしわよせされて同和地区の児童・生徒にたいする教育の機会均等が完全に保障されていないからにほかならない。

五、形式的・一般的な平等論を主張して、歴史的・社会的関係に基因する同和地区住民の特殊な要求に対応する特殊的行政（同和対策）を実施しようとしない府県や市町村がある。そのような当局にかぎって、一般的行政としての社会福祉を拡大して同和地区にまで及ぼそうとはせず、低いみじめな状態のままで同和地区を放置してある例が多い。これは部落差別を温存、助長、再生産する現況を支持する行政であり、それゆえに差別肯定の行政であって、国の同和対策方針や同和対策事業特別措置法の精神にそむく態度である。

また一方では、同和対策を一般行政と結びつけて実施しようとせず、切り離された独自の特殊行政として実施しているところが多い。今日では何処の府県や市町村でもほとんど例外なく、その自治体の産業経済や文化の発展と住民の福祉増進をはかるためのマスター・プランを持っているが、その計画策定のなかで意識的に同和問題の解決策を考慮に入れたものはきわめて稀であることを指摘しなければならない。

六、われわれはあくまで、同和対策は一般行政施策と結びつけ、一般行政の補完的なものとして実施されなければならないと主張する。一般行政施策から分離され孤立した同和対策が、一般行政との均衡を著しく破って独走すれば、最近、大阪府のいくつかの市において見られるような、一般市民と同和地区住民との利害対立や感情的な対立を深める分離主義的な現象が生まれるのは当然である。

さらにわれわれは、同和対策事業特別措置法が時限立法であるように、また常識的に、「同和対策は同和対策をなくすることを目的とする」といわれるように特殊的行政としての同和対策は過渡的・一時的なものであると考える。同和地区住民が歴史的・社会的な関係によって負わされているマイナスのハンディキャップがとり除かれ、生活の経済的・文化的水準および社会的地位が向上し、基本的に部落差別がなくなる段階に到達すれば、もはや同和対策は必要なくなり、一般的行政の対象としての一般的市民のみが存在することになるわけである。ただし、国や地方自治体が現在おこなっている同和対策のやり方では、十ヵ年の時限内でそれが実現しないことは確実であることを指摘しておかなければならない。

三　民主同和運動が目指す方向

(一)　国民的な同和融合の道

一、人種差別といえば、人びとは南アフリカ連邦やアメリカ合衆国における黒人差別とナチス・ドイツのユダヤ人迫害を思いうかべるであろう。わが国における人種差別といえば、在日朝鮮人や北海道のアイヌ人の問題がある。人種差別が深刻なのは、皮膚の色や骨格などの身体的特徴による人種のちがいがあるだけでなく、言語や宗教や文化のちがいが絡むからである。

南ア連邦では、白人と黒人の結婚を禁じ違反者に刑罰をくわえるのをはじめ、職場や居住地から娯楽や交通機関まで区別する差別政策が行なわれ、世界の非難を浴びている。戦時中ナチス・ドイツがユダヤ人をゲットーといわれる居住区域に隔離し、罪もない人びとを数百万人、収容所で虐殺した。アメリカでも黒人にたいする差別はひどく、アメリカの民主主義は黒人の生命、生活、人権を保障していない。このような残酷な人種差別から人種戦争が起るのは当然であるといわねばならない。差別の暴力にたいして報復の暴力による抗争がひろがり、同化融合の道を見限って分離主義の方向に発展している。ユダヤ人のなかでも祖国復興を目ざすシオニズムが勢を得て、イスラエル国を建てた。これも黒人の分離主義と共通の傾向である。

二、けれども、部落差別は人種差別ではなく、身分差別なのである。部落民は遠い祖先の時代から疑いもなく日本人であって、決して異人種ではない。部落民と一般民とのあいだに、言語や宗教のちがいによる抗争や対立が起る条件はまったく存在しない。しかも、部落差別は明治維新以来の日本社会の近代化の過程において、綬［緩］漫な歩みながらしだいに弱まる方向をたどっている。今日では、同和問題の解決は国民的課題としてとり上げられ、広範な国民運動が展開されていると同時に、中央・地方の行政庁による同和対策も行なわれている。

　このように、人種差別問題と同和問題との根本的な差異や状況のちがいから判断しても明らかなとおり、同和問題においては、黒人やユダヤ人の人種差別から発生したような「分離主義」が生まれる論理的根拠も客観的条件も存在しない。もし仮りに、部落民と一般民とを分離し、部落民だけの独立国家をつくることによって部落の完全解放が達成されるなどという幻想を抱く者があるとすれば、それは正常な頭脳の持主ではなく精神異常者だといわなければならない。

三、ところが、ちかごろアナーキストやトロッキストといわれる連中は、アイヌ共和国建設とか、沖縄の独立などを主張し、部落解放運動のなかにもぐりこんで部落民を煽動し、分離主義の方向へ解放運動をねじまげようと企らんでいる。彼らは、アイヌ人と沖縄人と部落民にたいする差別問題こそ革命運動の原点だと言っている。つまり彼らは、黒人のなかの超過激派である黒豹党やユダヤ人のなかの狂信的なシオニストをまねた人種戦争的分離主義の立場から、部落解放運動を暴力革命に利用しようと策謀しているのである。現在のところ、部落解放運動にたいする彼らの影響はさほど怖れるほど大きくはない。けれども、関西地方の一部に、彼らの真の意図を知るや知らずや、彼らに同調する分子が現われたことは厳重に警戒する必要がある。われわれは、彼ら誤れる破壊活動分子の妄動を断固として排斥し粉砕しなければならない。

四、われわれの目標は、国民的な同和融合の実現である。「同和」とか「融合」とかという言葉を用いると、ただちに「融和主義」だといって非難する傾向が解放同盟のなかにあることを、われわれは十分承知している。けれども、われわれは「融和主義」とは何か？ということを再検討することが必要だと考えている。

　いわゆる融和主義とは、戦前に中央融和事業協会が中心となって推進した融和運動や融和事業の指導理念にたいして、われわれが名付けた言葉である。当時の融和運動は、絶対主義的天皇制の支配体制を維持するための支配階級の意図に忠実に従い、部落民の不平不満を宥《なだ》めるために地方改善事業や宥和《ゆうわ》教育を行ない、部落民大衆が反体制勢力となることを阻止するのが目的であった。

今日でも支配階級は、現在の体制を維持し存続させるために同和事業を利用しようとしている。したがって、支配階級の宥和政策の虜となって体制維持に奉仕するような運動は融和主義におちいっているという批判を免がれないであろう。けれども、われわれのいわゆる国民的な同和融合とは、支配階級と融和することではなく、現状を打破し改革する目標のもとに国民大衆が結合し同和融合することなのである。

このわれわれの主張は、アナーキストやトロッキストの破壊的な分離主義とするどく対立する。彼らは、部落民と一般国民とを対立させ、一般国民から部落民を分離しようとしているのである。そのために彼らは、部落エゴイズムや排他的なセクト主義を巧みに利用して組織を分裂させたり、革新勢力と対立させたりするために策動する。だからわれわれは、そのような分離主義を断固として排撃し民主革新勢力の統一を目ざす国民的な同和融合への道を進まなければならない。

五、そこで問題になるのは、例の「部落および部落民にとって不利益な一切のことがらはすべて差別である」という命題である。われわれは、これほど部落エゴイズムと排他主義におちいり易い危険な主張はないと考える。この命題の底には提唱者の主観的意図はどうあろうと、部落民と一般国民とを対立さ［せ］、一般国民から部落民を分離する思想が横たわっていることを見のがせない。

今日の段階では、ごく少数の独占財閥と大多数の勤労国民大衆との政治的・経済的対立こそが、日本の社会における基本的矛盾である。もちろん、歴史的・社会的関係によって部落民と非部落民とのあいだに利害関係の対立がある。けれどもそれは、右の基本的矛盾に従属する第二義的な矛盾にほかならない。毛沢東語録を借りて言うならば、敵対的矛盾と内部的矛盾との関係である。ここに戦略・戦術の問題があるのだ。それをまったく無視して、勤労国民大衆の利害関係から部落民の利害だけを切り離し、しかもそれを何よりも優位に置き、「部落民にとって不利益なことは一切差別だ」ときめつけていわゆる行政闘争の武器に使うやり方は、まさに、「部落第一主義」であり「部落エゴイズム」である。それがわれわれの言う「分離主義」でもあるのだ。

六、その弊害はすでに顕著にあらわれている。ある府県では、物取り主義に堕した行政闘争によって、部落および部落民の利益のみを追求する不当な予算獲得がおこなわれている。近畿地方のいくつかの市では、一般会計予算総額の三〇%ないし五〇%におよぶ「同和対策事業」予算の計上を余儀なくされている。その結果、一般市民を対象とする教育・福祉施設事業などの予算が圧迫されるため、市民のあいだから非難の声があがっている。ある市では市民の反感と憎悪を表現する新しい形態の差別事件すら発生している。それがいわゆる「逆差別」の現象として問題になっているのだ。けれども、行政当局は「部落パワー」に圧倒され「糾弾」を怖れて屈服し、なかには解放団体におもね［り］へつらい、自己の保身に汲汲たる利己的な役人もいる。

このような状況を、われわれは心から憂えずにはいられない。たとえ一地区に数百億円の公費を投じて理想的な改善計画が実施され、その部落が見違えるようになったとしても、一般市民（全国的な規模では国民）の心の底からの合意と社会的承認が得られなければ、「改善された部落」がつくられるだけであって差別は決してなくならない。いや、それだけではなく、同和対策のために一般市民、ことに貧困な市民の福祉が犠牲にされるアンバランスのために、かえって差別が助長されるおそれすらあることを考慮しなければならない。だからわれわれはあくまでも、同和対策事業と一般行政施策とを分離して行なうのではなく、結合させて実施すべきであると主張するのである。両者を切り離し孤立した特殊行政として行なうことは、行政における分離主義であって、同和問題の根本的解決という究極の目的に反する結果を招くことは必定である。解放団体の指導者が大衆に迎合して物取り主義に堕し、行政当局が「部落パワー」を宥《なだ》めることに腐心し、両者が癒着している状況こそ「新融和主義」のあらわれである。

（二）　民主革新の道

一、部落差別を温存している社会の現状を改革せずして同和問題の解決はありえない。この意味で、同和問題を根本的に解決し部落の完全なる解放を達成しようとする以上、われわれは常に現状打破の革新的な立場にたたなければならないのは当然である。皮肉な言いまわしになるが、社会の現状をそのまま是認することは、部落差別の存在を肯定することであり、同和問題を未解決のまま放って置くことである。そのような保守的な現状維持の態度が許されないことはいうまでもない。

二、革新の道を進まなければならぬといっても、性急に、手段をえらばず、現状を破壊することを主張するものでないことは勿論である。われわれは特に暴力的な行動を排斥する。いかなる暴力も平和と民主主義の敵である。わが民主同和運動が目ざす革新は、つねに平和的な手段方法によって遂行されねばならない。客観的な条件も主体的な条件もととのわないのに、一部の跳あがり者が独善的に判断して強行するような改革は、国民大衆の支持と協力を得られない。世論の支持とは、国民的な合意であり社会的な承認である。どのような小さい革新でも、たとえば地区内の古い慣習を打破して新しい生活様式に改変するばあいでも、地区住民の大多数の合意と承認が得られなければ成功しない。

われわれのいわゆる革新とは、国の政治や経済の在り方を民主的に改革することだけを言うのではない。市町村や県の行政を民主化することも革新であり、部落内部の近代化と民主化を推進することも革新である。さらに、各家庭を民主化し、人びとの意識を民主的に改造することも革新なのである。

三、部落解放を目ざすわれわれの民主同和運動は、民主主義の運動であって社会主義の運動ではない。この点をはっきり理解することが肝要である。

社会主義の運動というのは、資本主義の政治・経済・社会制度を廃止して社会主義の政治・経済・社会制度をうちたてるための革命運動であることは説明するまでもなかろう。だが、部落解放の民主同和運動は、そのような、社会主義社会の建設を目標とする運動ではない。民主同和運動の目標は、日本の社会に残存している前近代的な身分差別を除去し、差別されている部落民を解放して、すべての日本国民が平等に権利と自由を保障され享受できる真の民主社会を建設することである。だから民主同和運動（部落解放運動）は民主主義の運動なのである。

水平社の運動の初期の段階では、反封建の民主主義運動という性格がつよかった。全国水平社の創立宣言や綱領を見るとそれが明らかにわかる。けれども、戦後の解放同盟の運動になると、反封建だけでなく反独占の性格が加わってきている。独占資本の搾取と収奪に反対する闘いは社会主義運動だけのように誤られるが、そうではなく、民主主義のための反独占の闘争もある。

部落解放運動の基本的性格が民主主義の運動であり、部落解放（同和問題の解決）という問題が民主主義的改革の課題であるからこそ、自民・社会・共産・公明・民社の各党が超党派的に同和対策の積極的な実施のために協力する態度をとっているのであり、そこに人民的結合の条件があるのだ。

四、民主主義の運動と社会主義の運動はそれぞれ目的がちがい、性格もちがう。したがってこの両者は理論的には区別しなければならない。けれども、日本のように高度に発達した資本主義の国では、民主主義と社会主義とは切り離すことができないほど密接に結合している。今日の段階では、社会主義と切り離して民主主義を論議することはナンセンスだともいわれる。

同和地区の状態を見てもわかるとおり、部落民は「差別」と「貧乏」の二重の苦しみに悩まされている。この差別と貧乏は切り離すことができないように密接に結びついている。けれども、理論的に区別すれば、身分差別は法制的範疇であり、貧困は経済的範疇である。だから、前近代的な身分差別を除去することは民主主義の課題であるが、資本主義制度の欠陥によってもたらされる貧困からの解放は根本的には社会主義の課題である。

われわれは、時代の流れを直視し社会の発展と変化にたいする展望を持たなければならない。そして常に現況変革を志向する姿勢で情勢の変化に対応しなければならない。

㈢　コミュニティの建設

一、職後の大きな社会経済的変動にともない、これまで地域住民の生活のよりどころとなっていた地域共同体の解体が進行し、住民の生活様式や生活意識がはげしく変化した。そういう環境のなかで、同和地区にも同質の変化がおこり、伝統的な部落共同体が崩れゆく現象を呈していることは前に指摘したとおりである。この状況をわれわれは積極的な意味に受けとって評価する。なぜなら、それは日本の社会がまがい物の近代からほん物の近代へと目ざましく前進したこと、したがってそれは、同和問題を解決する基礎的な条件が成熟しつつあることを意味するからである。

われわれがさらに注目すべきことは、産業化、情報化、都市化といった社会的変動のなかで、古い伝統的な共同体から解放された人びとが、一人ひとりの独立した「個我」として生きる西欧近代型の社会へ発展するのではなく、新しい市民的な地域社会を形成する萌芽が、いろいろの形態であらわれていることである。たとえば、公害の問題、交通禍の問題、住宅の問題、教育の問題など、地域住民の共通利害にもとづく住民運動が組織され、不平不満を解消し生活欲求を充足するために、これまでの町内会や部落会を越えた新しい地域的結合が形成されつつある。つまり新しい意味でのユミュニティが形づくられつつあるわけである。

二、松原治郎氏（東大助教授）は、コミュニティを定義づけて次のようにいっている。すなわち、「コミュニティとは、地域社会という生活の場において、市民としての自主性と権利と責任とを自覚した住民が、共通の地域への結びつきの感情と共通の利害意識をもって、共通目標にむかう行動をとろうとするその態度のうちに見出されるものである。さらにいえば、生活環境を等しくし、かつそれに依拠しながら生活を向上せしめようとする方向で一致してできる人びとが作り上げる地域集団活動の体系にこそ、コミュニティは具現される」と。

三、部落解放という共通目標のもとに結束している解放同盟支部は、地域にたいして主体的に行動する姿勢をとり、生活環境の改善整備、教育、文化の向上、生活の経済的基盤の安定などを獲得するためにたたかっている。しかし、依然として閉ざされた「部落」意識から抜け出せず、部落および部落民の利害関係にだけ強い関心を示し、ときには排他的な傾向におちいるため、部落セクトとか部落エゴなどという非難を浴びている。つまり、解放団体が主導的役割を果している部落では、今日なお伝統的な共同体から脱却していないが、一面においては新しいコミュニティを形成する芽生えが見られるのである。

四、同和地区の住民のなかには、伝統的な共同体から解放されて西欧近代社会型のバラバラの「個我」として分散する者も少なくない。そのような道をたどる人びとは、自分の生まれ育った部落から離脱して一般市民の中に混入して生活するわけであるが、彼らはそうすることによって差別される部落民という自己の運命からのがれることに成功する可能性もあるのだ。ところが、部落解放同盟はその前身である全国水平社の時代から一貫して、部落民の分散を奨励する政策に反対してきた。その主な理由は、分散しても差別はなくならないということにあるが一つには分散によって団結力が弱まるという考えもあるらしい。事実、部落から離脱した人びとは、移転先の新しい環境に順応し同化することによって「非部落的な部落民」に変化することはたしかである。

　われわれは、部落民が部落から離脱することは都市化の現象でもあり、閉ざされた状況から開かれた状況への進路でもあるので、敢て反対すべき理由はないと思う。むしろ、部落に固着させ凝集させる方策にこそ反対しなければならないと考える。しかし、部落から離脱する者は一定の条件をもつ限られた少数であって大多数の部落民は種々の制約のために離脱は困難である。

五、今日コミュニティづくりが唱えられているが、同和問題の根本的解決をはかる方策としてコミュニティづくりが重要な意義をもつことを認識しなければならない。いま同和対策として環境整備、教育・文化向上、社会福祉増進などの諸事業が行なわれているとき、ただ同和地区の利害だけにとどまらず、周辺地区をはじめ広い地域の一般住民との共通利害に基づく結合の方向へ進むことが肝要である。明るく豊かな、近代的で民主的な、新しい地域社会建設のため、共通の利害関係と共通の意識を持ち、共に目的を迫《ママ》求する住民運動の過程において、単なる物質的利益を追求する次元から内面的に新しい価値を創造し体得する次元へと自らを高めることによって、同和問題の解決を促進することが可能であると思う。

六、コミュニティ建設のための住民運動は、いろいろ異なる政治的見解、思想・信条、宗教などを持つ人びとの地域集団によって推し進められるのだから、脱イデオロギー、超党派の大衆運動形態を堅持することが肝要であろう。それとはべつに、新しい地域社会のなかで、人びととの政党支持の自由や思想・信条の自由が尊重され、保障されねばならないことはもちろんである。

最後に一言つけくわえておかねばならぬことがある。というのは、近代的・民主的な地域社会（コミュニティ）が建設されたからといって、社会のすべての矛盾が解決するわけではないということである。はっきりいえば、そのような社会にも依然として階級対立の矛盾はのこる。

そして、その矛盾を解決するための階級闘争が展開されるだろう。しかし、それはもはや部落解放の民主運動ではなく社会主義の運動なのである。

（おわり）

【一〇五〇-二-一】Ｂ６冊子活字　44頁

81　阪本清一郎「部落解放討議集会を」

(1)

この一文で大会合の案内状に至るまでの、過程を申し上げると、各地方で出合う同志たちは、全く申し合わせたように質される——部落解放運動がこのような状態で差別は解消されるのか、環境改善に依って部落が解放されるとなれば、部落の反社会性や、反共通性は、そのままであり部落内部の啓蒙と、永い習性の反省は必要でないのか、或は部落差別の存在はむしろ運動家の失業対策に役立つのではないか——これ等の話題を整理する上にも、古いかくれた運動家や、革新意欲に燃ゆる多くの若者達と一堂に会し、終日討論を重ね、部落解放運動は斯く有る可しの意見の一致を見出し、大胆に行動することは、幾千万我等祖先の霊に対しても、又、数百万の部落の願いを充たすことである。

(2)

水平運動の教訓を常に口頭に唱えながら、理論上或は行動において全くかけはなれている現在人には過去も未来もない。あるものは目先一本である。かつての水平運動の如き崇高さは何処にも見受けられない。

この様々な憂慮すべき事態をいかにせんかの批判の声は高まっているが、不幸にもかつての闘士は多く世を去っている。とり残された我々に依って運動の挽回計画は樹立し得るといえども、その行動に於ては余りにも老すぎている。それはなんと言っても次代を担う若者達でなければならぬ。

水平社の創立に当って特に怖れたのは部落民の伝統的依存心であった。それ故にこそ部落解放は部落民自身によって、と主張したのである。然れども半世紀後の現在、国の内外情勢は大きく変ると共に、形なき水平社も大きく発展していなければならない。

(3)

我々の最大の信頼目標はいうまでもなく、部落の内外で機を待ちつつある若者たちであって、かつての水平精神の復活を熱望してやまない。我々は老いたれど過去の思想と闘志は今も生きている。近く討議を日を期して行なわんと企ている。

換言すれば、真の部落解放はどうあるべきかを卒直に、しかも、現実を大胆に批判し解放路線を確立し、その実践行動に向って革新と勇気に充ちる青年諸君の奮起を、促さんとする所以は、遠からず世を去って行く我々はせめても万の幾千万祖先の霊に告げ度いからである。それはまさに万巻の経文よりもはるかに勝る祖先への奉公ではなかろうかと思われる。できる限り広い範囲の青年たちの参加を勧めて下さい。

大会の日時・会場は、追而連絡致します。

(仮連絡所荊冠友の会事務所)

『荊冠の友』第八七号（一九七三年一一月一〇日）

82　全国有志懇談会「部落解放運動の危機に直面して全国の同志と国民の皆さんに訴える」

一九七四年二月二五日

(1)

部落解放運動は、いまや重大な危機に直面しています。

ここ数年来の解放運動は、本来の目的から逸脱し歪められた路線を暴走しています。

われわれは、この状態を黙視することはできません。なぜなら、このまま放って置けば、長い間に多くの先輩同志諸君が尊い犠牲をはらって築きあげた歴史的偉業が根底から破壊され、部落民衆の悲願である解放の「善き日」が遠ざかることは明らかだからです。

ちかごろの解放同盟の運動には、水平社創立当初の綱領にかかげられた「人類最高の完成に向って突進す」という、あの高邁な理想と精神が失われています。いわゆる「行政闘争」は物取り主義に堕し、しかもそのやり方は、直接行動の暴力的圧力で行政当局を屈服させ、部落第一主義のエゴイズムをむきだしにして不法な要求を強要し、いわゆる「窓口一本化」を強制して紛争をまきおこしています。そのため当然の結果として、部落住民と一般地域住民との間に対立をつくり、部落民どうしの間に分裂と抗争を激化させています。

さらにまた、分別も見境もなく無差別爆撃のように糾弾を行ない、ときには差別でないものを差別だとこじつけ、差別であるかないかは解放同盟の認定によって決まるなどと放言し、相手が否認すれば執拗に糾弾のキャンペーンをつづけ、差別にたいする部落民衆の憤りを扇動して相手を屈服させるためにたたかわせようとしています。

(2)

実践の面だけでなく、理論の面でも根本的な誤りを犯しています。

たとえば、「部落および部落民にとって不利益なことは一切差別である」という命題は、部落エゴイズムと部落排外主義の根拠となっています。少数の大資本家と大多数の勤労国民との利害関係の対立が基本的矛盾となっている現在、国民から切り離された部落民だけの利害関係を主張するのは危険な分離主義であり、勤労国民大衆と部落民とを対立させる誤った考えです。もちろん歴史的・社会的関係にもとづく部落民の特殊な利害や要求があります。けれどもそれは全体のなかの部分であり、基本的矛盾にたいする従属的矛盾にすぎません。

また、「社会意識としての部落差別の観念は、すべての日本人の意識の中に潜在する」という命題は、すべての国民を一律に差別者だと規定する間違った考えの根拠になっています。社会意識は不変ではなく、社会の変化発展にともなって変わるものです。身分差別の意識が「空気のように普遍的に存在」したのは封建社会のことです。近代化と民主化がいちじるしく進んだ現代社会では、前近代的な身分差別の観念はしだいに薄弱化する傾向を示しています。この事実を認めないのは、社会発展の法則を否定することです。今日では民主主義の成長と人権思想の発達により、また解放運動の成果によって、部落差別を否定し、差別撤廃のために努力している人びとが多数います。ことに革新政党や民主団体は解放同盟とともに部落解放のためにたたかっているのです。

数年来、解放同盟の内部では独善的な教条や理論を同盟員に押し付け、異論を唱えたり批判したりする者は片っ端から排斥し、民主的な態度で議論をしようとせず、暴力的威嚇を加えて言論・思想の自由を抑圧する傾向が目立っています。そればかりでなく、解放同盟の組織外の行政関係者や教職員などにたいし、「思想点検」と称していわゆる「三つの命題」を提示し、満足に解答できない者はすべて差別者と断定して糾弾するというような無法を行なっています。このような独善的で傲岸なやり方にたいし非難と反感が高まっているのは当然のことです。

(3)

現在の解放同盟は文字どおり四分五裂の状態です。

一部の者は、統一と団結を唱えながら分裂工作を行なっています。われわれが特に警戒しなければならぬのは、解放同盟の組織のルーズさにつけこんで極左過激分子が部落解放研究の仮面をつけてもぐり込んでいることです。彼らの目的は、暴力革命の武装蜂起に部落民を利用することなのです。暴力学生たちは、狭山事件の裁判闘争を応援すると見せかけて、解放同盟の中に勢力をつくろうとしています。彼らは、公正な裁判を要求するのでなく、「石川青年の即時奪還」というスローガンをかかげて挑発を仕掛けています。また某県の解同支部の街頭署名運動を応援したとき、署名しなかった一般市民をつかまえて、差別者ときめつけ、糾弾するという非常識なことをした例もあります。このような極左過激分子と気脈を通ずる一派が解放同盟の中にあるとすれば、容易ならぬことです。

分裂抗争の直接の要因は、例の窓口一本化の問題であります。解放同盟の一部の指導者たちは、「われわれが戦い取った成果だから、われわれがその利益を独占するのは当然だ」と言って、窓口一本化を正当化しようとしています。それはまさに、おのれの獲物をひとり占めして貪り食い、他のものが近寄るとキバをむいて威嚇する野獣の論理だといわなければなりません。自覚したプロレタリアートは自らを解放するだけでなく、すべての被抑圧大衆を解放するために戦うといわれます。そのような気高い精神とモラルがなければ、社会改革など出来るわけがありません。

窓口一本化の問題では、同和事業を実施する行政当局の主体性が欠けているため紛争がおこることに注目しなければなりません。支配階級は同和事業を分裂政策の道具に利用しているのです。その手に乗って分裂抗争をつづけているのは、愚かなことであり、その被害者はほかならぬ部落住民なのです。行政当局と馴れ合い癒着している一部の指導者や職業的運動屋たちは、部落民衆を食いものにし、自分たちの利益のために大衆を犠牲にしているのです。

(4)

水平社時代から部落解放の苦難なたたかいを続けてきた古い同志の皆さん！

戦後の解放運動を発展させるために奮闘してきた新しい同志・活動家の皆さん！

戦前戦後をつうじて常に部落解放運動との連帯・友好・共闘をつづけてきた革新政党や民主団体の皆さん！

同和問題の根本的解決をはかるため国民的課題としての認識に立って同和事業や同和教育の推進に努力している皆さん！

われわれは以上述べたような部落解放運動の現状を黙視することができず、広く全国の同志と国民の皆さんに訴えて、この危機を打開し克服して、解放運動の正しい発展のために全力を尽くさねばならぬと決意を固めたのです。われわれは部落解放運動五十余年の歴史的経験から教訓を汲みとり、先輩同志諸君の偉業を継承し、それを発展させて、一日も早く部落解放を実現するため、当面つぎのように主張し行動する考えであります。

一、部落解放（同和問題の根本的解決）は民主主義日本建設の課題である。故に、部落解放運動の基本的性格は、民主主義の運動である。したがって、解放運動はあくまで民主主義の原則と精神に基づいて推し進めねばならない。

二、部落解放同盟は部落の解放を目標とする大衆団体である。それゆえ、思想・信条・政治的立場などを異にする部落大衆の結合体である。したがって、解放同盟の組織内には民主主義が確立されていなければならない。

三、部落解放が実現するためには、日本の社会が本当に近代化され、政治が徹底的に民主化され、憲法に規定された国民の自由と権利が完全に保障された真の民主日本の建設という基礎的条件が必要である。したがって、部落解放運動は全国民的な新しい民主日本建設運動の一翼として位置づけられねばならない。

（5）

以上の綱領的原則に基づいて、解放運動の現状を打開し、真の統一と団結を実現し、運動を刷新して正しく発展させるため、われわれは次の事項を主張し、実現するために努力します。

(1) 解放同盟の組織内に民主主義を確立すること。政党支持の自由、相互批判の自由を完全に保証し、暴力や威嚇による抑圧を徹底的に排除すること。

(2) 分裂と対立抗争をすみやかに克服して組織の統一と正常な状態の回復をはかり、大衆的な運動の路線を設定して全部落民が共鳴し参加する民主的な解放運動として発展させること。

(3) 解放同盟と日本共産党との不正常な関係をすみやかに克服し、すべての革新政党、民主団体との連帯・友好・協力関係を一層強化すること。

(4) 民主的なやり方で部落解放問題に関する学習・研究・討論などを組織し、理論闘争を展開して同盟員の意識と理論的水準を高めるとともに、行政・教育関係者をはじめ一般国民の部落問題に関する認識と理解を深めること。

(5) 差別糾弾の正しい方針を樹立し、誤った糾弾行為による悪影響を生ぜしめないよう特に注意を払い、解放同盟と運動にたいする社会の偏見を一掃すること。

(6) 大衆的な直接行動によって行政当局に圧力をかけ、国民の合意と社会的承認が得られない不法な要求を強請し、窓口一本化を強要して紛争を起こすような行政闘争の姿勢を根本的に改めること。

(7) 極左過激分子の挑発を徹底的に排除し、解放同盟の組織内に彼らがもぐり込むことを防止して、組織と運動を破壊されないよう防衛すること。

(8) 平和的・民主的な解放運動、一般国民が親愛感を抱く解放同盟、閉鎖的でなく開放的な組織と運動――の方向への転換を行ない、これまでの解放同盟と運動にたいするイメージ・チェンジをはかること。

（6）

最後に、誤解を避けるためわれわれの立場を明瞭にしておきたいと思います

もちろん、われわれは全国的に超党派の同志を結集して行動しますが、決して一つの新しい派閥をつくろうとするものではなく、また、何れの分派に組するものでもありません。さらにまた、われわれは決して解放同盟そのものに反対したり、その組織と運動を全面的に否定したりするものではありません。

われわれは部落解放運動の発展を祈念するがゆえに、分裂を克服して統一をはかり、正しい路線を敷いて誤った路線への暴走をくい止め、解放運動が正しく発展し前進するようにしなければならぬと考えているのです。われわれは近く機関紙を発行し、高い次元と広い視野に立つわれわれの主張を広く伝達するつもりです。その機関紙の読者網を組織し、部落解放運動の統一と刷新を話し合う会を各市町村、各府県でひらき、全国的に拡げて大きな世論を盛り上げてゆく考えです。

これは非常に困難な事業ですが、なにがなんでもやり遂げねばならない重要な課題です。全国の同志と国民の皆さんに御協力をおねがいします。

部落解放運動の統一と刷新をはかる有志連合

（略称＝統一・刷新・有志連）

部落解放運動の統一と刷新をはかる有志連合機関誌

『解放路線』創刊号（一九七四年六月五日）

83　部落解放運動の統一と刷新をはかる有志連合結成までの経過報告

一昨年三月に水平社創立五〇周年の記念日を迎えて、当時の部落解放運動の混乱を憂い、統一と団結をはかろうとする要望があったが実現を見なかった。その後、昨年三月の京都における解放同盟の第二十八回大会で北原泰作氏から「組織内のデモクラシー確立」について質問が出されたのに対し、本部側はまじめに之をとりあげようとせずかえって岐阜県連から推薦した北原氏の中央委員をみとめず保留されたままでした。

そして、昨年十月頃、水平社創立者の長老である阪本清一郎氏によって、現状を打開するための全国的な大討論集会をひらいてはどうかの提議がなされたのです。

このよびかけなどによって、その準備打合せの世話人会が本年一月岐阜県下呂の温泉旅館で持たれ、東京、愛知、岐阜、三重、京都、兵庫の各府県有志が出席して、解放運動の統一と刷新をはかる全国的な有志の懇談会を開くことを相談し、その趣意書をつくり、各府県の同志に訴えることになりました。

その後二月三日に第二回の準備打合せ会が京都でひらかれ、趣意書の原案作成、全国有志懇談会の、日時・場所・

内容・参加者へのよびかけ案内状の発送先などについて協議しました。

〇

かくして同月二十五日、京都市下京区の東本願寺に近い「中郡詰所」において、第一回の全国有志懇談会が開かれました。参加者は東京、大阪、奈良、京都、三重、岐阜、滋賀、福井、兵庫、広島、山口、愛媛、福岡の各府県から代表者二十八名で熱心な話合いが行われました。

まず北原氏から開会のあいさつがあり、木村氏から之れまでの経過報告がされ、出席者全員の自己紹介が終ってから、中食のため休憩しました。

食事が終って、午後一時再開協議に入り、北原氏から「部落解放運動の危機的状況に直面し全国の同志諸兄に訴える」とのアピール草案について、朗読説明があり、之に対し、まづこの会の性格をはっきりさせるべきだとの意見が出され、現在の解放運動の中で、さらに別の組織をつくるのではなくて、統一と団結を促す運動でなければならないとの趣旨を確認されました。

次に、福岡の松本氏から「今日の会合に、呼びかけ発起人である阪本清一郎氏が出席されていないのは何故かの質問があり北原、木村氏から、案内はしてあるが、連絡不十分のため欠席されたが、今後連絡を密にして協力して頂くよう努力するとの答えがありました。

次に福岡の宮本、山口の山本、東京の成沢、愛媛の亀岡、奈良の石田、松元、大阪の中田、三重の角谷、谷口、京都の笹原、福井の幸池、滋賀の朝野、兵庫の増本、広島の三満の諸氏からそれぞれの各府県の解放運動の現状について報告があり、同和対策特別措置法の実施に伴う同和行政、同和教育が進められているなかで起っている、窓口一本化についてのトラブル、部落第一主義の傾向、反共、排外的な傾向に対する反省・批判など活発な話合いが行われ、今後の活動方針としては解放同盟本部や、正常化連絡会議と対立した第三の組織をつくらないこと、しかし、運動の現状については内部の一員として、自由な立場から、卒直大胆に厳正な批判を行い、正しい部落解放運動のあり方について討議を重ね、完全解放への路線を明らかにすることなどによって、新しい活動家を育て、運動を発展させることに力を併せることを確認されました。

そのために月刊の機関誌を発行し、各地での解放運動、同和行政、同和教育の状況を報告し実践に即した解放理論の発展のための大衆討議の場をつくり、部落セクトや、部落エゴをなくし被圧迫人民大衆との結合のための武器としての役割を果すよう編集するようにとの意見がのべられ、毎月定期に確実に発行することを確認されました。

そして、この運動を「部落解放運動の統一と刷新をはかる有志連合（略称＝統一・刷新・有志連）」と名づけるカンパニア組織とし、機関紙を「解放路線」として発行されることになり、連絡事務所は当分岐阜市の北原氏宅におくことになりました。

当日、この運動の当面の活動資金として、姫路市の角谷氏外数名の方からカンパが寄せられ趣意書を大部数送ってほしいとの要望がありました。

各地の状況報告などによって新らしいこの運動が各方面から大きな期待が持たれていることが明らかになり、全員力を併せて今後の奮闘を誓い、午後五時散会しました。

『解放路線』創刊号（一九七四年六月五日）

84　統一・刷新・有志連第二回世話人総会

(1)　統一・刷新・有志連第二回世話人総会当日のもよう

統一・刷新・有志連第二回世話人総会をひらく

二月十一日・岐阜市で

昨年二月結成した「部落解放運動の統一と刷新をはかる有志連合」（略称「統一・刷新有志連」）は二月十一日岐阜市県医師会館で第二回全国世話人総会を開いた。参加者は山口、広島《ママ》・愛媛・兵庫・和歌山・奈良・大阪・京都・滋賀・三重・岐阜・東京などの代表世話人四二名。

総会は午後一時半、姫路の増本重義氏の開会のあいさつではじまり、下関市の山本利平氏を座長として協議がすすめられた。

まづ、北原泰作氏から昨年一月岐阜県下呂温泉での準備打合会議以降一ケ年にわたる会の活動状態（別稿）について報告があり、木村京太郎氏から事務局の収支報告と機関誌「解放路線」の発行状況等について説明あり。北原氏は「有志連」の組織はまだ限《ママ》られた地域で特定の有志による活動ではあるが「解放路線」誌《ママ》を通じて、現在の部落解放運動の偏向を鋭く批判し、とくに昨年十月、十一月の兵庫県八鹿高校事件における集団暴力事件などをとり上げて内部的な摘発を行ったので、急速に読者を拡大し、信頼を高めている。われわれは更に組織と読者を拡大、充実したい」との意見が述べられた。

つづいて、地方状勢報告に移り、姫路市の角谷清太郎氏から兵庫県西宮市、西脇市、姫路市および南但馬地方における同盟県連派の蛮行について具体的な報告があり、さらに南丹日高町の植田友蔵氏から、朝来中学の橋本哲郎先生宅包囲監禁事件や八鹿高校での集団リンチ問題を詳しく補足説明があった。

滋賀県の朝野温知氏から今年の滋賀県連が大会で八鹿問題を批判し暴力を否定して解放運動を進める運動方針を決定した。

また、上野市の谷口秀太郎氏から、三重県でも松阪市を中心に「解放運動の正常化連」がつくられた。

愛媛県の亀岡秀雄氏から、一昨年松山市で開催予定の全同教大会が一方的に会場を他に移したことについて、同盟本部の不信が高まり、その後の行政教育などに対する不法な干渉を排して、県独自の同和運動と事業がすすめられている。

和歌山県の岡本秀千代氏から同盟県連が中央本部の介入によって二つに分裂させられた。橋本市では、市民運動として「差別をなくす市民の会」によって運動が活発にすすんでいる。

広島県の藤本猛氏から広島県下で「同盟本部派、正常化連、同和会系の三つの流れが対立抗争している。何とか刷新・統一をはかりたい」

東京の平井氏は、昨年八月以来東京都の同和行政が解同本部派の暴力によって歪められている、都知事選も同和問題をめぐって混迷をつづけている。埼玉県、群馬県では、同盟本部派に抗して、正常化連が結成され、有志連の影響が強く、同和教育のブラク研活動が正しくすすめられている。

さいごに、奈良県の西浦恵〔忠〕内氏から「同盟県連の「橋のない川」の上映や全国部落問題研究者集会」妨害に対する批判が強まり、正常化連の県組織が発足して、同和教育、行政の「窓口一本化」に対しても批難が高まっている。

以上の各報告にもとづいて出席者全員から活発な意見が出され、この際思想・信条の相違を越えて、部落解放同盟の偏向を糺し、正しい路線で運動を発展させるために全国的な組織と活動に踏切るべきだという要望が数多く出された。

さいごに、北原、木村両氏から「全国部落有志懇談会」の開催について努力したいとの提議が出され、拍手で全員の合意を得た。

会議中、東京より同志「井上哲男」氏が急死の電話連絡あり弔電を送ること、兵庫県八鹿、養父町長選挙に激励の電報を送ること、さらに「荊冠友の会」発起の「水平社宣言の碑」が近く完成するので建設資金について協力してほしいとの議が出されるなど、活発な意見が交され、午後五時散会した。

(2)「統一・刷新有志連」一年間の活動総括（北原泰作）

二月十一日、岐阜市医師会館で開かれた「部落解放運動の統一と刷新をはかる有志連合の第二回全国代表会議での、北原氏の報告

一、下呂会議

一九七四年一月十五・六日岐阜県下呂温泉山形屋で、木村・成沢・谷口・生駒・増本・北原が集まり、解放運動の統一と刷新をはかる新しい運動の組織について話し合った。

二、仙寿院の会合

その後、木村・増本・谷口・朝野・橘・北原らは、京都市右京区仙寿院の橘氏の偶居に集まり、数回にわたって具体的な打合わせを行なった。

三、第一回世話人会

一九七四年二月二十五日、京都市下京区中郡詰所で、第一回世話人を開き、

(1) アピールを発表すること。
(2) 機関紙を発行すること。

などを協議決定した。

四、アピールの発表

われわれの結集体を「部落解放運動の統一と刷新をはる《ママ》か有志連合（略称＝統［一］・刷新・有志連）としその名をもって、「解放運動の危機に直面し全国の同志ならびに国民の皆さんに訴える」と題したアピールを発表、印刷して広く配布した。

五、機関紙発行

機関紙「解放路線」の創刊号を六月五日付で発行した。発行所は岐阜市元浜町三五の一に置いた。第五号より第三種郵便物認可を取得した。

六、誌友拡張

現在、年ぎめ有料の固定読者は三八九五名。

七、組織づくり

京都の木村方と東京の成沢方に連絡事務所をおく。兵庫県には但馬地方に有志連支部がつくられ、さらに県連が結成されたが、これは兵庫県の特殊事情による。

八、活動の成果と欠陥

機関紙の発行以外に活動の成果はない。けれども、「解放路線」の影響はかなり大きい。アピールの反響も意外に大きかったが、それを組織化できなかった。

「統一と刷新」の目標をわわげ《ママ》たが、どちらかといえば

刷新に重点がおかれ、統一をめざす活動が欠けていた。

機関紙発行の仕事や日常の連絡事務などはすべて木村と北原に背負わされている。財政が確立していないので、事務員を雇うことができない。木村も北原も高齢なので行動性に欠けている。どちらかひとりが倒れたら、機関紙の発行も停止せざるをえない。

われわれの組織は、このように弱体である。

九、対策と課題

(1) 財政の確立

賛助会員二〇〇人作ること

(五〇〇〇円×二〇〇＝一〇〇万円)「解放路線」の読者五〇〇〇人にふやすこと。

(2) 事務機能の拡充

活動的な事務員の雇用

機関紙通信員の配置

(3) 組織の確立

「解放路線」の読者会をつくることからはじめ、「公正・民主の同和行政、人権と教育と地方自治を守る会」を各地で組織しそれを各府県と全国にひろげること。

(4) 運動の性格づけ

青年層に魅力ある運動として発展させること。

以上

統一・刷新有志連収支内況報告※

収入之部

科目	金額
誌代	984、800円
賛助会費	296、000
雑収入	15、625
小計	1、290、425

支出之部

科目	金額
印刷費	984、300円
編輯・送料	301、458
通信費	10、600
交通旅費	75、960
消耗品費	45、665
雑費	15、043
計	1、501、980
差引不足	211、550
一時借入金で充当	

※［収支計算が合わないがそのままにした。原文は横書き］

『解放路線』第一〇号（一九七五年三月五日）

85　東京都知事選について社共両党への申入れ書

一、全国的に多大の影響をおよぼす東京都の革新統一を守り、ファッショ的勢力の抬頭（たいとう）を阻止するため、社共両党が速かに「同和問題」のこじれを克服し、美濃部都知事三選の共闘態勢をととのえていただきたい。

一、「同和問題」が原因となって革新統一が分断されることは、全国水平社創立以来五十余年間、部落解放のためにたたかい続けてきた私たちとしては、まことに遺憾であり、死んでも死にきれないという心情である。

一、解放同盟本部は「解放同盟こそ六千部落・三百万部落民を代表する唯一の団体である」と称しているが、それは事実に反し、解同本部派に組織されているのは全体の三％にも達しない少数にすぎないことを正しく認識されたい。

一、解放同盟本部派の暴力的傾向と利権あさりの醜状を批判してきた私たちは、もはや黙視できず、ちかく「全国部落有志懇談会」を開き、政党政派や思想・信条や所属団体のちがいを越えて、差別からの完全解放という共同目標のもとに、全部落民衆の大同団結をはかり、人間解放の民主主義運動を新しく展開する準備を同志とともに進めている。

一九七五年二月二十一日

阪本清一郎（奈良）
上田　音市（三重）
北原　泰作（岐阜）

『解放路線』第一〇号（一九七五年三月五日）

86　解放運動の現状を憂い正しい発展をねがう全国部落有志懇談会

(1)　声明

五十余年前、人間の尊厳に目覚めたわれわれの先覚者たちは、一切の憐れみや労わりを拒絶して「《ママ》人間を尊敬することによって自ら解放せんとする集団運動を起こした。

それ以来、支配階級の弾圧に屈せず、苦難な荊棘の道を踏み越え、多くの尊い犠牲を払って推し進められた運動の成果と、歴史の必然である民主主義の発展によって、部落解放の事業は大きな前進を遂げた。今日では、「同和問題のすみやかな解決は国の責務であると同時に国民的課題である」といわれるに至っている。つまり、部落解放（同和問題解決）の客観的条件が成熟し、明るい展望がひらけたのである。

しかるに、最近の情勢はまことに憂慮にたえないものがある。部落解放同盟の一部の幹部の誤れる指導によって、解放の「善き日」が近づくどころか、かえってますます遠ざかる方向へと逆行しつつある。

かつて全国水平社の綱領にかかげられた、「人類最高の完成に向かって突進す」という気高い精神と理想は弊履のごとく捨て去られ、野蛮な暴力と、汚泥にまみれた利権あさりの醜体《ママ》をさらけだしている。

偏狭な部落セクトと排外主義にとらわれ、仲間同士のあいだに血で血を洗うような分裂と抗争をひき起こし、広範な国民とのあいだに対立の溝を掘り、内外に新しい差別と逆差別をつくりだしている。

民主主義に背き、人権をふみにじり、民主教育を破壊し、地方自治を混乱にみちびく彼らのファシスト的行為は、世論の激しい非難を浴び、良識ある仲間から指弾されている。彼らはもはや、「部落解放」とは無縁の存在であるといわなければならない。

われわれはかかる状態を黙視することはできない。水平社運動の歴史的伝統を継承し発展させ、次元のより高い新しい解放運動を組織し展開しなければならぬと、われわれは政党・政派にこだわらず、思想・信条の違いを超え、広く部落内外の「同人」を結集して、人間による人間の差別と搾取と抑圧支配を根絶し、自由・平等・平和・独立の真の民主社会を建設することによって、部落解放＝人間解放を実現しなければならない。

古い同志、新しい活動家よ、奮起して戦列に加わろう！

息子たち、娘たちよ、相携えてわれらの旗の下に結集せよ！未来は青年のものである。

かつてわれらの先輩同志は、「人間の世に熱あれ、人間に光あれ！」と叫んだが、いまこそわれわれによって、人の世に熱と人間に光ある時代をつくりださなければならない秋である。

一九七五年三月二日
全国部落有志懇談会

(2) 申し合せ

全国水平社の創立者をふくむ解放運動の旧い同志、戦後の解放運動を推進してきた新らしい活動家、および同和事業や同和教育にたずさわってきた全国の有志が参集し、部落解放運動の現状を憂えて真剣に討議を重ねたうえ次の事項について意見の一致をみた。

一、暴力と利権あさりの醜体《ママ》をさらしている部落解放同盟一部本部派の行動は、もはや部落解放の名に値しない無縁の存在であることを確認し、それを許さず、これを克服しうる新らしく正しい解放運動を組織し、展開するために奮起する。

二、長い間の差別に苦しんできた部落民の間に、新らしい差別をつくりだすどのような策動にも反対し、部落住民のだれもが公平に権利を保障され、かつ部落差別をなくす目的にかなった公正で、積極的な同和行政を確立するため、共同で運動する。

三、真の部落解放運動はすぐれて民主主義的な運動であり、それゆえに全国民的な支持を受けることができるものである。したがって部落民衆が広汎な国民と結合し、民主統一戦線の一翼となって、真の民主日本建設のために運動してこそ、解放の目的を達成することができることを確認する。

四、われわれの組織は大衆団体であるから参加する者のなかには政党支持の立場や思想・信条のちがいがあるのは当然である。それゆえ、そのちがいを越えて、差別からの解放という共同目標のもとに、大同団結して運動をすすめる。

五、われわれの新しい運動を発展させる活動の第一歩として、大阪、東京、福岡などの主要な都市で、宣伝大演説会をひらく。

六、さしあたり〝連絡ニュース〟を発行し、パンフレットやリーフレットを刊行して、文書による、宣伝・啓発につとめる。

七、中央連絡事務所を当分のあいだ奈良県の阪本清一郎方とし、各都府県に世話人をおき、連絡にあたる。

八、本年×月を目途に、全国部落代表者集会を、東京または大阪で開く準備をすすめる。

一九七五年三月二日　全国部落有志懇談会

(3) 解放運動の現状を憂い正しい発展をねがう
全国部落有志懇談会記
――三月二日・京都市本能寺文化会館で開く――

よびかけ

全国に散在する、親愛なる部落の同志の皆さん。長い間部落の解放を希いつづけてきた私たちの前に、今解放運動の危機といえる状態が全国致《ママ》る所でまきちらされています。かつて差別のどん底から立ち上り、人類の完成をめざして闘ってきた解放運動の教訓と犠牲を消し去り、日本の民主化の歯止めを企てるこの怖るべき暗雲をとり除き、世を去った多くの先輩に報む《ママ》るために今こそ一堂に会して今後の部落解放運動のあり方について意見を交したいと思います。

こうした趣旨で、部落解放運動の現状を憂い、正しい発展をねがう「全国部落有志懇談会」が全水創立者の阪本清一郎氏外六名のよびかけで、三月二日午後一時二〇分から、京都市本能寺文化会館で開かれた。参加者、二六都府県四二六名広いホールも超満員の熱気あう《ママ》るし真剣な集会であった。

開会は予定より約二〇分ほど遅れて三重の上田音市氏のあいさつではじまる。同氏は八鹿高校暴力事件は水平社以来五三年の解放運動の歴史に一大汚点を残した。東京都知事選に当って同和問題で混迷の現状を打開するために社共総評などに申入れて美濃部知事の三選の協力を訴えた。今重大な任務が我々に負わされていると訴えたのち座長に和歌山県の松本新一郎氏、姫路の角谷清太郎氏を推す。

座長のあいさつすんだとき、ちょうど来着の呼びかけ人代表阪本清一郎氏のあいさつ。私たちは二月十八日和歌山県白浜で下打合せをして本日の会を持つことになったが、かくも盛大になるとは思っていなかった。皆さんも私たちと同じように現在の解放運動を憂えてのことで共にがんばってほしい。私たちが五〇数年前に運動を起した時から、人間意識の変革を強調したが、現在の運動は余りにも物質的利己的でかえって差別を助長している。大衆討議によって今後の進め方をきめたいと切々たる訴えがあった。

次に、北原泰作氏の経過報告「今日の盛会を喜ぶべきか、悲しむべきか、水平運動創立当時からの先輩の労苦を偲び、その教訓に学び、正しい路線に戻したい。水平運動の途上で何度か分裂の危機があったが、一方無産運動の統一と団結のために努力し、自らの分裂を阻止することができた。現在の解放運動は窓口一本化で内部の分裂と混乱を来し、部落民以外はすべて差別者として敵視し、革新統一陣営の分裂をさせている。差別事件は人民内部の矛盾として相手を説得し自覚を促し、支配階級の差別政策に対しては共同して闘わねばならない。いまの糾弾は無差別爆撃同様で過去の世良田事件のようなエタ狩りの不祥事が連想される。水平運動は人間を尊敬することによって自らの解放をめざした。いまの運動はこの高邁な理想が全く失われて、功利主義排他主義、ものとり主義に腐敗堕落している。この歪んだ路線を正し、部落だけでなく、すべての人間を解放する高い次元の運動を展開せねばならない。朝田派に敵対するのではなく、水平運動の精神に戻ろうとするのである。去る二月十八日白浜で話し合い、十九日に大阪弁護士会館で呼びかけ人の会議を持つなど準備をすすめてきた。懇談の中で方向を深《ママ》りたい。

以上の経過報告についで、祝電の披露があった。

次に、発起人の一人**和島岩吉**（前日本弁護士会長）氏のあいさつ。

私は趣旨には賛成だが、時期が早すぎた。選挙後にして欲しかった。今日の解放運動は確かに間違っているが批判するだけでは事態を打開できない。国民全体の問題として理解されてきている。部落解放運動にも、同和対策事業にも限界がある。人間解放までいかねば達成されない［、］政党政派の立場を離れて、この懇談会でじっくり話しあって頂きたい。

○各地状勢報告

山田政信（**大阪**）**氏**　昨日の大阪府北河内六市町の研修会で、寝屋川市の同和予算が一九〇億円だと聞かされた。毎年予算編成のときに関係者が地もとの会館に呼び出されて、あれもこれもと強請に応じたのが、いつの間にかこの巨額となった。また解放研による学校教育の荒廃は甚だしい、正常化連の子供に対する迫害、浪速栄小学校や難波中学での非行、寝屋川四中では差別に対する告発だとして暴行が是認されている。

堺の耳原病院、東大阪の蛇草病院に対する不当な市の取扱い、これが、解同の圧力に屈した結果である。

成沢栄寿（**東京**）**氏**　東京都に部落出身者が三〇万とも四〇万人いるが《ママ》、殆んどが混住で、部落も解体状態、大半は地方からの移住者で自らも出身を知らない。同盟朝田派都連の事務局員六名中五名までが部落出身でない暴力学生である。美濃部都政になってから一種のクーデターで都連を乗取り、従来の同盟員を除外したので正常化連が結成された。解同本部派は都に圧力をかけて、部落民以外はすべて差別者だとして教員の研修などを強要している。これに対し昨年四月東京都同和教育研究会が結成され自主的な研究活動をはじめている。

増本重義（兵庫）氏　八鹿高校での暴力事件で露出した解同兵庫県連の不法行為は県当局と結びついていることが明らかにされた。兵庫県連は昭和四八年五月に同盟の傘下に入り行政と癒着している。窓口一本化は西宮市で不成功に終ったが、その後県下各地で暴力で行政を屈服させている。昨年三月南但馬で「有志連」が組織された。朝来中学の橋本先生宅を包囲監禁する事件、八鹿高校での集団リンチなどに対し、日高町有志連は先生たちを支授〔援〕して闘っている。また、神戸市の地区協議会の議長近藤猛君が除名されたので地もとおよび西宮、尼崎、西脇、姫路各市の活動家によって、正常化連の兵庫県連を結成、正しい方向に進んでいる。

宮本秀雄（福岡）氏　大阪や兵庫のような形ではないが福岡県でも地方自治の破壊が行われている。田川、遠賀、筑上郡などでとくに甚だしい。同和予算で海外視察旅行をしている。行橋では識字学校の先生が追放され、北九州市では新たに解放研を結成し、教育委員会と結托して真面目な教師の排除が強行されている。狭山事件の勝利は日共粉粋だとし、八鹿高校事件の丸尾等の救授〔援〕カンパ活動が行われている。福岡における闘いは非常に重要である。

山岡　定（広島）氏　広島県では「昔軍閥・今小森」といわれるほど自治体破壊・教育への不当干渉が行われている。（山《ママ》県郡の加計町で自治労の人事院勧告実施要求を有志連、正常化連が支授〔援〕して闘っている。一昨年四月の戸手商業高校で見られた解放研による暴力事件が後を断たない。

内田勝三（東海）氏　三重県では上野市などで差別でないものを差別だとして自治体に強要して同和予算の増額をはかった。鈴鹿市の一ノ井では区長選挙に敗れた人たちが、上野市や大阪松原市と連絡をとって「行政差別」を口実に糾弾闘争を行い、同和予算を組ませ、その金を物見遊山の旅行に便〔使〕っている。また暴力学生集団の中核派と結びつき、隣保館を占用して解放教育がやられている。

橋本　昭（徳島）氏　徳島県には解同朝田派と正常化連、同和会の三組織がある。今日は同和会の方と共に参加した。利権争いがひどい。朝田派の幹部が砂利探《ママ》取だけで一億円を利得し、同じく印刷会社をつくり同和金庫から融資をうけ、その元利金五《ママ》・五〇〇万円を行政補助させている。地方自治体は解同に屈服し、学校教育の現場にも圧力が加っている。こういう状態を放任すれば解放は益々遅れる。正常化と同和会とはこの点で意見一致している。

以上で各地代表の報告を終る。

懇談

阪本清一郎（奈良）氏　現在の解同は山口組に劣らぬことをやっている。が、これは今日の政治に原因がある。自治体は屈服して同調し石地蔵のような動かぬ警察機動隊と共に背後から油をかけている。それは反共を表看板にしているからだ。利権を興《ママ》えて部落を堕落させている。このからくりを見抜かねばならぬ。窓口一本化は大正時代には行政側に要求した。今は、部落側に責任を転嫁している。従来の部落運動から脱皮して大同団結してほしい。

宮川庄吉（滋賀）氏　昭和二一年の解放委発足当時から松本委員長を信頼し、今まで運動をやってきた。今日参加するのにためらったが、暴力は絶対に許せない。彼らを大きく反省させるべきだ。仲間の力で解決したい。本日の集会の名で中央本部へ申入れ、速やかに反省を促したい。

桜井正志（埼玉）氏　昭和二六年に群馬県で解放運動に参加した。一時運動から離れたが、さいきんの暴力的な現状を見て黙視できない。今まで運動に参加の人たちが集って埼玉の正常化連をつくった。単に部落民だけでなしに、労組、高教組、自治労など各民主団体で連絡会議がつくられ、昨日も浦和市で〝橋のない川〟の上映に三〇〇〇人が参加して大成功だった。埼玉県では正常化連の支部が二五結成されている。

酒本数三郎（和歌山）氏　昨年八月まで解同中央本部の県連としての組織と統一を守ってきた。しかし八月十八日の県連大会が崎山一派の暴力で妨害された。三年前中央からの直接指導で企業組合をつくられ、民主的ルールを無視して中央本部委員長の名で十五名の県連役員を除名したので、之に抗議し闘っている。御坊市では部落住民以外とも手をくんで闘いがすすんでいる。

岡田（丹波篠山）氏　昭和三九年の大水害による土砂崩れにあってから解放運動に参加した。部落民は統一し団結して闘っていきたい。

上田軍治（滋賀）氏　雪国なのでバクチがはやっている。雪どけになると家をたたんで出稼ぎに行かねばならぬ。時限立法の同対措置法が、高度成長政策のもとで生れている。教育に重点をおいて、考える力をもった人間を育てることに重点をおいてほしい。

　発言者が後をたたなかったが懇談を打切り、懇談会としての申し合せをした。

木村京太郎（京都）氏　別稿「申し合せ」を朗読し、実行方法は新らしい各府県すいせんの世話人会議で相談する。

　なお近く主要な都市で宣伝大演説会を開く予定であると

説明、満場一致で承認。

岡　映（岡山）氏　解同朝田派のまちがいの一端は我々にも責任がある。私は副委員長として三年間、中執として十八年間共にやってきた。喧嘩別れしたのではない。意見が違うといって排除された。彼らの間違いは実践をもって克服せねばならない。本懇談会の宣言に代る声明を発表したい。

声明文朗読、満場の大拍手で承認。

最後に、各府県から世話人の推薦があり、その氏名を発表、欠席の県および補充の希望あれば追加することにして、世話人五五名が全員の拍手で承認された。

以上で懇談、協議が終ったので松本吉之助（福岡）氏から「全国各地から会場に溢れるほどの参加者で、盛大に懇談会を終始できたことは同慶に耐《ママ》えない。共にがんばりましょうとの挨拶で会を閉じた。そのあと別室で、新聞記者会見が行われ画期的な新らしい解放運動が、勢いよくスタートしたのである。

明日の三月三日は、全国水平社創立大会の日である。

『解放路線』第一〇号（一九七五年三月五日）

87　全国部落有志懇談会の当面の活動方針（大綱案）

去る四月二十八日大阪で開かれた「全国部落有志懇談会」の第二回世話会《ママ》で討議資料として出された当面の活動方針案は次の通りです。成文化するまでに各地において十分に討議していただきたい。

一、目標

差別と抑圧から部落民衆を解放するためにたたかった過去の自主的運動の伝統をうけつぎ、その偉大な業績を発展させ、真に部落解放＝人間解放を達成する新しい運動を、国民的規模で組織し展開することが、われわれの目標である。

過去の自主的運動といえば、もちろん、全国水平社の運動を第一に挙げなければならないが、「備作平民会」が先駆となった明治―大正時代の自主的な改善運動から、さらに幕藩体制の下における渋染一揆などの抵抗闘争にまでさかのぼる必要がある。

われわれは、そこに先覚者たちの、差別にたいする激しい怒りと、なにものにも屈しない勇気と、自由平等を渇望する気高い理想と、解放のたたかいへの献身が、脈うっているのを見るのである。これこそがまさに、われわれがうけ継ぐべき貴重な伝統と教訓である。

二、五反活動

われわれは、現在の状況から判断して、つぎにかかげる五項目反対の活動を当面の目標とする。

(1) 差別と暴力に反対する
(2) 地方自治の破壊に反対する
(3) 公教育の破壊に反対する
(4) 仲間の分裂に反対する
(5) 民主統一の分断に反対する

三、三旗活動

目標達成のために、われわれはつぎにかかげる三本の旗を当面の任務とする。

(1) 全部落民的な大同団結と国民的連帯・結合の促進、政党・政派、所属団体、思想、信条などのちがいを越へ《ママ》、差別からの解放という全部落民共通の念願を基礎として大同団結をはかるとともに、部落民衆の意識を高め、広範な国民との連帯と結合を強めていくこと。

(2) 解放運動の正常化と公正・民主的な同和行政の確立、解放同盟の一部幹部の誤った理論と実践の指導によってゆがめられた解放運動を、正しい路線にたちかえらせるため、宣伝、教化活動を強力に行なうこと。

また、公正・民主的な同和行政を確立するため、「同和対策事業特別措置法」の改正、民主的な同和行政組織や附属機関の整備確立などを要求し、政府や地方自治体にたいする陳情・請願・抗議申入れなどを行なうこと。

(3) 正しい同和教育の振興と「解放理論」の樹立実践、公教育を破壊し、青少年の魂を荒廃させる「解放教育」なるものを排撃克服し、民主的な正しい「同和教育」の振興普及に努めること。

広く専門学者、学識経験者の協力をえて、部落解放(同和問題解決)に正確な展望を示す真の解放理論を創造し樹立するために努力すること。

四、具体的活動

「五反」「三旗」の方針にのっとり、各地の実情に即して、実行すべき具体的な活動は、つぎのとおりである。

(1) 宣伝活動
(イ) 大小規模の演説会、講演会、座談会などのひん繁な開催。
(ロ) 機関紙、パンフレット、ポスター、ビラなどの発行と配布。
(ハ) 種々の資料の配布活動。

(ニ) 学習の組織、研修会、研究会などの開催。

(2) 組織活動

(イ) 各都府県単位の部落有志懇談会、その下部組織としての市町村単位の部落有志懇談会をつくること。

(ロ) それぞれの部落有志懇談会に世話人、常任世話人を定め、連絡事務所を設置すること。

(ハ) 中央連絡事務所を東京都に設置する。ただし中央の連絡事務所ができるまでは、便宜的に大阪に仮事務所を設ける。

(ニ) 新しい運動の名称は、当分のあいだ「全国部落有志懇談会」(仮称)とし、結成大会において正式に決定する。

(ホ) 新しい運動にふさわしい、われわれの運動のシンボルとしての「旗」と「歌」を制定する。

『解放路線』第一二号(一九七五年五月五日)

88 日本共産党「部落解放のいくつかの問題 ——差別主義に反対して、国民的融合へ」

一、「解同」朝田派の暴挙にたいして

最近、「部落解放同盟」朝田派が〝部落解放〟を看板にして、数かずの暴力的蛮行と同和行政の私物化、革新統一戦線妨害などの無法行為をくり返してきたことにたいして、そもそも「部落解放とはなにか」という批判や疑問がひろくだされている。

「解同」朝田派は、「部落解放」の具体的内容についてわずかしか語らないのが特徴である。五月二十七日からの全国大会の「開催要綱」にいたっては、「部落解放」ということばすらまったくみることができない。「部落解放」を語るばあいも、きわめて稚拙である。たとえば、朝田善之助は「われわれが完全に解放されるということが、どういう状態をいうのかというと、われわれに市民的権利を完全に保障する、中でも就職の機会均等の権利を行政的に完全に保障させ、主要な生産関係から排除することをやめさせるということ」だといっているだけである(『解放運動の基本認識』九七ページ)。朝田派の従来の大会方針や、かれらの「部落解放の理論」書も大同小異である。

朝田派の「解放論」の誤りは、これまでにも「『解同』

朝田派への決算」(「赤旗」三月二十六日付)などでも指摘されてきたし、あとでもう一回ふれるつもりだが、ここでの問題は、稚拙な「解放論」が全国各地の蛮行と無法行為の道具にされてきたという、笑うに笑えない現実である。

それだけに、「部落解放とはなにか」、それは労働者階級と人民の解放運動のなかでどういう位置をしめるのか、ということを、あらためて明確にしておく必要がある。

二、「部落解放」とはなにか

わが国における部落解放の基本的課題は、封建社会で固定化されていた身分差別制の残りものとしての部落差別を一掃、解決することにある。

歴史が示すように、近代以前の社会においては、日本でも諸外国でも、ほとんどのばあい、階級的な支配・被支配の関係が同時に身分的にもかためられ、身分差別制が社会のすみずみまで体系化されていた。江戸時代に、士、農、工、商、さらに下の「賤民」(穢多＝エタ、非人)というように身分が固定化され、同一身分内でも上から下まで各種の格差、位階がもうけられ、それぞれの身分、地位に応じた権利、義務が定められていた。職業、居住地も固定化され、身分のちがうものとは平等な交際も許されないなど、相互間には閉鎖的な障壁がつくられていた。心理的にも、武士が百姓、町人をさげすみ、百姓は「賤民」をさげすみ、「賤民」のなかでは「エタ」が「非人」をさげすむ、という状態であった。このように、封建制は、社会的にも、心理的にも差別が体系化されていた。

程度や特徴のちがいはあっても、封建的な身分差別制は世界史的にみられたものである。「歴史上の以前の諸時代には、ほとんどどこでも、社会はさまざまな身分に完全に区分されており、社会的地位は多様な段階に分かれていた」(マルクス、エンゲルス「共産党宣言」、全集第四巻四七三ページ)。「奴隷制社会と封建社会では、諸階級の差異は住民の身分的区分として固定されており、それにともなって、各階級にとって国家内における特別の法的地位が確定された」(レーニン「ロシア社会民主党の農業綱領」、全集第六巻一〇五ページ)、身分は封建社会の「属性」(同「ナロードニキの空想計画の珠玉」、全集第二巻四五八ページ)である。

こうした閉鎖的な身分制度を打破し、すべての人間の平等を確認し、職業選択の自由や移転の自由を確立する——これがブルショア民主主義革命の歴史的課題であった。この課題は、いわゆる自由な労働力、自由な交通と商品交換といったブルジョアジーの利害に合致するものであった。マルクスも、「ブルジョアジーの革命は身分を、その諸特権とともに廃止した」（「哲学の貧困」、選集第一巻四五〇ページ）と指摘している。そしてどこの国でも、資本主義の発展とともに、一方に、富をたくわえる資本家階級と、他方に労働力を売るほかない労働者という基本的な階級関係に再編成されていく。そこでは生まれの違いによる身分という垣根はとりはらわれ、資本家は資本家同士で、労働者は労働者として、以前の身分の違いをこえて結合し、あいたたかうようになる。

わが国では、一八六八年の明治維新のあと、四民平等や関所の廃止による移動の自由、職業の自由の確認、一八七一年（明治四年）八月二十八日の太政官布告（いわゆる「解放令」）による穢多、非人の称の廃止など一連の措置がとられたものの、他方で、「神聖不可侵」の天皇を頂点に皇族、華族という特権制度がつくられ、のちに議会が導入されたさいも貴族院という特権的議院がつくられた。戸籍のうえでも、華族、士族（かつての武士）、平民、新平民（かつてのエタ、非人）という「身分」が明記された。とくに、「身分制のもっとも深い根」（レーニン「十月革命四周年によせて」、全集第三十三巻三九ページ）である封建的土地制度が、地主・小作という半封建的土地関係に再編されてひろくのこった。そうした諸条件のもとで、封建的身分差別が遺制的に残り、旧「穢多部落」にたいしてとくにそれが強かった。こうして、封建的身分差別の残り物を一掃する課題は、二十世紀においても、日本国民の民主主義的課題の一つとなった。

戦前、日本共産党は、当面、ブルジョア民主主義革命をめざすという路線のもとに、封建的身分差別撤廃の課題を正当に位置づけてたたかった唯一の政党である。

戦後、土地改革によって半封建的農地制度が基本的に瓦解（がかい）し、天皇・皇族制を例外として主権在民、「法の下での平等」と基本的人権を認めた憲法が制定された。国民の民主的意識も前進している。階級分化が進行し、労働力の移動と労働者化もはげしくすすんだ。これらの状況下で、封建的身分差別の残存物は戦前とは比較にならないほど少なくなった。しかし今日も、就職、結婚などのさい旧身分を問題にする悪習、市民生活で旧身分によって侮辱、排斥する悪弊、歴史的経過による居住地域の環境の悪さなど、封建的身分差別の残存物があれこれの形でのこっている。これらの残存物を一掃、解決することは、ひきつづき日本国民の民主的課題の一つである。

この部落解放の内容をさらに具体的にいえば、それは、旧身分による差別からの自由であり、旧身分のゆえに社会的に差別され、生活環境などで格差のある状態をあらためて、社会の平均的水位（水平、平等）にもっていくことである。したがって、部落解放とは、民族解放運動が多くの場合めざすように、旧部落が他の社会から分離、独立することでもなければ、旧部落だけが貧困など経済的、政治的圧迫から「解放」されて他の地区を見下す立場にたつことでもない。また、労働者階級の搾取からの解放と同じことでもない。さらにいえば、部落解放とは、江戸時代の旧身分のいかんをとわず、人間としての平等、同権を確立し、社会生活においても旧身分による閉鎖的な障壁を打破して、自由な市民的交わりと結合、融合をとげることである。

三、水平社運動の歴史的到達点の今日的継承

部落解放をめざすうえで、半世紀以上にわたる部落解放運動の経験も貴重な達成と教訓をしめしている。

一九二二年に、部落解放をめざす自主的運動が全国水平社としてぼっ興した。水平社運動は、「人の世に熱あれ、人間に光あれ」「吾等は人間性の原理に覚醒し人類最高の完成に向って突進す」という創立宣言、綱領にしめされるように、人間の平等、水平をもとめた、すぐれて民主主義的な運動であり、先駆的意義をもつものであった。しかし、水平社運動は、長老たちもいうとおり、プラスとマイナスの経験をもっている。

①水平社は「吾々特殊部落民は、部落民自身の行動によって絶対の解放を期す」として出発したが、「吾々に対し穢多（エタ）及び特殊部落民等の言行によって侮辱の意志を表示したる時は徹底的に糾弾をなす」（創立大会決議）ということで、ほとばしるような「差別糾弾闘争」を全国的にくりひろげた。この「差別糾弾」は、差別を許さないという出発点としては理解できるものであったが、そのほこ先を主に一般国民に向けるという誤った傾向をもっていた。その理論上の大きな問題点は、部落民対非部落民という図式にながれ、人民同士の団結の観点を欠いていたことである。

②一九二六年の第四回大会には、「差別の根本組織に向って眼を開かねばならぬ」「部分的戦線から前進して全般的な闘争に」という大会宣言草案が提出された。これは、労働者階級、人民の政治運動との連帯、結合をめざし、「個々の差別事象に対する闘争」から「差別を支持する組織」との闘争へと、過去の一般国民糾弾路線からの脱却をはかるものであった。

③一九二七年の第六回大会は、地方自治体や政府、さらには天皇の軍隊内の「差別」問題を告発し、言論、集会、出版の自由を要求した。そして、支配階級が「部落民対一般民衆の対立を激成すること」をめざしていることを見抜き、支配階級にこそ反対してたたかうべきことを強調した。

これは部落排外主義克服の方向に大きく前進したものであった。

④一九三一年の第十回大会には、「全国水平社解消」が提起された。これは、「身分的結合」の組織が「一般民はすべて敵」だとみる排外主義におちいる危険性や、資本主義の発展とともに「身分的結合の紐帯」よりも階級的連帯がつよまること、労働組合、農民組合の組織化の重要性などを正当に指摘しつつも、半封建的な土地関係や身分差別をなくす民主的課題の独自性を軽視したものであった。

⑤一九三三年の第十一回大会は、それまでの部落排外主義的な偏向の自己批判にたって、「部落民を束縛している封建的身分関係」を粉砕するために「身分関係の根拠であるブルショア地主的絶対主義支配に対する闘争として」発展させるべきだと意義づけると同時に、勤労大衆の間の「階級的結合」を強調した。

⑥一九三四年の第十二回大会は、部落民の経済的、日常的諸要求獲得のたたかいを重視し、「部落委員会」活動を方針化した。大会後に策定された「部落委員会活動について」という方針書は、「全被抑圧人民大衆団結せよ」のスローガンのもとに、「階級的融和」を方針化した。そして、翌三五年の第十三回大会は、「階級的融和」論をさらに「人民的融和」論へと発展させた。もちろん、これは天皇の「臣民」としての「国民融和」論とは対決するものであった。

一九三〇年代の前半は、水平社運動がもっとも高揚した時期であり、この時期の一連の方針も高い到達点をしめすものである。

⑦しかし、絶対主義的天皇制の侵略政策と弾圧の強まりのなかで、「人民的融和」論を、天皇制支配に協調する方向での「融和」にすりかえるこころみもつよまった。水平社は一九三七年三月の第十四回大会のあと、「非常時における運動方針」(一九三七年九月)という名で「挙国一致」路線を決め、三八年の十五回大会では「我等は国体の本義に徹し国家の興隆に貢献し国民融和の完成を期す」という綱領を決めた。そして水平社は、一九四〇年、「君民一如、赤子一体、天業翼賛」などをスローガンとしてひらいた第十六回大会で「大和国民運動」体制試案を提示したのを最後に、事実上消滅していった。また一部の人びとによる「部落厚生皇民運動」はやがて大政翼賛運動に合流していった。

戦後、一九四六年に、部落解放運動は「部落解放全国委員会」として再出発した(一九五五年に「部落解放同盟」と改称)。部落解放全国委員会は、「われらは、一切の反動勢力を打倒し、強力なる民主戦線を即時結成して、民主主義日本の建設を期す」（結成大会決議）、「部落問題の根本的解決の前提であるところの、全人民の思想、感情、行動の融合、統一の促進」（第七回大会方針）などにしめされるように、戦前の水平社運動のプラスの経験を積極的に引きつごうとするものであった。しかし、戦前の教訓を正しく生かしえない傾向があったことも事実である。たとえば、部落民対非部落民の図式によるいわゆる「差別糾弾闘争」の傾向がその一つであり、天皇制に屈服した「臣民」的、「皇民」的な「融和」運動への反省を「人民的融和」自体の否定にすりかえていく傾向もそうであった。こうした傾向はやがて、反「融和主義」のスローガンのもとに、国民を敵視した暴力的な「差別糾弾闘争」へと部落解放運動をそらしていくことになった。一九六〇年代半ば以降における「解同」朝田派の部落排外主義とその諸行動は、その最悪の形態である。

「解同」朝田派のこうした所業は、戦前の水平社運動の正しい到達点に真っ向から挑戦するものである。部落解放運動の正しい潮流は、朝田派の誤りとたたかい、広範な国民大衆との連帯と結合、融合をめざす方向で、水平社運動の歴史的到達点を今日的に継承、発展させなければならない。（A）

四、時代に逆行する二つの差別主義

現在、旧身分制による閉鎖性を固執し、国民のあいだの社会的断絶をはかり、国民同士の自由な結合と和合、融合を妨害しているのはなにか？　それは、①時代おくれの保守的な差別主義と②「解同」朝田派の差別主義、の二つである。この双方の差別主義の克服が大切である。

①の保守的な差別主義は、昨今でもしばしばみられる。たとえば、岡山県の天満屋百貨店は、職員採用の内規のなかで「前科、思想、精神病、部落、宗教」などを「特異事項」としてあげ、旧部落の人びとを差別してきた（一九七〇年十一月）。こうした差別主義を克服、一掃することの重要性はいうまでもない。

②の「解同」朝田派の差別主義については、かれらが「部落解放」を看板にしていることもあって、その正体はあまりつかまれていない。しかし、かれらの差別主義の害悪はますます重大化している。

（イ）「解同」朝田派の「部落解放」論自体が、冒頭に引いたように稚拙であるとともに、多くの点で誤りと自己矛盾にみちている。この議論は、①一方では、現在、同和地区住民がひどい就職差別をうけ、「主要な生産関係から排除」されているかどうかという疑問をよぶと同時に、②他方では、就職差別さえなくなれば部落差別は完全解決されるのか、という疑問を呼ぶ。この両面から、朝田派の議論はまちがっている。③また、朝田派の議論では、就職の機会均等の権利を、支配的な政府や独占資本に保障させるのではなくて、行政（地方行政）に保障させようとする行政主敵論である。④市民的権利、就職の権利さえ保障されれば、いまの同和地区住民は「完全解放」されるのか？この〝就職＝完全解放〟論が、独占資本の収奪、支配を打破する問題（真の人民解放の問題）を否定するものであることはあきらかである。そのうえ、朝田派は、身分差別の残存物を一掃する課題を達成する政治的展望も、真の人民解放の道もタナ上げしている。

（ロ）そればかりか、「解同」朝田派は「部落民以外のすべては差別者」だとして、一般国民を敵視し、逆差別している。かれらはこの立場から、暴力的「差別叫弾闘争」を全国各地でくりひろげ、一般国民に「部落はこわい」という恐怖心をうえつけ、古い差別観を助長する役割さえはたしている。五十八名もの教職員に重軽傷をおわせた八鹿高校テロ事件は、その一頂点をなすものであった。

（ハ）朝田派は、「被差別部落がよくなれば他もよくなる」といった口実で、超デラックスな同和施策を地方自治体に要求したり、「属地属人主義」をとなえて同和地区内の一般居住者（流入者）への施策を拒否したり、一般と格差ある属人事業を要求し、同じ貧困者でも、部落住民だけに厚い待遇を要求したりしている。たとえば大阪市では、一般校ではプレハブ教室でさえ解消されていないのに、同和校には一般校の十倍もの予算が投じられ、七メートル廊下（栄小学校のばあい）など超デラックス校が新築され、市の民生事業の七四パーセントが対象人口二・一パーセントの同和地域にふりむけられている。こうした独善的要求は、旧部落が環境、公共施策の面でおとっていれば、それを社会の平均的水位までもっていき、これを共通の足場として、より高い達成をめざして国民的な共同のたたかいを発展させていくというものではなく、一般地区を見下す状態にもっていくという逆差別要求である。

（ニ）しかも「解同」朝田派は、同和行政の独占的管理（いわゆる「窓口一本化」）を地方自治体におしつけることによって、同じ部落住民であっても、自分たちの組織に属していない人びとは同和施策から排除するというように、新しい差別をもちこんでいる。

（ホ）周知のように、「解同」朝田派による同和行政の「窓口一本化」は、同和対策事業の私物化と利権あさりの手段となっている、「窓口一本化」は、朝田派の①利権あさり、②逆差別、③新差別を、地方行政によって制度的に保障させるものである。こうした不法目的のための地方行政利用が、部落解放運動が本来かかげてきた水平、平等の高邁な精神と縁もゆかりもないことは明白である。

（へ）「解同」朝田派は「部落民としての自覚をもて」と主張し、同和地区に宣伝カーをのりいれて「エタのみなさん」と扇動する演説をぶつなど、「部落民対一般民衆の対立を激成」している。朝田派のいう「自覚」とは、封建的な旧身分による垣根をとりはらって国民同士の連帯、結合をめざしていく人民的、民主的な自覚ではなく、部落以外の社会におしなべて差別者の烙印をおして、憎悪をかきたてる部落排外主義的「自覚」にほかならない。

また、朝田派は、一方では戸籍の公開性に反対しながらも、他方では「寝た子を起こせ」と主張し、東京などで旧身分と出身を「生活実態調査」の名目で掘りおこすことを自治体に要求している。こうした先祖の旧身分の掘りおこしは、封建的な身分的障壁の残りかすを打破する歴史的事業に逆行するものである。また、朝田派は、「混住によってますます東京の部落は拡大している」「東京の差別社会のなかにちりぢりばらばらになって暮らせというのか」（『部落解放』四月号）といって、江戸時代の旧身分にしたがって一部の都民だけを入れる同和住宅建設を要求している。これも、混住の法則的な進行を阻止し、閉鎖的な旧「部落」の復活をはかり、国民的な和合と融合の自由をはばむものである。

（ト）朝田派は、封建的身分差別の残存物が解消の方向にむかっている事態や、現に同じ部落であっても大金持ちと貧しい多数者にわかれるというように階級分化が進行していることを無視して、「部落の共通利害と共通感情によって結ばれている」（「解放新聞」一九六九年十月五日付）側面だけを一面的に強調し、人びとが旧身分の違いをこえて、労働者は労働者階級としての利害の共通性にたって階級的結合をとげ、人民は人民として連帯、和合していくことに反対している。かれらは、部落の労働者が労働組合にはいり、労働者階級の前衛党である日本共産党員として活動することに反対し、貧しい部落住民が「生活と健康を守る会」にはいることにも反対している。これらは、朝田派の反動的、反階級的な本質を浮きぼりにするものである。

以上あげた「解同」朝田派の事例は、封建的な身分的障壁の残存物を打破して、旧部落と一般地区とを水平にし、階級的、国民的な融合と結合をとげていくことに逆行した、独特の「差別主義」をしめしている。保守的な「差別主義」に反対すると同時に、「解同」朝田派の特殊な「差別主義」に反対することが、部落解放の事業にとってはますます不可欠になっている。

五、当面の具体的課題と国民的融合

「解同」朝田派は、「部落差別が拡大再生産している」とさかんに主張している。しかしこの主張は、主として、朝田派が地方自治体の同和予算を法外にふやす口実にもちだしているものであって、なんら現実的根拠はない。朝田派のうしろ向きの主張とは反対に、とくに戦後史は差別解消の方向にすすんできた。それはつぎの事態をみればあきらかである——。

①土地改革による半封建的土地関係の崩壊、華族制の廃止など、身分差別をささえていた半封建的な経済的、社会的基盤の弱まり。②憲法における天皇主権から国民主権への変化、「法の下での平等」「基本的人権」の確認、国民の民主主義観の前進など、差別的な心理、意識の後退。③同和地区と一般地区との生活環境の水平化ないし接近がすすんできた。④就職上の差別も、すべての企業で普遍的にみられるという状況ではない。⑤人びとの移動、移住および転入による混住がすすんでいる。一九六五年の同和対策審議会答申によると、同和地区内で「同和人口」(旧部落関係者)が半分以下になっているところが大阪など十四府県あり、全国平均の混住率は六〇パーセントとなっている。東京など多くの大都会では旧部落が消え、むかしの身分関係などわからなくなっている。

これらの背景には、戦前からの部落解放運動や民主勢力のたたかい、人びとの多面的な努力があり、それらの歴史的功績は正当に評価されなければならない。

しかし、今日もなお身分差別の残存物があり、その具体的な克服の課題はひきつづき重視されなければならない。たとえば——①市民生活で旧身分によって侮辱、排斥する時代おくれの悪弊をなくす課題。そのための科学的な見解の啓蒙、宣伝活動。②就職や結婚などのさいに旧身分を問題にする悪習をなくすこと。③ながい歴史的経過のもとで居住・生活環境が劣悪な部落では、これを改善する課題。その他。

部落解放運動は、こうした旧来の身分差別の残存物を、それぞれに即して克服し、一掃する課題をはたすために奮闘しなければならない。地方自治体などの同和行政、同和対策事業も、それが公正・民主的におこなわれるならば、差別一掃のために一定の役割をはたすことができる。こうして、国政レベルでも地方自治体レベルでも、公正・民主的な同和行政をおこなわせること。生活・居住環境では、格差を是正し、平均的水位にもっていくこと。市民生活では、「解同」朝田派の暴力に反対すること。社会的には、旧身分による垣根を打破して国民の平等、連帯、融合を実現すること。これらが部落問題解決の具体的な方向である。

同時に、忘れてならないのは、いわゆる同和地区住民の圧倒的多数が労働者であり、勤労者、人民だという事実である。大多数の部落住民の貧困も主要には、対米従属下の日本独占資本主義とその支配、収奪によるものである。旧身分制に起因する格差や差別をなくして社会の平均的水位（水平、平等）にもっていく課題と、国民一般としての権利擁護、生活向上をはかる課題とは、相互に重なっている。

この現実は、少なくとも、二つのことを教えている。第一に、旧身分を紐帯とした部落解放運動とその組織は、ブルジョア的な利権分子の主導下におかれてはならず、労働者階級と人民の主導下ですすめられなければならないということである。もしも、反労働者的な勢力にひきまわされるなら、部落解放の運動と組織は労働者階級と国民解放の事業に敵対する方向にそらされていく危険が大きい。第二に、いわゆる同和地区住民の多数が労働者、勤労者であるがゆえに、部落解放運動はつねに労働者運動、人民の運動との緊密一体の関係がたいせつだということである。両者の分離は、部落住民の諸要求実現をもさまたげるものである。

そして、反帝、反独占の方向でのこの共同のたたかいは、労働者階級としての、勤労者としての、日本人民としての自由な結合と和合、融合をいっそう促進、強化するであろう。平均的な水位、平等の達成は、むかしの身分による閉鎖性などとは無縁の壮大な人民的統一によって、より高い、完全な国民（人民）解放に向けてさらに前進する中間駅となるものである。

日本国民の生活と権利を守り、労働者階級をはじめ国民が真の主人公となる社会にむかううえで、当面、民主的な連合政府の樹立がめざされている。民主的連合政府は、「部落住民にたいする身分差別をなくすため、居住、職業、雇用、結婚、社会的地位、生活環境などの差別をなくす措置をとる」（民主連合政府綱領提案）ことを明確にかかげた政府であり、古くさい身分差別の残り物を一掃することをも政治的に保障する。正しい部落解放運動は、「解同」朝田派の妨害をのりこえて、身分差別の残存物をなくしていく具体的な課題をかかげてたたかうとともに、革新統一戦線の一翼として、民主的な連合政府をなるべく早い時期につくりあげることをめざして奮闘しなければならない。

（A）

（おわり）

日本共産党中央委員会『赤旗』

（一九七五年五月二六・二七日）

89　北原泰作・榊利夫「〈対談〉部落解放の理論的諸問題」［抜粋］

同対審のなりたち

北原　さて、同和対策審議会ですが、これは、国家行政組織法にもとづいて総理府に設置された付属機関という性格のものです。内閣総理大臣や各省大臣の諮問にたいして「答申」を提出するのが任務であるから、諮問機関ともいわれています。審議会とか協議会などの名称をつけられているこの種の機関は、ざっと数えて二百四、五十にのぼるほどたくさんあります。

榊　審議会というものは、同対審だけでなく、たとえば選挙制度審議会や税制審議会など多くの審議会が戦後つくられました。自民党政治は審議会政治が一つの特徴だといわれているくらいです。かれらは、自分たちが気にいる審議会の答申などは、悪いものでもすぐにとり上げて実行する。責任は審議会に転化《ママ》する。しかし、気に入らない場合は、その答申をたな上げする。

北原　同和対策審議会（現在は同和対策協議会）は、これは総理府の付属機関であるけれども、各種の行政委員会と同じように一応独立した存在ですから、その意思決定は行政官庁の拘束をうけない建前になっています。けれども、そのかわりに審議会の答申や決議を採用するかどうか、採用するとしてもどの程度採用するかということは、各省庁の長の自由意思によって決定されるのだから、審議会の権限は弱いものです。たとえば、米価審議会や選挙制度調査会などのように、政府の好ましくない答申が出された場合には、政府はそれを無視することがあります。たしかに、専門知識や経験を行政にとり入れるために国民を直接的に行政に参加させるという点では、民主的な意義があるけれど、その反面では、民意を行政に反映させるような格好をしてじつは国民の意見を無視し、あるいは国民の強い要求を緩和するために審議会を利用するなど、いわば民主主義の偽装の役割を果たす装置だということもできるわけです。

同和対策審議会は二十人の委員によって構成されていました。その半数は民間の学識経験者、あとの半数は関係各省庁の次官です。民間側の委員十人は、大学教授、評論家、社会福祉事業団体役員、地方自治体の代表などと、部落解放同盟の代表として選任された私と、全日本同和会の代表として選任された柳井政夫氏でありました。また、委員のもとに専門委員がおかれていました。これには解放同盟から米田富、野本武一の両氏、同和会から山本政夫、藤範晃誠の両氏が出ていました。政府は、このように解放同盟と同和会との均衡をたもつことにかなり細心の考慮をはらっていました。当時はまだ解放同盟が分裂していないときなので、正常化全国連絡会議は存在しなかった。だから、同和地区住民の運動団体としては解放同盟と同和会の二つだけだったわけです。

榊　北原さんが審議会の委員に選ばれたときの肩書きは、中日新聞社会事業団の嘱託かなにかだったように思いますが……。

北原　そうです。当時、私は中日新聞岐阜社会事業団の主事という職業についていました。総理府が、私を解放同盟の中央委員として発表しなかったのは、自民党や同和会にたいする遠慮というか、はばかりがあったのではないかと思います。そのころは、政府にたいする発言は同和会のほうが強く、解放同盟は弱かったのです。

榊　自民党政府は、同和会を育成し強化しようとしていた……。

北原　あとで、解放同盟から抗議されて、私の肩書きを正式に解同中央委員にあらためた。

それはともかく、一九六一年十二月七日付で内閣総理大臣から審議会にたいして諮問が出されました。それは、「同和地区に関する社会的及び経済的諸問題を解決するための基本的方策如何」という諮問です。これをうけて審議会の活動がはじまったわけです。しかし諮問を出した総理大臣は、審議会の最初の会議に出て挨拶することもせず、答申を提出するまで一度も顔を見せなかった。また、十一の関係各省庁の次官はわれわれと同じく委員であるにもかかわらず、だれひとりとして会議に一度も出席したものはなかった。いつも会議に出るのは各省庁の課長か課長補佐なのです。

同対審の事務局は総理府審議室のなかに設けられていたが、審議会の運営はきわめて官僚的で、総会は平均月一、二回開かれる程度で、専門委員会はそれより回数多く開かれたが、いつも積極的に発言するのは民間側、とくに私たち部落出身の委員と専門委員なのです。関係各省庁の係官は報告する場合と質問に答える場合のほかは、ほとんどノーコメントで、ただ沈黙をまもって私たちの意見を承るだけ、という態度です。

審議会のときではなく、同和対策協議会になってからのことですが、協議会の運営があまりにも非民主的なので腹を立てたわれわれは、部落出身の委員と専門委員が解放同盟と同和会の立場のちがいを越えて結束し、堀木会長にたいし、「同和対策協議会の運営に関する意見書」を提出して抗議したことがあります。その意見書のなかで、私たちはつぎのような二項目の提案をしました。一つは、協議会のなかに環境・経済・教育の三部会を設け、委員および専門委員はそれぞれの分担を定めて、調査研究活動をおこない、その報告書を総理大臣と各省庁長官に提出すること。二つには、解放同盟、同和会、全同対協、全同教協の代表若干名を招致して懇談・協議会を開くこと、また、自民、社会、公明、共産、民社の各党代表を招致して、各党の同和問題にかんする政策について意見の交換をおこない、各党の理解を深め協力態勢をつくること、という提案だったのです。われわれの抗議的な申し入れをうけた堀木会長は、その後の協議会の運営をいくらか改善しましたが、二つの提案はついに実現しなかった。

同対審答申の問題点と限界

榊　審議会の「答申」が出されたのは、一九六五年八月でしたね。

北原　そうです。八月十日、私たち委員の任期が切れる前日、ぎりぎりに提出したのです。あの「答申」が出されたとき、部落問題研究所の人たちは、「答申」のなかに「資本主義」という文字が一字も使われていない、といって批判しました。これは当たっています。しかし、私が出した私案のなかには、「日本資本主義の経済構造」を分析した個所があった。けれども、しょせん、審議会の答申などは妥協の産物ですよ。

榊　答申の前文部分はだれが執筆したのですか。

北原　前文は、磯村英一委員が執筆したものと思います。「時あたかも政府は社会開発の基本方針をうち出し高度経済成長に伴う……新しく施策が推進されようとする……」うんぬんという文章ですね。

榊　いまのエピソード、興味深くきかせていただきましたが、最近朝田・松井派は同和行政の私物化、つまり「窓口一本化」による同和対策事業の独占管理の問題に関連して、「唯一の自主的運動」は自分たちなのだと、その「自主的運動」論を逆用している面がありますね。それはあとでもう一回出てくると思うので、ここでは答申自体のなりたちについてまずのべますが、いまのお話のように同対審答申は非常に複雑な諸関係のもとで生まれてきているんですね。その前後のことを調べてみても、多くの要因がいりまじって、複合的な力のもとで同対審答申が生まれたことは明白です。先ほどいわれた一九五八年の部落解放国策樹立要請全国会議を例にとってみても、日本共産党、社会党、その他の民主勢力の支持のもとに、地方自治体や地方議会の代表も参加しています。自民党からも、当時の三木武夫政調会長が出席していた。これはやはり、未解放部落への施策をもとめる運動のひろがりの反映だったと思いますね。

北原　そうです。やはりそこには運動の発展の反映があると思います。

榊　多くの民主的諸団体の参加のもとに未解放部落への施策をもとめる運動が各地で発展して、そのなかに環境改善その他いろいろな物質的保障の要求もはいっていた。物質的、経済的な諸要求がかかげられたことは部落解放事業にとっても、一つの積極的意味をもっていたと思います。つまり観念的な「差別糾弾」闘争に流れやすい部落解放運動が、観念的な要素だけでなく、物質的保障の要求の実現という裏づけをもって発展するようになるわけです。同時に、そこに別の危険も一面ではらんでいた。その危険性がとくに、その後一九六九年に同特法が施行され――いわゆる国庫からの同和予算と、それを地方交付金として、各地方自治体の同和予算をつけくわえて同和予算の具体的総体が作成され――ていくようになって、急速に顕在化した。同和事業が正しく運ばれれば問題はなかったわけですが、要求する側、わけても「解同」の指導グループのなかにさまざまな邪心、エゴが強力に働くようになってきました。

さらにそこに、一種の〝資本の論理〟とでもいいますか、建設会社その他の資本家活動がからんでで《ママ》きたわけです。一度自治体や国庫で同和予算が組まれ、その事業が実施されると、いまの日本では必ず建設業者などが請け負ってやっていくことになる。そうすると、今年よりは来年、来年よりは再来年と、年ねんその予算規模が大きくなることを資本の側がもとめる、そういう論理が本来の解放運動以外の企業家――部落内外の企業家側から出てくる。運動のなかにもその論理がもちこまれる。朝田・松井派の場合、以前には予想できなかったそのようなマイナス面がくっきりと出てきた。

もちろん、マイナス面がともなってきたから、同対審答申や、同特法は全面的に否定されるべきものかというと、それほど問題は単純でないと思います。やはりこれは、当時の部落解放同盟をはじめ、民主的諸団体、諸勢力の歴史的なたたかいが、それを生み出すのにあずかって力があったし、それが貧しい部落大衆の要求を体現していたことも事実であると思います。しかし、もともと答申がめざしていたのは、部落の貧しい人びとを念頭においた〝階級的〟施策でもなければ生活貧困者への施策でもないんですね、その性格として。

先ほど北原さんもおっしゃったように、同対審の構成そのものが複雑だし、土俵は政府側がつくっているわけです。

北原　そうです。そうした審議会のもつ問題点と限界をはっきりつかんでおかないと、判断を誤ると思います。

答申のプラス面とマイナス面

榊　同対審答申を見てみると、積極的な側面と、積極的といえない側面とがあらわれていますね。北原さんの引かれた答申前文のなかには、「時あたかも政府は社会開発の基本方針を打ち出し、高度経済成長にともなう社会経済の大きな変動が見られようとしている」というくだりがありますが、これはいわゆる大企業本位の「高度経済成長」政策、所得倍増政策のことです。答申は、これを時「まさに同和問題を解決する絶好の機会というべきである」としています。まさしく、それは同和問題を、池田内閣のもとでの独占資本本位の「高度経済成長」政策に迎合的な位置づけをしてます。このあたりは、発想そのものが非常に自民党的だと思うのです。

大きな筋道としては、答申の冒頭で、「同和問題は人類不変の原理である人間の自由と平等に関する問題であり、日本国憲法によって保障された基本的人権にかかわる課題である」と、いわゆる部落問題を基本的人権の観点からきちんとのべている。さらに部落差別を、歴史上の「身分階層構造に基づく差別」からとらえ、その特徴は、少なくない国民が「社会的現実としての差別があるために、一定地域に共同体的集落を形成していることにある」といった規定もしている。これもいわゆる「属地主義」の立場から部落差別の実態と、その克服をみている点では積極的な、きわめて配慮した叙述ではないかと思います。答申は、同じように、部落問題を解決不能な歴史的現象とは見ていない。同時に、問題を放置することにも反対している。そして心理的差別、実態的な差別の両側面から解決していくことが必要だとしている。これも当然だと思います。

それから、答申が同和対策は「日本国憲法に基づいて行なわれるもの」だと規定して、同和行政は「基本的には国の責任において当然おこなうべき行政」であると、地方自治体よりも国の責任を強調していることも、その後の朝田・松井派による自治体行政ゆさぶりの問題とも関連して、再確認されてよい問題ではないかと思います。

さらにつけくわえますと、いわゆる総合対策です。「同和対策は、生活環境改善、社会福祉の充実、産業、職業の安定、教育・文化の向上及び基本的人権の擁護を内容とする総合対策でなければならない」とのべています。これは北原さんなどの、内部での努力があったんだと思いますが、同対審はそういう多くの積極性をもつ具体的施策を政府に答申した。同時に、いつもの消極的な側面、誤った側面も含まれているわけで、それらがその後の部落解放運動との関連でもマイナスの作用をしていった。「部落解放同盟」

朝田・松井派にその後あらわれてきた深刻な誤り、同対審答申がもっているマイナス面は、裏はらの関係であるように思います。

そのことを含めて北原さんにもおききしたいことがあります。答申の第一部で、封建時代からの歴史をずっとのべながら、「このようなわが国の社会、経済、文化体制こそ、同和問題を存続させ、部落差別を支えている歴史的、社会的根拠である」という個所がありますね。これは戦前までの話ですが、なかなか一面では鋭い叙述だと思います。同時にそのなかには、政治的責任はネグレクトされています。社会、経済、文化体制ということで、一つの構造を問題にしている点は積極性があるけれども、せっかく構造をとり上げながら、政治構造の問題を抜きにしている。政治構造の問題を抜きにすれば、あの絶対主義的天皇制の問題がはいってこない。明治になって身分制が再編された問題を入れるべきだったと思うのですが……。

それから、同じ第一部にこういうのがあります。

「近代社会における部落差別とは、ひとくちにいえば、市民的権利、自由の侵害にほかならない。市民的権利、自由とは、職業選択の自由、教育の機会均等を保障される権利、居住および移転の自由、結婚の自由などであり、これらの権利と自由が同和地区住民にたいしては完全に保障されていないことなどが差別である」

その前に、「実に部落差別は半封建的な身分的差別であり」うんぬんというのがありますが、このあたりはなかなかよく整理されていると思います。〝主要な生産関係からの排除が、部落差別の唯一の本質〟であるといった「朝田理論」とは、たいへん違うんですね。

このあと、それとはちょっと違う構成ですが、つぎのような叙述があって、明らかに矛盾するんですよ。

「これらの市民的権利と自由のうち、職業選択の自由、すなわち就職の機会均等が完全に保障されていないことが特に重大である。……したがって、同和地区住民に就職と教育の機会均等を完全に保障し、部落に滞留する停滞的過剰人口を近代的な主要産業の生産過程に導入することにより、生活の安定と地位の向上をはかることが、同和問題解決の中心的課題である」と。

北原　これは、朝田君の強い要求にしたがって私が書き入れたものなのです。朝田君は、例の「部落民は主要生産関係から除外されている」という誤った主張を答申のなかに入れさえすれば、あとはどうでもよいといって、私に強引に押しつけたのです。

榊　それをきいてよくわかりました。読んだときに、前のところは整然としているのに、「特に重大」がいきなりはいってくるのはどういうことなのかと疑問に思っていました。

それともう一つ、いま読みあげたところですが、「部落に滞留する停滞的過剰人口を近代的な主要産業の生産過程に導入する」ということですが……。

北原　ええ、そういう個所があります。

榊　この同対審答申ができ上がるのが一九六五年で安保闘争後に、六〇年代の前半に岸内閣からバトンタッチした池田内閣が所得倍増政策を打ち出したことで、六〇年代の「高度経済成長」政策が本格化したわけですね。そのときに池田内閣の出してきた政策が、ご承知の労働力流動化政策です。これはあとで話し合う混住その他の問題と関連するのですが、ともかく独占資本の経済的拡大再生産のために、総体として近代産業に産業労働力が必要になって、そこで農業構造改善事業あるいは総合農政をやって、多くの農民を農業から切り離し、その労働力を近代産業にふりむけた。同対審答申が出された六五年はこうした労働力流動化政策が上から実行された時期なんです。それで、政府の労働力の流動化政策と、この停滞的過剰人口を引き出してくるという答申の発想には、やはり関係があったのではないかと思うのですが、そのあたりの記憶はございませんか。これは北原さんのほうから出された問題でしょうか、それとも原案にあったものでしょうか。

北原　これはやはり当時の政府の「高度成長」政策との関連でおし出されてきたものと思います。

榊　答申の歴史篇は、よくまとまっています。この部分の執筆はおもに北原さんでしょう？

北原　ええそうです。

悪用の余地ない「自主的運動」論

榊　それで、例の「自主的運動」のことですが、さっきの話でよくわかりましたが、答申のなかにも明治の自由民権運動のあと、同和地区の住民が自主的運動をはじめたと、有名な「備作平民会」などのことがのべられ、それから明治末から大正に自主的な改善運動が勃興してくる。ここでも「自主的」ということばをつかっています。これは、いま一部で誤解されているような特定団体をさす狭い意味でなく、部落住民みずからの運動、あるいは官製でない民間の運動という意味ですね。

北原　そのとおりです。

榊　また、同和問題の根本的解決を目標とする行政の方向として、よく引かれるけれども、答申のなかには「地区住民の自発的意思に基づく自主的運動と緊密な調和を保ち」という叙述があります。これなども、部落住民のさまざまな運動体、あるいは団体と「調和」を保つというように、字句どおりに解すべきですね。

北原　解同とか、全日本同和会という、既成の団体だけでなく、地域住民の運動である「差別のない町をつくる会」とか「差別のない明るい市をつくる会」というような新しい近代的・民主的なコミュニティづくりの運動の組織も自主的運動です。ですから、それらと自治体の行政機関が緊密な連絡を保って同和行政を実施することも、施策の実施上で円滑を期するうえでも、公正・民主的な同和行政の正しい方向ではないかと思いますね。

榊　さまざまな団体、さまざまな潮流や傾向がある。それぞれ方針なり、路線なり、運動形態なりが違うということは必ずあるわけです。方針や路線が違うからだめだ、こちらはこうだからいいというのは、行政側としてはもちろん、運動体としても許されないことです、もしもそういう建前をとった場合、運動体そのものが非常にセクト的、排他的で、独善的なものであることを自己露呈するだけですね。

同和行政が出たついでにおたずねしたいのですが、第三部の「同和対策の具体案」のなかに、つぎのようなくだりがあります。これは東京都のいわゆる「研修」制度にかんしてよく問題になった個所なのですが、「なおこの場合、地区住民の自覚をうながし、自立意識を高めることがつよく要請される」というものです。

この「地区住民の自覚をうながし、自立意識を高める」ためには……、「解同」の幹部あるいは「解同」の指定の人物が講師になって研修を受けさせることが必要である、それを受けなければ地方自治体の同和対策事業を利用することはできない、朝田・松井派はそういう主張をしてきました。

北原　これは例の生活保護の場合の生活扶助の問題をみてみましょう。これはご承知のように、前には非常に慈恵的なものがあった。ところが戦後憲法の精神からいっても、人権を認める、生存権を認めるという意味において、基本的人権を守るということで生活保護の精神は慈恵的なものと違ってきました。生活保護を受ける人たちが、その保護を受けて、それにあまんじて、惰弱に流れてしまってはいけないので、そのなかから自分たちのこどもを教育させ、就職させ、自覚、更生をはからせて、保護を受けなくてもいい家庭にしていくということが目的でしょう。そういう意味の自覚を高めようとする、それが同じことだと思うのです。部落の乞食根性でこれを受けて惰弱に流れるということを避けるために自覚を高める、奨学資金とか、いろいろな融資がありますが、そういうものを受けなくてもいいように部落民の生活を高めていくということで……

榊　これは行政の側にたいして注意しているのですね。

北原　行政が注意して、行政がやるべきことです。もし解放同盟としてやるとすれば、部落民の自覚を高める運動としてやるべきなので、行政の下請けをやることではない。

榊　前にも出ましたが、明治の末からの同和対策が、基本的な性格として上からの慈恵的なものであったことは否定できません。だから、そういうことではいかんのだと、答申では歴史的な反省をしているのですね。

「同和地区住民の自発的精神と自主的行動を基調とする部落改善運動として推進し発展させる方策がとられず……」

こういう批判および反省のうえに、答申は、これからの同和行政は、行政側が上から慈恵的な態度をとるのではなく、地区住民の自覚をうながし、自立意思を高める方向が必要なのだと特記したわけです。つまり、恩きせがましいことをやるな、慈恵的態度をとるなと、行政当局に注意をうながしているのですね。

属地主義と属人主義

北原　同和対策審議会は、四年がかりで調査、研究、審議をおこなったうえ、総理大臣の諮問にたいする答申を提出して任務を終えたので、解散しました。そしてそのあとひきつづき、同和対策協議会が設置されたのですが、協議会のおもな任務は同和対策の法律の制定を促進することと、同和対策長期計画を策定することでした。

同和対策事業特別措置法がつくられるまでの過程で問題になったのは、まず第一に、政府与党である自民党の態度です。自民党のなかには、「同和対策特別措置法」というような法律をつくると、差別が存在することを国が承認することになるからよくない、という主張があって、なかなか政策審議会の意見がまとまらないということだった。また、もう一つ、同和地区住民だけを対象とする法律ではなく、都市のスラム住民やアイヌ人を含めて対象とする一本の法律をつくり、行政施策を対象に応じて適切に考慮するという方針がよい、という意見も出されたということです。この意見にたいし、解放同盟が強硬に反対したことはいうまでもありません。

協議会の堀木会長が、討議資料として「同和対策の促進に関する特別措置法案要綱」を出したので、それを叩き台として審議を重ねた結果、一九六八年三月三十日に開かれた協議会の総会で法案要綱が採択され、本決まりとなりました。六九年七月公布された「同和対策事業特別措置法」は、協議会の法案要綱を骨子としてつくられたのです。

そこで問題は、属地主義*か、属人主義**かということです。

特別措置法の条文をみると、この法律の目的は、「歴史的社会的理由により生活環境等の安定向上が阻害されている地域（以下『対象地域』という）について国及び地方公共団体が協力して行なう同和対策事業の目標を明らかにするとともに、この目標を達成するために必要な特別の措置を講ずる……」ことであるとうたっています（第一条）。また第五条には、「同和対策事業の目標は、対象地域における生活環境の改善、社会福祉の増進、産業の振興、職業の安定、教育の充実、人権擁護活動の強化等を図ることによって、対象地域住民の社会的経済的地位の向上を不当にはばむ諸要因を解消することにあるものとする」と規定されています。さらに、第六条にかかげる各号の事項には、必ず「対象地域における……」という字句がついています。これによって明らかなとおり、同和対策事業特別措置法が属地主義を原則として規定していることは疑問の余地ないところです。つまり、同和対策事業の対象は、いわゆる未解放部落（同和地区）とその地区の住民であります。

＊　行政などの対象範囲をきめる基準として「地域」をとること。「同特法」は「歴史的社会的理由により生活環境等の安定向上が阻害されている地域」を対象にする（第一条）と、属地主義をとっている。

＊＊　「出身」や「籍」などを基準にすること。現在の居住地にかかわりなく、未解放部落の「出身者」すべて、つまり未解放部落から出た人やその子孫もすべて同和事業の対象にせよという主張は、属人主義にたっている。

けれども、ここで一つの疑問がおこります。というのは、当該地区の住民とは未解放部落民に限定されるのか、それとも、その地区に混住している非部落民をも含むのか、という解釈上の問題であります。その住民とは未解放部落民にかぎるべきだというのが「解同」朝田・松井派の解釈であり、そこから「属地・属人主義」の主張が生まれるわけです。しかし、この法律制定の前提となっている審議会の全国同和地区実態調査（一九六六年六月）の報告によれば、「地区を調査単位とするためには、地区の地域範囲を限定する必要がある。しかし、往時の地区の姿は、都市化、市町村の廃置分合、一般住民との混住などの傾向が著しく、現在ではほとんどみられなくなっている。このような事情のために、今回の基礎調査では地域の範囲を『当該地方において一般に同和地区と認められるひろがり（地域）』という限定にせざるを得なかった。…実際の調査の場合は調査機関ないしは調査票記入者の判断によるものと考えざるを得ない」（同和対策審議会調査部会報告）とのべ、混住がすすんでいるため地区とその住民の実態を把握することの困難さを強調しています。

このような混住の傾向は、未解放部落が従来の孤立し分散された閉鎖社会の状態から脱して、一般地域社会と融合し同化する開放社会へとすすんでいく現象なのであって、部落解放（同和問題の解決）への客観的前進であります。したがって、この見地に立つ私たちは、あくまで属地主義を原則とし、属人主義をとるべきでないと主張するわけです。

ところが、「解同」朝田・松井派は法律が制定される過程で、「同和対策特別措置法草案」なるものを発表し、そのなかで、第五条（政策の目標）の第二項に、「この法律における同和地区住民には、同和地区出身者及びその子孫で、現在他の地区に居住する者をも含むものとする」という規定を入れるよう強硬に主張しました。けれども、かれらの強引な要求にもかかわらず、審議会は法案要綱を審議する過程でかれらの主張を斥けたのです。だから、特別措置法にはかれらが主張するような属人主義の規定はありません。

日本共産党中央委員会『前衛』（一九七五年九月号）

三　国民融合全国会議の成立と国民融合論の実践

90 部落解放全国協議会結成のよびかけ

(1) 解放運動の現状を憂い正しい発展をねがう部落内外の有志各位に訴える（案）

——部落解放全国協議会結成のよびかけ——

全国六千部落の仲間のみなさん

部落の完全解放をめざし、運動の民主的発展のために奮闘されているみなさん

同和行政および同和教育を正しくすすめようと努力されている行政および教育関係のみなさん

部落解放に強い関心をもち、正しい運動の発展のために支持・協力してくださる民主団体、労動《ママ》組合および学術・文化関係など各界のみなさん

わたしたちは、さる三月二日、京都市で部落解放運動の現状を憂い正しい発展をねがう全国有志懇談会を開き、参加者一同の一致した意見として、国民敵視と反共、暴力と利権あさりの部落解放同盟一部幹部の行動が部落解放と無縁のものであることを確認するとともに、それを許さず、克服し得る新しい正しい解放運動を組織し、展開するために奮起することを申合せました。こうしたわたしたちの決意に対して、いま、部落の内外から大きな支持と期待が寄せられています。

五十余年前、わたしたちの先輩たちは、「人間を尊敬することによって自らを解放せん」として全国水平社を創立し、支配権力の弾圧に屈せず、差別撤廃のために闘ってきました。こうした水平運動を含む戦前の民主主義をめざす運動の血と汗の結晶として日本国憲法が制定され、今日民主主義の思想は国民のなかに著しく浸透しています。その結果差別意識はかなり弱まり、差別の壁が厚いといわれた就職・結婚の問題にしても、困難な条件を克服し得る可能性は大きくなっています。

しかるに、部落解放同盟一部幹部は、このような事実に目をむけず、全国水平社の宣言綱領にかかげられた気高い理想を捨て去り、部落解放運動を含む民主主義の運動の成果を否定し、偏狭な部落排外主義にもとづく、国民敵視、反共の策動を強め、部落民と他の国民との対立をあおり、国民的融合をはばもうとしています。彼らは、差別を温存・助長し、捏造さえして利権あさりと民主主義破壊に狂奔しているのです。わたしたちは、部落解放同盟一部幹部のこのような策動を絶対に許すことはできません。

みなさん、わたしたちは、真の民主日本を建設するなかで、部落解放の目的を達成することができると確信してい

ます。したがって部落解放運動はすぐれて民主主義運動でありわが国の民主主義を実現する運動の一翼をになうものであると考えます。わたしたちは、こうした認識のもとに、部落解放をさまたげ、民主主義を破壊し、大多数の部落民を含む国民に敵対する部落解放同盟一部幹部の策動を許さず、これを克服する新らしい組織を確立しようとしてたちあがりました。

みなさん、部落解放同盟一部幹部のファッショ的妄動に対するきびしい批判が、いま、部落内外でひじょうに強まっています。それは先の統一地方選挙で明確に示された通りです。そして、部落解放の問題に対する国民的関心が、今日ほど高まったことはありません。それは国政レベルでも大きな重要問題となっています。このようなときに、わたしたちが、思想・信条の違いを超えて大同団結してたたかえば、かならず逆流をうち破って、部落解放を大きく前進させることができるに違いありません。

わたしたちは、このような展望のもとに、当面次の目標をかかげて活動します。

(1)　差別と暴力に反対します
(2)　地方自治の破壊に反対します
(3)　公教育の破壊に反対します
(4)　地域住民を分裂させる策動に反対します
(5)　民主的統一の分断に反対します

わたしたちは、このような目標を達成するために、当面つぎのような活動をおこないます。

(1)　差別からの解放という全部落民共通の要求を基礎に大同団結をはかるとともに、部落民の意識を高め、広範な国民との連帯と結合を強めます。

(2)　部落解放運動を正しい路線にたちかえらせるための宣伝・啓発活動を強力に行います。また公正・民主的な同和行政を確立するために、同和対策事業特別措置法の改正、民主的な同和行政組織の整備確立などを要求し、政府・自治体に対して働きかけます。

(3)　公教育を破壊し、青少年の魂を荒廃させる「解放教育」に反対し、民主的な正しい同和教育の発展に協力します。また、ひろく学識経験者の協力を得て、部落解放の展望を正しく示す真の解放理論を確立し、普及するために努力します。

部落の良識あるみなさん

わたしたちの趣旨に賛同し、ぜひ部落解放全国協議会の結成大会に結集してください。真の部落解放を実現するために、みんな力をあわせて奮闘しましょう。

部落外の良識ある各界のみなさん

広範な世論を結集して、国民的融合を大きく前進させるとともに、差別のない民主社会を実現するために、わたしたちの運動にご協力ください。

一九七五年六月

部落解放全国協議会準備会

当面の活動方針（案）

活動の基本

いわゆる同和問題＝未解放部落問題は、人類普遍の原理である自由・平等・基本的人権にかかわる問題であります。しかも今日この問題は重大な、社会問題、政治問題として、国民的関心のまととなっています。これを未解決のまま放置することは絶対に許されません。

私たちは、この問題を解決するために志を同じくする団体・個人を広く結集して、全国的な活動を展開していきます。

活動の重点

一、私たちは、さしあたって次にかかげる五つの項目に反対します。

1、差別と暴力に反対します

2、地方自治の破壊に反対します。

3、公教育の破壊に反対します。

4、地域住民を分裂させる策動に反対します。

5、民主的統一の分断に反対します。

二、私たちは当面次の三つの旗を高く掲げその実現のために活動します。

(1) 全部落的な大同団結と、国民的連帯融合の促進

政党・政派・所属団体・思想信条などのちがいを超え差別と抑圧からの解放という共通の念願を基礎として大同団結をはかるとともに部落住民の意識を高め、広範な国民との連帯と融合を強めます。

(2) 部落解放運動の正常化と公正民主的な同和行政の確立

部落解放運動の伝統と教訓をうけ継ぎ、歪められた運動を正しい路線に戻し、特定団体による同和行政への介入と独占的管理を排除し、公正民主的な同和行政の確立に努力します。

(3) 正しい解放理論の普及、および同和教育の発展

部落問題の正しい認識と、部落解放への科学的展望を示す真の解放理論を普及します。

また、公教育を破壊し、青少年の魂を荒廃させる誤った「解放教育」に反対し、民主的な正しい同和教育

の発展に協力します。

三、五つの反対、三つの旗の方針にもとづき、次の活動を行います。

(イ)　演説会、講演会、座談会の開催

(ロ)　機関紙、パンフレット・ビラ・ポスターなどの発行と頒布

(ハ)　各種関係資料の紹介と配布

(ニ)　学習会、研修会、研究会等の開催

(ホ)　一致する要求にもとづく対政府、対自治体との交渉

(ヘ)　その他

これらの諸活動を通じて、全国的、地方的な運動を活発に展開し、組織を拡充します。

それとともに、各種関係諸団体との連絡提携を密にし、協力共同関係をつよめ、運動の一層の発展をはかります。

以上

会　則（案）

第一条　この会は部落解放全国協議会といい、中央連絡事務所を東京都におき、各都・府県に地方連絡事務所を、市町村に地区連絡事務所を設けます

第二条　この会は、差別と抑圧から部落民衆を解放するために活動した過去の自主的運動の伝統をうけつぎ、その偉大な業績を発展させ、真に部落解放＝人間解放を達成する運動を、国民的規模で展開することを目的とします。

第三条　この会は、前条の目的に賛同する団体及び個人で構成する連絡協議の組織であり、この運動に賛同する部落外の個人も参加できます。

第四条　この会は、その目的を達成するために、次の事業を行います。

1、各種集会の開催

2、宣伝、出版活動

3、各種関係団体との連絡提携

4、その他必要な事項

第五条　この会は必要に応じて全国会議、および地方会議、地区会議を開き、各種の協議を行います。

第六条　この会の中央、地方および地区毎に世話人をおき、各種の連絡、活動に従事します。

第七条　この会の世話人は、全国会議・地方会議および地区会議においてそれぞれ選出し、世話人会を設け、代表世話人と常任世話人若干名を互選します。

第八条　この会の経費は、分担金、会費、寄附金、事業収益ならびにその他の収入をもって之にあてます。

第九条　その他必要な事項は全国会議において協議決定します。

以上

『解放路線』第一三号（一九七五年六月五日）

(2) 国民融合をめざす

部落解放全国協議会（仮称）結成の呼びかけ!!

全国六千部落の仲間のみなさん
部落の完全解放をめざし、運動の民主的発展のために奮闘されているみなさん
同和行政および同和教育を正しくすすめようと努力されている行政および教育関係のみなさん
部落解放に強い関心をもち、正しい運動の発展のために支持・協力してくださる民主団体、労働組合および学術・文化関係など各界のみなさん

わたしたちは、さる三月二日、京都市で部落解放運動の現状を憂い正しい発展をねがう全国有志懇談会を開き、参加者一同の一致した意見として、国民敵視と反共、暴力と利権あさりの部落解放同盟一部幹部の行動が部落解放と無縁のものであることを確認するとともに、それを許さず、克服し得る新しい正しい解放運動を組織し、展開するために奮起することを申合せました。こうしたわたしたちの決意に対して、いま、部落の内外から大きな支持と期待が寄せられています。

五十余年前人間の尊厳にめざめたわたしたちの先輩は、互いの人権を尊重することによって、自らを解放しようとして全国水平社を創立し、支配権力の弾圧に屈せず、差別撤廃のために闘ってきました。こうした水平運動を含む戦前の民主主義をめざす運動の血と汗の結晶として日本国憲法が制定され、今日民主主義の思想は国民のなかに著しく浸透しています。その結果差別意識はかなり弱まり、差別の壁が厚いといわれた就職・結婚の問題にしても、困難な条件を克服し得る可能性は大きくなっています。

しかるに、部落解放同盟一部幹部は、このような事実に目をむけず、全国水平社の宣言綱領にかかげられた気高い理想を捨て去り、部落解放運動を含む民主主義の運動の成果を否定し、偏狭な部落排外主義にもとづく、国民敵視、反共の策動を強め、部落民と他の国民との対立をあおり、国民的融合をはばもうとしています。彼らは、差別を温存・助長し、捏造さえして利権あさりと民主主義破壊に狂奔しているのです。わたしたちは、部落解放同盟一部幹部のこのような策動を絶対に許すことはできません。

みなさん、わたしたちは、真の民主日本を建設するなか

で、部落解放＝人間解放の目的を達成することができると確信しています。したがって部落解放運動はすぐれた《ママ》民主主義運動であり、わが国の民主主義を実現する運動の一翼をになうものであると考えます。わたしたちは、こうした認識のもとに、部落解放をさまたげ、民主主義を破壊し、大多数の部落民を含む国民に敵対する部落解放同盟一部幹部の策動を許さず、これを克服する新らしい組織を確立しようとしてたちあがりました。

　みなさん、部落解放同盟一部幹部のファッショ的妄動に対するきびしい批判が、いま、部落内外でひじょうに強まっています。それは先の統一地方選挙で明確に示された通りです。そして、部落解放の問題に対する国民的関心が、今日ほど高まったことはありません。それは国政レベルでも大きな重要問題となっています。このようなときに、わたしたちが、思想・信条の違いを超えて大同団結してたたかえば、かならず逆流をうち破って、部落解放を大きく前進させることができるに違いありません。

　わたしたちは、このような展望のもとに、当面次の目標をかかげて活動します。

(1)　差別からの解放という全部落住民共通の要求にもとず《ママ》く大同団結をはかるとともに、部落住民の意識を高め、広範な国民との連帯と結合を強めます。

(2)　部落解放運動を正しい路線にたちかえらせるための宣伝・啓発活動を強力に行います。また公正・民主的な同和行政を確立するために、同和対策事業特別措置法の改正、民主的な同和行政組織の整備確立などを要求し、政府・自治体に対して働きかけます。

(3)　公教育を破壊し、青少年の魂を荒廃させる「解放教育」に反対し、民主的な正しい同和教育の発展に協力します。また、ひろく学識経験者の協力を得て、部落解放の展望を正しく［示す］真の解放理論を確立し、普及するために努力します。

部落の良識あるみなさん

わたしたちの趣旨に賛同し、国民融合をめざす部落解放全国協議会の結成大会に結集してください。真の部落解放を実現するために、みんな力をあわせて奮闘しましょう。

部落外の良識ある各界のみなさん

広範な世論を結集して、国民的融合を大きく前進させるとともに、差別のない民主社会を実現するために、わたしたちの運動にご協力ください。

一九七五年六月二十九日

(〒五四三)大阪市天王寺区玉造元町一—五二
コトブキビル二階　全国部落有志懇談会

よびかけ人　(順不同)

阪本清一郎(奈良)　岡　映(岡山)　山田政信(大阪)
上田音市(三重)　山本利平(山口)　栃崎博孝(和歌山)
木村京太郎(京都)　三木一平(京都)　成沢栄寿(東京)
和島岩吉(大阪)　増本重義(兵庫)　松本吉之助(福岡)
北原泰作(岐阜)　吉田長春(兵庫)　宮本秀雄(福岡)

国民融合をめざす
部落解放全国協議会結成大会
日　時　一九七五年九月二十一日午後一時
場　所　大阪・吹田市民会館大ホール
(国鉄吹田駅・西北三百メートル・阪急吹田駅・北二百メートル)
参加費　一、〇〇〇円

加入申込書

一、趣旨に賛同し、加入申込みます。
二、九月二十一日の結成大会に
参加します　(どちらかに○をして下さい)
欠席します

一九七五年　月　日
住所(〒　　)
氏名　　　㊞
職業　　　電話
所属団体(役職名)

[裏面]

結成大会討議資料について

結成大会にむけての資料として、左記活動方針、会則、宣言などの草案について、ご意見をおよせ下さい。会の名称、運営に関するご意見、その他についても助言を下さい。八月末日までにお送り頂いた積極的なご意見を組み入れて、大会議案書にまとめたいと思いますから、御協力をねがいます。

—連絡先—　〒五四三　大阪市天王寺区玉造元町一-五二

コトブキビル二階　全国部落有志懇談会事務局

討議資料

当面の活動方針（案）

活動の基本

いわゆる同和問題＝未解放部落問題は、人類普遍の原理である自由・平等・基本的人権にかかわる問題であります。しかも今日この問題は重大な社会問題、政治問題として、国民的関心のまととなっています。これを未解決のまま放置することは絶対に許されません。私たちは、真の民主主義の徹底によって、この問題を解決するために志を同じくする団体・個人を広く結集して、全国的な活動を展開していきます。

活動の重点

一、私たちは、さしあたって次にかかげる五つの項目に反対します。

1、差別と暴力に反対します

2、地方自治の破壊に反対します。

3、公教育の破壊に反対します。

4、地域住民を分裂させる策動に反対します。

5、民主的統一の分断に反対します。

二、私たちは当面次の三つの柱を中心に活動します。

(1)　全部落的な大同団結と、国民的連帯融合の促進

政党・政派・所属団体・思想信条などのちがいを超え差別と抑圧からの解放という共通の念願を基礎として大同団結をはかるとともに部落住民の意識を高め、広範な国民との連帯と融合を強めます。

(2)　部落解放運動の正常化と公正民主的な同和行政の確立

部落解放運動の伝統と教訓をうけ継ぎ、歪められた運動を正しい路線に戻し、特定団体による同和行政への介入と独占的管理を排除し、公正民主的な同和行政の確立に努力します。

(3)　正しい解放理論の普及、および同和教育の発展

部落問題の正しい認識と、部落解放への科学的展望を示す真の解放理論を普及します。

また、公教育を破壊し、青少年の魂を荒廃させる誤った「解放教育」に反対し、民主的な正しい同和教育の発展に協力します。

三、五つの項目、三つの柱の方針にもとづき、次の活動を行います。

(イ)　演説会、講演会、座談会の開催

(ロ)　機関紙、パンフレット《ママ》ビラ・ポスターなどの発行と

頒布

(ハ) 各種関係資料の紹介と配布

(ニ) 学習会、研修会、研究会等の開催

(ホ) 一致する課題にもとずく《ママ》必要な行動

(ヘ) その他

これらの諸活動を通じて、全国的、地方的な運動を活発に展開し、組織を拡充します。

それとともに、各種関係諸団体との連絡提携を密にし、協力共同関係をつよめ、運動の一層の発展をはかります。

以上

会　則（案）

第一条　この会は「国民融合をめざす部落解放全国協議会」といい、中央連絡事務所を東京都におき、各都・府県に地方連絡事務所を設けます。

第二条　この会は、差別と抑圧から部落民衆を解放するために活動した過去の自主的運動の伝統を発展させ、真に部落解放＝人間解放を達成することを目的とします。

第三条　この会は、前条の目的に賛同する団体及び個人で構成する連絡協議の組織であります。

第四条　この会は、その目的を達成するために、次の事業を行います。

1、各種集会の開催

2、宣伝、出版活動

3、各種関係団体との連絡提携

4、その他必要な事項

第五条　この会は必要に応じて全国会議、および地方会議、を開き、各種の協議を行います。

第六条　この会の中央、および地方に世話人をおき、各種の連絡、活動に従事します。

第七条　この会の世話人は、全国会議、および地方会議においてそれぞれ選出し、世話人会を設け、代表世話人と常任世話人若干名を互選します。

第八条　この会の経費は、分担金、会費、寄附金、事業収益ならびにその他の収入をもって之にあてます。

第九条　その他必要な事項は全国会議において協議決定します。

宣　言（案）

いまから半世紀余り前、人間の尊厳に目覚めた先駆者たちは、いっさいの憐れみや労わりを拒否し、人間を尊敬することによって自らを解放せんとする集団運動をおこした。

それ以来、支配者の弾圧に屈せず、苦難な荊の道を踏み越え、多くの尊い犠牲を払って推し進められた運動の成果と、歴史の流れである民主主義の発展によって、部落解放の事業は大きな発展を遂げた。今日では、「同和問題の速やかな解決は国の責務であると同時に国民的課題である」といわれるに至った。つまり、部落解放の条件が成長し、明るい展望が開けたのである。

しかるに、最近の情勢はまことに憂慮に耐えないものがある。部落解放同盟の一部幹部の誤れる指導により、解放のよき日が近づくどころか、かえって遠ざかる方向へと逆行しつつある。

かつて水平社の綱領にかかげられた、「我等は人間性の原理に覚醒し人類最高の完成に向って突進す」という気高い精神と理想は失われ、野蛮な暴力と汚い利権あさりの醜態がさらけ出されている。偏狭な部落排外主義にとらわれ、広範な国民とのあいだに対立の溝を堀《ママ》り、新しい差別をつくり出している。

民主主義にそむき、人権をふみにじり地方自治体と教育を破壊する彼らの無法行為は、世論の激しい非難を浴び、良識ある部落の仲間から指弾されている。彼らはもはや、部落解放を口にする資格のない存在であるといわなければならない。

われわれは、かような状態を黙視できず、解放運動の歴史的伝統と教訓をうけ継ぎ発展させ、次元の高い新しい運動を組織し展開する決意を固めたのである。われわれの新しい運動は、政党政派を超越し、思想・信条の違いにこだわらず、広く部落内外の同志を結集し、あらゆる偏見と差別を地上から一掃して国民的融合を実現し、真に自由・平等の民主日本を建設することによって、部落解放＝人間解放を達成しようとするものである。

旧い同志、新しい同志よ、奮起してすみやかに戦列に加わろう！　息子たち、娘たちよ、相携えてわれらの新しい旗のもとに集ろう！　未来は青年のものである。いまこそ、人間に光ある時代を創造しなければならないときである。

一九七五年九月二十一日

国民融合をめざす部落解放全国協議会結成大会

【2778】縦20㎝×横60㎝用紙両面印刷

91 「国民融合をめざす部落解放全国協議会の結成について」

北原泰作

一

全国部落有志懇談会の呼びかけで、いよいよ「国民融合をめざす部落解放全国協議会」（仮称）の結成大会が、九月二十一日午後一時から大阪府吹田市の市民会館で開催されることとなり、その準備が進められています。すでに「当面の活動方針」や、「宣言」や、「会則」の草案が発表されました。これによって、新しく結成される団体とその運動の目標や性格が、だいたい明らかになりました。

第一に、新しく結成される団体は、その名称（まだ仮称）にうたわれているとおり、国民的融合による部落解放をめざしているのです。これは、きわめて重要な特徴です。「解同」朝田・松井派は、「部落民以外の一般国民はすべて差別者だ」といって一般国民と部落民とを対立させ、部落民の仲間意識と排外主義を扇［煽］って一般国民から部落民を分離しようとしています。このような方針がまちがっていることは議論の余地がありません。これに対して、新しく結成される全国協議会は、一般国民と部落民とのあいだの差異を解消し、隔ての壁を打ち破って国民的融合同和をはかり、部落解放を実現しようとするものです。

第二に、新しく結成される全国協議会は、会則（案）によって示されているとおり、「真に部落解放＝人間解放を達成すること」を目的としています。だから、これまでの部落解放運動の組織とはちがい、部落民だけの団体ではなく、部落民であるとか、部落民でないとかいう区別を越えて、部落解放＝人間解放という次元の高い共同の目的のもとに幅広く結集される団体であります。

第三に、新しく結成される全国協議会は、その「目的に賛同する団体及び個人で構成する連絡協議の組織」であります。つまり、この全国協議会に加入する団体や個人は、それぞれの団体の独自性と各人の立場を保ちつつ、共同の目的を達成するために集まって連絡協議の組織をつくるわけです。だから、名称が「全国協議会」になっているのです。

二

このような幅広い組織をつくるのは、部落解放（同和問題の解決）が国民的課題であるからです。そのため、「宣言」（案）のなかで「われわれの新しい運動は、政党政派を超越し、思想・信条の違いにこだわらず、広く部落内外の同志を結集」すると、とくに強調しているのです。

ところが、この新しい運動の目標や、新しく結成される全国協議会の性格をよく理解できない人びとのあいだに、こんどのわれわれの企てを、「解同」朝田・松井派に対抗するための運動を起こそうとしているかのように、誤解している傾向がみられます。しかし、それは認識不足というものです。われわれが新しく結成する全国協議会は、いまの「解同」のまちがった運動とは根本的に性格のちがう、次元の高い新しい国民運動を起こし、それを発展させて、ほんとうに部落解放（同和問題の解決）を達成しようと考えているのです。

けれども、今日の段階では現実に「解同」朝田・松井派のまちがった運動——部落解放とは縁のない、むしろ部落解放を妨害する運動が存在しています。だから、われわれが真に部落解放を実現するための正しい運動をおしすすめて行くには、好むと好まないとにかかわらず「解同」朝田・松井派との対立は避けられません。彼らのまちがった邪悪の運動が、われわれの正義の運動によって克服されるまでの一定の期間は、避けることのできない対立なのです。われわれとしては彼らが一日も早く、自分たちの誤りを悟って邪道から正道にたちかえり、われわれと共に真の解放路線を進むようになることを願うのみです。

もう一つ、主として解放同盟正常化連の一部に、新しく結成される全国協議会は「屋上屋を重ねる」ようなものだ、という考えを抱いている者があることに注目する必要があります。その人たちの考えでは、正常化連の組織を拡大強化すれば「解同」朝田・松井派を克服することができるのだから、新しく全国協議会を結成する必要はない、ということのようです。

しかし、これは国民運動という幅広い大衆路線の重要な意義を理解しない、セクト的な誤った考えだと思います。

いま、部落解放（同和問題の解決）にとって最も重要なカギは、「同和問題の解決は国の責務であると同時に国民的課題である」という命題が普遍化し、広範な国民の合意を得ているという現状の認識に立ち、この客観的条件を組織化して広範な国民運動をまき起こし、その民主的エネルギーを民主統一戦線に結合させ、国政革新の主体的条件として発屋〔展〕させることであると思います。

この当面の目標を達成するために、「国民融合をめざす部落解放全国協議会」を結成するのです。この組織を充実し確立して、次元の高い新しい部落解放＝人間解放の国民運動を展開しなければならないのです。正常化連も、同和会も、同対協も、同和教育関係団体も、統一刷新有志連も、「解同」良識派も、こぞって他の一般民主団体と共にこの組織に参加し、公正・民主的な同和行政の確立、地方自治と教育と人権を守る運動を全国的に展開するための推進的役割を果たさなければならないのです。

『解放路線』第一三号（一九七五年六月五日）

92　国民融合をめざす部落問題全国会議結成大会

(1)　全国会議結成に至るまでの経過報告

経過報告――全国会議結成にいたるまで――

成沢栄寿

本日の結成大会に至る経過をご報告申し上げます。

ご承知のように、部落解放同盟一部幹部の国民敵視と反共、暴力と利権あさりの策動によりまして、この数年来、部落解放運動が大きくねじまげられております。そして、彼らによって地方自治体の行財政がおびやかされ、窓口一本化と、公教育への不当介入によって、民主主義の発展が困難な状態におとしいれられております。

このような彼らのファッショ的策動に対しまして、部落解放運動を正し、民主的に発展させようとする闘いははやくからねばり強く展開されてまいりましたが、近年、彼らの策動が一段と強められるなかで、部落内外の良識ある人びとの、彼らの八鹿高校事件などの蛮行に対する批判の声と反対の行動が急速にひろがり、真の部落解放をめざす民主的な解放運動がひじょうな勢いで発展しております。私たちがさる三月二日、全国水平社の創立者をふくむ部落解放運動の戦前からの中心的な活動家など七氏のよびかけにこたえまして、京都市で開催いたしました「部落解放運動の現状を憂い正しい発展をねがう全国部落有志懇談会」は、こうした気運の強まりのなかで生まれたものであります。

この「全国部落有志懇談会」には、二十六府県から、予想を上まわる四百二十人余が参加いたしまして、熱心な討論をおこないました。呼びかけ人代表あいさつ、経過報告のあと、各都府県代表が、解同一部幹部の策動による自治体破壊や教育破壊、彼らの無法と腐敗・堕落の実態、それに対する闘いを報告し、これを受けた参加者の意見発表がおこなわれました。

滋賀県の人は「いろいろ疑問をもちながらも、これまで解同一部幹部に従ってきた。きょう、ここへ来ることも躊躇した。しかし、いま、各地の報告を聴いて決意した。いかなる場合でも暴力はいけない。暴力と利権の問題はわれわれ自身の手で解決をはからなければならないということがよくわかった」と発言しました。兵庫県の人は、「解同一部幹部から、解同の支部は五人いればできるんだと教えられて、支部をつくった。勉強だ、勉強だといわれて、朝田理論の学習を強いられた。おかしいとは思ったが、これが水平社五十年の伝統だと教えられた。しかし、きょう、ここへ来て、部落解放運動の大先輩に会うことができて、何が五十年の伝統であるかがよく理解できた。ここでつかんだ真実を部落の仲間に正しく知らせたい」と述べました。また、愛媛県の人は、「解同一部幹部の理不尽な利権あさりを是正させるために、同和会と正常化連が協力してとりくんでいる。きょうも、正常化連と同和会の者がいっしょに参加している」と報告いたしました。

このような熱心な討論のあと、私たちは、解同一部幹部を部落解放とは無縁の存在であるとし、これをきびしく批判し、水平運動の歴史的伝統を継承し発展させ、思想・信条の違いをこえ、ひろく部落内外の良識ある人びとを結集して、真の民主社会を建設することによって部落解放＝人間解放を実現させようとの「声明」を採択いたしました。そして、この新しい運動を組織し展開するために奮起すること、差別からの解放という共同目標のもとに大同団結して運動をすすめること、その第一歩として主要都市で演説会を開くこと、文書による宣伝・啓発につとめることなどを内容とする「申し合わせ」を決定するとともに、五十数名の世話人を選出しました。

私たちは、「全国部落有志懇談会」の「申し合わせ」をただちに実行に移しまして、三月中に、東京と大阪市で演説会を開催いたしました。東京では、三月二十日、江東公会堂で、「部落解放運動の現状を憂い正しい発展をねがう大演説会」を開きました。部落解放運動の統一と刷新をはかる有志連合（東京）・東京部落問題研究会・東京都同和教育研究会・部落解放同盟正常化東京都連絡会議・革新都政と民主主義を守る連絡会議の協賛のもとに開催されたこの演説［会］には、約千人の都民が参加いたしまして、阪本清一郎・北原泰作・岡映の三氏の演説に耳を傾け、共感の拍手をおくりました。大阪では、三月二十八日、マーチャンダイズマートビルにおいて、大阪部落問題研究会・大阪同和教育研究サークル・部落解放同盟正常化大阪府連絡会議・解放の道新聞社・民主主義と教育を守り公正・民主的な同和行政を要求する大阪府民会議の協賛を得て、「差別と暴力をなくし真の部落解放をねがう演説会」を開きました。これには八百人余の聴衆が集まりまして、映画「橋のない川」の今井正監督のあいさつや阪本・北原・岡の三氏の熱弁に割れるような拍手をおくりました。

この両演説会の成功が示しておりますように、「全国部落有志懇談会」のとりくみに対する反響は大きく、私たちの決意には、部落の内外から、強い支持と期待が寄せられたのであります。

私たちは、三月二十八日、大阪市で、第一回世話人会総会を開催いたしまして、新組織の名称、当面の活動方針について協議するとともに、十数名からなる常任世話人を選出しました。ついで、五月二十九日、京都市で、第一回常任世話人会を開催し、趣意書・当面の活動方針などの作成について協議いたしました。

そして、六月二十九日、京都市で、第二回常任世話人会と第二回世話人総会を開催いたしました。この世話人総会には、二十都道府県から八十七名が参加し、世話人代表のあいさつ、経過報告、各地から情勢報告のあと、当面の活動方針案を審議しました。各府県から、新組織の名称や性格、活動の内容について活発な討論がおこなわれ、また、名称については、「部落解放全国協議会」をさしあたりの仮称とし、この名称で当面呼びかけていくことにいたしました。

私たちは、「全国部落有志懇談会」の発足当初から講演会・研究集会・学習会などで新組織の宣伝につとめまして、これへの結集を積極的に訴えてまいりましたけれども、八月にはいりまして、部落内の反響はさらに大きくなってまいりました。そして、部落解放同盟正常化全国連絡会議は、八月七日の第七回常任委員会で、新組織を「部落住民の多数が思想・信条や組織のちがいをもちながらも、朝田一派の蛮行を糾弾するという一致点で団結し、宣伝啓もうを中心とした活動を展開し、前進させることは、部落解放運動の本流を大きくしていくうえでも、重要な意義をもっている」と評価し、これに団体加盟することを決定いたしました。また、部落解放運動の統一と刷新をはかる有志連合や全国部落問題研究協議会も団体加盟を決定し、同協議会加盟の、東京部落研・奈良部落研・大阪部落研・埼玉部落研など多くの地域部落研も参加の態度を表明しております。自主的・民主的な同和教育関係団体などでも関心がひじょうに高まっております。さらに田畑忍・浅井清信・江口朴郎・高橋磌一・塩田庄兵衛・今井俊一・前田一良・藤谷俊雄・松島栄一・松本新八郎・山口啓二・五十嵐顕・大槻健・矢川徳光・江口英一・坂寄俊雄・川口是・河野通博・湯川和夫・鈴木二郎・山本正治・杉之原寿一・丸山博・上田誠吉・住井すゑ・松田解子・藤森成吉・村山知義・土井大助・今井正・木村荘十二・山本薩夫・八田元夫・北林谷栄・永井智雄・桂枝太郎・林家正蔵・岡本文弥・平野義太郎・瀬川負太郎・国富毅・小松寿子・西滋勝・池田敬正・河音能平・脇田修・三浦圭一・鯵坂真・岩井忠熊・岡本良一・真田是・村田修三・中塚明・中井あい・那須靖雄・戸木田嘉久・遠藤晃・門脇禎二・小坂哲人・北川鉄夫・西尾治郎平・東上高志・馬原鉄男・奥田修三・小森秀三・増田孝雄・久松保夫・福岡精道・佐古田好一・西村信雄・田北亮介・安武敏夫氏など学者・文化人および民主団体、労働組合の幹部の方々多数と、本日の全国会議結成大会にメッセージをくださいました住谷悦治氏・末川博氏・細野武男氏・中野好夫氏など、日本の良識・良心を代表される方々が、この新組織の趣旨に賛同し、大きな期待を寄せておられます。

私たちは、八月二十九日、大阪市で、第三回常任世話人会を開催いたしまして、新組織の性格について、積極的な宣伝・啓発・普及活動を通して、部落民をふくむ国民のなかに、部落解放運動や同和行政・同和教育など部落問題に対する正しい理解をひろげていくことを主な目的としたカンパニア組織であると、最終的に意志統一いたしました。また、新組織が、部落解放運動の活動家などの部落の良識ある人びとだけでなく、同和行政・同和教育を正しくすすめようとしている人びと、さらに学者・文化人をはじめとする部落外の良識ある人びとにもひろく参加を呼びかけた幅のひろい組織であること、準備段階における運動が大きく発展しつつあることを反映して、名称を「国民融合をめざす部落問題全国会議」とすることを決定いたしました。そして、昨日、第四回常任世話人会を開催しまして最終的な協議・決定をおこない、本日の結成大会をむかえたのであります。

本日の大会には、三一都府県から約一五〇〇人の方が、参加をしておられます。またこの歴史的な結成大会の成功のために、解同一部幹部の動員した妨害に対しまして、昨夜から徹夜で会場確保のために、正常化連・共産党・衛都連・大教組・民青・大阪府学連など、大阪府民会議の加盟団体から、約七〇〇人が昨日から活動し続け、この大会の成功のために奮闘していて下さることを報告申し上げますと共に、深く感謝申し上げたいと思います。

最後に、解同一部幹部は、私たちの新組織に対しまして、いろいろデマ宣伝をしておりますけれども、常任世話人・事務局をはじめといたしまして、私たちは、思想・信条の違い、所属組織の違い、こういったことを超えまして、中野好夫先生のメッセージの中にもありましたように、共通の大きな目的に向けて、団結を強めて、今日まで奮闘してまいりましたことを、ここではっきりと申しあげまして、経過報告を終わります。

(2)　活動方針について

北原泰作

今日の部落問題、解放運動の重大な転換期にのぞんで、私たちは、もう一度、部落問題とは、いったい何かということを再検討する必要があると思います。なぜかと申しますと、戦後三〇年、我国の社会、経済的に大きな変化がみられまして、その社会、経済的変化の影響を受けて、部落問題が大きく変わってきているからであります。その変化の現状を、科学的に、正確にとらえて、正しい認識を持って、その認識の上に立って、正しい解放運動をおし進めなければならない。これが今日の大きな問題である。

敗戦後の日本は、大きく変わり、とりわけ、部落問題と関係の深い重要な変化は、農地改革によって半ば封建的な土地所有制度が解体したこと、憲法の改定によって、主権在民の原則が確立して、絶対主義天皇制がブルジョア民主制の一種類に変質したこと、また、家族制度が廃止されたこと、男女の平等の原則が確立され国民の基本的人権が保障されたこと、こういうことが大きな変化としてあげることができると思います。そして、さらに昭和三五年頃から、経済の成長といわれる日本の資本主義のめざましい発展がみられます。この発展に伴なって、我国の社会と文化が近代化し、民主化して、一層、前進しました。

当然のことですが、日本の社会の一部分である我々の部落もまた、その影響を受けて大きく変わりました。これまでは、部落民だけが固まって、生活して、近くの地域社会から隔絶され、交際も少なく、閉ざされた社会を形作って、住んでおりました。そういう部落の中へ、部落民以外の一般の人々が、たくさん混じり合って住むようになりました。

私どもが、同和対策審議会で、昭和三九年に調査いたしました結果によると、全国平均五〇%の混住状態という結果を示しております。つまり、部落民が半分、部落でない人々が半分、混じり合って生活してる状態になったということであります。それからまた、これまでは部落民の大部分が、皮革製造とか、履物製造とか、食肉販売とかという、いわゆる伝統的産業に従事してまいったのでありますが、これが、今日では、非常に変わりまして、大手筋の皮革製造会社は、これすべて、部落民以外の資本家の経営であります。また、デパートの食料品部や、スーパーマーケットの食料品部には、部落民以外の肉を売る人がたくさん増えております。私の住んでおります岐阜の如きは、八割までは、部落民以外の食肉販売業者がおります。このように、部落民の職業は、昔ながらの伝統的な職業から変わりまして、多種多様になっております。そして、しかも近代的な職業へ就職するという傾向が著るしく目立ちます。殊に、若い世代の青年男女は、新しい職業分野へどんどん進出いたしまして、サラリーマンが増加しております。賃金労働者が増加しております。

さらにもうひとつの問題は、私どもが同和対策審議会で調べました昭和三九年六月の時点では、中年層、高年層の人たちの結婚は、九〇%まで部落民同志の結婚が、圧倒的に多数でしたが、今日では、若い世代の人々が、互いに理解し合い、お互いに愛し合って、部落民であるとか、ないとかを超えた通婚のケースが非常に目立って増えています。

このように、居住――住んでいる所と、従事している職業と、身分を表わす結婚との三つが一体的に、差別の楔《くさび》として固められておりましたその部落が、今日では大きく変わって、三位一体の身分差別の形態が、今日では崩壊の過程をたどっているということがいえます。これが大きなこの問題の変化の特徴であります。この変化は、部落問題が解決される方向へ、歴史的に進んでおることを表わすものです。

今、だんだんと、部落民の多くのものが、一般市民と変わりないような状態へ発展しているということ、部落差別が、だんだん薄くなり、弱くなりつつあるということ、このことを意味するものであります。

ところが解同本部の朝田・松井一派は、その歴史的な大きな事実を、大きな進歩を認めようとはしません。彼らは、三〇年一日の如く「部落差別は、拡大再生産されつつある。部落差別はひどくなりつつある」というようなことを、運動方針で書いておりますが、これは、歴史の流れと社会の発展を、率直に、正しく認めない彼らの誤りでありまして、その誤りの基礎の上に、朝田・松井派の運動の誤りが出てきたのであります。

〇

今日部落問題の解放を願うものにとって、真剣に考えなければならない問題は、国民融合の道に進むのか、それとも、国民を敵視し、対立する方向へ進むのか、という問題であります。これは、重大な根本問題であります。これは単に、解放同盟正常化連と、解放同盟の朝田・松井派の対立というような問題ではなく、もっと本質的な、もっと大きな部落解放運動の本流か、逆流かという問題であります。これが今、私たちの前に提起されてるところの大きな問題なのであります。朝田・松井派の解放同盟は「部落以外の者は、すべて、生まれながらにして差別者である」と言って、国民を敵視しております。また、彼らは、九七〇〇万人の国民は、三〇〇万人の部落民を差別しているといって、部落民と一般国民とを対立させる溝を掘っております。また、朝田・松井派は「足を踏まれた者の痛さは、その者でなければわからない」などと言って、部落問題に対する国民の理解と認識を拒否しております。そのようにして、彼らは部落民が差別される者であるという対立意識だけを強調しております。彼らは幼稚園の子どもに対してさえも、あの水平社時代の歌――「ああ千年の昔より、穢多と非人の名によりて」というあの歌を、歌わせて、対立意識をたたき込んでおります。彼らは、我々のように、国民融合をめざす同和教育ではなくて、部落民と国民とを対立させるところの教育――解放教育というものをおしつけておりま す。彼らは、すべてそのようにして、部落民がだんだんと一般の人々と同じように同和し、融合していく方向に反対して、部落民だけが固まっておれと主張するのであります。そのために彼らは、東京都の知事に対して、東京都民の生活実態調査を行なえと要求して、東京都民全体の戸籍を調べ上げて、部落出身者の素姓を洗い上げよと要求しております。東京都には、三〇万ないし四〇万人の部落民が、全国から出てきて、東京都民の中に混じって生活しておると言われております。この人たちの戸籍を洗い上げて、部落民であるという素姓をあばく必要がどこにあるか、と我々は叫びたいのであります。彼らは、そういうことをやって、そうして、その人たちが生活更生資金の貸付けを要求する場合に、あれが部落民である。これは部落民でないという認定をする資格が、我々にあるのだから、我々は、窓口一本化を主張する権利がある――こういうふうに彼らは言っておるのです。

彼らは「解放同盟が、同和対策審議会の答申を闘いとった。同和対策事業特別措置法も、我々が闘いとった。だから、我々が、その受益者としての独占的権利を持つのは当然だ」と主張していますが、絶対にそうではありません。私自身が、同和対策審議会の委員として、あの答申の作成に参加し、また同和対策事業特別措置法の法律の基を作って、政府に提出した。その時の経過から申しても当時近畿地方の自治体が中心になって、民生部長とか民生局長などによって作られておりました全日本同和対策協議会や全日本同和会の人たちが、解放同盟の者といっしょになって、政府や政党に働きかけて、その結果内閣に同和対策審議会設置の法律がつくられ、同和対策事業特別措置法が制定されたのであります。その同和対策協議会や全日本同和会の人たちの努力を無視して、我田引水に、我々が闘いとったのだという朝田・松井派の言い分は、僭越きわまるものと言わなければなりません。それは、ちょうどみんなの獲物を、自分一人でむさぼり食らって、他の動物が近づくと、キバをむいて威嚇する野獣の行為と同じだといわなければなりません。朝田・松井一派は、窓口一本化によって、同和行政を私物化して、利権あさりをやっております。彼らは、無法な要求をして、豪華な学校や解放会館を、自治体に建てさせ、また、いろいろな名目で、同和行政の費用をかすりとって、地方自治体の財政を食いあらしております。

それだけではなくて、彼らはまた、教育の方面でも、先ほど申しましたような解放教育というような特殊なイデオロギーを、学校教育に持ち込んで、生徒たちに特別の訓練をし、子ども会を作って、そして、学校の先生方を差別者として敵視し、糾弾することを教えております。彼らの理不尽な糾弾、学校教育への介入が、あの但馬地方の八鹿高校事件をひき起こすもとになったのであります。学校の先生方に対する乱暴、窓ガラスをわる、授業中に罐ビールを飲み、授業を妨害するというような、生徒たちの乱暴な不法行為を、彼らは、部落の子どもたちの自覚の表われであると言って、これを賛美し、強調し、おだてております。この恐るべき教育破壊が、但馬における八鹿高校事件として表面化したのであります。そのほか大阪の難波中学や、姫路市の商業高校において、現実にその教育の荒廃が表われているのであります。

解同朝田・松井一派は同和行政に寄生して、私腹を肥やし、利権あさりをやっております。かの鯨御殿で有名な海原などと組んで、建設工事を、自分たちの気に入りの仲間の建設業者に独占的に請負わせて、リベートをとって、私腹を肥やしている例は数え切れません。朝田一派は、解放同盟の伝統と教訓を受け継ぐということを、口ぐせに言っておりますが、彼らは、先ほども先輩の阪本さんがおっしゃったようにまた袴田さんの祝辞の中にも出ておりましたように、全国水平社が創立されました当時の「我らは人間性の原理に覚醒し、人類最高の完成に向かって突進する」というあの気高い理想の精神を失ない、水平社の伝統、部落解放運動五十余年の伝統を、泥靴で踏みにじっているのであります。我々はこれを許すことができない。

私たちは、多くの尊い先輩の犠牲によって築き上げられたこの部落解放運動を、今こそ正しく受け継いで、これを発展させ、国民と部落民が対立する方向ではなくて、同和融合する方向で日本の民主々義を発展させて、ほんとうの意味における民主日本を確立させることによってこの問題の解決をはからなければならないのです。

先輩の阪本さんは八三歳、私ももう七〇歳です。私たちは、老骨にムチ打って、この状態を放っておけないので、みなさんに訴え、ほんとうに正しい解放運動を再び起さねばならないと考えて、立ち上がったのであります。

○

新しく発足します全国会議の目標の第一は、部落問題に対する相互理解、部落民も、部落民でない者も、この問題を正しく認識する相互理解、それから、部落問題の解決に対する国民的な連帯、そして国民融合と真の民主日本を建設することによって、部落解放、人間解放の尊い事業を達成しようというのが、第一の目標であります。

第二の目標は、部落問題の解決は、民主々義の課題であるということ、それゆえに、国民融合をめざす部落問題全国会議の運動は、民主々義の運動であるということです。民主々義の運動、これが全国会議の基調であり、基本的な方向であります。この基調に立って、私たちは五つの反対

第一、差別と暴力に反対します。
第二、地方自治の破壊に反対します。
第三、公教育の破壊に反対します。
第四、地域住民を分裂させる策動に反対します。
第五、民主統一戦線を分断する策動に反対します。

　この五つの反対と、三つの柱――

　第一は、全部落民が大同団結すること。政党、政派を越え、所属団体にこだわらず、思想信条の違いをこえて、部落差別からの解放、人間性の解放という共通の目標に向かって、大同団結そのために努力するということであります。

　第二の柱は、部落解放運動を正しいものにひきもどす。そして民主・公正な同和行政を確立することです。窓口一本化をやめさせ、不当な要求をやめさせ、自治体を脅迫したり暴力で威圧することをやめさせて、民主的な公正な同和行政を確立するということであります。

　第三の柱は、正しい解放理論を確立するために多くの学者の先生方、先輩の人たち、いろんな人たちの協力を得て、正しい部落解放の理論、同和問題解決の理論を確立し同和教育を正しく進めて、一日も早く、部落差別を撤廃《ママ》を実現することであう《ママ》ます。我々は、これをおし進めようとしているのであります。

○

　みなさん、今日、「解同」朝田・松井派は我々のこの結成大会に当り四〇〇名の暴力的な分子を動員して、血を流してでも紛砕《ママ》するのだといって、わめき叫んでおります。つまり、彼らは、言論の自由を認めない、平和に集まっていかにしてほんとうの部落解放の事業をおし進めるかというこの会合を、暴力でもって、妨害しようとした彼らが、まさに暴力集団であるということを、自ら暴露しているのです。しかも彼らは、このようにみなさんが会場に集まり、整然として大会が進められると、コソコソと引き上げて行きました。これはきわめて象徴的なできごとだと思います。我々のこの国民融合の新しい部落解放運動が、ますますこれから国民的支持を得て、発展するということを物語る象徴的なできごとであります。

　以上をもちまして、「国民融合をめざす部落問題全国会議」の活動方針の基本線についてご説明申し上げました。ご賛同を得たいと思います。

(3) 結成大会宣言

いまから半世紀あまりまえ、先駆者たちは、人間の尊厳と民主主義を確立することによって、半封建的な身分差別のくびきから自らを解放せんとする集団行動をおこした。

それ以来、支配者の懐柔を拒否し、弾圧に屈せず、苦難な荆の道を踏みこえ、多くの尊い犠牲をはらって推し進められた運動の成果と、わが国の民主主義の発展によって、部落解放の事業は大きく前進をとげた。今日では、この「問題の速やかな解決は国の責務であると同時に国民的課題である」といわれるにいたった。部落解放の条件は成熟し、明るい展望が開けたのである。

しかるに、最近の情勢はまことに憂慮に耐えないものがある。すなわち「部落解放同盟」幹部の歴史の流れにさからう誤った指導と行動によって、部落解放の「よき日」は遠い彼方へ追いやられようとしているのである。

かつて、全国水平社の綱領にかかげられた「我等は人間性の原理に覚醒し人類最高の完成に向って突進す」という気高い精神と理想は、かれらの偏狭な部落排外主義によって踏みにじられた。かれらは、野蛮きわまる暴力と、利権あさりの醜い行為によって、部落内外に対立の溝を掘り、新しい差別をつくりだし、部落解放の事業を妨害している。もはや、かれらには部落解放を口にする資格はないと断言しなければならない。

われわれは、民主主義と人権を踏みにじり、地方自治と教育を破壊するかれらの無法を放置することはできない。いまこそ、解放運動の歴史的伝統を正しくうけつぎ、真に部落解放の大業を達成する新しい運動をおこさなければならない。このため、われわれは、「国民融合をめざす部落問題全国会議」を結成した。この新しい運動は、政党政派を超越し、思想・信条の違いにこだわらず、ひろく正義と民主主義を愛する団体・個人を結集し、真に自由・平等の民主日本を建設することによって、部落解放＝人間解放を達成しようとするものである。

われわれは、ここに、民主主義の確立と部落解放を願う団体・個人に、部落問題にたいする正しい理解と世論をかため、国民融合をめざして共に立上ることを心から訴える。

われわれは、今日の結成大会を新たな出発点として、いっさいの暴力と利権、差別を一掃し、人間に光ある時代を創造するため、全力をあげて奮闘することを力強く宣言するものである。

一九七五年九月二十一日

国民融合をめざす部落問題全国会議結成大会

(4) 会則の採択

木村京太郎

先ほど北原氏から、この団体の性格や活動方針等について説明がありましたので、時間の関係等もありますから、一応会則案の条文を読みあげ、説明を簡単に致したいと思います。

会 則

第一条　この会は「国民融合をめざす部落問題全国会議」といい、中央連絡事務所を東京都におき、各都・府県に地方連絡事務所を設けます。

第二条　この会は、差別と抑圧から部落民衆を解放するために活動した過去の自主的運動の伝統を発展させ、真に部落解放＝人間解放を達成することを目的とします

第三条　この会は、前条の目的に賛同する団体及び個人で構成する連絡協議の組織であります。

第四条　この会は、その目的を達成するために、次の事業を行います。

1、各種集会の開催

2、宣伝、出版活動

3、各種関係団体との連絡提携

4、その他必要な事項

第五条　この会は必要に応じて総会を開き、各種の協議・決定を行います。総会は代表委員によって構成します。

第六条　代表委員は各都府県会議・団体において選出し、総会の承認をうけます。

第七条　代表委員のなかから選出された幹事（若干名）で幹事会を構成し、会務を執行します。

第八条　幹事会は、代表幹事（若干名）と会計一名を選出します。

第九条　会計監査（若干名）は、代表委員のなかから総会において選出します。

第一〇条　この会の経費は、分担金、会費、寄付金、事業収益ならびにその他の収入をもってこれにあてます。

第一一条　その他必差《ママ》な事項は総会において協議決定します。

以上でまことに簡単なものですが、一言つけ加えますと、この会は単一組織でなくて、部落問題に関係のある各種団体、個人がそれぞれの思想・信条、所属の相違を超えて共通の目標のもとに結合した連合組織であります。したがって固くるしい条文を並べるのでなしに、自由に集まり討議し、そこで合意決定されたことを、みんなで実行するよう

にしたいという趣意で規定されました。もう一つは、今日の大会は全国総会でありまして、ここで推せんされた全国の代表委員の方々は、それぞれの地方で府県会議を結成するために努力していただき、地方代表委員によって、その運営をすすめていただきたいのです。そうした意味において、不十分な点もありますか《ママ》、御了承の上御賛同をお願いいたします。

議長から、活動方針案、および会則案はすでに一カ月前に文書で配布されていますし、また各方面からの寄せられた意見等を含めて提案されていますので質疑を省略、採決させて頂きますからよろしくと補足があり、

両案は一括、満場一致で可決されました。

次に各地、各界からの報告に移りました。

国民融合をめざす部落問題全国会議『国民融合をめざして
――結成大会報告書』（一九七五年一一月一日）より

93　国民融合全国会議結成大会の模様を知らせる『解放路線』の記事

国民融合をめざす部落問題全国会議結成大会報告
九月二十一日、大阪吹田市民会館で

前号でお知らせした「国民融合をめざす部落問題全国会議」結成大会は九月二十一日大阪吹田市市民会館大ホールで、三十一府県から約千五百名の有志の参加で盛大に行われ成功をおさめました。

部落解放運動の歴史に重大な画期的意義を持つこの大会の成功のためにつくされた各種諸団体の有志各位に心からの敬意と新たなる発展をめざす決意をこめて、以下大会当日の概要を報告いたします。

(1)

当日、全国の参加者が会場の吹田市民会館に向う途上まづ目についたのは、乱闘服にゼッケン姿の「解同大阪府連」の動員部隊が国鉄吹田駅前から府道、会館前の道路に数百人がたむろし、宣伝カーで「大会粉砕」をがなりたてている光景でした。駅前では「大会中止」のデマまで流されていました。

前日の二十日には「血債にかけて壊滅」とか「絶対粉

砕」など敵意むき出しの字句を使ったビラや、立看板が吹田や大阪市内にまかれ、解同府連は府内各支部に「大会ぶっつぶし」の大量動員を指示していました。

大会当日の午前五時半頃には動員部隊がつぎつぎと会場周辺におしかけてきました。

このような彼等の大会つぶしの策動に対して、大会準備の大阪の若い仲間たちは、前日から会場に泊りこんで夜を徹して警戒すると共に、兵庫、京都、和歌山近府県の仲間たち、および地もと大阪の「民主主義と教育を守り、公正・民主的な同和教育を要求する大阪府民会議」の人びとが朝早くから会場とその周辺を確守するために協力された。これらの人びとのスクラムによって、解同五百名余の妨害を排除し、大会参加者を歓呼と拍手で会場に迎え入れることができました。この間警戒のため出動した大阪府警の機動部隊は両者の間に列をつくって衝究〔突〕を阻止したのでトラブルも起らず、解同の動員部隊も、大会開始と同時に会場周辺から姿を消しました。

(2)

大会は、定刻の午後一時に開会、まづ、呼びかけ人の岡映（正常化連議長）氏が「部落解放に名をかりた解同朝田・松井派の蛮行を部落の内外から告発・糾弾し、正しい路線に引戻して、真実の部落解放への道をきりひらくために」とあいさつしました。そして、吉田長春（全日本同和会常任理事）、松本吉之助（筑豊部落史研究所長）、河野通博（岡山大教授）、中井あい（新婦人京都府本部代表委員）、山下楠一（埼玉県高教組委員長）の各氏を議長団に選出、一同を代表して、吉田氏が《ママ》「流れをかえる重大な意義をもつ歴史的な大会である」ことを強調するあいさつがありました。

次に、来賓のあいさつ、まず「大阪府民会議」を代表して猿渡真（大阪自治労衛都連委員長）氏が「四月の選挙で黒田府知事、榎原市長を当選させた大阪・吹田市で、国民融合をめざす全国会議の結成大会が開かれたことを誇りとしたい」とあいさつ、ついで、病軀をおして東京から参加された「歴史教育［者］協議会委員長の高橋磌一氏が「五年前の部落問題夏期講座に招かれたとき血が流されたが、今回はそれを排除して大会が成功したことは歴史の前進である」と統一の力を強調された。

「日本高等学校教職員組合」の小森秀三委員長と、「暴力から国民の生命と人権、教育と自治を守る中央連絡会議」代表委員の矢川徳光氏（教育家）から「八鹿高校事件に見られる解同朝田松井派の蛮行を糾明し、部落解放を逆行させる無縁の存在である。広汎な国民の団結によって運動を飛躍的に発展させよう」と訴えられた。

さらに、日本共産党の袴田副委員長は「全国会議の結成に老軀をかえりみず奮起された阪本清一郎氏はじめ全国水平社創立以来の、部落解放運動の長老各氏のなみなみならぬ決意と労苦に深い敬意を表明する」とのべ「本日の大会の成功と、かがやかしい発展を心から期待し、かたく連帯して奮闘しましょう」と力づよく結ばれました。

そのあと、東京の中野好夫（東大名誉教授）、末川博（立命館大学名誉総長）、蜷川虎三（京都府知事）、住井すゑ（作家）、細野武男（立命大総長）住谷悦治（同志社総長）、江口朴郎（東大名誉教授）の各氏からのメッセージと、本山名古屋、宮崎神戸、舩橋京都、津田羽曳野、小島亀岡の各市長、新婦人の会中央本部、婦団連、「革新都政をまもる連絡会議」などから寄せられた多くの祝電が披露されました。

(3)

ついで、よびかけ人を代表して阪本清一郎氏から「部落問題の本質をしっかりと認識することが、新たなる運動の出発に重要」と前置きし、水平社創立の精神にふれて、解同朝田、松井派の暴力と部落排外主義をのりこえて、国民連帯を強めよう」とあいさつがあり、会場の熱気が高まるなかで、議事に入りました。

まず成沢栄寿（全国部落研副会長）氏から経過報告。

「去る三月二日に京都で「全国有志懇談会」を結成以[来]、東京・大阪での記念講演会、三回にわたる世話人代表会議等で準備がすすめられ、正常化連、有志連、同和会、部落研などの団体の外、日本の良心を代表する学者、文化人、芸能家など各界の有力者多数の賛同、協力によって画期的な今日の結成大会を開くことができた」ことの意義を報告し強調されました。

次に北原泰作（前総理府同対協委員）氏から「当面の活動方針」について説明。歴史の発展を見ずに三十年一日の如く「差別は拡大再生産されている」と叫び、部落民以外はすべて差別者だとする国民敵視でなしに国民の同和融合をめざす解放運動の重要性を力説された。

そのあと、木村京太郎（部落問題研究所理事）の会則の提案説明があって、三つの議題が会場大拍手のうちに承認可決されました。

さらに、各地、各分野からの報告発言がつづきました。八鹿高校事件にさいして与えられた全国的な支援への感謝と大会の成功をよろこぶ、兵庫県からの報告をはじめとして、福岡、埼玉、奈良などの各県においていまもなおくりかえされている解同朝田・松井派の蛮行告発がつづき、なかでも、民俗芸能を守る公[会]の岡本文弥氏（邦楽家）から、文化、芸能界にひろがる「差別語タブー」の問題をするどく告発され「芸術家の良心は暴力ではふみにじれない」との決意表明は、大きな感動を与えました。

ついで、会則にもとづき役員（代表委員）の推せんがあり、各都府［県］から数名づつ、計百五十名が撰ばれてその氏名が発表承認され（代表委員は各府県会議で推せん増補されることになっています）新役員を代表して山口県の山本利平（県会議員）氏のあいさつがありました。

次に増本重義氏から提案の

(1) 仲間を拡げ地方会議の結成に取りくもう

(2) 解同朝田松井派の蛮行を告発する大衆的な調査活動をすすめましょう

(3) 部落問題を正しく学習し科学的な解放理論を発展させ活動を強めましょう

(4) 窓口一本化をやめさせ、公正・平等、民主的な同和行政の確立を求めましょう

の四つの決議を会場一致で承認採択されました。

さいごに大会宣言（別稿）を関西芸術座の藤山喜子さんが朗読、その一言一句に感動をこめた声は参加者に深くしみとおっていきました。

役員すいせん、決議、宣言の発表によって、議事が終り、上田音市氏（元部落解放全国委員会書記長）から閉会のあいさつがあって、意義深い歴史的な結成大会は、大成功におわりました。

全国の同志のみなさん

「国民融合をめざす部落問題全国会議」の運動を、さらに各地各分野でより大きく、より強く燃え拡げるために共にがんばりましょう。

『解放路線』第一七号（一九七五年一〇月五日）

94　提言「統一刷新有志連」の発展的解消について

(1)

三年ほど前、水平社創立者の一人である阪本清一郎氏は、朝田派の誤った指導によってゆがめられ脱線させられた部落解放運動を正常な状態にたちかえらせるため、全国の有志に働きかけて意志の統一をはかる「大討論会」の開催を提唱されました。この企ては旧い同志の交友団体である「荊冠友の会」で話合いがなされたが、実現にいたらなかった。

その後、昭和四十九年一月半ごろ岐阜県下呂温泉の旅館で、関東、関西、九州、中部地方の有志数名が集まって、部落解放戦線の統一と運動の刷新について意見を交換し、何らかの行動を起こそうと申合わせました。それが実を結んで、同年二月二十五日京都駅近くの中郡詰所において全国の有志懇談会がひらかれ、「部落解放運動の統一と刷新をはかる有志連合」が結成されたのです。

(2)

「統一刷新有志連」は、結成と同時に「部落解放運動の危機に直面して全国の同志と国民の皆さんに訴える」声明を発表するとともに、同年六月から機関誌『解放路線』を発行し、朝田一派の排外主義、暴力的糾弾、同和行政の窓口一本化による独占的管理と私物化、私腹を肥やす利権あさりなどの実情を広く宣伝し、分裂した解放戦線の統一と、正しい解放運動の発展のために奮闘しました。

とくに、兵庫県但馬地方での統一刷新有志連の活動は目ざましいものがあります。朝田・小西派の無法な教育破壊と教師の人権じゅうりんに反対してたたかった統一刷新有志連の運動が契機となり、小西・丸尾派による、橋本教諭暴力的糾弾から八鹿高校教師にたいする集団テロに発展し、そしてこのことが、朝田派解放同盟にたいする広範な国民的非難の波が高まるきっかけとなったのです。

わが統一刷新有志連の正しい主張と自己犠牲的な活動は、全国的に大きな反響をよびおこし広範な支持と共鳴を獲得しました。これが新しい国民的融合をめざす高い次元の運動をつくりだす素地となったことは、自他ともに認められるところです。

五十年二月十八日、和歌山県白浜で、解同和歌山県連（朝田派に反対の良識派）の斡旋によって、阪本清一郎、上田音市、木村京太郎氏ら全国水平社いらいの解放運動の長老を中心に、部落解放同盟正常化連と統一刷新有志連の同志が一堂に会して懇談しました。その成果が三月二日京都で全国各地から四百二十余人参加してひらかれた全国部落有志懇談会なのです。

(3)

全国部落有志懇談会で選ばれた十五人の代表世話人は連名で新しい解放運動の全国的結集を呼びかけました。その反響は意外に大きく、九月二十一日大阪の吹田市に集まった全国三十一都府県の代表千五百人による結成大会は、高らかに「国民融合をめざす部落問題全国会議」の結成を宣言したのです。このことは、部落解放の歴史のうえに画期的な意義を持つ輝かしいできごとであります。そして、これが朝田・松井派解同にたいしていかに大きな衝撃をあたえたかは、想像以上です。かれらが五百人を越える暴力的な行動隊を動員して、あらゆる妨害と威嚇の手段を用い、結成大会のぶちこわしに狂奔したのは、かれらの狼狽と動揺が深刻だったことを証明しています。

(4)

以上の経過をふりかえるとき国民的融合と真実の部落解放を実現する新しい運動の創造と発展に、先駆的役割を果たすことができたことはわれわれの誇りであり、この上ないよろこびであります。わが統一刷新有志連合がこの二年間、苦難のなかで努力してきた目的は、国民融合をめざす部落問題全国会議の結成によって、その過半を達成することができました。残りの半分は、部落問題全国会議の活動によって完成しなければなりません。われわれに残された任務は、部落問題全国会議の組織を全国各都府県に確立し、広範な国民と部落民の結合、すなわち国民的融合に立つ真の部落解放―人間解放の正しい運動を推進することです。

(5)

われわれはここに「部落解放運動の統一と刷新をはかる有志連合」を発展的に解散することを宣言します。われわれは、統一刷新有志連の狭い枠を越えて、部落問題全国会議の構成員として積極的に活動するのです。われわれの精神とエネルギーは、部落問題全国会議のなかで燃え続けるでしょう。

『解放路線』第一九号（一九七五年一二月一五日）

95　正常化連を全国部落解放運動連合会へ改組、発展させる決議

われわれは今日、第五回全国代表者会議を開き、部落解放同盟正常化全国連絡会議を全国部落解放運動連合会へ改組、発展させることを決意した。

おもえば、六年前、われわれが正常化連を結成した当時、組織は朝田一派の不当な分裂攻撃によって除名、排除された五府県の団結にすぎなかった。朝田一派の部落排外主義、反共、分裂主義、ものとり主義は、七〇年代に入っていっそう強まり、〝部落解放〟を看板に「同特法」を悪用した地方自治と教育への不当介入、「窓口一本化」による「同和」予算の私物化と独占的管理、〝差別糾弾〟と称する反社会的な暴力行為は、全国各地で猖けつをきわめた。これらは、朝田一派がいかに〝部落解放〟を口実にしようとも、思想・信条や組織のちがいによる差別を部落のなかにつくりだし、さらに自治体と教育をかれらの暴力的支配のもとにおいて、逆差別を生みだし、基本的人権と民主主義の破壊、革新統一の分断に狂奔するとともに、「同和」事業を利用して利権をあさるなど、部落解放運動とはまったく無縁な蛮行であった。

朝田一派は、この誤った路線をつらぬくために、組織内においても中央指導部を私物化し、暴力による非民主的運営と独善的で排他的な「朝田理論」の押しつけを強行して、組織内民主主義を圧殺して、悪名高い反共・暴力利権集団への変質をとげたのである。

反動支配勢力の攻撃に呼応した朝田一派の部落排外主義、新差別主義による策動で、運動史上、かつてない異常な危機に直面させられたわれわれは、正常化連の団結を基礎に解同内の自覚的勢力と協力、共同して、部落解放運動の正常化と真の前進のために奮闘してきた。

われわれがいく多の試練に直面させられながらも、部落住民の切実な利益をまもり、部落内外の国民の連帯と融合、真の民主主義と革新統一戦線をめざす見地から、大衆闘争、共同闘争を前進させるためにたたかった結果、正常化連の組織は二十都府県連、八準備会・直轄支部をもつ勢力に発展し、全国的に影響力をひろげることができた。さらに、兵庫県八鹿高校集団暴行事件を頂点とした朝田一派の無法と不正義にたいする批判と抗議が、部落の内外を問わず急激にたかまり、かれらを社会的な孤立に追いこんだ。「同和行政」においても、多くの自治体が公正・民主的な方向へすすむなど、朝田一派がいかに防害《ママ》し策動しようとも、われわれの主張と存在を無視できなくなっている。それは、われわれの闘争こそが、部落住民全体の利益をまもり、真

の部落解放をめざす正義のたたかいであり、いまや、国民的な世論になってきつつあることを証明している。

われわれは、正常化結成以来六年間のたたかいがきりひらくことのできた情勢のあらたな展開と組織拡大の到達点に確信をもって、組織を全国部落解放運動連合会へ改組、発展させる。この改組をあらたな跳躍台に、部落解放運動の伝統を真に継承する本流としての責務にたいする自覚をつよめ、部落解放の歴史的事業の達成と国政革新をめざして、いっそう奮闘することを決議する。

一九七六年三月十四日

部落解放同盟正常化全国連絡会議
第五回全国代表者会議

全国部落解放運動連合会

『全国部落解放運動連合会大会決定集』
（一九七六年四月二五日）より

96 「部落問題研究者への期待と提言」

北原泰作

はじめに

この報告のために、私に与えられた時間は三十分に限られていますので、ごく簡単に、三つの問題にしぼって、研究者のみなさんにたいする私の期待と提言を申し述べたいと思います。

学際的な共同研究について

第一は、部落問題の研究を社会科学の諸部門にわたる学際的な共同研究として広げ、高めてもらいたい、ということです。

戦後日本の政治的、経済的、社会的な変動にともない、被差別部落にも大きな変化があらわれています。したがって、今日の部落問題を新しい観点に立って調査し究明しなければならない課題が、われわれのまえに提起されているのであります。

朝田派に指導されている部落解放同盟のように、部落差別は「不変である」とか、「拡大再生産されつつある」などという虚妄の認識に立つ運動が、許しがたいあやまちを犯している現状を見るとき、変化した部落の現状に即応する正しい解放路線をうちだすことは、解放運動の実践の面でも切実な課題となっているのであります。

過去をふりかえってみますと、部落問題を社会科学の立場に立ってはじめて取りあげたのは、やはりマルクス主義者であります。水平社運動が起こる前に、佐野学が「特殊部落民解放論」を発表して大きな反響をよびおこしたことは、よく知られているとおりです。その後、水平社運動に自ら参加して水平社青年同盟や無産者同盟を指導した高橋貞樹が、やはりマルクス主義理論に立脚した『特殊部落一千年史』をあらわしたことも、周知のとおりです。戦後は、部落問題研究所を中心にあつまった歴史学者たちがこの問題の研究にひたむきな情熱をそそぎました。これらの人びとの功績は高く評価されなければなりません。しかし、歴史学者たちの研究、ことにマルクス主義者たちの研究は、政治主義的な偏向、階級闘争主義的な偏向に陥っていたという欠陥を指摘することができるのではないかと思います。

最近、社会学者や人類学者が部落問題の研究に参加するという、新しい傾向が生まれました。これは喜ぶべきことであります。それがさらに広まって、心理学や民俗学などの部門からも専門学者が参加して、社会科学の学際的な共同研究態勢がととのわなければこの問題の研究は深まらないと思うのです。

私はちかごろ、アメリカの社会学の分野で発達したマイノリティ・グループに関する理論を勉強して、興味を持ちました。それは改良主義的、プラグマチズム的な理論でありますが、部落問題のようなマイノリティ・グループの問題にたいする具体的な行政的対策を提示している点は大いに参考になりました。こういうアメリカ社会学の理論を、いちがいにブルジョア社会学ときめつけて、偏狭な態度で排斥するのではなく、その積極的な面はこれを摂取することが必要なのではないか、と考えるのであります。

もう一つ、私が興味をそそられたのは、大阪大学医学部の小浜基次教授が形質人類学の立場から部落民の形質的特徴を調査して発表されたことであります。小浜教授は十数年前に、北は関東・東北地方から南は四国・九州地方にいたる広い地域にわたって、日本人の人類学的形質調査を行なったのですが、そのなかで四十七の被差別部落の住民について調査した結果を発表されました。その報告は、滝川政次郎教授や渡辺實氏らの「帰化人起源説」を見事に粉砕する科学的根拠を提供したという点で注目されます。小浜教授の報告によれば、部落民に共通の形質的特徴はオリジナルな日本人型とされている関東・裏日本型であり、中国や朝鮮との人種的近縁関係はみとめられないというのです。

しかし、部落民は異種族ではなく日本民族の成員であるということが科学的に証明されたとしても、世間に「帰化人」起源説の偏見が存在するかぎり、それが朝鮮人にたいする民族的差別とむすびついて部落差別の観念を助長する事実を否定することはできません。そこに社会心理学の問題があるわけです。十年ほど前に発行された日本人類学会編さんの『日本民族』という本に、松村武雄という署名の「日本民族の異族意識」という論文が収掲されていますが、この論文も私の興味をひきました。松村氏は、そのなかで、人種学的に見て実際に異種族であるものを異族と認識するばあいと、そうではなく、人種学的には同一種族であるにもかかわらず文化的な差異によって異族であるごとく誤認されるばあいがあることを指摘し、異族意識が生まれるいろんな条件を心理学的に分析しているのであります。たとえば、他所者《よそもの》や形態異様の者や見慣れない者にたいする恐怖感、違和感、警戒心などの心理現象は、文化の低い時代の人びとに特に顕著であり、それが「浄」「不浄」の宗教的・呪術的観念などとむすびついて異族意識を形成したと論じているのです。

このようないわゆる異族意識が、部落の異人種起源説の根拠となっているということも考えられます。この点をぜひ専門的に研究していただきたい、その分野の専門学者のご協力をえたいと思っているわけであります。要するに、社会科学の諸部門における学者・知識人の共同研究の態勢をつくりだすことが大事だと考えているのであります。

広い視野にたつ研究について

第二の問題は、部落問題を世界史的な視野に立って研究していただきたい、ということです。

アジアの諸国・諸民族のあいだには、日本の部落問題とよく似た問題が存在しています。私は十年ほど前に中国を友好訪問したさい、北京で床屋さん、浴場従業員、屠殺場人夫、汚物処理夫、掃除夫、雑伎の遊芸人など、革命前の中国で差別され蔑視されていた職業に従事していた代表の人びとと懇談したことがあります。これらの人びとはいわゆる少数民族に属しているのではなく、中国の支配的民族である漢民族に属しているのですが、賤視される職業に従事している賤民として革命前の中国社会で差別されていたのであります。革命後は、もちろん解放され、私たちとの座談会に出席した人たちのなかには、日本流にいえば北京市会議員の肩書を持つ便所汲取人組合の指導者がいました。

朝鮮には「白丁」という被差別集団があります。白丁は日本の水平社運動に刺激されて「衡平社」を結成し、水平社と国際的連帯を保って解放運動をおしすすめた時代があります。政治・経済制度の異なる北と南の朝鮮で、白丁がどういう状態にあるかという問題は、私にとって非常に大きな関心事であります。

インドには、周知のようにカースト制度が残存しています。私は数年前、インドの不可触民問題を調査するため、インド各地を歩きまわりました。不可触民にたいする差別は、日本の江戸時代におけるエタ・非人にたいする差別と近似しています。不可触民の今日の状態は、ちょうど日本の明治維新後の部落民の状態と同じようです。現代の部落問題と比べてみると、一世紀の隔たりが感じられます。

チベットにも、スリランカにも、タイやビルマにも、日本の部落民と類似の被差別民が存在するといわれています。ベトナムなどにも問題があるのではないでしょうか？新しい社会主義のベトナムでそういうことがどのように解決されるか、非常に興味ふかい問題であります。

私は告白しますが、じつはごく最近まで、インドのカースト制度や日本の前近代の身分制度はアジア的生産様式とアジア的専制支配の基礎の上に発生し発展した、特殊アジア的な歴史的社会的現象であると考えていたのです。ところが、部落問題研究所の奥山峰夫さんから提供された資料によって、中世のゲルマン民族の社会にもインドや日本とおなじような賤民扱いされ差別される人びとがあったことを知ったのです。その「名誉を持たない」賤民にはどういう人びとがあったかというと、死刑執行人、捕吏、獄丁、監守、廷丁、墓掘人、皮剝ぎ、羊飼いと牧人、粉ひき、亜麻布織工、陶工、煉瓦製造人、塔守、夜警、遍歴奇術師と楽師、山師と抜歯術師、娼婦、浴場主と理髪師、薬草売り、乞食取締夫、犬皮鞣工、煙突掃除人、街路掃除人などであります。また性格はちがうが、ユダヤ人、トルコ人、異教徒、放浪民族《チゴイナー》、ヴェンド人などのキリスト教社会秩序の外に置かれているものも同じように差別扱いを受けていました。これは『知の考古学』という雑誌に掲載された阿部謹也という人の『「刑吏」の社会史』と題する論文なのですが、差別され賤視された職業はインドや中国や日本のばあいと共通するところに注意する必要があります。

かように、前近代的身分差別の問題はアジア的な特殊現象ではなく、世界的・普遍的な歴史的現象である。けれども、アジア社会とヨーロッパ社会の違いがあります。ヨーロッパ社会ではそれが比較的早く解消して、近代社会においては痕跡を残すにすぎない程度にいたっているのにたいし、アジア社会においては現代にいたってもなお根強く残存しているのであります。こういう差異はどこから来るのか、ということを社会科学的に研究するのが重要な課題ではなかろうか、と私は考えるのであります。

オットーフォーゲルは、アジア的特殊性の基礎として地理的環境を重視しましたが、マルクスは地理的条件をふくむ生産様式と共同体の関係を基本的条件として指摘しました。それはともかく、アジア社会の停滞性が前近代的な諸要素を近代社会に残存した、その基盤の上に封建的身分差別としての部落差別が現代社会にまで存続する根拠があるわけですから、その点を掘り下げて研究していただきたいと思うのであります。

部落解放同盟は誤った「朝田理論」にみちびかれて、部落差別は「不変」だとか、「拡大再生産しつつある」などと、三十年一日のごとく運動方針に書いていますが、これほど非科学的な現実無視のまちがった認識はない、と私は考えているのです。いわゆる「高度経済発展」時代以後の日本の社会経済の大きな変動にともなう部落問題の変化は、日本がアジア的性格から離脱するのに比例して前近代的身分差別を解消していく過程を示しているように思えます。けれども、やはり日本の社会には今日なお前近代的な共同体関係や身分差別関係が残存しています。そこのところのかねあいを解明することは、部落解放の展望をはっきり示すうえで重要なカギだと思うのであります。

「三角同盟」の思想について

第三には、「労・農・水の三角同盟」という思想について、これをどう理解し、どう評価するかという問題であります。

全国水平社の運動が労働者・農民の階級闘争と結合する方向へ発展した段階で、左翼の労働組合や農民組合と全国水平社が緊密な連帯関係を保っていた時期があります。その当時、労働者と農民の階級的同盟に水平社が加わり「労・農・水の三角同盟」を結成すべきだという戦術論が抬頭したのです。この思想を、部落問題研究者のみなさんはどのように理解し、どのように評価されるか、それを討論していただきたいのです。

いわゆる「三角同盟」の思想が水平社運動の一定の段階に発生したことは、それなりの理由があったことであります。けれども、今日の状況のもとでは、「三角同盟」という考えはまちがいだと思うのです。ご承知のとおり、労農同盟というのは、労働者階級と農民とが政治的同盟を結び、革新的統一戦線の中軸となって広範な国民諸階層を結集し、旧い社会体制を変革して新しい社会体制をうちたてる推進的役割を果たすための階級的同盟であります。

ところが、水平社は狭い意味での階級組織体ではありません。部落民は「身分」と「階級」という二つの側面を持っており、労働者であり農民であると同時に被差別民でもあります。部落民のなかには小さいながら資本家があり、労働者もあり、地主もあれば小作人もある、というようにいくつもの階級・階層がふくまれています。しかも、それらの諸階級・諸階層がすべて被差別民としての共通の運命を背負う社会集団を形づくっているのです。だから、水平社は「階級」組織ではなく、身分関係によって結合した「身分」組織であります。

だから、私の考えでは、水平社は他の国民諸階層の組織（たとえば婦人団体や青年・学生団体その他の民主団体）とおなじように、革新的民主統一戦線に結集される民主団体ではあっても、統一戦線の中軸となるべき労農同盟に加わっていわゆる「三角同盟」を結成する性格のものではありえない、と思うのです。けれども、水平社時代には全国水平社の内部にも、外部の民主陣営のなかにも、水平社を「階級」組織体であるかのように考える誤った認識が存在し、そのために水平社運動に階級主義的な偏向がかなり強くあらわれていたのです。「三角同盟」の思想は、つまりそのような偏向の所産だったのです。

ところが、「三角同盟」の思想は今日なお部落解放同盟のなかに生き残っているように思われます。ちかごろ総評傘下のいくつかの労組と部落解放同盟（朝田・松井派）とが手を握って、中央共闘会議とかいうものを結成し、それを地方にもおよぼして府県単位の共闘会議をつくり、労働者階級と部落民の「階級的同盟」であるかのごとく宣伝しています。これは水平社時代のいわゆる「三角同盟」の思想をそのまま継承したものです。

なるほど、あらゆる被抑圧民衆の解放を歴史的使命とする労働者階級が、部落解放に深い関心をいだき、部落解放をおのが任務としてたたかうようになったなら、これはまことに結構なことで、日本の労働者階級の民主主義的自覚の成長を意味するわけで、高く評価すべきことでありましょう。けれども、解放同盟（朝田・松井派）と手を握った労組は「反共」を看板に掲げた組合ばかりで、そこに隠せない政治的・セクト的意図が見えすいております。部落解放の事業は民主主義的改革の課題であります。この観点に立って、日本の民主的改革のたたかいにおける戦略・戦術を設定する立場から部落解放の運動を正しく位置づけることが大事であります。

部落民は単一の「階級」ではなく、一つの「民族」でもありません。ところが、水平社時代から部落解放同盟の現在にいたるまで、あたかも部落民が日本における少数民族であるかのごとき錯覚に陥った言動が見られます。水平社初期の時代に指導的役割を果たした平野小劔は、「民族自決団」という署名入りのビラを第二回同情融和大会の会場でまいた。平野は部落民を少数民族と考えていたようです。社会主義者の長老として有名な堺利彦も、部落問題を人種差別の問題として取り上げていました。部落民のあいだにもそういう誤った考えが浸透し、備作平民会の趣意書をかいた三好伊平次も「わが同族」ということばをしばしば用いています。今日の解放同盟のなかに「同族意識」が強くはたらいていることは明らかな事実であります。このような誤りを理論的に克服しなければなりません。

部落解放は民主主義的改革の課題でありますから、部落民は日本の民主主義革命の完遂のために一般民主勢力とともに積極的に参加しなければなりません。しかし、部落民が旧身分の社会階層として「部落」共同体の殻に閉じこもっているかぎり、部落解放はありえないと私は考えるのです。部落の労働者は労働運動に参加し、部落の農民は農民運動に参加して、反独占・反封建のたたかいを推進しなければなりません。

私は、かつて水平社解消論を提唱したことがあります。一九三〇年代のことです。水平社は身分組織であって、差別する一般国民と差別される部落民という対立関係から脱け出すことはできない、部落排外主義は部落民の「同族意識」と表裏の関係であるから、水平社を解消しなければ部落排外主義を克服することはできない、だから、部落の労働者や農民を階級組織に再編成して水平社という旧身分意識の結合を解消すべきだ、――こういう論理の主張だったのであります。

しかし、私たちはその当時、あまり長い期間を経ることなく、水平社解消論の誤りに気づきました。当時の状況からいって、客観的にも主体的にも、部落民が階級的に再編成される条件は成熟していなかったからです。けれども、戦後の状況はその時代とちがいます。政治の民主化はいちじるしく前進しました。絶対主義天皇制から主権在民の民主主義への変化を考えただけでも、これは非常に大きな変わりかたです。六〇年以後のいわゆる「高度経済成長」は日本の資本主義のいっそう高度の発展として、大きな社会経済的変動をもたらしました。それにともなって部落内の階層分化が進展し、部落民の労働者が激増しました。いまや、「家」や「村」の旧い共同体関係が基本的に崩壊の方向をたどっているのと同じように、「部落」共同体も崩れつつあります。そして客観的には差別される部落民という旧身分関係の解消が進行しているのです。

その具体的なあらわれは、封建時代の身分階層構造の残存形態としての部落が、居住と職業と結婚の三位一体的な封建的身分的束縛から解放されつつあることです。「同和地区」といわれる区域の住民は、全国的平均で六〇％の混住率を示しています（一九七五年総理府同和対策協議会の調査）。部落民は資本主義の発展につれて伝統的職業からの転業を余儀なくされて、現在の部落民の職業は多種多様化し、いちじるしく近代化しています。また部落民同士の結婚が全国平均九〇％の高率をしめしていた十年前とちがい、今日では、部落民と部落外の者とのいわゆる「通婚」が目立って多くなっています。つまり、封建的身分階層構造の残存形態としての被差別部落が身分差別から解放される歴史的過程が進展しつつあるのであります。

以上の客観的状況を正しく認識することこそ科学的認識というべきです。私たちは、正しい科学的認識に立って、「国民的融合＝部落解放」の道を主張しているのでありま す。われわれの見地に立って考えるとき、「三角同盟」の思想がまちがいであることは明白であります。それは、部落民を旧身分階層として永久に固定化し、一般国民と部落民とを分離して国民的融合を妨げ、部落内の階層分化の進展にもかかわらず勤労国民としての部落民の階級的再編成をみとめようとしない、いわば、歴史の流れに逆らう反動的な危険性をふくむ誤った思想であると思います。この点について、研究者のみなさんの活発な討論と立ち入った研究を期待する次第であります。

最後に一つお願いがあります。国民融合をめざす部落問題全国会議は、いま全国的規模で、居住と職業と結婚の三つの指標を設定して、現実に変化の状態を調査する計画をたて、実行に移っています。全国の部落研をはじめ部落問題研究者のみなさんのご協力によってわれわれの調査活動を成功させるよう、おねがい申し上げます。

『部落』第三五〇号（一九七七年二月）部落問題研究所

97　国民的融合論［北原泰作メモ］［日付記載なし］

論文の骨子——メモ

◎　部落問題の基本的認識

×　部落差別は、人種・民族差別ではなく、身分差別——前近代的身分差別である

×　人種・民族的差別と同化問題、同化融合が困難なのはなぜか

×　異族間の争い——実例

×　部落問題はそれがない——

　国民的融合の条件がある

×　それが解放の道

◎　部落民と国民が隔離されていたのは何故か

×　封建社会の身分秩序——

×　支配階級は分離する《ママ》（アパルトヘイト）

　ユダヤ人のゲート

×　つくられた差別——

×　身分のはじめての差別は自然的差異から——

　（身分一般——と部落差別）

◎　封建的身分差別を廃止したブル革命——

　第三身分の解放はすべての身分の解放——

×　ところが——なぜ残ったか

×　不徹底な変革——

◎　残された維新——

×　解放令——

　その評価

×　朝田の迷論——

×　資本主義を美化することではない

×　近代主義——

◎　部落問題の階級的側面

×　遅れた資本主義——

×　資本主義のおくれに苦しめられた

×　就職——未発達のゆえに——労働力市場

×　成長期と独占期——

×　プロレタリアートの結合——

×　職業の変化——階層分化の進行

×　階級闘争との関係

×　ブンドの誤り——三角同盟

×　媒介主義——解消論——

◎　三位一体の崩壊
×　戦前と戦後のちがい
×　解放の条件の成熟
◎　差別――差異の解消――均質化
◎　統一戦線――民主化
×　国民的融合――
×　民主革新――

［2620］Ｂ5ノート横書き3頁

98　［国民融合全国会議］一九七九年度活動方針
―八〇年代を国民融合＝部落解放の基礎的条件をととのえる歴史的時代とするために

はじめに

「国民融合をめざす部落問題全国会議」の結成以来、すでに四年の歳月がたちました。この間に国民融合をめざす運動・行政・教育の流れは、部落内外の民主的な多くの人びとに、支持を拡げ、はば広い国民の合意を得ようとしています。私たちは、国民融合をとおして部落の解放を願うこの広汎な世論に依処しつつ、さらにそれを不動の確信にかえ、具体的な行動にまで高めるため、引きつづき活動をつよめなければなりません。

七〇年代の部落問題をめぐる情勢は、同和対策事業特別措置法にもとづく同和事業の本格的な進展によって、部落の低位性解消に大きな前進をもたらした反面、部落解放同盟、および全日本同和会暴力分子による同和事業の排他的独占や、それに寄生した利権あさり、さらには、部落排外主義をふりかざしての暴力が重大な社会問題となり、これを許し、ときには分裂政策の手段として巧みに利用してきた自民党政府の泳がせ政策とあいまって、部落解放をめざす諸活動の全分野に著しく困難な状況をつくりだすという非常に複雑な流れをたどってきました。私たちは、こうした状況を打開していくため、部落解放の流れに逆い、新しい差別と分裂をまきちらしてきた解同と全日本同和会暴力分子の蛮行を民主主義と社会正義を貫く立場から、事業と道理にもとづいてねばりづよく批判し、国民融合こそ部落解放の大道であることを国民に示してきました。そして国民敵視の分離・排外主義か、それとも圧倒的多数の勤労国民との民主的連帯と結合にもとづく国民融合かという鮮明な問題提起が、部落内外の民主的な人びとに、ちゅうちょすることなく国民融合の立場を支持させるに至ったことはきわめて当然のことです。

私たちは、七〇年代にきづいてきたこの活動の成果に誇りと確信をもたなければなりません。そして来るべき八〇年代を国民融合＝部落解放の明るい展望をきりひらき、その確かな基礎的条件をつくりあげる歴史的時代とするために、すべての民主勢力、社会進歩をもとめる多くの人びとと協力共同して、この民主的大事業の完成にむかって新たな出発を期するものです。

一　科学的な部落問題認識のうえに立って現状を把握し、将来を展望しよう。

㈠　戦後の日本社会は、政治、経済、思想、文化のあらゆる領域にわたって大きく変化しました。

第二次大戦の敗北と、その結果推進されてきた戦後の民主的諸改革によって戦前の日本社会を支配してきた専制的天皇制支配は終りをつげ、それとともに、貴族制や、地主制、家族制のような前近代的な社会制度もくずれ去りました。また、民主主義の成長、発展を徹底的に妨げてきた治安維持法をはじめとする弾圧法も撤廃されました。そしてそれに代って、国民主権を基調とする日本国憲法が制定され、国民の民主的権利があらゆる分野にわたって強化されてきました。封建的身分差別としての部落差別の解決を妨げ、残してきたところの戦前の社会状況が根本的に転換され、逆に部落差別を弱め、積極的に解消させていく民主的潮流を大きく成長、前進させてきたのです。このことは、戦後社会のもとで、部落解放の客観的条件が大きくととのったことを意味しています。

㈡　戦後日本社会の変動に照応して、部落問題の性格も変り、部落の実態もいちじるしく変化しました。

敗戦と戦後改革で、戦前の日本社会のもとで部落差別を残し支えてきた土台は解消しました。その結果、戦後日本社会における部落問題は、身分的差別そのものを存続、再生産していく基盤を奪われたという意味で、いっそう遺制としての性格を強めたということができます。一方、日本社会の一定の民主化と、部落内外の国民の民主的力量の強化、民主的諸活動の前進によって、身分的差別を弱め、克服していくための主体的条件も飛躍的に成長しました。この二つの変化に規定されて、部落の実態は戦後三十余年の間に急速な変ぼうをとげ、劣悪な生活環境や低位な生活水準の改善、閉鎖的な社会関係の解消がすすみ、一般社会との格差が接近し、社会的交流も大きく拡大しました。このことは、部落差別が弱められ、確実に解消の方向をたどっていることを誰の眼にも明らかにしています。

㈢

けれども、部落差別は完全に一掃されず、今日なお残存しています。それは何故でしょうか。

今日、部落差別が解消の方向にむかっていることは、理論的にも実証的にも明らかなところですが、だからといって、現実に生起している部落差別を軽視したり、あるいはそれらの問題は放置していてもやがておのずから解消するだろうと考える態度は間違いであります。たしかに戦後日本社会の変化は、部落差別を解消させていく客観的条件をととのえてはきましたが、それを正しく部落解放の方向に結実させたのは、部落解放運動をはじめとする日本の民主主義のたたかいの成果でした。民主主義の確立をめざす国民の日常不断のたたかいなしには、どんなに小さな改善、改良の要求すら実現できないことはこれまでの歴史がよく示しています。戦後三十年に及ぶ民主主義運動の前進にもかかわらず、いまなお部落差別を完全に解消できないのは、日本国憲法の平和的、民主的条項を現実のものとさせるところの真の民主政治が未だ確立されていないところに主な原因があります。そしてさらに政府は、元号法制化の強行につづいて、有事立法、増税など、政治反動とファシズムへの道を国民に押しつけようとしています。それは真の民主主義を確立し、部落の完全解放を展望していこうとする私たちの運動に、重大な障害をもたらすものです。

㈣

部落解放は、新しい民主主義の課題として勤労国民大衆のまえに提起されています。

封建的身分差別としての部落差別はいうまでもなく市民的権利の問題であり、そこから部落問題を国民的課題として把握する立場がうまれてきました。そして歴史的にいえば、この市民的権利は、市民革命（ブルジョア民主主義革命）のなかでブルジョアジー——（資本家階級）が封建領主階級とたたかい、獲得した権利ということができます。しかしわが国では明治維新が、市民革命として不徹底であったこと、市民革命をめざした自由民権運動の敗北、そして資本主義の急速な発展とともにブルジョアジーがいち早く反動化して、市民的権利を拡充するどころか、逆にそれを抑圧する立場にまわったことなどから、部落差別の一掃などをふくむブルジョア民主主義的課題を実現する担い手は、はば広い勤労国民の手に移ってきました。勤労国民自身の民主主義的権利を確立、拡充するたたかいと結びつくことなしには、部落問題の真の解決はなく、その意味で今日の部落問題は、新しい時代のもとで新しい民主主義の課題ということになるのです。新しい民主主義の確立をとおして部落の解放をめざすためには、当面何よりもまず民主統一戦線の結成にとりくまなければなりません。

(五)

部落解放同盟や全日本同和会一部暴力分子による運動の最大の誤ちは、一方で部落住民以外をすべて差別者として敵視、排撃しながら他方みずからは旧い身分にもとづく特権を主張している点にあります。暴力的糾弾や利権あさりもそうした独善的考えから正当化されています。また彼らにたいする批判を封殺する意図から、とくに民主団体や革新政党にたいする攻撃をつよめ、民主統一戦線分断の先兵の役割を果してきました。圧倒的多数の勤労国民との民主的連帯、結合に背をむけ、民主統一戦線の結成を妨げるこれらの分離、排外主義的運動が真の部落解放に逆行することはいうまでもありません。

部落住民は封建的身分差別に苦しむ被差別、被抑圧者として、また今日の政治、経済のもとで苦しむ勤労国民として、すすんで新しい民主主義の確立をめざす民主統一戦線結成のため努力することが重要です。

(六)

二一世紀に部落差別を残さないために、その基礎づくりとして八〇年代の運動をすすめましょう。

国民融合の路線は、今日ではもはやゆるぎない部落解放の大道として、多くの国民の支持と共感を集めています。これにたいして、分離・排外主義の路線は、いかなる理論で粉飾し、たとえ暴力で一時延命したとしても、いっそうの孤立と凋落への道をたどることは必至です。七〇年代後半になしとげたこの成果のうえに立って、私たちはいま新しい歴史的時代に立ちむかおうとしています。私たちはまず、部落解放を願う、すべての民主勢力を国民融合の旗のもとに結集しなければなりません。それと同時に、強固な民主統一戦線の結成をめざして奮闘を誓うものです。

「八〇年代を国民融合＝部落解放の基礎的条件をととのえる歴史的時代とするために」いっそうの確信と

勇気と、そして、民主的気概をもって、この光栄ある歴史的大事業の完遂めざしてまい進しようではありませんか。

二　過去一年間の部落問題をめぐる情勢

昨年の第四回総会から現在に至るまでの一年間、部落問題をめぐる情勢は、七〇年代最後の年にふさわしい形で展開し、解同や全日本同和会暴力派の誤りと、国民融合をめざす国民運動の正しさを、いっそう国民のまえに明らかにしました。

解同の蛮行が民主的世論のきびしい批判と自覚的な部落住民の運動によって一定度封じられたことは、国民融合路線の大きな勝利でした。しかしながら、解同による蛮行の一定の後退とひきかえに、七〇年代後半から九州地方を中心に全日本同和会暴力派による地方自治体にたいする暴力、利権あさりの策動が表面化し、新たな社会問題となってきました。そして昨年六月の第十九回大会で暴力派が新会長（松尾正信・福岡）となるに及んで、これまで主として九州地方を中心におきていた暴力利権策動が全国化しています。部落解放運動における保守的潮流としての全日本同和会の活動とは区別したうえで、これら暴力派にたいして徹底した批判を加え、解同の場合とおなじく民主的世論を喚起して排除していかなければなりません。

これまで、解同の不法な要求に屈して、大阪市をはじめ、各地の自治体がとりつづけてきた不公正な「窓口一本化」行政に裁判所のきびしい審判があいついでされていったのも、この一年間の重要な特徴でした。

本年七月五日、共産党の主催する集会を「部落差別を助長する」と大阪市が会場使用許可を取り消した事件について、最高裁は被告、大阪市の上告を棄却、大阪市の態度を違法とした一、二審判決を支持する判決を下しました。それは「部落民以外はすべて差別者」と横暴にふるまう解同大阪府連幹部に追随して、政治活動の自由を妨害、批判を封殺し、それを正当化する判決を期待していた大阪市に痛撃をあたえるものでした（中之島公会堂事件）。

ついで七月三十日、不公正な大阪市の同和行政をめぐって争われていた浪速「窓口一本化」不作為違法確認訴訟四件について、大阪高裁は、一審の不当判決（請求却下）を取り消し、事件を大阪地裁に差しもどすと判決をいい渡しました。大阪市では、個人給付の同和事業については、そのほとんどを条例や規則などに拠らず、市長の定める「要項」で処理してきました。そしてこの訴訟でも「要項は法令ではないのだから、いくら要項上の申請制度に基づいて申請しても、大阪市長は応答すべき義務を負わない」と主張し、解同の「窓口一本化」要求に屈して申請をにぎりつぶしてきたのです。これにたいして大阪高裁判決は、「要項」といえども同特法に裏づけられた法制度であり、地方自治体が受給要件のある地区住民に等しく同和施策を実施しなければならないことは疑う余地がないと明快に判決を下し、事実上「窓口一本化」行政を否定するものとなっています。大阪市長は、大阪高裁判決の道理ある判断に背をむけ、あくまで「窓口一本化」に固執して、最高裁に上告しました。大阪市政のゆがみを正し、同時に最高裁にむけて上告棄却のための国民の良識を結集することが必要です。

そしてそれから三ヶ月後の十月三十日、解同に追随して木下浄先生らを強制的に配転、「研修」を行なった大阪市教委の違法性を確認し賠償金の支払いを求めた「矢田事件」国家賠償訴訟で、大阪地裁は事件から十年ぶりに、木下先生ら八人の主張を全面的に認め、大阪市にたいして慰謝料の支払いを命ずる判決を下しました。このたびの判決は、さきの中之島公会堂事件の最高裁判決が、事件の発端となったいわゆる木下あいさつ状の差別性について、「それが一見きわめて明白といいがたく、議論の余地のありうるところ」と、差別だとする大阪市の主張を認めなかったのを一歩すすめ、明確に差別文書でないとの判断を示している点で、画期的な判断といえます。このことは「矢田事件」を一方的に「矢田教育差別事件」と断定し、それを原点に組織の分裂と民主勢力攻撃、自治体や学校教育への不当な介入などかずかずの蛮行を重ねてきた解同及びそれに同調してきた一部勢力にたいする断罪を意味するものとして注目されます。また、現在大阪高裁で審理中の矢田事件の控訴審はもとより、解同の教育介入によってひきおこされた大阪吹田二中事件、兵庫八鹿高校事件の裁判闘争と、福岡や奈良など、いまなお各地で続いている解同の無法に反対して、国民融合をめざす運動、行政、教育をすすめている人びとに大きなはげましとなる判決となっています。

この一年間、自主的、民主的、科学的な部落問題の研究、調査活動も前進してきました。部落問題研究所が創立三十周年を期して刊行している「戦後部落問題の研究」(全七巻)は、すでに三十余年の歴史をもつ戦後部落問題について、運動、現状、行政、教育の各分野にわたって総括し、その理論的到達点を示したもので、国民融合論の優位性を学問、研究の立場から明らかにしています。

また全国各地で地道な活動をつづけている地域部落研の全国組織である全国部落問題研究協議会は、八〇年代にむけての本年度の活動方針で「急速に変化していく部落の現実と、部落解放運動、同和行政、同和教育の多様な実践に深く学ぶとともに、関連諸科学の研究成果のうえにたって、国民的融合論をいっそう豊かに創造させる活動に積極的に参加する」よう訴えています。そして重点課題として「地域に根ざし、地域の課題に即した地域部落研の研究・調査の学習活動を提起」しています。

さらに全解連も、地域や職場での民主的なとりくみと、会員の民主的力量の強化を活動の重要な柱に運動をすすめています。

こうした全解連や全部研の方針は、「近代的、民主的な地域社会の建設に努める」（一九七八年度活動方針）という私たちの活動方向とも合致できるものです。全解連、全部研とも協力して、国民融合の基礎単位としての地域社会の解明に努めるとともに、そのなかから具体的な活動の指針をひきだし、国民融合をめざす多面的な活動を強めていきましょう。

三　運動の目標と課題

(一)　目　標

国民にたいする抑圧と分裂支配を排除して国政を民主的に転換し、国民本位の民主主義の確立をとおして、国民融合＝部落解放を期す。

(二)　組織の性格

国民融合全国会議は、「政党政派を超越し、思想、信条のちがいにこだわらず、ひろく正義と民主主義を愛する団体、個人を結集し、真に自由、平等の民主日本を結成することによって、部落解放＝人間解放を達成しようとする」（国民融合全国会議結成宣言）ところの広汎な国民運動の組織である。全国部落解放運動連合会は、共通の目的をもつものであるが部落を基礎に、部落住民の要求を実現するためにたたかう部落大衆の運動組織である。

(三)　課　題

① 排他的分離主義を克服し、国民融合を促進するための教育・啓発・宣伝活動を強化する。

② 解同、同和会暴力分子の変〔蛮〕行を許さない公正、民主の同和行政の確立に努めるとともに、すすんで国民融合をめざす同和行政の発展を期する。

③ 「解放教育」などの偏向教育を排除し、自主的、民主的、科学的同和教育の発展をはかる。

④ 地域社会の近代化、民主化に努め、部落内外住民の連帯、結合をつよめ、社会的交流を促進する。

⑤ 民主主義運動、平和運動、文化運動などとの連帯を強化し、部落住民の積極的参加を促す。

四　当面の活動方針

(一)　民主的な地域社会を建設するために

① 地域社会は、国民融合の基礎単位であり、あらゆる活動がそこから出発する。この地域社会の仕組み

を科学的に明らかにし、地域社会の課題にそった具体的な活動をすすめる。

② それぞれの地域社会とそこでの部落の実態と部落解放運動、同和行政、同和教育の現状を解明するため、組織的な研究、調査にとりくむ。

本年度はまずいくつかの典型的な地域を設定し、研究者や活動家、学生などの参加を求め、全解連、全部研とも協力して共同の研究調査活動にとりくむ。

③ 先進的な地域の成果に学び、あるいは問題をかかえた地域の現状を打開する方途を探るため、公開シンポジュウムを開く。

(二) 国民融合を推進する主体をきづくために

① 部落問題にたいする科学的認識をつよめ、誤った「解放理論」の克服に努める。

② 部落の近代化と民主化に努め、部落住民の自立、民主的自覚を促す活動を強める。

③ 部落住民の要求と地域住民の要求との結合統一に努め、共通要求にもとづく民主的な住民運動の組織と活動を援助する。

(三) 同和行政の公正、民主的な実施

① 同和対策事業特別措置法の民主的改正を要求し、その実現のため努力する。

② 同和対策に関する国の責務を明確にし、地方公共団体の負担を軽減する財政措置を要求し、その実現を期する。

③ 特定団体による同和施設、事業の排他的独占管理、及びそれに寄生した利権あさりを徹底的に排除する。

④ 総理府設置の同和対策協議会の早期再開と運営の民主化、及び機能の拡充強化を要求する。

(四) 一切の差別と偏見を克服するために

① 学校や地域社会、企業等において、民主主義と人権に関する教育宣伝活動をつよめ、差別意識、偏見の克服に努める。

② 解同や同和会暴力分子、及びその追随者たちの無法な策動と暴力に反対するとともに、その結果つくりだされた新しい差別に正しく対処し、その克服に努める。

③ 憲法と教育基本法に則る民主主義教育の一環としての同和教育を推進し、「解放教育」に名を借りた特定イデオロギーによる公教育破壊を排除する。

(五) 民主主義と平和を確立するために

① 現行憲法を守り、基本的人権を擁護伸張し、社会進歩をめざす民主的国民運動を支持し、参加する。

② 原水爆禁止運動や平和を守る国民運動に積極的に

参加する。

(六)　啓発・宣伝活動を強化するために
①　部落問題の正しい理解をひろげるための講演会・定例講座・学習会・懇談会などを積極的に開催する。そのための講師団を組織する。
②　『国民融合通信』及び『国民融合パンフ』を普及、定着させる活動を積極的に展開し、会員は少くともこの一年間に「国民融合通信」読者を一名以上獲得する。

(七)　財政の確立をはかるために
①　会員及び『融合通信』読者の拡大に努め、府県会議の財政の確立をはかる。
②　分担金、及び『融合通信』『融合パンフ』の代金完納に努め、本部財政の健全化に努める。

『国民融合通信』第六六号（一九七九年一一月一五日）
国民融合をめざす部落問題全国会議

99　講演草稿（骨子）　国民融合＝部落解放の道

［北原泰作］［日付記載なし］

（Ⅰ）国民的融合の論理
○　部落解放運動の現段階
×　すべての社会現象は歴史的現象である
——生成・消滅の弁証法
——流動・変化の歴史的変移
×　どんな社会問題も、一定の歴史の枠の中で起きた問題として分析し究明することが肝心
○　戦前の解放運動の特徴
×　水平社綱領（一九二二年）
〝吾々部落民は部落民自身の行動によって絶対の解放を期す〟
×　この評価
×　個別——独自性の強調
×　差別者（一般民）被差別者（部落民）の対立関係
×　部落民の自覚・団結・闘争
×　凝集性——同族意識——排他性
○　戦後の解放運動の特徴
×　〝解同〟の綱領前文（一九六〇年）
〝部落解放は日本民主化の重要な課題である。部

落の完全解放は労働者階級を中核とする農・漁民、勤労市民、青年・婦人・知識人など、すべての圧迫された人民大衆の解放闘争の勝利によって、日本の真の民主化が達成されたとき、はじめて実現する。〟

× 民主革命の課題――民主革命の勝利――人民大衆の闘い――と規定

○ 問題の立て方

× 国民的融合の道か
　分離主義の方向か

× 今日の歴史的段階としての国民的融合＝部落解放路線

○ 国民的融合とは何か

× 封建的分散(分轄)から統一国家へ――明治維新
　――

× 国土（領土）と領民の封建諸侯への隷属

× 天皇制国家の確立――
　国土と臣民の天皇への隷属

× 国民(ネーション)の形成――
　絶対主義統一国家の確立のうえに

× 近代社会のデモクラシーの段階ではじめて国民が出現。

× 部落民は、封建的身分階層としては〝ネーション〟以前

× 日本人としての自覚――国民として自己を意識することによって、国民としての現実の意味を持つ

× 身分差別を不当とする水平社的自覚には、国民的意識がある

× 国民としての平等・自由の権利――
　同一国民としての共同の意識――

× 国民の内部における階級分化の発展――勤労国民と巨大資本の対立

○ 〝融和主義〟という批判の誤り

× 戦前の融和運動（会長は平沼）

× 天皇の赤子、軍人は股肱

× 侵略戦争完遂目的から、国民（赤子）間の差別は不合理、反国家

○ われわれの国民的融合は

× 主権者としての人民

× 多数者としての、勤労国民としての階級的結合

× 民主革命達成完遂のための結合――革新統一戦線
　――

× まったく異質――歴史の流れ

○ 国民的融合の可能な条件

× 部落民は異人種・異民族でない

――部落差別は身分差別
× 部落民は勤労国民大衆の一部である
――階級的結合の条件
× 部落問題解決は国民的課題という認識の普及
――民主・人権思想の発展

II《ママ》 部落解放の道

○ 部落問題の二つの側面（あるいは二重性格）
× 俗にいう「差別と貧乏」の二重苦
× 差別は身分関係　貧困は階級関係――この絡み合い
× 二つの側面は切り離し難く結びついている
× しかし、論理的には区別して考えなければならない
× 〝部落解放〟とは、身分関係（身分差別）からの解放である
× 階級関係からの解放は、（貧窮からの究極的解放）
――社会主義革命――階級闘争
× だから部落解放は民主主義の課題なのである
○ 近代社会の特徴
× 前近代社会は、宗教と政治・生産と宗教と娯楽など未分化が特徴
× 近代社会は、集団の複合構造。
＝生活的欲求や文化的欲求を充足するため、企業経営体・労働組合・学会・教団・芸術団体などや娯楽団体を形成した。
× 各人は、機能を分担した多くの集団にそれぞれ分化し帰属する――（その集団の成員として）
× 分化した社会への分属――これが近代社会の特質
× 未分化の状態は前近代性。
前近代における人間は、単純な構造を持つ少数の集団の中に吸収され、拘束されていた。
○ 解同と労組と政党の機能
× 部落民を封建的身分差別から解放することを目的とする集団である〝解同〟の機能
× 労働者の生活の安定と向上、利害のために闘うのが労働組合の機能
× 資本主義の搾取と抑圧から労働者階級と一切の被抑圧大衆を解放する目標――これが共産党の機能
× これら分化された各集団の機能を混同することはまちがい
× 〝解同〟が労働組合的機能や、階級政党的機能を併せ持つことは誤り
× 階級と身分の混同

○大賀の批判への反論――
〃三角同盟〃の思想
×労働者と農民の同盟の思想
×階級闘争――革命的闘争の同盟軍の結成
×全水時代――〃労・農・水の三角同盟〃の思想
×水平社は階級的組織でない
×部落内の労働者・農民は、労農の階級組織に吸収されるべき
×水平社（いまは解同・全解連）の組織は、統一戦線に結集されるべき勢力
×〃三角同盟〃の思想には身分関係と階級関係との混同の誤りがある
×全水時代の〃媒介〃的役割の考え。
○何を為すべきか
国民融合＝部落解放の方向へ
×勤労国民大衆の一部分としての共通利害と共通の要求
×朝田命題〃日常生起する諸問題で、部落および部落民にとって不利益なことは一切が差別である〃
×分離主義の典型
今日、部落民の孤立、個別の利害関係は存在しない

×部落解放運動も、戦前と戦後とは歴史的段階の相異――
反封建民主主義から、反独占民主主義へと重心が移行
×〃部落〃を日本国内の〃植民地〃と見る井上清説の誤り
×部落は資本主義体制に組み込まれた底辺を形成
×勤労国民との共闘の強化拡大
×一般民主・平和・反帝・反独占闘争への積極的参加
×人民的・階級的結合の促進
×部落民の凝集性、分離・閉鎖性の止揚――
×同族意識(仲間意識)の止揚・克服
×部落内部の近代化・民主化の推進
×地域住民の民主的運動の組織と推進
○一般行政と特殊行政
×同和対策は特殊行政
×一般行政の補完的性格
×ハンディの克服とレベルアップ
×時限立法の意味
×東京都同和問題懇談会答申
×被抑圧者層対象の一般行政の底上げ

○豊かな老後を守る政治を
×老後保障の確立
×老人医療の有料化反対
×生活できる年金を
×働く意欲にこたえた仕事と賃金を
×老人福祉の拡充
○貧困者の生活と権利を守る
○零細自営業者の問題
○民主教育
○一般消費税反対

［2286］A5ノート横書き18頁

100　国民融合全国会議南紀シンポジュウムでの北原泰作「問題提起と討議の方向づけについて」

問題提起と討議の方向づけについて

全国会議代表幹事　北原泰作

国民融合をめざす部落問題全国会議の代表幹事の一人である北原でございます。

今日はまったく初めての試みとして「新しい地域共同体づくりのシンポジュウム」を行いますが、私たちがなぜ、ここのすさみ町・白浜町で会場を設定したかと申しますと、みなさんはすでに見学され、昨晩の交流会でのいろんな質疑応答の中で、ご了解いただけたように、この和歌山県の紀南地方は、同和事業が非常に進んだ地方でございまして、とくに私どもの主張している「国民融合理論」が、部落解放同盟の分離主義・排外的な主張と対置され、国民各層の間に理解され、支持共鳴が広げられ、具体的に行なわれて、その正しさが実証されている所でございます。そういう意味で、この地方を会場に選んだのであります。

私たちの国民融合運動が発足してから五年ですが、これまでは一つの仮説としての段階でしたが、ここでは、もはや実際に証明されております。それが、部落解放の正しい方向を示す路線として実証されてきたと思うのです。私どもが国民融合の立場から、新しい町づくりのあり方について、どのように考えているかを、若干ご説明申上げます。時間が三〇分に制約されていますので、詳しい例証などできませんが、重要なポイントをおさえてお話したいと思います。

新しい町づくりといいますと、古い町という概念が対置してあるわけです。その古い町というのは前近代的な共同体の関係、これが部落差別を再生産してきた社会的基盤であります。共同体と申しますと、原始共同体が典型的なものので、その共同体の結合のベルトは、自分たちは祖先を同じゅうする社会集団だという意識であります。共同の祖先を持っているという同族意識であります。これが原始的共同体の結合のヒモであつたわけです。それからもう一つは、地縁関係・一定の地域にみんなが集って生活していることです。この血縁と地縁の関係によつて結合されてきた社会が、歴史的には共同体の型が変っても、その奥底に残されている姿で、ずつと続いてきたのであります。

この共同体がすなわち身分社会です。共同体の中にはいろんな身分の階層が生れ、その中で支配と服従の関係がつくられてくる。そういう前近代的な身分社会の共同体の一つが部落であります。よく世間の人は、部落差別は封建時代に支配階級によって作られたのだと言いますが、それにちがいないが、少数の支配者が自分の思うとおりにある一つの制度をつくったとしても、それが民衆によつて受け入れられ支持されなければ、発展しないし、存続もできないものです。そういう社会秩序が固定化したのが封建時代ですが、これは一体どうしてそうなつたかといいますと、むしろ、そういう身分社会が崩れていくいろんな条件が出てきた。たとえば物を交換する条件、商品経済の関係の芽が出てきて、商品が交易される。さらに中世の時代には、それがだんだん成長しますと、身分的な共同体が崩壊しますから、それをくい止めようとしたのが、封建時代の、あの過酷な法令が出される原因であります。支配階級は共同体を守るために法律制度を強化して、身分制度を維持する政策をとつたのです。だから、部落差別は徳川時代の末期に至るほどきびしい差別的な法令が出されています。法令が出されたのは、実は内面において身分差別がすでに崩壊しつつあることの裏づけなんです。

それが明治維新の変革によって、新しい資本主義的な近代社会ができたわけですが、しかしその社会がまた、古い昔からの伝統的な身分社会、共同体の秩序、古い原始共同体の社会原理を残している共同体的な社会関係を利用して、ずうっと残されてきました。そんな関係で、部落差別は一掃されなかったわけですが、そういう前近代的なものが、日本の社会のいたるところに残されていることは、ご承知のとおりです。それが今日では根底から破壊される条件が生れました。特に高度経済成長時代から変化発展してきまして、それが部落の状態にも影響を与えているのです。

まず、封建時代の身分階層の残存形態である部落の状態が大きく変わってきています。住居関係では混住が目立ってきた。職業の内容も変わってきた。伝統的な職業がだんだん近代化し部落民が新しい職業分野に進出してきました。

また結婚の問題も変わってきて、部落民と部落外との通婚が非常に多くなってきました。こういう大きな変化がみられてきています。そこで私たちは、このような状態を、部落差別が基本的には解消に向っている歴史的な段階であると規定しています。身分差別が解消にすすむにつれて、あとに何がはっきり表われてくるかといいますと、それは階級の関係であります。部落の中の労働者や、中小零細の自営者などの、勤労階層が多くの勤労国民階層と結合する状件がだんだんと出てまいります。

私たちがいう国民融合と、戦前の国民はすべて天皇の赤子で、その間に差別があってはならない、あの侵略戦争を神聖な戦争だとして、みんなが一致協力しなければいけない、といったような、あの融和主義とは全く質のちがったものであります。私たちは勤労国民としての部落大衆が、多くの勤労大衆と階級的に、あるいは人民的に結合していく連帯の条件を積極的に生かしていく、そして、その結合した勤労大衆と共に、新しい民主的な日本を作っていくのです。たとえばすさみ町や白浜町で行なわれているような地域づくり、新しい町づくり、こういう中で民主的な近代的な新しいコミュニティをつくっていく。近代的な地域社会をつくっていく、その事業の中で部落差別は解消していく。しかし、そのあとに残される問題は階級的な問題で、これは貧乏の問題です。この根本的な解決はやはり、働く勤労者が自分たちの問題として階級的に闘わなければなりません。それはもはや同和問題ではない。一般的な階級的な問題であります。私たちは、こうした展望をもつているわけでこれは、戦前の融和主義とはちがいます。

ところが、部落解放同盟はご承知のように部落差別は今でもなお拡大再生産されていると申していますが、私どもはそういうことはあり得ない、まつたく非科学的な認証だと指摘しています。共同体が崩れていくということは、身分社会が崩れてくる、変わるということです。従って身分の差別がなくなっていく段階ですから、それが封建時代に逆もどりする、あるいは古代社会に逆もどりするということはありえないことです。歴史の流れからも、社会発展の法則からいってもそういうことは絶対にありえないことです。ところが、なぜ解同はそういうことを主張しているか、先ほど言いましたように、徳川時代、江戸時代の末期に、身分秩序が現実に崩壊していくのを防ぐために、きびしいいろいろな差別法令を出して、差別を意識的に強めていった。あの支配階級と同じように、彼らは、差別の存在によって結びついている社会集団が、その存在の基礎が崩れると困るので、差別が拡大再生産されていると強調しなければならないわけです。差別でないことを差別だと捏《ねつ》造しなければならないのです。そして差別を強調することによって、部落民の同族意識を強め、固めようとしているのです。これでは、問題解決の方向ではなくて、その解決にブレーキをかける、阻止することになるのです。

私たちは今一番大事なことは、いつさいの古い身分を固定化するやり方に反対するということです。それから部落の同族意識を強調して、部落民だけを被害者集団に固定することで、部落外のものを敵視する排外主義・分離主義に反対する。これが国民融合運動をすすめる基本的な態度であります。昨日から今日にかけて、いろいろ話し合い、現場を見たりした中で、われわれが主張している国民融合の主張が、ここの行政と住民が結束して実践されていることであります。

たとえば「同特法」は属地主義が原則になっています。歴史的に社会的差別をうけている地区を、法律の対象地区と指定して、その地区における経済的な向上をはかり、教育文化の向上をはかる。生活環境の改善をはかるという柱を立てて、同和事業をやるというのが、あの法律の主旨であります。だから法律の条文をそのまま率直に認めますと、これは原則として属地主義です。ところが、解放同盟の主張は、属地・属人主義と申しまして、部落出身者であれば、その子や孫までも同和対策事業の対象にせよと主張してまいりました。私が同和対策審議会の委員をしている時に、あの法律の草案を起草したのですが、その時の解放同盟からの要求は、同和地区に居住していない、他の地区に出ている部落の出身者の子や孫に至るまでこれを部落民として扱って、法律の対象にせよと要求したのですが、私共はこれに反対しました。なぜ反対かと申しますと、旧身分を固定化する主張だから反対したんです。

それからもう一つの主張は、部落産業を振興させよという要求です。これの内容は部落の産業を特別の法律を作って保護せよ。という要求なんです。たとえば、西陣織とか清水焼とか、輪島の漆器とか、そういう古いすぐれた伝統工芸を保護せよというのであればわかりますが、そういうものは関係なしに、部落の産業だけを特別に保護せよ、という要求が「部落産業振興法」です。それをやると結果においてどうなるかと申しますと、中世ヨーロッパにおけるギルドと同じような形で、日本では座といわれていたものが、徳川時代には「株仲間」に変わっています。これは非常に排他的な狭い同業組合であり、身分的な組織でありました。それを復活させるような要求を出してきたのです。私たちは、この部落産業振興法を作ることに強く反対しました。つまり、旧身分を固定化するやり方には極力反対する。旧身分を解消する方向へ発展させねばならないというのが私たちの考え方なんです。

さらに排他的な部落エゴイズム、部落第一主義的なエゴイズム、これを許してはならないのです。これは歴史的な社会関係によつて、部落は経済的にも文化的にも低位な状態にありましたから、これを高めるための要求は当然であります。そのための同和対策事業が行なわれるわけですが、それはあくまでも一般行政に結びついた、一般行政の欠陥を補なう性格のものとして行なわれるべきものです。そうでなくて、それを切り離して特別のものとして、しかも一般行政施策をギセイにしてでも、部落施設を優先的にやれという主張になりますと、転倒した姿になり、いわゆる逆差別という現象が出てくるわけです。それがまた、部落差別の観念を助長する作用が出てきますので、こうした分離主義的なやり方はいけない、あくまでも国民の合意のもとに国民の共鳴するようなものとして、一般行政との関連で同和行政を位置づけていくことが何より必要だということを、私たちは主張しているわけです。つまり、部落共同体的なものを残しちゃいけない。むしろ解体を促進していく、ということを私たちが主張したわけです。

ところで、そういう部落共同体的なものを解体するということは、河原の石のように、バラバラに個人が分解することではなくて、古い共同体的な束縛・関係から解放された独立した個人が主体となつて、新しい共同体を作っていく。これが新しい町づくり、新しい村づくりなのであります。ところが、この頃それがはやりまして、八〇年代は地方時代だとか、地域主義の時代だとか、いろいろと唱えられています。ついさいきん商工青年会議所が、八〇年代の事業だといつて、新しいコミュニティづくりを提唱したりしております。その考えは『新しい豊かな町づくり』という本を出していますが、それは主に道路をよくしたり、たとえば、中部地方の九つの県にまたがる「中部圏」の共同体を作って、その間に高速道路を完備しよう、産業発展のためのいろいろな施策を、中部圏内で行なおうといつた考えが中心になつています。このような現体制の中において、むしろ現体制を維持する一つの政策として出されてきたところの、地方の時代、地方主義は、我々は大きな危険を感ずるものであります。と申しますのは、戦前においてご承知のように、日本の国家は大きな一軒の家のようなものだ、皇室を宗家として結合している家族国家だといったような、擬制共同体的な施策が行なわれ、国民精神総動員で戦争に駆り立てられた。そういう中で、いわゆる融和主義というものが出てきて、さつき申したように、陛下の赤子の間に差別があつてはいけない、との融和主義思想が出てまいります。これが、私たちは非常に危険だと思うのです。このような新しい町づくり、新しい村づくりが、戦前の擬制共同体の方向へ進んだならば、これは部落解放はもちろん民主主義的な国家を築くことにはならない。私たちは、これに反対しなければいけない。私たちが考える新しい町づくりというのは、あくまでも近代的で、民主的な地域社会をつくっていくことであります。

そこで、すさみ・白浜両町の同和事業を見ますと、環境改善が非常に進んでおりますし、白浜町平間のブロイラー工場のように、協同組合的な経済発展のやり方が出てきていますのは、非常に結構だと思いますが、もう一つ考えねばならぬことは、部落の中の近代化・民主化ということが、非常に重要だということです。

水平社の運動から解放同盟の運動を通じて部落内部の近代化・民主化、部落民自身の主体制の確立ということが欠落していたという歴史をふり返ってみる必要があると思うのです。それが私たちの主張である国民融合の運動の上でも、無視するわけにはいけません。見てまいりました白浜・すさみ町の部落のように、部落民の要求を高めて、その地方の広い意味の地域住民の共通の要求をとり上げていかなければなりません。これが国民融合のいき方だと思います。

これを全国的にみますと、紀南地方のように進んだところもあれば、非常に遅れたところもあつて、不均衡な状態にあります。それをもつと発展的に、全国を紀南地方のような状態に進めていかねばならないと思います。私は紀南地方の先進的な事績に対し讃辞を捧げるものであるが、この状態が最終的に到達した成果だと考えておりません。これはまだ新しい町づくりの入口だと思っております。今後さらに発展させて、町内の勤労者の組織化が大事です。特に未組織労働者を組織することが大事だと思います。それからもう一つは、婦人の自覚を高めて、婦人の地位の向上のためにも闘われねばなりません。法の改正も行なわれ、相族《ママ》関係でも婦人の地位が高められるような方向に進んでおります。男女平等の原則のうえに立って婦人の権利を尊重し、そういう中で家庭のあり方、子供の問題などいろんな問題がとりあげられねばなりません。

私たちは、自分の地域の環境改善だけでなく、自分たちの私生活や地域に残る古い慣習を改善し、民主的な地域社会の発展のために、さらに前進せねばなりません。こうすることは、単に部落問題解決という観点からでなしに、もつと広い視野に立って、日本の民主化のために、民主主義国家・社会を築く土台にもなります。いづれ《ママ》にしましても、日本に新しい民主主義的な政治が確立されるならば、私は二〇世紀のうちに部落問題は解決するという確信を持つといつてもよいと思います。また、そうさせねばならないと考えています。

昨年の国民融合全国会議第五回総会ではこのことを決議しています。私たちは二〇世紀の期間中にこの部落問題を解決し、二一世紀に持ち越してはなりません。主観的にそう考えるのではなく、客観的条件がすでに成熟しつつあることを確認し、この展望に立って更に一層の努力を申合せたのであります。このシンポジュウムにご参加の全国の同志の皆さん、このような広い、高い展望をもつて今後の奮闘を誓いましょう。

大ざっぱな説明で、提案としては大変不充分だつたと思いますが、本集会の意義の説明と、主催者挨拶をかねて、提案をいたしました。御静聴ありがとうございました。

国民融合をめざす部落問題全国会議編
『国民融合パンフレット』第五編
（一九八〇年一一月一日）

解説＝資料篇Ⅰ・Ⅱ

資料篇Ⅰ

西尾泰広

北原文書には、部落問題を中心とする諸社会運動の全国的あるいは地域的な資料が多様かつ膨大に含まれているとともに、北原自身のメモやノートなどもある。本書『部落問題解決過程の研究』第三巻の資料篇Ⅰには、北原文書から一九六一年までの資料五一点を選んで収録した。そのうち、「**1**　北原泰作［昭和十三年「記録」］」（第三巻　一八一―二一一頁）と「**2**　北原泰作［昭和十七年「日記」］」（同　二一二―二六七頁）の二点が戦前・戦中の資料であり、それ以外の四九点（**3**〜**51**、同二六八―四三一頁）が戦後の資料である。

戦前における部落問題解決の運動が全国水平社（一九二二年創立）という形をとって開始され、紆余曲折を経ながらも一九三〇年代にかけて一定の発展をみせたにもかかわらず、戦時体制と治安維持法等による抑圧・弾圧の強まりの中で変質・窒息させられざるを得なかったわけであるが、そうした流れの中にいたのが北原だった。日中戦争下の**資料1**と、アジア太平洋戦争下の**資料2**によって、「転向」の問題も含む北原ら活動家の戦時下における活動の状況の一端などを知ることができる。なお、**資料1**については『部落問題研究』一九〇輯の史料紹介（本井優太郎）、**資料2**については『同』一九一輯の史料紹介（本井・西尾）をそれぞれ参照していただきたい。

敗戦後、一九四六年二月に部落解放全国委員会が結成され、北原も参加した。部落解放全国委員会は、一九五五年九月の第一〇回大会で部落解放同盟へと改称した。戦後（**資料3**以降）については、部落解放全国委員会・部落解放同盟の活動に関するものを中心に北原文書から選んで収録している。

部落解放全国委員会は、「部落産業」復興を主要方針の一つに掲げ（**資料3**）、また委員長の松本治一郎が吉田茂内閣によって公職追放されると（一九四九年一月）、それに反対する追放取消闘争に取り組んだ。追放の理由とされた戦中の大和報国運動と松本の関係に関する資料（**資料4**、**5**）、および部落解放全国委員会の追放取消闘争に関する資料（**資料6**、**7**、**9**）を収録している。この闘争と重なるかたちで、部落解放全国委員会は「全面講和」要求運動に取り組んだ（**資料8**）。なお、松本の追放が取り消されるのは五一年九月のことである。

一九五〇年代前半にかけては、旧い共同体や地域支配構造が存続しているなか、旧態依然たる「差別」事件も各地で起こり、それに対抗する部落解放委員会の取り組みも行われた（資料20など）。またこの時期には西日本を中心に水害が頻発し、部落（住民）も大きな被害を受けることがたびたびあり、その救援・復旧闘争も行われた（資料14、15、16など）。

五〇年代前半は、高度経済成長という部落を含む日本の地域社会の大きな構造変動が始まる前ではあったが、一方で日本国憲法のもとでの民主主義の成長と社会運動の発展が、「逆コース」にもかかわらず大きくみられた時期でもあった。こうした時期に部落問題をめぐっても、水害復旧闘争などを通じて運動が不十分ながらも進展しつつあり、青年層を中心とした運動の発展もうみだしつつあった。しかし、旧い地域支配構造の持続にも規定されて、「部落解放委員会」といってもその実態は戦前の水平社以来の「無組織の組織」が基本的に継続していた。

こうして五〇年代半ば、部落問題の解決をめざす運動やその組織には、従来の延長線上ではない飛躍が客観的には求められていた時期に、第一〇回大会（五五年九月二七・二八日）において「部落解放同盟」と改称し、部落問題の解決を目指す新段階―高度経済成長期の運動へと展開していくことになったのである。社会運動の発展と民主化の進展という日本社会の全体的な主体の成長という状況のもと、部落を含む地域社会の旧い構造の民主的・大衆的変革が課題となり、部落解放全国委員会は部落解放同盟へと組織転換したのであった。

部落解放同盟は、青年・女性など部落住民の組織化に取り組む（資料23、24など）と同時に、また勤評反対闘争（資料27、30、31、32、33、34など）等の共闘にも加わっていった。

また地域では、福岡における鉱害問題（資料28）、和歌山（資料42）や京都（資料35、43、48、49、50）における教育条件の整備・向上といった課題への取り組みが行われていた。

部落問題に対する国民的関心も一定の高まりをみせた。大学においても部落研（部落問題研究会）の活動が始まる。早稲田大学と慶応大学の部落研創設期の資料が北原文書には含まれている（資料21、26、29）。

部落問題への関心の高まり、また部落解放同盟を含む諸社会運動の共闘のひろがりに直面した自民党政府は、五〇年代末には部落問題へ対応せざるをえなくなる（資料37、38、40）。五五年体制のもと、社会党など革新政党も部落問題解決への政策を打ち出すことになる（資料44、47）。

部落解放同盟は、一九六〇年九月に綱領を確定した（六〇年綱領は部落問題研究所編『戦後部落問題の研究』第四巻、一七九―一八二頁に収録）。草案は北原が作成し（資料45）、六〇年三月の部落解放同盟綱領審議委員会に提出されている（資料46）。なお、「一九六〇年綱領の意義と問題点」については広川禎秀「部落問題解決理論の史的考察」、本書第一巻、一〇四―一一二頁を参照していただきたい。

安保改定反対闘争（資料41）の後、部落解放同盟が第一六回大会（六一年三月）で提起して取り組んだのが部落解放国策樹立請願運動であり、各地で取り組みが行われた（資料51）。

資料篇II

第一部　同和対策審議会から同和対策協議会へ

鈴木　良

1、同和対策審議会の出発

政府による同和対策事業の本格化の始点は同和対策審議会の設置にはじまるといってよい。なぜ政府が同和対策を重要視したのであろうか。これをよく示しているのが同和対策審議会（以下・同対審と略称）の審議過程である。一九六一（昭和三六）年一一月に委員が任命され、翌一二月に第一回の審議会がひらかれ、会長には木村忠二郎（全国社会福祉協議会会長）が選出された。木村は厚生官僚ＯＢで厚生事務次官を勤めた経歴がある。

委員には磯村英一（東京都立大教授）ら九名が任命され、民間からは北原泰作（当初は中部日本新聞嘱託、部落解放同盟常任中央委員）、柳井政雄（全日本同和会長）らが委員となった。

ここからわかるように、この審議会には同和問題に取り組む民間運動団体の代表が入っていた。政府がそれなりに民間世論を反映することで、同和問題に本格的に取り組み同和問題解決を政策課題として提起しようとする気構えが示されていた。すでに本書第一巻で述べたように、高度成長政策の進展とともに従来型の社会福祉政策の見直しが行われ、その一環として伝統的、歴史的な社会問題である同和問題解決をめざす対策の樹立が指向されたのである。

同対審最初の総会は首相官邸で開かれたが、佐藤栄作総理の出席はなくメッセージが代読された。磯村英一委員が、政府委員による諮問事項の説明に対し「同和地区の改善が図られ、関係予算も年々増額され、相当の成果を上げてきている」とあるが、どういう状態か、資料を提出してほしいと要望した。北原委員もこれに賛同して資料の提出を要望した（**資料1**、二〇頁）。

実は磯村発言には裏側の事情があったらしい。一九五八（昭和三三）年八月に同和問題閣僚懇談会が作られ、政府による総合的な同和対策が必要となってきたことから、厚生省社会局は都道府県に対して、「同和対策に関する現状の調査」を指示していた。そこには同和対策が「昭和三五年度より具体的に実施される予定」となっているので、「同和対策樹立上必要な基礎的資料を整備する」こととなっているとあった。この調査は各同和地区の住宅、道路、生活保護者などの状況を調査しようとしたものである。

この調査は、おそらくは厚生省と深いつながりにあった磯村英一を中心とする学者グループ（都市政策、社会福祉研究者など）が厚生省の調査に協力し、調査項目の選定、集計方法などについて提案・助言していたと思われる（本書第三巻資料篇Ⅰ、資料37、三八八頁以下参照）。磯村はこの事情をよく知りながら資料提出を要望したのであろう。

その背後には、高度成長政策下の社会事業を進める上で同和問題が避けることができない問題として登場し、本格的対策を作らなければならない状態にあったことが指摘できるだろう。発足の仕方から見ても、同対審は終始政府・自民党、厚生省の側が主導して運営していったとしてよい。

以上のような経過で、まず実態調査のための調査部会が発足することとなった。調査部会長は磯村英一、委員には伊藤昇（朝日新聞論説委員）、専門委員として磯村グループの専門家三名と全日本同和会と部落解放同盟からの四名が任命された。磯村グループとは、大橋薫（明治学院大助教授）、竹中和郎（日本社会事業大専任講師）、小沼正（厚生省社会統計課長）である。また民間から全日本同和会の山本政夫（同常務理事）、藤範晃誠（和歌山県人事委員長）、部落解放同盟の野本武一（同中央執行委員）、米田富（同奈良県連合会委員長）が選任された。

調査は都道府県を対象とする全国基礎調査と各府県から一地区を選んだ精密調査が取組まれることとなった。この二つが同対審成立の当初から課題となった。

具体的に進んだのは精密調査の方が早かった。全国各府県から一地区を選び調査票にしたがって調査がなされた。かなり綿密に実行されたが、この調査でも見方によって実態のとらえ方が違ってくることが事実で示された。

一九六二年一一月一四日の同対審総会には、竹中和郎専門委員が広島県の柿浦地区の調査結果を報告した。「ここは九〇%が一本釣ないし養殖の手伝いという単純労務」、残りの一〇%が呉方面の「近代的産業に吸収されている」と結論した。生活保護世帯は少なく、学校での子どもの成績もよいと述べた。この報告に対し山本政夫専門委員が質問した。実は柿浦地区は山本委員の出身地であり、山本もこの調査に協力していたのである。山本は竹中委員の報告に対し、柿浦地区では約二〇〇世帯のうち「一本釣を職業にしているのは一〇世帯くらいしかありません」と述べ、「毎日造船所なんかに行って働いている世帯が六〇世帯」あり、その外に海運業や「防衛産業に携っている連中」も多いと発言した。「防衛産業」というのは自衛隊向けの兵器関連事業のことである（**資料5**「昭和三七年一一月一四日同対審総会速記録」三三二頁以下）。

青年をはじめ、多くの労働者が柿浦地区、つまり能美島から呉周辺の工場に働きに出ていたのである。この山本発言によっても、部落出身委員による実地観察・体験の役割の大きさが認識されたのではなかろうか。どの地区の精密調査でも、部落出身委員の調査に果たした役割は大きかったといえよう。最初は調査部会委員が精密調査を担当する予定であったが、各県一地区（埼玉県を除く）を選んで調査することになって、地域をよく知る部落出身委員一名が付いて調査に協力した。

この精密調査と従来の部落調査とを比較すると、各府県から一部落を選んで調査したものではあるが、統一した調査方法で、地区概況、環境調査、さらに精密実態調査が行なわれ、この時期の変化する地区の実態が調査された。しかも全府県から都市的地区（大都市と中小都市）、農村的地区（近郊農村と農漁村）に分け、一地区を選んで組織的に調査が行われた。調査方法も整備されていて、調査用紙や調査方法も整っていた。この調査はそれまでの調査とは違っていた。部落差別が残っていることの検証が調査の主目的ではなく、社会変化の中での部落の変化という視点での調査が行なわれたのである。このことは大きな意義を持った。

これに対し全国基礎調査の方は、かなり遅れて調査結果が示された。同和対策審議会が企画・立案して各都道府県に依頼し、年度は一九六二年、期日は同六三（昭和三八）

年一月一日現在の調査を行なうとした。調査項目を定め基礎調査票にしたがって一地区につき作成するものであった。

この調査の目的で画期的なのが、「部落民と言われる人口と、これをとりかこむ一般地区人口との比率」を示したことである。すなわち部落が一般人口と混住している状況を明らかにしようとしたことである。とくに関東地方などでは、高度経済成長にともなって部落の周辺に住宅が集まるところも多かった。そうすると、従来から部落であるとされてきた地区と、これをとりまく周辺の地区とが混住してくる。この地域の生活改善を図るには、部落とその周辺地区を「混住地区」として調査することが必要となってきたのである。

しかし混住率は正確に調査できないのは当然のことである。そのため対象自治体には、「大体の推定で書いてもらう」とした。ここにこの調査の画期的意義があったといえると思われる。調査に当たった磯村グループの功績の一つが、この調査での混住の状況の発見であったと思われる。

資料43「昭和37年同和地区全国基礎調査」（一五八～一五九頁）は、この全国調査の報告の一部である。この調査の項目を見ると、地区数、世帯数、総人口、部落人口というように数字が並んでいる。この地区数とは何であろうか。これはこの調査の独自性のあるところで、地区数とは同和地区数のことである。総人口とはこの同和地区に居住する人口、つまり同和地区人口である。

では同和地区とはどう定義されるものであろうか。それはこの調査（昭和三七年調査）では、「一般に同和地区であると考えられる地区」とされたが、これはいちじるしくあいまいな定義である。一九五八（昭和三三）年政府調査では「一般に同和対策を必要とすると考えられている地区」とされていた。

重要なことは、地区（同和地区）とは部落の周辺に居住していて、市町村からの同和地区の指定を受ける、つまり「同和施策の適用を受け入れる（承認する）地区のこと」とでもいうべき地区のことである。すなわち行政の同和施策を実施する上に必要な（同和）地区の規定であったのである。これを高度経済成長期の社会変動から生まれる現象としてとらえたことは磯村グループの卓見であった。

前記「昭和37年同和地区全国基礎調査」をみてみよう。これについては、「同和対策審議会答申」の「基礎調査による概況」に表にまとめられている。「地区別に見た状況」のなかに、一九六二（昭和三七）年調査からみた「地区人口率による府県分布」という表がある。これは調査部会が作成した表であって、この時期の地域と部落の変化を表している（本書第一巻、鈴木良「日本社会の変動と同和行政の動向」二二八頁）。

この表の部落人口率とは、（同和）地区に居住する総人口で部落人口を除した数値である。即ち数値が低いほど混住率が高いということになる。関東では福島、茨城、群馬、埼玉、千葉の各県が五〇％以下である。関東地方では、経済の高度成長期初期でも、部落周辺に人々が住み着いて混住していく傾向が読み取れる。北信越では石川、山梨、長野の各県、東海では静岡県がいずれも五〇％以下であった。

これに対し、西日本では大阪（四九％）、島根（一六％）、長崎（二九％）を除く各府県は、いずれも混住率が低いことがわかる。大阪は工業都市として発展するなかでいちじるしく混住が進んでいたといえよう。経済変動にもかかわらず混住の現象があまり進んでいなかった諸県がある。とりわけ愛媛県と奈良県はそれぞれ一〇〇％であって、同和地区人口は部落人口と一致している。つまり全く混住がなかったことになる。また近畿地方では大阪府を除く各県は部落人口率が八〇％以上であって、あまり混住が進んでいない。また四国の四県もいちじるしく混住率が低い。

以上のように、「部落をとりかこむ地区＝同和地区」という調査委員会の仮説に基づいて混住率を計算すると、従来の部落に対する固定的なとらえ方では同和問題を理解できないことが示されたと思われる。これは新しい問題提起であった。

しかしこの表には大きな欠陥があった。北海道、沖縄県は部落（同和地区）が存在しないと考えられる。これを除く全国各都府県の内、岩手、宮城、山形の東北三県と東京都、神奈川県も報告をしなかった。宮崎県も同様であった。調査部会報告によれば、「今回の調査では報告がなかったのであるが、別途の情報によれば同和地区があることが確認」されているとある。できないとする理由はさまざまであったが、総じて該当する部落がないとか調査不能といった理由が多かったといわれている。

総理府の責任で実行する調査であるにもかかわらず、報告がなされないことは残念なことであった。とくに東京都は磯村英一が都政に深く関わり、過去に民生局長を勤めたところであり、磯村とは深い関係があったが、最後まで報告は提出されなかった。その理由はいろいろ考えられるが、超巨大都市東京都の場合、かつての「部落」をとりかこむ社会状況は明治期以来大きく変化していて、他府県と同様の調査は困難であるという理由であったと思われる。

この全国調査にはそうした問題点が含まれていたが、高度成長政策の展開されるなかにあって、全国的に混住の状況などを調査し、それによって従来の部落問題についてのとらえかたを修正しようとしたのは磯村グループの大きな功績であったといえるのではあるまいか。

資料42「基本調査による具体的認識」（一五〇頁以下）は、この調査を担当した調査部会の報告である。人口の動態、家族・婚姻、生活水準、職業・産業、生活福祉の各項目について、できるだけ正確な結論を得ようとする意欲があらわれている。

こうした認識は、厚生省と磯村グループによって検討されていたものと推定されるが、この調査結果は多くの人びとの共同の認識となったのではあるまいか。北原委員はいち早くこの認識から学び、社会とともに変わる同和問題認識の必要を自分のものとしていたのである。

北原泰作は六三（昭和三八）年六月一三日の同対審総会で「部落問題とは何か」（**資料11**、六二頁以下）というテーマで報告してこう述べた。「現在の部落問題の特徴は、先ほどの調査報告にもしばしば出てきましたようにだいぶ変わってきた。つまり日本の社会の近代化、民主化が進んできたということ、これは部落の立場から考えてみますると、身分的同類意識、部落民としての同類意識が弱くなってきたということ」。北原の直感していた社会の変化による「部落の変化」が、調査によって裏付けられると考えたからであろう。

ついでながら北原はこの報告で「部落民とは何か」について述べた。彼によれば部落民とは「身分制度が固定化されたところの身分階層だと思う。これはカストだと思う」。インドと同じであるかどうかは「論議の余地」はあるが、部落民は「固定した一つの身分階層」であって、「社会階級的な移動というものが非常に困難である」。これが身分階層的な秩序をなしていて、インドのカーストと同じく日本社会の構造の基礎をなしている。日本社会は「古い前近代的な共同体的な関係と、身分階層の秩序の関係をまだ残している」。それが資本主義制度と結びついて今の社会を形成しているとした。「むしろ日本の資本主義はそういう古い要素を利用し、それをてことして発展してきた」と述べた。

この北原報告（口頭での発言記録）は、これまでの北原の発言を踏襲した点もあるが、実態調査結果などに学んで、新しく理論を構築しようという気迫に満ちたものであった。とくに身分階層的秩序と共同体的な関係が相互にからみあって部落問題をなしているとした点が重要である。以後、北原の主張に「身分階層的秩序」とか「身分階層構造」とかいう言葉が現れるが、それはカーストないしカースト的なものを意味すると思われる。これは北原の到達した重要な論点であったが、残念ながらそれ以上の展開はなされなかった。

二、同対審の部会活動

一九六三（昭和三八）年二月の同対審総会で、審議会内に三つの部会を設置することが決定された。産業・職業部会、環境改善部会、教育部会である。産業・職業部会は、部会長尾形匡、委員北原泰作、柳井政雄、石見元秀。専門委員には山本政夫ら。環境改善部会は部会長高山英華、委員磯村英一ら。教育部会は部会長伊藤昇、委員田辺繁子らであった。このメンバーに関係各省庁の事務次官が出席するのがたてまえであった。

北原泰作は教育部会を除いて二つの部会に所属したが、最も多く発言し、意見書も多く提出した。また教育部会についても途中から意見を出し、各部会報告書の作成をリードした。

産業・職業部会はいちはやく活動した。討議の中で、重要な論点が山本政夫専門委員から提起された。北原の要約によればこうである。産業・職業部会や環境改善部会を開いて論議すると、各府県のかかえる実際上の問題が浮かび上がってきて、これに同対審の部会として中間勧告・中間報告を出した方がいいという議論となった。これは当然ではあるが、それが同対審の主任務であるのかどうか。

同年一〇月の同対審総会で北原が発言した（**資料14**、同対審速記録、七四頁以下）。そうした中間的な勧告などを出すことに異存はないところだが、この日の午前中に開かれた産業・職業部会での山本政夫専門委員の発言が重要ではないかと北原は指摘した。山本の発言とはどういうものであったか。

山本は、審議会の目標は「もっと根本的な、総合的な、この問題の抜本塞源策を立てる」ことであると主張した。したがって部会などから中間勧告などを「部分的に出すことによって本来の任務のほうが薄れるような結果を招くおそれがないとも言えない」から十分注意しなければならないと述べた。

山本の産業・職業対策の方針を見ると、「今日の経済成長の中で、地区住民の経済生活を一般の生活水準にまで引き上げること」を目標とするとされ、「地域住民の貧乏の底を引き上げるため」諸施策を拡充強化することが必要であるとされていた。つまり貧困の根絶こそが目標であるというのである。そして産業・職業対策の「最も重要なポイント」を「地域住民の労働力を評価し、その生産性を高め、新たに経済進出の道を切り開くことを主軸」とすることを主張した（**資料34**、一二七頁）。

その後の討議では、この山本の「貧乏追放発言」が全体に受け入れられ、各部会報告の基本となった。政府に対する中間対策の要望も取りやめることとなった。

こうした山本専門委員の意見は、北原の主張と一致する点が多かった。産業・職業部会には報告書起草小委員会（北原、山本、米田）が作られた。北原が原案を起草することが決定された。北原報告書の草案原稿と思われるものを見ても趣旨は明確である（**資料33**、一二三頁以下）。

当初、同和会を代表する柳井、藤範の主張は、北原の発言に注文を付け問題の根本をあいまいにする傾向が目立った。山本政夫の発言から力を得て北原の発言もますます明確になっていったといえよう。北原・山本の共同が強まったといえるのではあるまいか。

こうした論議の結果、環境改善部会（高山部会長）の下に、二つの小委員会を作ることが決定された。環境改善委員会（柳井委員長）と社会福祉小委員会（北原委員長）であった。環境改善部会の審議経過は省略する。北原は環境改善部会にも自分の意見を提出している。

部会の中でもっとも審議が遅れたのは教育部会（伊藤昇部会長）である。部会は何度も開かれたが、最初の原案はかなり一般的なもので、せまい意味の同和教育をどうするかといったものに過ぎなかった。審議会答申は、当初は六四（昭和三九）年八月に行う予定であったが審議はかなり遅れてしまった。六四年一〇月になって教育部会では、「山本専門委員の原案をもとにして基本方針の部分を検討中」とされたが（**資料40**、一四四頁）、審議はもっとも遅れていた。**資料47**（一七〇～一七四頁）「教育部会小委員会試案」は、ようやくまとまった教育部会の案である。

北原委員はただちにこれについての意見を書き送っている（**資料48**、一七四～一七七頁「教育部会報告（案）に対する意見」）。北原は「教育基本法によって明確に示されている国の教育の目的、方針、理想をふまえ、その視点から教育と同和問題との関係について吟味し、問題の本質を解明しなければならない」とした。そして教育部会の原案は、「同和教育の歴史」に関する冗長な記述に重点がおかれている」と批判した。

一九五七（昭和三二）年頃から激化した勤務評定反対運動は、日教組などが「自民党政府と独占資本」の「差別と選別の教育」に反対するとして各地ではげしく取り組まれた。とくに四国や和歌山県などで激化し、日教組を中心に地域あげてのはげしい運動が展開された。柳井政雄らの全日本同和会は、日教組のこの運動に対し教育を政治に利用するものだとして強く反対した。

「教育部会小委員会試案」（**資料47**、一七一頁以下）は「戦後同和教育の二つの流れ」として、「階級主義的な教育に発展させようとする動き」と、他方には「概念的な民主主義の教育に終始する傾向」があるとした。「指導方針の混乱と地域的な格差は戦後の同和教育の重要な問題点である」とした。

しかし、この整理の仕方では、同対審委員からの賛成すらも得られない。事実、教育部会小委員会の討議に際しては、藤範委員から和歌山の「責善教育」（同和教育）運動を「左翼的イデオロギー」だとする声もあった（同上資料への北原書き込み）。これを統一するにはどうするか。

北原の「教育部会報告（案）に対する意見」（**資料48**、一七六頁以下）には、「同和対策としての教育的施策の問題点」を指摘している。第一に、「憲法および教育基本法に基づく教育の機会均等の完全な保障」を実現すること、第二は「教育内容に関する問題点」の指摘、第三に「教育行政の改善、とくに同和問題に対する認識の徹底と、具体的施策の綜合的、計画的実施」であった。そして同和教育の基本方針なるものは、教育内容に包含されると述べた。これに注記した北原のメモ書きには、「主権者としての自覚――民主社会の主体的構成員としての人間　そのパーソナリティー形成」とある。

これをうけて山本専門委員が部会を代表して、六五（昭和四〇）年五月二五日の同対審総会で総括的に発言した（**資料49**、同対審総会速記録、一八三頁以下）。山本はいう。

「（同和教育は）日本の国の憲法と教育基本法のワクの中で行なうべき教育である。しかも、バックボーンとなるものは、憲法の十四条、二十六条」であるとし、法の下の平等、教育を受ける権利、教育基本法の教育の機会均等が核となることを強調した。「これを柱に同和教育を進めていかなければならんという方針」が根本にある。したがって同和教育は「日本の国の憲法と教育基本法のワクのなかで行うべき教育」であると。

このようにして、ようやく教育部会報告も出来上がっていったのである。憲法と教育基本法を基礎にして、教育の機会均等を重点として教育課題を考えるこの教育部会報告は、さまざまの意見を統一し、議論を大きく前進させたと言ってよい。そして、北原委員と山本政夫専門委員の協力はいよいよ固まったというべきであろう。

同対審の最後の段階は同対審答申の起草の問題であった。六五（昭和四〇）年五月二五日の同対審総会では答申書の前文をどう作成するかが問題となった。磯村委員も北原委員も、前文には宣言的な格調のある文章を作ることで一致していた。北原は各委員が起草委員会に向け、前文の問題点についてそれぞれの意見を文書にまとめて提出することを提案した。北原提案は総会で了承された（**資料49**、一八八頁以下）。

資料50「問題解決の基本方向と態度について」という北原委員の意見書は、答申書の前文のために書かれたものである。ここで北原は自分の意見をはっきりと打ち出した。その大項目は、「一、平和と民主主義を確立すること。二、人権尊重の原則に立脚すること。三、慈善的態度や恩恵的施策を排除すること。四、全国民を対象とする社会保障体制を拡充すること。五、特殊な要求に対応する特別の施策が必要であること。六、複雑多岐な要求に対応すること。七、行政機関と所管の問題について」となっていた。

北原は自分の主張を明確に述べた。それが「平和と民主主義を確立すること」以下の主張に貫かれている。「部落問題（同和問題）を根本的に解決するためには、軍国主義の復活に反対し、戦争政策を排除して平和政策を推進すると同時に、政治・経済・文化・社会などあらゆる領域にわたって一切の非民主的な制度や反民主的な社会関係を払拭して、観念的で実質の伴わない見せかけの民主主義ではなく、人民を主体とする人民のための真の民主主義国家・社会を建設しなければならない」とする。

そして「人類普遍の原理であり、我が国憲法の根本精神である人権尊重と自由平等の保障が現実に達成されていないのだから、それを達成することは日本国民の義務であり、国の政治にたずさわる者の責務である」（一九一頁）。そして部落問題解決の施策は「憲法で保障された権利であり、国・地方公共団体の義務である」と述べた。そしてさらに、憲法二五条に規定された「生活権」（生存権のこと。鈴木）が保障される「完全な体制」を確立しなければならないとした。この未定稿には北原の思索がよく表れている。

同対審の議論を通じて北原は問題解決の基本は、日本国憲法の平和と民主主義、人権尊重と生活権（生存権）の保障でなければならないと強調した。これは彼の到達した重要な見地であり、それが多くの人びととの共同を可能にすると彼は考えていた。北原はまず自己の見解を公然と述べ、その後に他の人びととの協力を考えるというやり方をとった。これもその一例である。

この立場から北原は、「答申書起草要綱」（資料51）や同「修正意見」（同52）、「答申書起草要綱（私案）」（同53）などを提出したのである。残念ながらこれら資料の書かれた詳しい事情はわからない。今後の資料の探索によってより詳しい前後の事情が判明するであろう。同対審答申の前文原案は、おそらく磯村英一とその周辺が執筆したものと思われ、北原らの意見をも参照して成文化したものと推定するにとどめておく。

そうしたなかで資料53の「答申書起草要綱（私案）」（二〇〇頁）には重要な指摘がある。「第一章　総論」の第二節には「客観的存在としての同和問題」が述べられている。「一、同和問題は歴史的段階としては、現在は解消過程にあること、即ち、明治維新以後における日本社会の近代化、ことに戦後における民主化、近代化による促進。二、だが問題は今日なお残存している（下略）」。

これは北原が同対審委員として論議に参加することで自らの考えを大きく発展させ、近代化を強調するだけではなく、ことに戦後における民主化によって同和問題が「解消過程」に入ったことを強調することとなったのである。ここに後の国民的融合論を提起する種子があったといえるのではなかろうか。

同対審答申は、資料にもとづいて高度経済成長期の同和問題をするどく分析した。日本国憲法にみられる平和、民主主義を基礎にして人権尊重と生存権の保障を確保することにこそ同和問題の解決があることを強調したのである。こうした同対審答申の基調は明らかに正しい見地に立っていた。もちろんこの答申には、不十分さやあいまいさを残す点もあったが、民間委員の役割をも含めて、この時期の政府の作る審議会の答申としては、きわめて密度の濃いものであり、同和問題を解決に向かわせる大きな刺激ともなったのである。

3、同和対策協議会

一九六五（昭和四〇）年八月、同対審答申が行われた。これをうけて民間では同対審完全実施の声が高くなった。翌年四月一日、同和対策協議会が発足した。同和対策協議会は、同対審とは異なって同和対策のための立法措置（特別措置法）が求められているのだから、政府としては関係各省庁間の調整とともに、自民党、社会党、民主社会党、公明党の間で四党協議会を開き、特別措置法の制定についての協議を開始したのである。

同対協の役割は、きわめて困難な特別立法の策定を推進するため、「同和対策長期計画策定に関する意見書」などをまとめ、これを円滑に推進することだったといえよう。六六（昭和四一）年七月になって同対協第一回協議会がひらかれ、会長に堀木鎌三が選ばれた。その他九名の委員が任命された。磯村英一が会長代理となった。本城和彦（東大教授）、井戸内正（同和会理事）など三人の新委員のほか、北原、柳井、米田らが引き続いて委員となった。また野本、藤範、山本政夫とともに宮崎元夫（千葉大助教授）、山本登（大阪市大助教授）が専門委員となった。

しかし、同対審とは大きく異なり、政府の態度は同対協を重視することによって同和対策に関する特別立法を制定しようとするものではなかった。北原委員は同対協による「同和対策長期計画策定要綱」の作成に望みをかけて私案を書いた（**資料56**、年月日不明）。しかし同対協の役割は不明のまま推移したのである。

資料54によれば、委員米田富が六八年七月二四日の同対協で、総理府田中龍夫総務長官に特別立法の進行具合を質問した。田中の答えは「超党派で（法律制定に）努力している、自民党政調会では秋田大助議員、社会党は八木一男が中心」であるというものであった。米田は「政府としては法案すら作成しておらぬではないか」と追及したが、田中の答えは煮え切らないものであった。

政府としては、同和対策のための法律制定は重要な政治課題であり、膨大な予算を伴うものであったから、政府が主導して計画を作り、与野党と協議して慎重に計画を進めなければならない。それは同対協の審議によって左右されるものではなく、まさに政権の中枢が決定・実行するものなのであった。しかし同対審に参加した部落出身の委員からみれば、同対審と同じように同和対策の特別立法を制定する同対協もまた、自分たちの意見を入れて作られるものという考えがあったようである。しかし同対審と同対協とは性格が大きく異なっていたのである。

ここからわかるのは政府にとって、もはや同和対策事業の進め方などを論議する段階ではなく、同和対策事業特別措置法をどう作り、その財源をどう確保するかが問題だったのである。

同じことは**資料58**「第四回同対協速記録」（一九六九年三月一一日、二一八頁以下）からもうかがうことができる。この頃、同和対策長期計画について政府内でさらに検討が進み、同和対策に関する立法措置についても自民、社会、民社、公明の四党国会対策副委員長間で協議が行われていた。同和対策長期計画案については、総理府の「計画（案）」と北原、米田、柳井、山本政夫、山本登の意見書が示された。これにもとづき「同和対策長期計画（第二次案）」が作成され提示された。この第二次案と同対協委員の意見書については、総理府の小熊参事官が回答した。長期計画に対する姿勢の弱さ、計画の具体性の乏しさ、計画が総合性に欠ける点などの指摘に答えた。

具体性という点では、同和対策長期計画案には具体的な事業目標と事業量がなく、抽象的な表現に終わっているというのが主とした批判点であった。小熊参事官は、第一に四党協議会で四党の国会対策副委員長間で三月上旬には協議の「大体のめどがついた」とし、各党に持ち帰って党内をまとめる段階にきていると報告した。第二に、三月末には同和対策事業特別措置法を成文化できるのではないかと答えた。具体的な財政措置も盛り込まれていると答弁したのである。

この経過を見ると、特別措置法は政府が主導し、与党と野党三党との協議によって作成される。したがって同対協の意見は出されてもこれが法案作成に生かされることはないのであった。同対協委員たちの頭越しに特別措置法案が作られ、事業量に見合う財政措置が議論されていたのである。政府は一貫して同対協を含む民間意見を考慮せず、政府が中心となり四党協議によって特別措置法案を準備し、これに要する予算措置を整えていたのである。

同対協審議の大詰めは同一九六九年四月三日の第五回同対協総会であった（**資料59**、第五回同対協速記録、二四一頁以下）。立法措置が整ったことから、総理府（床次総理府長官は国会開会中につき欠席）を代表して橋口収総理府内政審議室長が挨拶した。「ようやく昨日、四党国対副委員長間で合意したこと、これにもとづいて法案を成文化して国会に提案したい」ことが述べられた。橋口は自民党内政審議室長奥野誠亮に命じられこの法案作成の中心となったという人物である。この資料は奥野誠亮が語っている同和対策事業特別措置法の成立事情の経緯を裏づけている。

橋口審議室長は、「ようやく昨日四党間の国対副委員長会談で一応の要綱についてとりまとめが終わった」と述べ、「政府が本格的な同和対策に乗り出した昭和三十四年からちょうど十年」、「同和対策審議会の答申以来約四年の歴史」をへて、ようやく法案が日の目を見ることとなったと感謝の意を表した。総会には同和対策事業特別措置法案が配布され、その内容については小熊参事官が説明した。これについて多くの委員から意見が述べられた。小熊参事官は特別措置法の条文を紹介しながらその趣旨を説明したが、これについても多くの質問が出された。

北原委員は特別措置法第一条同和地区の説明に、「歴史的社会的理由により生活環境等の安定向上が阻害されている地域」とあるのは正確ではないと質問した。「生活環境等の安定向上」とはどういうことなのか。同和対策事業特別措置法としたために、事業の対象を限定することから表現が不明確なものになったと批判した。山本政夫専門委員は第一条の「目的」で、同和地区がよくなれば問題が解決するかのような表現になっている、地域社会全体が問題なのではないかと指摘した。委員側の指摘する論点は多岐にわたったが、堀木会長は政府が主導して取り組み、政府と四党で合意したものであるので了承してほしいと述べ、全体として承認ということとなった。

ここに登場する橋口収は、すでに述べたように（前掲拙稿「日本社会の変動と同和行政の動向」本書第一巻二四〇頁)、奥野誠亮とは親密な間柄であって、とくに経済計画の立案に手腕を振るったといわれる。政府主導の特別措置法案の準備、政府による四党協議の重視によって特別措置法は準備された。今後、この時期の政治情勢の解剖が進めばさらに具体的に解明が可能となるであろう。六九年六月一二日、同和対策事業特別措置法は衆議院本会議で可決、同二〇日参院本会議で可決成立した。

このように法律が成立すると、問題はこれをどのように実行するかに移っていった。そうなると同対協の任務は大きく変わっていった。会議の開催も少なくなり、実務的な議題を討議することが主題となっていった。同対審以来の同和問題をめぐる白熱した討論も過去のものとなっていった。

そこで七〇(昭和四五)年一二月二一日、北原は部落出身の委員全員に対し「同和対策協議会の活動に関する意見書」を作ることを呼びかけた(**資料57**)。意見書によれば、同対協とは「同和対策事業特別措置法に基づき政府が行なう同和対策の円滑な推進を図る目的をもって各省庁の行政機能を補完するための附属機関として設置されたもの」と規定して、同対協の活動は役割を十分果たしていない。その理由は、政府が問題の「根本的解決を志向する積極的意欲」をもっていないことが原因であると考えるとある。同和対策を専門的に管理運営する行政機関も実現していない。関係省庁の同和対策は個々ばらばらである。中央・地方の同和対策は脈絡を欠いている。同対審答申などの一連の好条件が生まれた結果、自治体や「同和地区民衆」の間には「国の同和対策に大きな期待をかけ、問題解決の促進に明るい希望を抱いた」が、「いまや失望と不満の兆候があらわれてい」る。財源難に市町村はつきあたり困惑している。

同対協は開催される回数が少ないだけではなく、内容も「はなはだ空疎」である。総会は「同和対策の重要問題を審議する場所ではなく、官庁の一方的な報告を聴かされる場所」でしかなく、まったく形骸化している。こう指摘した上で、部会の設置と公聴会・懇談会の開催などを提案したのである。

この意見書は、七〇年の年末一二月一六日に、同対協の堀木会長と北原、野本、米田、山本政夫が懇談して上記の意見書と同じような主張を行った。北原が意見書を起草して、柳井、井戸内、藤範ら委員、専門委員に送り全員の同意を得て、総理府総務長官山中貞則、同対協会長堀木鎌三あてに急遽提出したものであった。

ここにみられるのは、同和地区出身委員が誠心誠意をつくして同対審と同対協の審議に協力してきたことへの空しさの表明であった。たしかに同対審の発足からでも約十年の月日があった。とくに北原泰作、山本専門委員らの活動は寝食を忘れて働いたといって過言ではなかった。

しかし考えてもみよう。同対審の発足は同和問題の解決を迫る時代の要請であった。自民党政府はこの課題の解決を迫る世論をうけて、広範囲の民間の意見を反映せざるを得なかった。それが同対審であり同対協であった。同和対策審議会答申にみられるように、審議会委員らの大きな努力によって全体として世論の支持を獲得したのである。しかしながら、政府の真意は高度経済成長政策に適合した同和対策事業をより的確かつ迅速に遂行させることであった。

そこからみれば北原、山本らの努力はなんら報われなかったかのようにも見られよう。しかし、同対審や同対協を通じて、彼ら自身が同和地区を取り囲む社会的現実を正確に認識し、問題解決の方策を提言したことの意義はけっして小さなものではなかった。

その後も同和対策協議会は存続したが、一九七四（昭和四九）年三月には委員を改選され磯村英一が会長となった。全日本同和会から井戸内正、柳井政雄、部落解放同盟から米田富が再任された。また野本武一（部落解放同盟中央執行委員）ら五人が任命された。また上杉佐一郎（部落解放同盟中央本部書記長）が専門委員に任命された（総理府編『同和対策の現況』昭和五二年三月、一八〜一九頁）。北原泰作、山本政夫らはこうして同和対策協議会から去ることとなったのである。

第二部　国民融合論の成立と展開

広川禎秀

はじめに

第二部には、北原泰作文書から部落問題の解決理論「国民融合論」の成立とその実践に関する基本的資料を収録した。

収録資料は、大まかに三つの時期に分けて、時系列的に配置し、三つの時期の標題をそれぞれ「一　一九六〇年綱領の再検討へ」、「二　国民融合論への道」、「三　国民融合全国会議の成立と国民融合論の実践」とした。以下、それぞれの時期・項目にそって解説する。

一　一九六〇年綱領の再検討へ

北原泰作の一九六〇年代における部落問題解決のための理論的政策的探究は、北原が部落解放同盟の推薦で一九六一年一一月に同和対策審議会委員に任命され、同対審の調査、政策立案等の活動に参加し、同対審答申の策定にきわめて大きな役割を果たしたことと深く結びついて発展した（第一部「解説」参照）。

「一」に収めた資料は、一部同対審委員以前の時期の資料と思われるものも含まれるが、ほぼ北原の同対審委員及び同和対策協議会委員の時期の資料である。したがって、「第一部」収録の資料と時期的に重なり、内容においても関連性の強い資料である。

資料60の研究ノート「戦後社会と部落問題」は、日付記載のない資料であるが、基本的に六〇年綱領の立場と共通する内容であり、同対審の調査・政策活動以前の北原の認識を知ることができる資料である。

資料61「「同和地区実態調査」について」・**資料62**「部落解放同盟中央執行委員会への報告要項」は、部落解放同盟中央本部への同対審の活動状況の報告である。北原は、審議会の調査活動の内容と問題点を示し、同盟がその問題点の克服のために外部から働きかけるよう、そのポイントを示して取り組みを要請していることがわかる。

北原の同対審委員としての活動は、北原にとっては経験したことがない困難を伴うものであったと思われる。**資料63**の「北原泰作車中メモ」は、東京―岐阜間の車中で書かれた一九六四年一月のメモで、政府官僚の土俵のなかで闘っている北原の胸中を記したメモである。「官僚諸君に――国家試験――公務員――私は小学卒――何故か――学問とは？――私はこの問題解決のために勉強した――」という言葉に、審議会における官僚の態度への憤りと悔しさがあらわれている。「私は絶望しない」という言葉に北原の決意がうかがえる。

資料64「山本政夫の批判の批判」は、日付記載がないが、山本政夫の六〇年綱領への批判『部落解放運動批判――「新綱領」を中心として――』（同和対策研究会編、一九六二年）に対する反批判のメモである。北原は、一九六二年六月号の雑誌『部落』誌上で、藤谷俊雄との対談の形で山本批判をおこなっているが、それと同内容である。この山本と北原の隔たりが同対審での活動を通じて克服されていくことについては、第一部「解説」を参照されたい。

資料65「[部落解放同盟の]綱領解説と批判」も日付がないが、一九六四年ごろのメモである。**資料64**で北原は、山本が援用する奈良本辰也を批判しているが、このメモでは、独占資本にとって部落存続の有利・不利の二面について、「奈良本理論と井上理論はその一面づつ《ママ》を強調している」として、奈良本理論と同時に北原が従来依拠してきた井上清理論を批判していることが注目される。**資料66**「最低賃金制の問題」は、**資料65**と同じ「大学ノート」にあるメモであるが、最賃制という具体的問題から、部落解放同盟組織は資本主義の枠内で身分的差別解消と改良闘争をおこなう運動組織であることを明確化したものである。六〇年綱領に規定された「身分的差別」と「階級的搾取」という問題の立て方を吟味し、正確な両者の区別と統一がされつつあったことを示す資料である。

資料67「実態調査の結果から見た「部落」の変化と停滞」は、一九六五年頃のノートであるが、高度成長期の社会の構造的変化を概観し、そのなかで同対審の調査で得られた事実をもとに、「部落」の状態の客観的変化の趨勢、地域による偏差などを検討したものである。「「部落」に現われた変化」としては、（イ）「部落」における混住の現象、（ロ）「部落」における職業の変化、（ハ）「部落」における学歴構成の変化、を取りあげ、次に「「部落」における文化的停滞」として、（イ）居住と職業の定着性、（ロ）結婚形態の停滞性、（ハ）意識・観念の伝統志向型、という問題を検討し、「結語」として「事実の正確な認識と、状況の正しい判断と将来への動向の賢明な洞察のうえにこそ、部落解放の誤りない方針はうちたてられるのである」と指摘している。

資料68の部落解放同盟中央執行委員会メモ「第二段階の闘争」は、一九六七年五月一三日の日付である。北原は同対協の委員に任命されていたが、「同対協の役割は不明なまま推移した」（第一部「解説」）なかで、そのためでもあろうか、同対審答申をふまえた「法律制定、十年計画」を政府に迫る「第二段階の闘争」について、「現在まで、われわれの斗いによって、政府は譲歩し妥協して同対審答申を出した」と述べ、運動なくして同和対策事業は実行されないことを強調している。

資料69は、一九六八年二月一五日の解放同盟第四回拡大中央委員会の北原のメモであるが、当時解放同盟が法務省や各地法務局に要求していた「壬申戸籍」の回収、廃棄要求について、「やはり〝遺制〟と規定すべきではないか」と記し、北原が本部方針に強い疑問を抱いていたことがわかる資料である。

資料70「未来社会論」は、当時のマルクス主義的な固定化した「思考形態」――「体制の変革がなければ部落の完全解放はありえない」を克服し、「部落差別を存続させてきた客観的条件の崩壊、消滅が見られる」として、「通説」を転換する必要性を記している。他方、**資料71**「部落解放への道――社会学的アプローチ」は、社会学的アプローチによって部落問題解決の体系的見通しが得られるのではないかと考えて書かれたメモである。いずれも一九六七年ころのメモであり、当時の北原の近代化論に傾斜した方法的意識がうかがえるものである。**資料72**「独占資本と大衆社会」は、そうした観点をさらに進め、独占資本の高度化が大衆社会を必然化するとし、「部落解放―同和対策」の必然性を導きうると考えている研究ノートである。**資料73**「「講座派」と「労農派」」は、日付記載がない研究ノートである。北原は、解放同盟には伝統的に「講座派」の影響が強いが、「講座派理論」は戦後日本社会の変化を誤認したとし、「北原提案―近代主義―近代化論的様相であらわれた」という。これは六〇年綱領の再検討にあたっての北原の提起の内容に関わる記述といえよう。しかし、近代化論が大衆社会論にたどりつけば、階級対立論が無意味化するとして、北原が近代化論に全面的に与しなかったことにも注意する必要がある。**資料74**「経済成長と部落の変容」［研究ノート］も日付がないが、高度成長がもたらした構造変化を的確に捉え、そのなかで部落の多様な変化に注目している。北原は、同対審答申後も部落問題に関する認識をいっそう体系的に発展させていたことがうかがえる。

北原は、同対審での実態調査、政策立案活動のなかで、解放同盟六〇年綱領の再検討の必要性を痛感したと考えられる。北原は一九六六年の解放同盟第二一回大会の方針にもとづき設置された部落解放理論委員会の事務局長となり、綱領路線の再検討の提起をおこない、議論を深めようと努力した。**資料75**「部落問題の基本認識に関する覚書」は、部落解放理論委員会の議論をふまえ、一九六七年から六八年にかけて北原がまとめた三つの文書のうちの一つで、『部落解放理論委員会会報』第三号（一九六七年九月）に発表されたものである。『北原泰作部落問題著作集』（部落問題研究所、一九八二年）第二巻にも収録されている。北原のなかで、「六〇年綱領」の観点、枠組みが大きく変化し、資本主義の発展のもとで部落問題が解決するとみる認識が強まっていることは明瞭である。ちなみに、冒頭の「部落差別は身分的差別である。それは人種的・民族的差別や階級的差別とは区別されなければならない」という規定は、解放同盟朝田派の分離主義を批判し、国民融合論を導きだす出発点でもある。戦後の民主的諸改革による社会の民主化の促進、高度成長にともなう社会の著しい近代化の結果として、「家族主義の原理や古い共同体関係を弱め、伝統的慣習を崩しつつある」、それらの変化は「部落差別の衰滅を促進する客観的条件の成長といえる」としている。井上清流の「重石」論は明確に否定されている。既刊の資料集にも収められているが、**資料73・74**などと突き合わせて検討する必要がある北原の認識の枠組みの理論的発展に関する資料である。

しかし、綱領問題に関する北原の積極的提起は、委員会で朝田派が「朝田理論」を繰り返したため、解放同盟組織のなかでは実を結ぶことはなかった(1)。

二　国民融合論への道

国民融合論成立過程の研究は緒についたばかりである。北原文書はそのための一大資料群であるが、さらに基本資料の収集に努めつつ、多面的に研究をすすめる必要がある。本巻第二部の「二」及び「三」に収めた資料は、基本資料のごく一部にすぎない。既刊の資料集等に収められている重要な資料もある程度収録した。今後の研究に待つところが多いので、以下、重要な論点を考慮しつつ解説することにする。

部落解放同盟朝田派が、部落排外主義を昂進させて部落解放の運動を危機に陥れ、革新統一戦線の分裂を引き起こすなかで、北原を中心とする理論的政策的探究と日本共産党の理論的政策的探究とが一つに合わさる形で、「国民的融合」論が提唱されるにいたった（拙稿、前掲書、一二六頁以下）。その提唱への支持が急速に広がり、運動組織として国民融合をめざす部落問題全国会議（国民融合全国会議）が結成され、部落解放同盟正常化全国連絡会議（正常化連）が全国部落解放運動連合会（全解連）へ改組されることとなり、「国民融合」論は部落問題解決の社会運動理論として決定的な役割をはたすことになった。

資料80の岐阜県民主同和促進協議会編『同和問題と解決

の方策—民主同和運動の基本方針—』は、国民融合論につながる北原の理論的政策的主張が体系的に展開された文書である。このパンフレットには執筆者名がなく、発行年月日も記載されていない。しかしこの論説は、北原の著書『部落解放の路線』（部落問題研究所出版部、一九七五年八月）に収録されており、またそこで発行年月日が「一九七三・五・八」と記されていることから、著者、発行年月日が確認できる。前述の北原自身の綱領路線の再検討と突きあわせてみると、さらに一歩を進め、新しい「コミュニティ（地域）の建設」=民主的な地域共同体の建設を提唱したところに発展があり、注目する必要がある（拙稿、前掲書、一二九-一三二頁）。その点は、榊利夫などの国民的融合論においては十分展開されていない点であり、今後検討すべき論点の一つであろう。

北原は、**資料80**で「われわれの目標は、国民的な同和融合の実現である」として、「国民的同和融合」論を提起した。実は、それ以前にも北原は、分離主義に反対して「同和融合」や「国民的融和結合」という言葉を使っている。確認できるもっとも早いものは、一九七二年七月の広島県能美島での同和問題講演会の講演である。**資料76**「部落問題とは何か　四　問題解決の方向［抜粋］」はその一節である。能美島の大柿は山本政夫の出身地であり、山本もこの講演会に出ている。北原は、部落問題は身分差別の問題であり、民族問題・人種問題と同列視する分離主義は誤りだとして、「我々は同和融合しなければいけない」、「目標は国民的融和結合」だと言っている。**資料77**「同和融合こそ問題解決の道」（一九七二年一一月一五日付けの岐阜県民主同和促進協議会機関紙『民主同和情報』第六〇号の論説）でも、「解放への道は同和融合」と主張している。

北原は、「同和融合」あるいは「国民的同和融合」という言葉を一見無造作に用いているように見えるがそうではない。**資料76**の「私が融和するというのは、人民が融和しなければいけないということ、国民が融和しなければいけないということです」という際、全国水平社第一三回大会の「人民的融和」方針が北原の念頭にあると推測しても誤りではないであろう。

しかし、北原の「国民的同和融合」論は多くの賛同者を得ることができなかった。たとえば、馬原鉄男ら部落問題研究所の研究者たちは、**資料80**の論説に対して厳しい否定的評価を与えた（拙稿、前掲書、一三二頁）。それこそが大きな問題であった。

資料78「部落解放同盟第二八回大会での本部報告並びに運動方針に関する質問趣意書」は、北原の一九七三年三月の解放同盟大会における朝田派への厳しい批判的質問である。北原は、同盟の中央委員に再選されず、同盟の推薦がないため翌年五月同対協委員も退任した。**資料79**「北原泰作宛て阪本清一郎の葉書」は、同盟第二八回大会をきっかけに、阪本清一郎などと北原が連携し、部落解放運動刷新に動き出すことがうかがえる資料である。**資料81**阪本清一郎「部落解放討議集会を」は、『荊冠の友』第八七号（一九七三年一一月一〇日発行）に掲載された阪本の運動再建のための討論集会の呼びかけである。『荊冠の友』は戦前以来の運動家の交友組織・荊冠友の会の機関誌である。この阪本の提案は、協力すべき関係者から拙速を避け、組織的準備を整えるべきとの意見がだされ、ただちには実現しなかった。

しかし、阪本の提案は、一九七四年二月二五日に全国有志懇談会のアピール「部落解放運動の危機に直面して全国の同志と国民のみなさんに訴える」として具体化した。**資料82**がそのアピールである。**資料83**「部落解放運動の統一と刷新をはかる有志連合結成までの経過報告」は、アピールが出されるに至った経緯、「第三の組織」をつくらないで「部落解放の統一と刷新をはかる有志連合」（統一・刷新・有志連）を組織し、月刊機関紙を発行し、連絡事務所を岐阜市の北原宅に置くことなどを決めたことがわかる資料である。その機関紙が一九七四年六月五日に創刊された『解放路線』である。北原と木村京太郎が編集・発行の中心となり、北原が毎号多くの論説や記事を執筆した。**資料84**は、統一・刷新・有志連合の一年間の活動を総括した第二回世話人会（一九七五年二月一一日）の記録である。前年の一九七四年一一月、八鹿高校事件が起こり、急速に読者も拡大して、有料固定読者が三八九五名となり、「機関紙の発行以外は活動の成果はない。けれども、『解放路線』の影響はかなり大きい」と、「カンパニア組織」として大きな役割があることを強調している。この資料(1)には、「さいごに、北原、木村両氏から『全国部落有志懇談会』の開催について努力したいとの提議が出され、拍手で全員の合意を得た」とあり、八鹿高校事件後、情勢が激動するなかで、新たな政治的、組織的運動が準備されつつあったことをうかがわせる記述があることに注意する必要がある。

一九七五年二月一八日、統一・刷新・有志連合と正常化連のメンバーが協議し、三月二日に「解放運動の現状を憂い正しい発展をねがう全国部落有志懇談会」が開催されることになった。**資料86**は、『解放路線』第一〇号（一九七五年三月五日）に掲載された全国有志懇談会の記録である。この部落解放運動に重要な転機をもたらした三月二日の「全国部落有志懇談会」については、正常化連が阪本・北原・木村らの呼びかけに対して、組織的にバックアップしたことが重要である。[2] それまで、北原らと正常化連の一部メンバーの間には、解放同盟内で北原が朝田派と行動をともにした経緯もあり、一定の溝が存在したが、この時期にその溝の克服がはかられたのである。全国部落有志懇談会の「申し合わせ」は、「暴力と利権あさりの醜体《ママ》をさらしている部落解放同盟一部本部派の行動は、もはや部落解放の名に値しない無縁の存在」とし、「新らしく正しい解放運動を組織し、展開するため奮起する」と、新組織結成の方針を打ち出している（**資料86(2)**）。全国部落有志懇談会の準備の過程で、二月二一日に阪本・上田音市・北原による美濃部都知事三選の共闘態勢に関する社会・共産両党への要請がなされている（**資料85**「東京都知事選について社共両党への申入れ書」）ことも重要である。そこで阪本らが、「同和問題」が原因で革新が分断されることは「まことに遺憾であり、死んでも死にきれないという心情」だという訴えは、旧水平運動家たちの心情をよくあらわしているといえよう。

資料87「全国部落有志懇談会の当面の活動方針（大綱案）」は、三月二日の懇談会から約二ヵ月後の『解放路線』第一二号に掲載された活動方針書である。「新しい運動の名称は、当分のあいだ「全国部落有志懇談会」（仮称）」とするとあって、明確な組織方針がなお固まらなかったことを示している。しかし、この間、三月二八日に開かれた第一回世話人会総会で、十数名からなる常任世話人会が選出され、徐々に組織体制が整えられている（**資料92(1)**成沢栄寿「経過報告」参照）。

資料88日本共産党「部落解放のいくつかの問題――差別主義に反対して、国民融合へ」は、一九七五年五月二六・二七日の日本共産党機関紙『赤旗』に発表され、「国民的融合」論を提起した文書として知られている。この論文については、拙稿で、榊利夫の諸論文・諸発言からその理論的骨格を検討した（前掲書、一三三頁以下）。拙稿では、榊の論考について、「正常化連などの運動を国民融合論の方向に導く意味もあったと考えられる」と指摘したが、それについて若干補足しておく。

正常化連主流のなかには、同対審答申及び同和対策事業を「新融和主義」と把握し、積極・消極の二面があるが、負の側面が大きいとする有力な見方が存在した。[3] そのなかで、一九七四年一一月一四日の『赤旗』に掲載された無署名論文「『同対審』答申と公正・民主的『同和』行政―朝田派の詭弁と反『融和主義』なるものにたいして」は、「答申」は積極面が主であるとし、間接的に「新融和主義」論を批判したことが注目され、この論文の主たる目的はそこにあったと考えられる。無署名論文の執筆者は明らかではないが、その後発表された榊の諸論考を読むと、それと同じ意図が一貫して存在するといわなければならない。**資料88**の共産党論文発表の約一カ月後、六月二三日に榊は、神戸市で約七〇〇〇人が参加して開かれた正常化連の部落問題全国研究集会で「同和行政と部落解放運動」と題して講演し、国民的融合論の内容を詳細に展開した（『季刊部落解放運動』第五号、一九七五年六月、榊『国民的融合論の展開』一九七六年、大月書店、所収）。そのような経過をへて、正常化連関係者のあいだで国民的融合論の理解が深まり、支持が広がっていったのである。

北原は、日本共産党の国民的融合論の提起に対してただちに賛意を表した。北原の探究が、共産党の理論家によっていっそう論理化された点もあった。このあと、『前衛』誌で同年七月号から始まった北原と榊の対談では、両者の間の多くの基本的一致点が確認された。**資料89**は、そのうちの同対審に関する対談内容であるが、本巻所収諸資料の理解のため参考になる。

三　国民融合全国会議の成立と国民融合論の実践

資料90(1)・**資料90(2)**・**資料91**は、**資料87**などに続く国民融合全国会議の結成準備過程の基本資料である。全国有志懇談会の成立から国民融合全国会議の成立にいたる過程では、新たな組織の目標と性格、組織形態をめぐってさまざまな議論がなされ、とくに新組織と正常化連の関係が大きな問題になった。また、「国民的融合」か「国民融合」かという議論もなされ、「国民融合」という表現に帰着した。

資料90(1)は、一九七五年六月五日付け『解放路線』第一三号に掲載された文書で、「部落解放全国協議会準備会」名による、新組織「部落解放全国協議会」結成のよびかけ文である。**資料90(2)**は、前記「全国部落有志懇談会」名による、六月二九日に出された「国民融合をめざす部落解放全国協議会」結成のよびかけ文である。これらの文書は、五月二九日の有志懇談会第一回常任世話人会、六月二九日の同第二回常任世話人会及び第二回世話人会総会などで議論されたものである（**資料92(1)**成沢「経過報告」参照）。

資料90(1)と**資料90(2)**を比較すると、**資料90(1)**で「この会は（中略）真に部落解放＝人間解放を達成する運動を、国民的規模で展開することを目的とします」（「会則（案）」第二条）とした規定が、**資料90(2)**では、「この会は（中略）真に部落解放＝人間解放を達成することを目的とします」（同）という規定に変更され、新組織は大規模な大衆運動を展開する組織でないことが強く示唆されている。それとの関連で第五・六・七条の「地区」組織に関する規定が削除され、「全国会議」と「地方会議」の規定だけとなった。これは新組織の性格及び解放運動の主体勢力の評価に関わる重要問題であった。具体的には、正常化連を実質的に存続し、新組織は正常化連も加わる一種の「カンパニア組織」と位置づけるということを意味した。

北原文書のなかに、北原の書き込みがある六月二九日の会議の配布資料がある。会則（案）第三条「この会は前条の目的に賛同する団体及び個人が参加する連絡協議の組織であり、この運動に賛同する部落外の個人も参加できます。」の後段「この運動に参加する」以下が線で消してあり、基本的に部落住民の団体及び個人による組織とする**資料90**(1)の方針が、ここで修正・変更されたことがわかり、注目される。北原の筆蹟で新組織の名称案がいくつも記され、また「基本文書作成（起草委員会）（馬原）―鈴木（奈良）、北原、成沢、栃崎」という記述があり、それらのメンバーが北原のブレインとなった可能性があり、注目される。**資料90**(2)の六月二九日付の「国民融合をめざす部落解放全国協議会（仮称）結成の呼びかけ!!」の文書は、六月二九日の会議での討議をふまえ、成沢栄寿が執筆したものであった[4]。

資料91は、八月五日発行の『解放路線』第一三号の北原の論説「国民融合をめざす部落解放全国協議会の結成について」である。北原は、正常化連の一部に「新しく結成される全国協議会は『屋上屋を重ねる』ようなもの」と考え、「その人たちの考えでは、正常化連の組織を拡大強化すれば、『解同』朝田・松井派を克服することができる」というものであり、それは「国民運動という幅広い大衆路線の重要な意義を理解しない、セクト的な誤った考えだ」と批判している。六月二九日のよびかけ文の組織方針が、大筋でその後の国民融合全国会議のあり方となったが、国民融合運動の担い手については意見の違いが大きかったといえよう。重要なことは、それは運動組織の実態と「国民融合」の展望にかかわる問題であり、実際に国民融合論を実践する活動家の理論的思想的水準を含む主体的力量にかかわる問題であったということである。そうした問題は、今後の大きな研究課題といえよう。

資料90(1)の「国民的融合」が、**資料90**(2)では「国民融合」に変わった。それは、この間に開かれた有志懇談会の会議で、鈴木良が「国民的融合」という言葉のあいまいさを指摘し、「融合」に至る運動過程自体を重視して「国民的融合」を支持していた北原が鈴木の提起を受け入れ、「国民融合」に統一された結果である[5]。部落問題解決の「終点」は「国民融合」であることが明確になった。

資料92・**資料93**は、九月二一日の国民融合全国会議結成大会に関する資料である。

資料92(1)の成沢栄寿「経過報告」によれば、八月二九日の常任世話人会で、新組織の性格を「カンパニア組織であると、最終的に意志統一」したこと、名称を「国民融合をめざす部落問題全国会議」と決定したことがわかる。また、**資料92**(4)の大会決定の「会則」によって「地方会議」に関する規定が削除され、もっぱら「総会」中心に運営される組織となったことがわかる。**資料93**は、『解放路線』第一七号（一九七五年一〇月五日）に掲載された結成大会の模様を伝える記事である。『解放路線』の立場からの結成大会の報告である。国民融合全国会議の『国民融合をめざして―結成大会報告書―』（一九七五年一一月一日）などとあわせて読む必要がある。

統一・刷新・有志連は、国民融合全国会議の結成をもってその目的の「過半を達成」したとして解散した（**資料94**）。他方、正常化連は、一九七六年三月に全解連に発展的に改組された（**資料95**　部落解放同盟正常化全国連絡会議第五回全国代表者会議「正常化連を全国部落解放運動連合会へ改組、発展させる決議」）。

全国有志懇談会の成立から二つの全国組織成立に至る過程には、当時の社会運動の到達水準の一端があらわれており、今後、同和対策事業が実施された諸地域の具体的研究などを進めながら、高度成長期の重要な社会運動の具体的展開として、高度成長による地域社会変容の問題とともに本格的な研究が必要である。

国民融合論の提唱は、部落問題に関わる研究者にも新たな研究課題を提起し、そのなかから新たな問題意識にもとづく研究が生まれる契機ともなった。そのような問題提起の一つとして、北原の一九七六年一〇月の部落問題研究者全国集会での「労農水の三角同盟」の再検討の問題提起もあった（**資料96**「部落問題研究者への期待と提言」）。**資料97**の北原のメモ「国民的融合論―論文の骨子―メモ」は、それに近い時期のメモと思われる。メモには「ブンドの誤り――三角同盟」という記述がある。北原の解放同盟の「分離主義」批判は、正常化連内の「三角同盟」肯定論の限界の克服が必要になっていると考える立場から出ており、研究者にその理論的検討を期待したものといえよう。

資料98の「[国民融合全国会議]一九七九年度活動方針」は、北原が用意した「八十年代を国民融合＝部落解放の基礎的条件をととのえる歴史的時代とするために」と題する方針の骨子にもとづいて作成され、北原が病気のため、総会では馬原鉄男が提案したとされる方針書である。北原の提起の積極性とともに、国民融合論を地域社会変革の方針にまで徹底させた点で画期的な方針であった（拙稿、前掲書、一五三―一五五頁）。その活動方針の具体化の一つとして、一九八〇年四月二四～二六日に和歌山県で「国民融合をめざす地域・まちづくりシンポジウム」が開かれた。その冒頭でおこなわれた北原の「問題提起と討議の方向づけについて」が**資料100**である。

北原は、国民融合運動が発足してから五年、すさみ町や白浜町では、国民融合理論は「仮説」の段階から脱して、「部落解放の正しい方向を示す路線として実証されてきた」と言い、「紀南地方の先進的な事績に対し賛辞を捧げる」と言いつつ、しかしそれは「新しい町づくりの入り口」だと言っている。その観点から北原は、「新しい町づくり」とは何を意味するかと根本的に問題を提起している。北原は、「新しい町」概念に対置される「古い町」とは、「前近代的な共同体の関係、これが部落差別を再生産してきた社会的基盤」であり、「そういう前近代的な身分社会の共同体の一つが部落」だとしている。北原が部落の起源を古い時代に遡らせた論証方法の当否は別にしても、北原が、戦後民主化と高度成長の過程で根底から破壊されつつある部落を、根本的に新しい民主的共同体に変革しようとする問題意識は注目される。北原は、「古い共同体的な束縛・関係から解放された独立した個人が主体となって、新しい共同体を作っていく、これが新しい町づくり」だと強調している。北原の同様の問題意識は、シンポジウムの問題提起の準備ノート「国民的融合＝部落解放をめざす新しいコミュニティづくり」（北原資料２６０６）にも明瞭にあらわれている。北原は、国民融合運動の実践を経て、地域の民主的な改造の路線の正しさを確信し、その主体形成を阻む地域の歴史的諸要因をいっそう深く把握する必要があると考え、問題提起をおこなったと考えられる。

資料99「講演草稿（骨子）　国民融合＝部落解放の道」は、一九七九年から八〇年初頭のメモ（完結していない）であるが、戦前・戦後の部落解放運動を国民融合論の観点から総括的に整理したメモである。

北原は、国民融合の思想を水平社創立まで遡って考え、水平社綱領の「吾々［特殊］部落民は部落民自身の行動によって絶対の解放を期す」などの思想の実践が、歴史の弁証法により、「部落問題解決は国民課題」という認識の普及にまで至ったことに、日本の民主主義発展の一つの到達点があると考えた。

資料98・99・100などは、部落問題解決の見通しがいっそう明確化した時期に、北原が、日本社会の民主主義成熟の一つの試金石として部落問題の解決があると考え、その具体的実現のあり方として、地域社会変革の問題があり、それを理論的、歴史的に考究する必要があるという問題意識を強めていたことがうかがえる資料である。それは一人北原の問題意識ではなく、部落問題の解決に関心をもつ研究者のあいだでも広がりつつあった問題意識であった。

註

（1）拙稿「部落問題解決理論の史的考察――北原泰作を中心として――」（『部落問題解決過程の研究』第一巻、二〇一〇年、部落問題研究所、一二二頁）。
（2）一九七五年二月二七日の正常化連第四回全国代表者会議での中西義雄事務局長の討論のまとめ（『季刊　部落解放運動』第四号、一九七五年五月、四〇‐四一頁）。
（3）中西義雄「部落解放運動の当面する理論的諸問題（上）」（『季刊　部落解放運動』創刊号、一九七三年七月）、など。
（4）成澤榮壽からの聞き取り。二〇一五年一月一九日。
（5）鈴木良「北原泰作さんの生涯――その思想と実践――」（第四〇回同和岐阜県民集会での講演、二〇一四年七月二四日）

付記　本資料篇I・IIは、ＪＳＰＳ科研費21520706（基盤研究（C）「戦後社会運動史の実証的研究―北原泰作文書の分析を通して―」研究代表者　廣川禎秀）および同24320135（基盤研究（B）「近代日本における地域社会の変貌と民主運動に関する総合的研究」研究代表者　廣川禎秀）による研究成果の一部でもある。

あとがき

本巻は、『部落問題解決過程の研究』全五巻のうちの第四巻・資料篇IIである。資料篇は、第三巻の資料篇Iと本巻のIIで構成されているが、基本的に北原泰作文書からその重要資料の一部を収録している。その理由は、北原文書が「部落問題解決過程の研究」の一つの重要な資料的基礎をなしているからである。

北原文書は、部落問題の解決過程のいくつかの重要局面に深くかかわった北原泰作自身が作成、収集した資料群であり、その意味で部落問題研究上かけがえのない貴重な資料群である。北原文書は、部落解放運動や解決過程の諸問題に関して研究上の諸論点を解明しうる貴重な資料を含んでいると考えられ、その本格的利用が望まれる。今回の資料篇は、北原文書のごく一部を収録したにとどまる。刊行を機に北原文書を利用した研究がいっそう活発化することを期待したい。

今回の資料篇刊行までに、北原没後に北原三津氏（北原夫人）による資料の部落問題研究所への寄贈、研究所によるその保存、二〇〇七年四月から〇九年二月までの北原泰作文書研究会による四回に及ぶ集中的な文書の調査・整理作業、その後の研究所での目録作成など、その保存、調査、整理、利用のために多くの方々の尽力、協力がありました。それらの作業の多くは、多くの時間と労力を要し、財政的保障がきわめて乏しいなかで大変な作業でした。そのなかで、とくに四回に及んだ集中調査には、関西を中心に三〇名をこえる研究者がボランティアとして参加してくださり、三千点をこえる北原文書の概要が相当明らかになり、調査・整理作業が大きく前進しました。

資料篇の刊行にあたり、これまで北原文書の保存、調査と整理、利用体制づくりなどに尽力、協力してくださった多くの方々に心よりお礼を申し上げます。

〈資料篇II〉
【編者紹介】
鈴 木　　良（すずき りょう）
元・立命館大学教授、部落問題研究所研究員
（第1巻「歴史篇」執筆者、第3巻「資料篇I」編者）
本巻第一部担当

広 川　禎 秀（ひろかわ ただひで）
大阪市立大学名誉教授、部落問題研究所研究員
（第1巻「歴史篇」執筆者、第3巻「資料篇I」編者）
本巻第二部担当

西 尾　泰 広（にしお やすひろ）
部落問題研究所専任研究員
（第1巻「歴史篇」執筆者、第3巻「資料篇II」編者）
資料篇I　解説

部落問題解決過程の研究　第4巻
（資料篇Ⅱ）

2015年3月30日　初版印刷・発行©

編　　者	公益社団法人部落問題研究所
発行者	尾　川　昌　法
印刷所	合同印刷株式会社
製本所	修明社製本所

発行所　部落問題研究所出版部
京都市左京区高野西開町34の11
Tel.075-721-6108

ISBN978-4-8298-2604-1